U1001567

从浙江师范学院到杭州大学
(1952—1998)

史料集珍·回忆撷英

许高渝 编著

浙江工商大學出版社
ZHEJIANG GONGSHANG UNIVERSITY PRESS

图书在版编目(CIP)数据

从浙江师范学院到杭州大学(1952—1998)史料集珍·回忆撷英/许高渝编著. —杭州:浙江工商大学出版社,2018.11

ISBN 978-7-5178-2979-9

Ⅰ. ①从… Ⅱ. ①许… Ⅲ. ①杭州大学—校史—史料—1952—1998 Ⅳ. ①G649.285.51

中国版本图书馆 CIP 数据核字(2018)第 234347 号

从浙江师范学院到杭州大学(1952—1998)

史料集珍·回忆撷英

许高渝 编著

责任编辑	钟仲南
责任校对	何小玲
封面设计	林朦朦
责任印制	包建辉
出版发行	浙江工商大学出版社 (杭州市教工路 198 号 邮政编码 310012) (E-mail:zjgsupress@163.com) (网址:http://www.zjgsupress.com) 电话:0571-88904980,88831806(传真)
排　　版	杭州朝曦图文设计有限公司
印　　刷	杭州恒力通印务有限公司
开　　本	880mm×1230mm 1/32
印　　张	14.75
字　　数	400 千
版 印 次	2018 年 11 月第 1 版 2018 年 11 月第 1 次印刷
书　　号	ISBN 978-7-5178-2979-9
定　　价	50.00 元

前言:编撰本书的缘由和本书的架构

60 年前的 1958 年,在中华人民共和国高等教育史册里第一次出现了杭州大学的名字。这是浙江省在中华人民共和国成立后创办的首所综合性大学。现有的文献资料显示,浙江省自 1956 年起就有建立这所综合性大学的设想和规划,并在当年获得了党中央批准。1958 年 10 月,中共浙江省委领导提出了新建不久的杭州大学与已有 6 年多办学历史的浙江师范学院合并的问题,同年 11 月 26 日,省委又下达了关于杭州大学与浙江师范学院合并后校名为杭州大学的决定。自此,杭州大学开启了它 40 年砥砺奋进的发展历程。1996 年 9 月和 1997 年 4 月,杭州大学先后通过了进入"211 工程"的部门预审和"211 工程"重点建设项目可行性论证报告的审核,实现了从地方重点大学到国家重点建设学校的历史性跨越。

我于 1959 年 9 月入读杭州大学,4 年后毕业并留校任教,直至 1998 年 9 月学校融入新的浙江大学,在母校度过了整整 39 个春秋。39 年中,组织的关怀、老师的引领、员工的帮助、同事的信任、学生的支持,使我在政治上不断进步,在教学和科研能力上持续提高。可以说,母校已经融入我的心灵之中,成为我生命中无法割舍的一部分。多少年来,一直希望能有报答母校培育之恩的机会,我编撰本书的主要缘由即在于此。

编撰本书的另一个缘由同 2017 年我编撰的《从求是书院到新浙大:记述和回忆》一书相关。该书是为了庆祝浙江大学 120 周年于 2017 年 5 月由西泠出版社出版的,全书有回忆和记述文章 82 篇,其中第三部分"四校分设"收入了 8 篇关于浙江师范学院和杭州大学的回忆。不少老杭大人在充分赞赏和肯定《从求是书院到新浙大:记述和回忆》一书的同时,也向我提出书中涉及母校杭州大学(包括浙江师范学院)的文章太少的意见。我虚心接受这样的评价,但因为整书内容涉及浙江大学120年历史的4个发展阶段,几个部分要做分解,也实在只能做那样的处理。尽快弥补2017年那本书中收入有关母校回忆文章不足的遗憾,让人们有机会了解母校更多的历史,是促成我编撰本书的重要动力和因素。

促使我编撰本书还出于存留母校历史资料以供后人研究时加以参考的考虑。自2006年起,我对校史,包括高校学科史研究产生了浓厚的兴趣。我感到,杭州大学作为浙江省在中华人民共和国成立后创办的首所综合性大学,其直接的前身浙江师范学院是全国1952年增建的21所高等师范院校之一,母校46年的发展历程值得在中华人民共和国高等教育史,特别是浙江高等教育史中加以认真研究和深入考察。我真诚希望研究杭州大学的历史发展能引起各方面的重视,也期望本书能对正在开展的《浙江大学通史(杭州大学卷)》的编写工作有所助益。

今年年初,出版一本汇集母校史料和回忆的专集的思绪一直萦绕在我的脑海之中。3月3日,我参加了由母校1994级新闻系陈欣文校友发起的老杭大人聚会,会上近300位来自不同系科的校友对母校的思念和真情使我感动万分,更增强了我出书的决心。聚会结束后的次日,我和老伴陈晓月(毕业于杭大外语系)商量,是否可以编一本讲述杭大的书,请出版社出版,费用仍由我们负担,文章挑选和约稿工作由我承担,她负责打字,就像2017年出版《从求是书院到新浙大:记述和回忆》那样。老伴一听,二话没说就立刻同意,只补充了一句,“只要我们身体吃得消”。就这样,本书的编撰工作于3月初开始启动。

本书的架构和许多大学编写的回忆集有所不同,也同我2017年出版的纪念浙江大学120周年的那本书有别。书的首篇是《从浙江师范学院到杭州大学46年发展简史(1952—1998)》,之后的文章由上编(主要是与学校以及下属的一些部门、系科、研究所历史相关的资料)和下编(主要是学校师生的个人回忆和当时报刊对学校生活的通讯报道)组成。上编分“文献辑要”“发展记叙”“系所述略”3个栏目。“文献辑要”一栏中收入反映从浙江师范学院到杭州大学的46年中各个重要历史节点的18件文献,分5个部分向读者展示其主要内容。“发展记叙”栏目中的9篇文章是从校级层面对学校发展历程的记录,涉及早期党的组织建设和开展的思想政治工作、改革开放新时期学术发展成就、争取进入国家“211工程”的过程,以及学校出版、体育、基建、图书馆、留学生等多方面的工作。“系所述略”包括对文、理以及20世纪80年代后新建系科在内的23个系(院)和4个研究所(古籍所、高教所、人口所、韩国所)以及工业心理学实验室的简要历史的回顾或简述。下编也分3栏。收入“怀念师长”中的第一篇文章是92位已故教授简介,其余的17篇文章生动记叙了21位德高望重的老师或领导的人格魅力、非凡学识和师生情谊。在“记忆长廊”一栏的文章里,20位曾在20世纪50年代到90年代不同系科学习的校友或在校工作的老师讲述了他们个人对母校的难忘的往事记忆。“通讯集锦”主要是散见于校报和《浙江日报》《浙江教育报》上的报道,共18篇。其中有对20世纪50年代学生在校的日常生活和校外的实习、劳动的记述,有党委书记的红专计划,更多的是改革开放时期学校师生员工及其活动的纪实。我将上编视为大树的主干和枝杈,下编则像是长在树上的绿叶和花朵,期望通过两者的结合,交相辉映,达到既存留母校历史资料,又使广大读者能和文章的各位作者一起共同回望发生于不同时期承载着时代色彩的难忘往事和人物的双重目标。

本书是众人合力的成果。首先要向收入本书的每一篇文章(文献)的作者,包括未署名的作者,表达深深的谢意。受邀撰稿和整理旧稿的老师或校友利用宝贵的休息时间撰写、整理文章,他们虽然有的已经年届高龄,甚至患病,但都克服了各自的困难,在约定的时间内完稿。有的还积极提出建议或推荐其他合适的佳作供我选择。我深信,没有诸位作者的无私奉献,这本40万字的书靠我个人是无法顺利编写完成的。书中不少文章选自有关书籍、期刊和校报,在此,我向这些文章原载书刊的编者和出版机构以及各个历史时期校报的编辑表示诚挚的感谢。

我无法忘怀在5个月的编撰和出版过程中给予本人各方面帮助的老师和友人(排名不分先后):姜新茂、蒋保纬、王惠春、张邦俊、燕琳、李治中、蒋遂、蒋自强、陈辉、吕丰、范雅俊、杨爱群、郑备军、熊振、徐永明、祝毅、金佩庆、刘艳舞,以及一些院系办公室的老师。

我特别要感谢浙江大学档案馆的领导和各位老师,尤其是档案馆查阅阅览室的张燕、倪贞燕、傅天珍老师和叶玫、张国柱师傅以及今年暑期值班的各位老师,他们认真负责的精神和热情周到的服务让我万分感动,更是对我编撰本书莫大的鼓励、支持和鞭策。同时,我也感谢浙江省档案馆、浙江图书馆、浙江大学图书馆、浙江大学西溪校区离退休办公室诸位工作人员以及浙江大学求是物业管理有限公司启真名苑管理处钱雅琴同志提供的帮助。

最后,我要向浙江工商大学出版社总编辑钟仲南和社内编辑、审读、排版、美工等各部门工作人员表达由衷的敬意。钟仲南编审也是本书的责任编辑,他不仅认真审订,而且提出不少建议,使全书的质量得以不断提升。

编撰本书的过程是我重新学习母校历史的过程,通过阅读上百卷档案文献,查看各期校报,从1953年1月1日发刊的《教与学》第1期(后改名为《浙江师院》)到1998年6月30日出版的《杭州大学报》终刊号,我对母校有了更为全面和深刻的认识,深深感到母校师生在各届党委和行政班子领导下,在46年的历史进程中所取得的成就是多么巨大,付出的努力是多么艰辛!

作为母校培养的数万名学子中的一员,为母校感到骄傲的同时,也为自己能有机会通过本书的编撰为母校、为其历史研究和史料留存做出微薄的贡献深感荣幸。

向母校以及母校的师生员工们致敬!

母校的历史和精神永存!

许高渝

2018年8月2日

目 录

上编 史料集珍

·文献辑要·

·发展记叙·

·系所述略·

下编　回忆撷英

·怀念师长·

·记忆长廊·

·通讯集锦·

从浙江师范学院到杭州大学46年发展简史(1952—1998)

许高渝综述

从浙江师范学院诞生(1952年2月5日)到杭州大学融入新的浙江大学(1998年9月15日),学校作为独立建制走过了46年又7个多月的发展道路。本文将这段历史分为3个时期加以简要的叙述。第一时期涵盖了浙江师范学院从组建到发展的过程,以“奠基兴业六春秋”为标题。第二时期共18年,从新建的杭州大学和浙江师范学院合并的1958年到1976年“文革”结束,标题为“曲折前行十八载”,分“杭州大学组成后的八年”和“‘文革’十年中的杭州大学”两节。第三时期共22年,标题为“开拓奋进廿二年”,从“文革”结束到杭州大学终结,也分两节:“拨乱反正、初见成效的六年”和“开拓创新时期的全面发展”。

奠基兴业六春秋

浙江师范学院的组建

20世纪50年代初,为适应新中国的经济建设和高等教育事业发展的需要,在全国范围内开展了高等学校院系调整工作。1951年12月,浙江省成立了高等学校院系调整委员会。次年1月2日,决定以浙江大学文学院与之江大学文理学院为基础,组建浙江师范学院,1951年8月成立的浙江师范专科学校也同时并入(作为师院的专修科)。2月5日,浙江师范学院正式成立,院址设在杭州市六和塔秦望山上原之江大学所在地。时任浙江省文教厅厅长刘丹兼任院长,焦梦晓、陈立为副院长。3月,中苏友好协会浙江俄文专科学校并入该院。

浙江师范学院成立之初，设教育、中文、外文(英语和俄语组)3个系和历史、地理、数学、物理、化学、生物和体育7个专修科。同年8月，浙江大学理学院的部分系科调入师院后，数学、化学、生物和历史4个专修科随之扩建为系。11月增设政治专修科。

1952年6月，浙江师范学院临时院务委员会成立。学校行政领导着手制度建设，建立了一套行之有效的会议制度，使学院的决策制度化和民主化：院办公会议，每周一次；系主任会议，约每月一次；院务委员会或院务扩大会议，每学期召开一至两次；院行政会议，不定期召开。

同年12月，上级任命焦梦晓接任浙江师范学院党委书记，朱子英为副书记，省文教厅副厅长俞仲武兼任浙江师范学院院长。

浙江师范学院的发展

1953年秋，外文系的英文组并至华东师范大学，物理专修科扩建为系。1954年7月，地理专修科扩建为系。至此，浙江师院有中文、外语、历史、教育、数学、物理、化学、生物、地理等9个系和政治教育、体育2个专修科。学院除开展本专科教育外，于1953年秋开始招收古汉语和古典文学研究生；还开设了一年制短训班，招收小学骨干教师，培养他们成为初中教师。1954年7月，成立中学教师进修部。1956年秋，成立函授教育部。

学院十分重视党组织的建设，充分发挥共产党员的先锋模范作用。党员队伍不断扩大，学院成立之初党员仅11名，到1958年增加到589人。1956年6月16日，全院召开第一届党员大会，成立了以焦梦晓为书记、朱子英为副书记的浙江师范学院党委会。1958年2月21日，举行了学院第二届党员大会，选举陈烙痕为书记，焦梦晓、朱子英为副书记。同年9月，省委任命宋思纯为副书记。

学院将思想政治工作置于重要地位，并紧密围绕提高全体师生员工的政治觉悟和社会主义积极性，促进教学改革这一中心进行。

为了更好地开展政治理论学习,学校成立了学习委员会。开展思想政治教育的重点是进行共产主义理想和道德品质教育以及形势政策教育。通过领导做报告,组织开展一系列形式多样、丰富多彩的活动,使全院师生员工始终在团结活泼、奋发向上的氛围中学习、生活和工作。同时建立了思想政治工作机构,即学院党委、行政及系科的各级党组织。学院成立政治辅导处,各系科设政治辅导员。(详见本书第51—57页)

教学改革(包括课程设置、教学内容、教学方法和教材的改革)始终是浙江师范学院6年发展的中心工作。成立之初即开设了政治课(其科目有辩证唯物论与历史唯物论、新民主主义论、政治经济学和文教政策与法令)和军训理论课。专业课的改革主要强调理论联系实际,同时,把学生的实习和参观也作为教学的重要内容。

自1952年初到1953年9月开展教学改革的主要措施有:组建教学组织、制定教学计划和教学大纲、组织教师认真编写讲义以确保教学效果、开展教育实习。1953年9月到1954年底,教改的内容有:进一步修订教学计划和教学大纲,建立教学日历制度,制订每天教学的具体计划;除课堂教学外,还采用野外实习和见习等实践教学的形式;在全面推行考查、考试制度的基础上,推行口试。同时进一步调整了教学组织,在教研组内分设教学小组。从1954年12月到1956年底,全院教改从"全面学习苏联"的教学内容、教学方法、教学制度转变为注重学生的"全面发展"。学院组织全院师生开展如何贯彻"全面发展"教育方针的大讨论。大家认为,要培养社会主义建设的合格人才,不仅要具有高度的思想政治觉悟,还要掌握科学文化知识,真正做到德、智、体全面发展。为此,学院调整教学计划,压缩周学时和课程门类,增加自学时间。还调整了讲授与课堂讨论、习作等的时间比例。同时,学院改革了行政管理体制,教务处改设教务科和学生科。各系科增设副主任1—2人,学生的作息制度也做了调整。

浙江师范学院大力倡导科学研究工作。从1954年开始,开展科学研究工作的力度明显增加。学院主要采取了以下措施:《浙江师院》报分别发表了副院长陈立和生物系系主任江希明的文章,阐述了开展科学研究与提高教学质量的相互关系;制定规划,落实任务。各系科纷纷召开各种读书报告会、专题报告会、学术研讨会,学术气氛空前活跃;学院为教师科研成果发表提供平台,于1955年2月成立学报编辑委员会,并于同年7月出版《浙江师范学院学报》(人文科学版)第一期。1956年3月31日.学院举行了第一次全院科学讨论会。会议还邀请了复旦大学、浙江大学等省内外有关大学的专家、教授80多人参加。会议提交论文79篇。由于学院领导的高度重视,在广大教师的共同努力下,浙江师范学院科研工作步入了兴旺时期。据统计,当时共提出研究课题200项。

学院在6年的发展中,始终重视对教师队伍中占有很大的比例的青年教师的培养工作,制订"边教边学,教与学相结合,稳步前进"的培养方针,具体采取4种形式:一是师傅带徒弟。选派业务水平高、教学经验丰富的教师指导年轻助教。二是边教边学。对于那些必须开又没有现成师资的课程,助教就自己边教边学以解燃眉之急。三是根据课程需要,选派业务基础较好的助教到兄弟院校或研究机构进修。四是加强思想政治教育。学校制订了助教政治学习计划,规定凡助教一律应补修完4门政治理论课。

学院在发展过程中也充分发挥知识分子的工作积极性和创造性。向上级推荐优秀知识分子加强和充实学校领导班子,朱福炘、江希明教授后来被增选为浙江师范学院副院长,陈立副院长在1957年5月升任院长。一批学术上有成就、群众威望高、社会上有一定影响力的优秀教师,则由学院推荐参加人大、政协、科协、文联等组织,扩大学院在社会上的影响和知名度。同时,学院切实解决教师的具体问题:对教师工资进行了全面调整,一部分教师的升级问题也得到解决。另外,学院党委注重发挥民主党派、青年团和工会的作用。

从1952年到1958年,办学规模不断扩大,在校学生数从1952年底的885人增加到1958年夏的5638人(含本专科生3084人,研究生5人,函授生2523人,进修班学员26人)。6年里向全国各地输送了4000余名本专科毕业生。教职工总数从244人增加到799人,教师从107人增加到410人。6年多来,不仅秦望山上校舍大大增加,1955年还开始筹划在杭州市松木场另辟校址建造新校舍,到1957年,累计竣工面积已达3万多平方米。

浙江师范学院在6年多的发展过程中曾受到"左"的干扰和冲击。最明显的是1957年夏季开始的反右派斗争的严重扩大化和1958年上半年开展的"教育大革命"。由于反右斗争严重扩大化,全院120名教师、干部甚至一批学生被错划为右派分子。紧接着1958年春开学不久,学院按上级指示开展了为时2个月的"双反"(即反浪费、反保守)运动,随后又进行了一场群众性批判教师,特别是老教师的"资产阶级教育思想"的"教育革命":通过"翻箱倒柜"查讲义、查上课笔记、查教师著作,对许多有名望的教师进行大会、小会的连番批判,一些系汇编了"批判集"。原有的教学计划和大纲,包括教材也遭到批判,在新的计划里增加了劳动的内容,在课堂教学时间里增加了政治理论课的学时。在这场"教育革命"中,科学的教育体系被打破,正常的教学秩序受到干扰,也伤害了良好的师生关系。

1957年后,学院成立了勤工俭学指导委员会,组织学生下乡下厂参加勤工俭学活动。由学生、教师、干部三结合大办工厂、大办农场。教师、学生不再只是在校园教书、学习,还离开校园,走上社会,把生产劳动作为要务。

浙江师范学院办学6年多,虽然受到上面所述的"左"的干扰,但是总的来说,在学院党政班子的领导下,尊重和关心广大老知识分子,培养了一大批中青年知识分子,抓教学,抓科研,调动了教职员工的积极性,扩大了办学规模,为1958年11月后学校各方面的发展奠定了坚实的基础。

曲折前行十八载

学校从1958年11月到1976年10月经历了曲折发展。18年的时间以1966年夏发生的“文化大革命”为界，可区分为“文革”前8年和“文革”中10年两个阶段。

杭州大学组成后的八年

1958年9月成立的新的综合性大学——杭州大学是这一阶段发展的起点。新建的杭州大学的筹备工作虽自当年5月开始，但实际上早在1956年讨论制订12年浙江省文教事业发展规划时，就有成立这所大学的具体设想和计划，并在当年得到党中央的批准（详见本书第34—38页）。杭州大学校址在杭州市区文三街，第一年招收新生488名，设有中文、历史、数学、物理、化学、生物、新闻（专修科）等系科。但由于师资短缺、设施不足等困难，中共浙江省委在10月中旬提出该校与浙江师范学院合并，很快得到两校领导的认可。11月26日，浙江省委下达了关于两校合并后定名为“杭州大学”的决定。

虽然师院和杭大两校的教学计划因学校性质各异而不甚相同，但合并前的思想工作到位，具体安排细致，所以合并工作顺利。1959年3月，合并后的杭州大学召开第一届党员大会，选举产生由陈烙痕等25人组成的党委会。陈烙痕任杭州大学党委书记，左达、宋思纯任党委副书记。5月29日，省人委任命林乎加兼任杭州大学校长，陈建功、林淡秋、陈立、焦梦晓、江希明、朱福炘为副校长。6月26日，选举林乎加等45人组成杭州大学第一届校务委员会。

合并后的杭州大学设有中文、历史、政治、新闻、外语、教育、数学、物理、化学、生物、地理11个系，并有附中1所。当时全校教职工有866人，其中教师439人，在校本专科学生3598人。

合并后的杭州大学最初8年的发展具有曲折性的特点。这一特点与那个时期整个国家的政治、经济等形势密切相关。

众所周知，自1958年开始，全国各项事业出现了大跃进的局面。杭州大学组成后，在当时这种形势的影响下，系科、专业和学生人数急剧增加，学校规模迅速扩大。到1961年春，在校本专科生人数达到5239人，是1976年前杭大在校人数的最高峰。教师也发展到657人。系从11个增加到14个，专业增加到23个；1960年3月，外语和数、理、化等系还招收过春季班。1960年的《杭州大学三年发展纲要》中甚至提出学校3年内在校生要发展到6000人或8000人。成人教育在这几年也大大发展：7个函授专科改为本科。1960学年，新老函授生共5032人，与当年的全日制学生5181人几乎持平。

1959年下半年，开始了反右倾斗争，焦梦晓书记等遭到批判。1960年上半年反右倾斗争基本结束后，在全国掀起的全民技术革新和技术革命的推动下，学校又进行了以教育改革和学术批判为名的第二次“教育大革命”。这次“教育大革命”是1958年“教育革命”的继续，在“大破大立”的思想指导下，着力破除“资产阶级”教学体系，树立“无产阶级”教学体系，于是各系再一次改订教学计划、教学大纲，发动群众编写教材。这次“教育大革命”运动又一次挫伤了知识分子的积极性。

1960年7月9日，省委正式做出决定：杭州大学与省委党校合并，成为社会科学的大学。同时决定数学、物理、化学三系划给杭州工学院，生物系划给浙江农业大学，地理系分别划给杭州师范学院和建德矿冶学院。由于遭到很多人的反对，9月9日，又决定原拟划出的数学、物理、化学、生物、地理等5个系仍留杭大。10月12日，省教育学院划归杭州大学，与教育系组成杭大教育学院。

杭大和省委党校合并后，学校和一些系的领导班子，也随之发生了变化。省委党校校长周林任学校党委第一书记，陈烙痕改任第二书记。

当然，这几年教学和科研也取得了一定的成绩。共编写教学大纲178种，完成科研项目数显著增加。其中有些成果产生了较大影响，如地理系学生有关浙江中石炭纪叶家塘煤系的发现，经地质部和地理学会鉴定属实，受到表扬；物理系为造纸工业创造的速旋流蒸煮器，在全国得到了运用和推广；生物系的家鱼人工繁殖研究，推进了全省淡水养殖业的发展等。1959年5月至1960年6月，《杭州大学学报》共出版了中文、教育、地理、生物、化学、物理、数学等7个专号。

1960年,我国正处于国民经济严重困难时期。为了克服困难,暑假留校师生开始垦地种菜。到11月底,全校垦种菜地达291亩。学校还在临安县石蛤公社百亩地生产队开辟农场,此外还办了闲林埠和萧山2个畜牧场。在此期间,学校认真贯彻中央劳逸结合的指示,加强以食堂为中心的后勤服务,在发现师生患有浮肿病后,积极采取措施加以防止和医治。

1961年1月,中央确定对国民经济实行"调整、巩固、充实、提高"的八字方针。同年2月,学校着手适当控制发展规模,调整系科设置,精简学生人数。1960年3月进校的春季班学生绝大部分被精简。1961年5月开始,学校大刀阔斧地调整了专业设置。1961年11月,杭州大学与省委党校分开。到1962年下半年,学校最后确定设中文、外语、数学、物理、化学、生物、政治、历史、教育、地理10个系共14个专业。同时,停止招收专科生。通过一系列调整,全校在校生人数到1964年9月减少至2204人。教职工队伍也被大量精简,1962年全校减少了232人。函授教育也进行了调整,只剩下中文、数学、物理、化学4个专业,学生数从5000多人减少到1961年底的1378人。

1961年9月,中共中央批准试行《教育部直属高等学校暂行工作条例》(简称《高教六十条》)。1961年10月,全校学习讨论该条例。通过《高教六十条》的学习和贯彻,教学工作出现了可喜的局面:各系纷纷重新修订教学计划,合理安排教学工作与生产劳动、科学研究、社会活动时间,保证了教学秩序的稳定;基础课和基本知识课程的教学以及基本技能的训练得到加强;广大教师的积极性得到了调动,他们在教学中的主导作用得到发挥。许多老教师开设了新课程,做治学经验报告,中青年教师潜心钻研业务,提高教学质量。学术空气空前活跃,文理各系经常举办学术讨论会、科学报告会,邀请知名学者到校讲学。除此之外,一些系(主要是理科)积极承担国家科研课题,共26个,招收研究生的专业扩大到8个。

贯彻《高教六十条》后，校、系领导采取开“神仙会”、登门拜访、与中老学者交知心朋友等多种形式，加强和知识分子的联系，对在教育革命中被批判或受处分的教师一律平反，向他们赔礼道歉。对一些变动工作欠妥的，重新安排他们的教学、科研任务。3位党外副校长也重新分工，让他们有职有权。学校还为学有专长的老年教师配备助手。

1962年夏天，省委、省人委任命吕志先为杭州大学党委书记、校长。他到职后，倡导实行每周一次的党委书记、校长办公会议制度，重视知识分子工作，广泛听取广大教师意见。同年8月，对在反右派运动中，被错误批判、处分的357位师生员工进行了甄别平反工作。

11—12月，学校进行了多次教学人员的升等工作，41位教师晋升讲师，12位讲师提升为副教授。

1963年7月14—16日举行第四届党员大会(前三届分别是浙江师院的第一届和第二届党员大会以及杭州大学第一届党员大会)，选举吕志先、陈烙痕等7人组成新的学校党委，吕志先为书记，陈烙痕为第二书记，朱子英、左达为副书记。1964年5月，省委任命刘活源为校党委副书记。

60年代，十分强调政治思想工作。1961年上半年，政治理论课主要学习《毛泽东选集》第四卷。政治理论课分为马列主义基础理论课与思想政治教育报告两门课程。思想政治教育报告的内容是国内外形势、党的基本政策和共产主义道德教育。1962年下半年起，教工也开始学习政治理论。1963年3月起，全校开展“学习雷锋”运动，下半年是“新旧对比”活动，1964年上半年，学习大庆抓思想革命化的经验，开展“摆好评功”活动。1964年8月，省委工作组进驻杭大，协助开展“四清”。当年11月起到1966年，分批组织师生参加农村“四清”工作。

1965年初，理科5个系及外语系进行教学改革，主要内容是调整课程设置及教学计划，改进教学和考试方法。这些系原有课程146门，经调整削减了22门，新增了7门。同年7月，学校开始对文科4个系拟订新的教改方案。新方案对课程和学时做了调整,如中文系由42门课减为16门(其中新增4门),总学时由2903学时减为2035学时等。调整课程、压缩学时的目的,是组织师生下农村搞“四清”、下连队当兵及参加生产劳动。同时,学校在理科各系和外语系率先改革考试方法,这些系在开考的58门中。有34门实行开卷考试,2门与课程实习结合,进行口、笔试相结合的方式,14门闭卷考试。学校在中文系和生物系进行半工(农)半读试点。

杭州大学从1958年到1966年“文化大革命”前的8年的办学历程中,几经折腾,深受“左”倾错误的危害。但由于有一支忠诚于人民教育事业、热心学校工作的教职工队伍,学校仍然有了较大的发展。据1965年下半年的资料,全校共有11个系13个专业,56个教研组和语言文学研究室、动物研究室,另有49个实验室,并设有印刷厂、物理工厂、生物系实验农场。在校学生2884人,其中本科生2713人,研究生25人,外国(越南)留学生146人。教职员工1146人,其中专任教师632人,专任教师中有教授22人、副教授17人、讲师150人、教员19人、助教424人。据1965年上半年统计,学校固定资产总值达10679600元。校园土地面积520亩。有图书111020种462593册。

从1958年到1966年,学校为国家培养了毕业生6944人,其中研究生25人,本、专科生6108人,函授生811人。很多毕业生经过多年的社会实践和锻炼,成为各级党政机关、各类学校和科研单位的骨干力量。

“文革”十年中的杭州大学

众所周知,1966年《五·一六通知》的发表,标志着“文化大革命”的开始。6月2日《人民日报》刊登了聂元梓的大字报和评论员的文章后,杭大的师生员工自觉或不自觉地卷进了这场运动,宁静的校园瞬间被“批判”“斗争”替代,斗争的矛头指向学校党的各级领导及“反动学术权威”。

在这种形势下，中共浙江省委6月13日派工作组来到杭大，搞了一个所谓的“林夏战役”，即批判当时省委宣传部副部长(原任杭大副校长)林淡秋和中文系教授夏承焘。先后在全校召开了5次批判大会。8月8日，《关于无产阶级文化大革命决定》发表后，杭大正式“停课闹革命”，开始了全国性的所谓大串联。9月25日，杭大成立了“文革”筹委会。11月1日，杭大“造反”组织成立，制造了“抢档案事件”。

1967年1月，上海发生了“一月风暴”，夺了上海市的党政大权。1967年2月，“解放军毛泽东思想宣传队”进驻学校。同月19日，杭大“造反派”组织也夺了学校的党政大权。学校领导和一批中层领导干部、老教授进一步受到了揭批揪斗和种种迫害。

1968年3月29日成立了学校“革命委员会”。8月27日，“省工人毛泽东思想宣传队”进驻杭大。10月25日，全校召开了“清理阶级队伍”动员大会。校工宣队教导员在大会上作了题为《刮起十二级革命风暴，向阶级敌人展开大决战》的报告，号召“在全校范围内，从上到下，从师生员工到家属，从校内到校外，把各方面的群众充分发动起来”。同一天，“杭州大学群众专政指挥部”成立。各系、各部门设立“牛棚”，一些教师甚至学生也进了“牛棚”。11月18日至20日，校“清阶”领导小组举办“清理阶级队伍学习班”。在这场“清理阶级队伍”的运动中，据有关资料，全校被揪斗的教职工有293人，其中正、副教授44人，讲师149人，处级以上干部31人。“文革”中被迫害致死的有10人。

1969年4月，党的九大召开。驻校工宣队和校革委会提出：要以两条路线斗争为纲，掀起教育革命新高潮。4月7日至10日，学校举办了教育革命学习班，4月16日和21日，驻校工宣队和校革委会召开了革命师生下乡动员大会和全校教育革命誓师大会。首批下乡的有多个系的师生。尚未下乡的系科则成立教育革命领导小组，开办学习班，抽调一定力量，组织教改小分队，进行教改探索。同时，全面开展所谓的整党建党活动和“落实毛主席对知识分子的政策”。

同年10月18日，林彪以“加强战备，防止敌人突然袭击”的名义,发布第一个号令“紧急指示”,学校组织师生于11月到浙西莫干山等地搞“战备疏散”。至次年1月下旬返回杭州。

1970年10月,学校开始以推荐和考试相结合的办法招收工农兵学员1100多人入学。自1970年起到1976年,共招收6届工农兵学员,计4894人。

学校在部分首届工农兵学员入学后,即组织野营训练作为“开门办学”。该年7月间召开的全国教育工作会议上,张春桥、姚文元等对新中国成立后17年的教育工作抛出了“两个估计”的问题,许多教师与干部以消极的态度进行抵制与反对。

当时根据全国教育工作会议精神,学校继续实行开门办学,组织各系师生到各地、县(余杭、诸暨、绍兴、桐庐、萧山、余姚、安吉、富阳等)下乡下厂,到工农兵中去接受教育和改造。

同年11月,学校在安吉举办“五七”干校。全校教职工分13批逐年先后下到干校进行所谓劳动锻炼,到1974年底,干校撤销。

1972年4月1日至3日,杭州大学召开第五届党的代表大会,选举产生了中国共产党杭州大学第五届委员会,杨海波当选为党委书记。

1973年8月,党召开了十大。1974年1月开始,全国开展“批林批孔”运动。校党委决定组织全校师生员工在2月或3月初,以一个月到一个半月的时间下乡下厂,与工农兵同批“克己复礼”。

1975年1月四届全国人大后,邓小平主持中央日常工作,着手对许多方面的工作进行整顿,形势有了明显好转。校党委于5月间作出决定,贯彻执行毛主席的三项重要指示,努力把教育革命搞上去。8月12日至21日,校党委举行了扩大会议,决定撤销突击提干的5个文件。10月,杭大根据省委指示,部分师生(约2000人)去嘉兴县参加“省农业学大寨工作队”。12月初,“四人帮”掀起了所谓“批邓、反击右倾翻案风”运动,全国再度陷入混乱,杭大校园内许多人表示不解。

随着“文革”接近尾声,人们日渐觉醒。许多师生员工在不同场合，悄悄地议论“文革”的是非，对这场9年多的动乱越来越感到厌恶。1976年1月8日，周恩来总理逝世，杭大校园沉浸在一片悲哀声中。广大师生员工人人自动戴上黑纱，冲破阻力，群集在校大礼堂举行追悼会。清明节前，杭大校园刷出了一幅标语：“悼念周总理，怀念杨开慧烈士”，有几个系要联合举行《周总理战斗光辉的一生》报告会。

在“文革”10年中，学校的教学、科研工作等遭受了极大的损失，但许多教师在极为困难的工作环境里坚守教师的本分，有教学任务的老师认真备课，课堂上细致讲解，不厌其烦，利用休息时间对文化基础较差的工农兵学员或培训班学员耐心辅导，为他们补课；一些暂时没有教学任务的老师抓紧时间或积累资料，或潜心研究自己感兴趣的学问；下厂下乡的师生在劳动之余利用自己的知识为当地工厂或农村服务。总之，大家以不同的方式对“四人帮”的倒行逆施表达不满，进行抗争，来度过那段艰难的时日。

1976年10月6日，党中央政治局代表党和人民的意志，毅然粉碎了“四人帮”。“文化大革命”终于结束了，杭大广大师生久久盼望的一天终于来到了！

开拓奋进廿二年

从1976年10月到1998年9月的22年是杭州大学发展最为迅速，也是学校在教学、科研、育人、管理以及后勤保障等方面取得重要成就的时期。

拨乱反正、初见成效的六年

这一时期最初的6年，即1976—1982年间，学校通过拨乱反正、落实政策，将工作重心迅速转移到了教学科研上来，成绩斐然。

全校师生员工于1976年10月18日举行大会，坚决拥护党中央对“四人帮”采取的断然措施。11月12日，全校召开了声讨“四人帮"罪行的大会。

为了彻底清算林彪、江青反革命集团的罪行,根据党中央的部署,结合学校的实际,从 1977 年 11 月开始在全校开展了"揭、批、查"工作,重点揭批"四人帮"炮制的对"文化大革命"前的 17 年教育工作的"两个估计",与此同时,学校根据党中央指示精神,清查杭大在"文革"期间发生的重大事件以及有关的人。到 1978 年 5 月,通过"揭、批、查"工作基本查清了学校里与"四人帮"有牵连的人与事。

1978 年开始,学校组织了专门班子,着手进行落实政策的工作。本着实事求是、有错必纠的方针,对"文革"期间所立的案件,逐个进行复查,纠正错误的结论,平反了冤假错案。对"文革"前因所谓政治问题和其他原因造成的错案也实事求是做了纠正和妥善处理。据统计,全校共复查了 153 人的"文革"审查结论和 63 人的政治历史问题,清理了 2135 人的档案,归还和烧毁了"文革"材料 886 份。同时还复查纠正了"文革"前 92 人的冤假错案。

对受林彪、"四人帮"迫害的老教师,学校根据他们的情况,重新调整安排工作,恢复其原来的职务。1978 年至 1982 年间,先后提拔 69 名中青年教师充实到系、处级领导班子。1978 年开始,学校恢复了中断 10 多年的教师职称评定工作。1978 年到 1982 年,学校共晋升教授 13 名,副教授 103 名,副研究员 5 名,副研究馆员 3 名,讲师 517 名,助理研究员 11 名,工程师 2 名,主治医师 4 名。

另外,学校还解决了 181 对夫妻分居的困难,为 9 位老知识分子解决了身边无子女照顾的问题。新建教工宿舍 21119 平方米,新办了 3 个托儿所。

省委在此期间对杭大的党委和行政领导班子作了数次调整:1977 年 9 月,省委任命刘活源为校党委书记、革委会主任,蒋雄飞、高竞生为党委副书记、革委会副主任。1978 年 7 月,高校恢复校长制,省委任命省委常委王家扬兼任杭大校长。1979 年 2 月,省委任命陈立、江希明、朱福炘为副校长,郑晓沧、董聿茂为顾问。同年 3 月 15 日,省委任命陈立为校长,6 月任命高培明为常务副书记、李志芳为副校长。1980年8月,省委任命黄逸宾为党委书记,张拯璜为副书记,薛艳庄为副校长。黄逸宾到任后,筹备召开粉碎“四人帮”后的第一次校党代会,即杭州大学第六届党代会。经过一年多的准备,第六届党代会于1981年12月召开,选举黄逸宾为党委书记,高培明、张拯璜、高竞生任副书记。校工会、团委、学生会、民主党派等组织相继恢复了活动。

1977年11月6日,省委在学校党委于1977年9月28日向省里呈送的《关于要求重新明确我校性质和任务的报告》上明确批示,我校为综合性大学,任务是培养科学研究人员和各种专业人才,培养高中和大学的师资。1978年4月,学校提出了今后3年、8年的发展规划,同时,进行了一系列系科的调整和专业增设。到1982年底,全校由原来的11个系15个专业发展到14个系29个专业。在校学生从1978年上半年的2608人增至1982年下半年的6000余人。

1978年10月,恢复研究生招生,有23个专业招收了77名研究生。1981年11月,国务院批准全国首批博士、硕士学位授予单位和学科,杭大有权授予硕士学位的学科、专业21个,有权授予博士学位的学科、专业2个,指导教师3人。

为了保证教学质量和稳定教学秩序,1977年下半年和1978年上半年,学校着重抓了修订教学计划,加强教学管理,制订一系列规章制度。为了更好地培养学生成才,各系从78级起实行学分制。1978年下半年起,学校为搞好教学科研工作,采取了不少措施,制订了一些制度,其中有:至少保证教师每周有六分之五的时间用于教学;建立岗位责任制;每门课程由一位至多两位教师主讲;建立教师业务进修考核制度和教师升等制度;每学期由教研室对教师的教学任务完成情况、进修情况、论文水平和科研成果等检查一次;采取多种形式切实组织好教师的业务进修。学校在继续办好教师外语进修班的同时,又举办高等数学、古汉语等进修班,逐步完成理科教师电子计算机扫盲,并有计划地安排教师去国内有关院校、科研单位或国外进修等。

学校的科研工作在1978年3月召开的全国科学大会的推动下，得到了进一步的发展。在那次大会上，数学系的“滤波器设计过程中的一个高精度算法”“红外线轴温探测器——TLC型电子热轴判别机”“09工程配套压缩机”，物理系的“超大型等离子体显示系统”“低压荧光数码管”，生物系的“石蕊地衣红”“小麦化学去雄”，化学系的“间(对)二甲苯氨氧化催化剂的研制及集团结构适应理论”等8个科研项目获全国优秀科技成果奖。

从1979年5月到1982年5月，学校恢复了原有的中国语言文学研究室，并新建11个研究室和生物研究所。1979年下半年学校重建了学术委员会，由校长陈立任主任。

这一时期，全校的学术活动非常活跃，各种学术研讨会、报告会纷纷召开。1979年10月，举行了杭州大学成立后规模最大、影响极广的“庆祝建国三十周年科学报告会”。这些会议进一步打开了学校学术交流的大门，推动了全校科学研究工作的深入开展。(详见本书第59—65页)

为了培养德智体全面发展的人才，学校在恢复整顿各项工作的同时，狠抓了文体活动的恢复和整顿工作，重新公布了体育常规，组建校篮球、田径、乒乓、体操代表队，开展正常的体育训练工作，并在各种项目比赛中取得了优异的成绩。

文化娱乐方面的活动也开展得很活跃。1978年10月，成立了校文工团和美工团；1981年5月下旬，又举办了杭州大学首届大学生百科知识竞赛。

开拓创新时期的全面发展

1983年起，学校迈入了开拓创新的新阶段，从那时起到1998年9月杭州大学融入新的浙江大学的16年间，学校各个方面都得到了迅速的发展。

领导班子、党的建设、思想政治工作

党的十二大提出了“进行机构改革和经济体制改革，实现干部

队伍的革命化、年轻化、知识化、专业化”的要求。杭州大学在省委的直接领导下,也进行了机构改革和领导班子的调整工作。1983年10月8日,省委决定:薛艳庄任校长、党委副书记,夏越炯任党委书记,董如宾为副书记,谢庭藩、金锵、姜新茂为副校长。学校部处和系科也在1984年3月进行了调整。

在之后的10余年中,杭大的领导班子有如下具体的更动:1985年12月,沈善洪调任杭州大学校长,薛艳庄改任党委书记,夏越炯改任常务副校长兼党委副书记。1986年1月10—11日,学校召开党的第七次代表大会,选举薛艳庄为书记,夏越炯、董如宾、马裕祥为副书记。1988年,省委决定杭大实行校长负责制,校级领导做了相应调整,董如宾副书记改任副校长,童芍素任副书记,金锵不再任副校长。1989年1月,学校召开党的第八次代表大会,薛艳庄再次当选为书记,马裕祥、童芍素任副书记。1991年,省委决定杭大由校长负责制改为党委领导下的校长负责制,调郑造桓为党委副书记。1992年6月举行的第九次校党代会上,郑造桓当选为党委书记,童芍素任副书记。随后,谢庭藩、姜新茂、童芍素先后调离杭大,郑小明、张金山分别于1992年4月和1994年2月起担任副校长,费君清于1994年1月起为副书记。1995年8月胡建淼、王重鸣担任副校长,徐辉、庞学铨于1996年1月分别担任副校长、副书记,1996年6月省委任命郑小明为校长。

1984年在校、系两级领导班子调整工作结束以后,学校按照党中央关于整党的决定和省委的部署,于10月开始进行全面整党,到1985年基本结束。1990年下半年,学校又按照党中央和省委的要求进行了党员重新登记工作。

除完成上述两件重要工作外,学校党委着重抓了思想作风建设和理论学习。建立党委中心学习组和党总支中心学习组,以邓小平理论为重点,统筹规划和系统安排不同时期理论学习的各项内容,保证师生员工深刻领会邓小平理论的精神实质。建立了校党政负责人廉政制度等。在组织建设上加强对基层党组织的领导,定期评选先进党支部和优秀党员,积极慎重发展新党员,1989—1996 年发展党员 2307 名。注重领导班子的建设,定期进行党总支的改选和对各系中层干部的考察、换届选举。同时,还认真贯彻党的统一战线方针,发挥民主党派的作用,加强对校共青团和工会的领导。

学校党委的基本任务之一是负责全校师生员工的政治思想工作。党委着力改进政治思想工作的内容和方法,将该项工作同教学、科研、管理工作结合起来。同时,建立了一支强有力的思政工作队伍,包括专职政治辅导员、班主任等。在政治思想工作中,特别注意育人工作,在全校初步形成教师教书育人、干部管理育人、职工服务育人的良好育人环境,始终牢记并努力保证学校培养社会主义建设者和接班人这个根本任务的完成。总之,在 1983 年学校进入开拓创新的新阶段后的 10 多年中,党的领导以及它所开展的思想政治工作为完成学校其他各项工作提供了坚实的基础和可靠的保证。

学科建设

学校坚持"抓优势、抓重点、抓前沿、抓应用"的原则进行学科建设,在保持文史哲和数理化基础学科传统优势的基础上,根据浙江经济、社会发展的需要,不断调整专业的结构和方向,强调为地方服务的功能和特色,以提高学校作为综合性大学的实力和水平为学科建设的宗旨。

学校在 1978 年后所进行的系科、专业的调整和建设的基础上,采取建立一批应用性强的专业、调整一批通用的基础理论学科的老专业,或者将其合并,或者拓宽其口径,增加其应用性方向,建立了有上有下的专业建设机制。同时,对新建专业抓检查、评估。到 1998 年,根据东南沿海特别是浙江省当前及未来经济建设社会发展的需要,着重发展的应用学科的专业数量已占总专业数的三分之二以上。

1994 年,为了加大扶持重点学科的力度,学校在经费相当紧张的情况下,拨出 200 万元专款扶持 14 个校级重点学科。同时,学校努力推出一些学科进入国家级、省级重点学科。到 1997 年,全校有国家重点学科1个,国家重点专业实验室1个,国家基础科学研究和人才培养基地5个(其中自然科学学科3个,人文社会科学学科2个);省级重点学科6个,省级重点扶持学科5个,省级重点实验室3个。

1990年后,学校成立了一些学院,出现了校—院—系的体制。到1997年,全校有13个学院,28个系,1个分校,4个基础教学部,58个本科专业,4个专科专业,一批文理渗透、理工交叉的学科正在形成。

本科教学改革和教师队伍建设

教学是学校的中心工作,本科教学是高校教学的重点,培养大批合格的本科生,是高校的基本任务。

学校在1984年提出了"削减课时、打好基础、加强实践、培养能力"的方针,进行教学改革。1985年6月,学校向全校教职工传达了全国教育工作会议精神。大家就办学指导思想、办学形式、体制结构、专业设置、教学内容、教学方法、师资队伍建设、政治理论教学以及学分制、助学金与奖学金等问题展开了讨论。进入90年代后,学校又提出"重视基础、提高素质、增强能力、因材施教"的原则,以教学内容和课程体系为重点,全面深化教学改革。

10多年来,在教学改革方面提出的新理念、新举措主要有:(1)适当减少讲授课时,增加学生自由支配的时间;(2)加强学生的实验技能训练和计算机训练;(3)鼓励学生开展科研活动,支持学生组织科研社团;(4)要求学生认真完成毕业实践,写好毕业论文,将优秀论文汇编成册;(5)重视学生文化素质教育,增设100门以提高文化素质为目的的选修课;(6)积极开辟第二课堂,让学生开展为社会服务的活动;(7)坚持开展暑期社会实践活动,全校有各类校外实践基地近百个;(8)成立基础教学部;(9)将教学改革和校风建设结合起来;(10)完善学分制;(11)探索教学培养的新形式,推行主副修制、双学位制、本加专制、单科证书等;(12)开展面向21世纪的100门重点课程的建设;(13)注重复合型人才的培养。

通过不断深化教学改革,学校教学总体水平有了切实提高,学生独立工作能力、创造能力和解决问题的能力显著加强。据学校进行的大规模毕业生调查显示,90%以上毕业生得到用人单位的好评。到1995年,我校教师获全国优秀教学成果奖3项、省级优秀教学成果奖27项、国家优秀教材奖3项、国家教委优秀教材奖5项。在历年参加“中国大学生实用科技发明大奖赛”、全国“挑战杯”大学生课外科技作品大奖赛中,学生有多项成果或作品获奖,1996年,我校学生参加“中国大学生实用科技发明大奖赛”的获奖数为全省第一。至1998年,我校连续9年被教育部、团中央、中宣部评为“暑期社会实践先进单位”。我校还是全国首批大学生文化素质教育试点单位之一。

教师是教学工作的主体,教师队伍的建设直接和教育质量相关。学校出台了优秀教师,特别是教授从事专业基础教学的制度,使全校70%以上的正副教授担任基础课教学任务;制订了《杭州大学教学工作守则》等数十种制度,加强管理。学校重视发挥教师的业务特长,从政治上、生活上关心他们,改善他们的工作条件,提供进修深造的机会,在10多年内,先后派遣443名教师出国进行为期半年以上的合作研究或进修学习。1986年,学校鼓励青年教师通过读在职研究生和其他途径达到硕士和博士水平。同时,也从外校引进或从社会上招聘高职称、高学历的优秀人才,充实我校教师队伍。

1985年5月,国家教委批准杭州大学为高等学校教师职务聘任制的试点学校。1986年起,学校开始试点工作。到1987年6月,全校晋升教授45名、副教授145名、讲师209名,初步改变了论资排辈的现象。1987年,浙江省教委正式批准学校实行教师职务聘任制,使教师队伍的职称结构发生了明显变化。由于学校在职务聘任中重视对业务上有突出表现的中青年人才的晋升,从1987年到1995年,有179人(次)被破格晋升为教授、副教授,这也使教师队伍中高级职称中的平均年龄有明显下降,教授平均年龄从原来的70岁下降为57.3岁,副教授平均年龄从原来的58岁下降为52.4岁。全校教师的平均年龄也从1985年的48岁下降到1995年的43岁。教师和学生之比则由1985年的1∶5.9提高到1995年的1∶7。

1994年下半年,学校开始实行100名跨世纪优秀人才工程,其中有十几名教师被评为浙江省跨世纪青年学科带头人,有2名被评为国家级学科带头人。随着教师队伍结构的合理调整和素质的进一步提高,学校的教学和学术梯队的建设取得了切实成效。

研究生和成人教育工作

研究生教育在16年里得到极大的发展。硕士点、博士点逐年增加,1984、1986、1990、1993、1996和1998年国务院批准的各批有权授予硕士和博士单位的名单里,我校均有单位、专业列入其中。到1997年,有61个硕士学位学科,13个博士学位学科,1个博士后流动站。建成了较为完整的人才培养和学科体系,是全国少数几所可以同时在8个学科门类招收研究生的高校之一。1994年,国务院学位委员会将杭大列为有权自行增列博士导师的试点单位。自此,每两年开展一次增列博士导师的工作。

研究生招生的人数逐年扩大,1983年为78人,1996年增加到286名,其中硕士生236名,博士生50名。1985年5月,在原研究生招生办的基础上设立研究生部,内设研究生招生办、研究生培养科、研究生学籍管理科和学位评定委员会办公室。

在研究生教育方面采取了一系列新的改革措施:发挥综合优势,注重学科交叉,在学术层次上培养应用型、复合型人才;聘请厂矿企业管理专家参与指导,建立了研究生校外培训基地;学校在建立"人文学院"以后,在学院层次上尝试培养"文史哲"本硕连读七年制学生;积极吸引优秀生源,积极建设研究生指导教师学术梯队;围绕科研课题培养研究生,促进重点学科建设。

成人教育在16年里发展迅速。成人教育主要指函授、夜大、高等教育自学考试。函授教育于1983年3月经省政府批准恢复,同年12月开始招生,分专科和本科,另设有27个专科起点的本科专业。夜大学于1983年1月经国家教委批准设立,有11个专修科,2个本科以及专科起点的本科。自学考试于1984年12月首次开考,由杭大主考的本科专业5个,专科专业12个。到1996年下半年,杭大主考的专业已有2万余人获本科或专科证书。另有干部专修科、成人脱产班、专业证书班以及各类短训、单科进修等多种形式、多种层次和多种规格。

科研工作

科学研究工作在开拓创新的新阶段中取得了令人瞩目的成绩。在这一阶段,学校提出了"重视基础研究,强调应用研究,加强开发研究,坚持科研与教学相结合,出人才,出成果,为浙江省经济技术与社会发展作出新贡献"的科研工作指导思想。

学校出台了不少有效措施加强科研工作,其中有:制订《科研计划管理条例》《科研经费管理办法》《科研成果管理条例》等规定;建立和健全科研机构,到1996年,全校有研究院、所50个,研究中心33个,研究室26个,绝大多数建立于1983年后;1993年起,实行科研办公会议制度,原科研处分为科研一处、二处,加强对自然科学和人文科学的管理和协调;加强科技成果的鉴定、转让和推广应用;多层次、多渠道增加科研经费,特别是横向经费,自然科学学科年科研经费从1985年的245万元增加到1996年的2007万元,人文科学学科年科研经费从1985年的30万元增加到1996年的465万元;1993年起,学校每年自筹30万元对科研业绩显著者进行奖励,1994年起实行每两年评选先进科研管理工作者。

由于科研指导思想明确和全校教师的努力,1985—1995年,承担国家项目数达到329项,承接国家"八五"规划项目数列全国地方院校之首,全国高校第13位;承担省、部级项目727项。出版学术专著494部,自编教材478种,在国内外学术刊物上发表论文10472篇。获国家级奖12项,省部级奖195项。在全国高校首届人文社科优秀成果奖评选中,我校获一等奖3项、二等奖6项,名列全国地方综合性大学之首。通过专家鉴定的科研成果192项,获国内外发明专利39项,一批科研成果为国内领先或达到、接近国际先进水平,如

"衍射本性研究和超衍射极限激光技术""数字电路设计三层次研究""飞机座舱照明与人机工效学""声谱实时伪彩色编码显示与旋笛声学结构分析""多相催化基础研究""矩阵光学"理论等。尤为可喜的是其中有一些科研成果是青年学者完成的,如当时30岁的王坚教授完成的"人—计算机界面设计要求与技术"(国家"863"项目"人工智能系统"子课题)被有关专家评价为"国内居领先水平","具有国际先进水平"。

管理改革

学校在开拓创新的新阶段十分重视改革各种管理体制。其中有简政放权,使系一级单位拥有一定人事聘用权、经费支配权,制订了扩大系一级自主权的11条措施;1990年后,学校逐步由校、系两级管理向校、院、系三级管理过渡,并推行研究所制;实行科学核定编制,1993年,学校按照"理顺关系、明确职责、精简队伍、提高效能"的指导思想,进行了校部机关调整和定编工作,实行定编、定岗、定职责,聘任制的"三定一聘"改革;改革教师管理制度,实行合理定编、按不同岗位确定任务指标、职务聘任实行滚动制、健全考核制度。

为了使全校教职工更广泛地参加学校管理,行使当家做主的民主权利,1985年1月19日,杭州大学举行首届教代会,至1998年,已召开4届共11次教代会。此外,建立每周半天校党政领导轮流接待师生员工来访制度,建立书记、校长信箱等。同时,努力发挥民革、民盟、九三、民进、农工、致公等6个民主党派的作用。

合作交流

扩大对外开放,加强社会合作,是开拓创新时期的办学思路的要点之一,也是学校这一时期取得成绩中的亮点。合作交流包括国内和国际两个方面。

国内合作主要的形式是联合办学。与地方政府联合办学的有1993年9月与义乌市政府联合创办的义乌分校;与大型企业集团联合办学的有与北海中达企业集团于1993年12月建立的旅游学院;与政府有关职能部门和社会团体联合办学的有1993年9月与金融系统组建的金融学院,1993 年 11 月与新闻出版广电系统建立新闻与传播学院,1995 年 6 月又组建了与地方政府、政府部门和企业集团及国外有关机构多方联合的实体性学院生命科学学院;1994 年 10 月与杭州电子工业学院、1995 年 5 月与浙江省政法管理学院开展了兄弟院校间的合作办学。

另外,学校还与余姚、江山、鄞县等市县开展多方面合作。

联合办学加强了学校与社会的联系。一方面,学校可以更多地了解社会的需要;另一方面,也获得多方面对学校的支持,包括为学校经费来源提供了新途径,提高了学校服务社会的积极性,增加办学活力;与其他学校联合办学有利于学科的内涵发展,为学科、专业之间的合作交流提供新机会和可能。通过与大型企业集团、金融系统、新闻出版广电系统等联合办学,也使学生得到更多的实践机会,加强他们的实践能力。

国外校际交流开始于 1981 年,但绝大多数学校,即与杭州大学有合作交流关系的 56 所国外学校中有 54 所是在 1985—1998 年间签订协议的,它们分布在 13 个国家。除了国际校际交流外,1983—1998 年间,学校还接受 819 位外国留学生到校学习、进修(详见本书第 73—78 页),根据 1991—1995 年的资料,每年接待来访外宾 1000 多人。1983 年以来,学校先后聘请了近 200 名外国专家和外籍教师来校任教。这种国际之间的交流和合作,促进了学校各方面的发展,提高了学校的学术地位和知名度。

教学科研公共保障体系和后勤工作

1983 年以来,学校多渠道筹措资金,建立了一批教学用房和实验用房,新增实验用房 3 万多平方米,改善了实验条件。努力增加实验仪器、设备,固定仪器设备资产从 1985 年的 1300 多万元增加到 5600 多万元。到 1997 年,有各类实验室 57 个,其中基础教学实验室 50 个。

校园计算机信息服务网络不断完善,至 1998 年已建成全校高、中、低速校园网,并与全国教育科研网和国际互联网联网。

图书馆拥有藏书164万册,中外文期刊11570种。学科文献在高校研究级学科文献收藏排行榜中居前20位。能提供较强的文献信息提供能力,80年代以来,有7万多种中文图书和4万多种外文图书进入数据库,并开展了声像服务、复印服务、缩微制品的拍摄、复制、复印服务。(详见本书第93—95页)

1989年9月,成立了杭州大学出版社,至1996年出版各类图书700余种,销售总码洋1500万元。(详见本书第79—82页)

后勤保障体系不断完善。1980年后,新建7幢教学楼、新图书馆楼、邵逸夫科教馆等,总建筑面积6万多平方米。新建、扩建8幢学生宿舍和44幢教职工用房,教职工用房总建筑面积7万多平方米。新建医院楼在1983年5月交付使用,1985年4月医院病房扩建完工。

列入“211工程”的成功申报

“211工程”是国家在21世纪重点建设100所左右的高等学校的重大决策的简称。1992年春,我校获悉这项国家工程的内容,并了解各省份也可以有1—2所非国家教委直属重点大学列入该项目后,立即决定申报。同年5月15日,学校向浙江省教委递交了《关于要求将杭州大学列入“211工程”的报告》,同年12月11日又向省委、省政府递交了《杭州大学关于深化改革中几个问题的报告》,其中着重说明,我校具有的综合实力得到了国家教委和有关方面领导与专家的肯定,关键需要省里的支持和扶植,请求省委、省政府重点支持我校列入“211工程”计划。

1993年7月,国家教委下发了《关于印发〈关于重点建设一批高等学校和重点学科点的若干意见〉的通知》。同年11月1日,省委、省政府组织了一个评议组来到我校实地考察,进行了材料评审并听取学校汇报。学校领导从7个方面介绍杭大现有的办学规模和基本特色、专业设置和学科建设、师资队伍的建设和教学水平、科研开发、对外交流与国际合作和办学条件,也汇报了杭大争取进入“211工程”的规划目标和具体措施。评议组的专家认为杭大总体水平较高,也有自己的特色,社会需求面广,完全有实力、有条件进入“211工程”,于是通过了对我校申请进入“211 工程”的评议。

在之后的 3 年中,学校一方面向全校师生员工宣传我校进入“211 工程”的重要意义,另一方面,在学校学科建设、师资队伍建设、教学科研工作、对外交流和后勤工作方面加倍努力,争取有更大的成绩。

1996 年 6 月 20 日,国家教委“211 工程”办公室向浙江省教委发出了《关于同意浙江省对杭州大学开展“211 工程”预审工作的通知》,提出杭州大学的预审工作由省自行组织进行,同时指出,以学校为主进行项目设计和可行性论证是一个关键环节。省委、省政府立即组成了以省委刘枫为组长,徐志纯、鲁松庭为副组长的预审领导小组,于 7 月 1 日—8 月 31 日组织校内外的专家、教授进行了为期 2 个月的项目设计和可行性论证工作,最后形成了杭州大学“211工程”自我评估和整体规划的报告以及重点学科建设与发展规划报告。

专家组的预审工作在 9 月 10—12 日进行。专家组听取了郑小明校长关于杭州大学申请进入“211 工程”的情况汇报,观看了专题录像片《以求是精神,育一代英才》,考察了杭大近 20 个教学、科研单位以及实践基地,召开了学科带头人、中青年学术骨干座谈会,于 12日下午宣布预审工作结论,专家组全体成员一致建议通过杭州大学申请进入“211 工程”部门预审。

在顺利通过“211 工程”部门预审后,学校立即根据预审专家组的意见,进一步修订和完善了“211 工程”建设规划。“211 工程”立项论证会于 1997 年 4 月 14—15 日举行。以浙江大学王启东教授为组长的专家组成员听取了郑校长关于“211 工程”重点建设项目可行性报告的汇报,审阅了有关文件,征询了重点学科建设项目有关负责人的意见,经过分组讨论和集中研究评议后,认为杭大“211 工程”建设奋斗目标符合学校的实际情况,思路清晰,定位确当;所确定的10 个重点建设学科的基本思路、规模和结构合理。(详见本书第

43—50页,第66—72页)

“211工程”部门预审和“211工程”立项论证的通过,使杭大跨入了国家重点建设大学的行列,这是杭大人多少年来追求的理想,更是学校几十年来特别是改革开放以来的近20年来开拓奋进所取得的最为重要的成果。

庆祝学校百年华诞和融入新浙大的过程

1996年9月通过进入“211工程”的部门预审的前夕,我校通过了省文明建设单位的检查,取得了浙江省省级文明建设单位的称号。学校各方面的工作在1997—1998年间继续有条不紊地进行着,校党委及时提出了“强化管理,苦练内功,狠抓重点,提高水平”的十六字工作办学思路。以学科建设为龙头,在深化内涵上下功夫,切实抓好教学、科研、育人等各项工作。

因我校历史最早可上溯至1897年创办的求是书院,故学校于1997年5月3日隆重举办了百年校庆活动,举行了全校庆祝大会,召开了各种学术讨论会,许多国内外来宾应邀出席。数万名校友回到母校,齐聚在校园,祝贺母校的百年华诞。

1998年4月30日,“新的浙江大学筹备工作小组”成立。学校除了继续做好学科建设以及教学、科研等学校正常工作外,也同时为融入新浙大进行了各项准备。6月22日,学校中层以上干部参加教育部党组和浙江省委联合召开的新浙大领导班子考察组建工作动员会。8月26日,教育部下达了《关于浙江大学、杭州大学、浙江农业大学、浙江医科大学合并组建新的浙江大学的决定》,决定合并后的新校名为“浙江大学”,实现一个法人、一个领导班子、一个建制,并相应撤销原有的四个学校的独立建制。9月8日,新浙大领导班子的组成人员任命决定下达。9月15日,“新浙江大学成立大会”举行。大会之后,约10时45分,在杭州大学校门口举行揭牌仪式,柴松岳省长等领导拉下覆盖在校牌上的红绸,露出“浙江大学”四个大字,杭州大学校园亦相应改称为浙江大学西溪校区。从1952年2月5日开始的学校那段46年又7个多月的历史自此画上了句号。

历任党委书记一览

校　名	姓　名	任　期
浙江师范学院	刘　丹	1952年2月—1952年12月
	焦梦晓	1952年12月—1958年6月
	陈烙痕	1958年6月—1958年11月
杭州大学	陈烙痕	1959年7月—1961年12月
	周　林(党委第一书记)	1961年12月—1962年5月
	陈烙痕(党委第二书记)	1961年12月—1968年3月
	吕志先	1962年5月—1963年7月
	吕志先	1964年4月—1965年1月
	杨海波	1972年4月—1977年9月
	刘活源	1977年9月—1980年8月
	黄逸宾	1980年8月—1983年9月
	夏越炯	1983年9月—1986年1月
	薛艳庄	1986年1月—1992年5月
	郑造桓	1992年5月—1998年9月

历任校长(院长)一览

校　名	姓　名	任　期
浙江师范学院	刘　丹(兼)	1952年2月—1952年12月
	俞仲武(兼)	1952年12月—1957年5月
	陈　立	1957年5月—1958年11月
杭州大学	林乎加(兼)	1959年5月—1962年5月
	吕志先(兼)	1962年5月—1964年4月
	王家扬(兼)	1978年7月—1979年3月
	陈　立	1979年3月—1983年9月
	薛艳庄	1983年9月—1986年1月
	沈善洪	1986年1月—1996年6月
	郑小明	1996年6月—1998年9月

＊本文根据《杭州大学校史》(1897—1988)和《杭州大学校史》(1897—1997)等史料编写。

上编 史料集珍

回 文献辑要

有关院系调整和浙江师院建立第一年工作的文献内容要点汇集

许高渝整理

涉及该专题的文献有3件，即浙江省人民政府文教厅刘丹厅长就“我省高等学校调整工作进行情况并请示接收私立之江大学等事由”给华东军政委员会教育部的报告(1952年1月11日起草)、浙江师范学院院系调整情况及建校工作总结报告(1952年11月10日)、关于接收之江大学的报告(1953年2月25日)。上述文献主要记述以下内容。

一、浙江省高等学校院系调整委员会成立和举行的会议。

浙江省高等学校的调整工作于1951年12月开始进行。12月28日浙江省高等学校院系调整委员会成立，主任林乎加，副主任刘丹。

1952年1月2日，该委员会举行了第一次会议。林乎加和刘丹就院系调整的重要意义做了讲话。经委员会讨论初步提出了调整计划，其中计划的第三点为“成立浙江师范学院，以浙江大学文学院和之江大学文理学院为基础，院址设现之江大学，现在的浙江师范专科学校并入师范学院，为专修科”。会议还确定了教职员工以原薪继任，人事任用由调整委员会先提意见，经厅报部决定等原则。

该次会议决定在省高等学校院系调整委员会领导下，分设 3 个筹备委员会，其中浙江师范学院筹备委员会主任为刘丹，副主任为焦梦晓、陈立、周正。

同年 1 月 8 日，浙江师范学院筹备委员会举行会议，就学院组织编制、人事调配、系科组调整、课程开设等具体问题进行了讨论。会议定于 1 月 12 日由省高等学校院系调整委员会林乎加主任向有关学校教职工做调整动员报告，13 日向学生动员。浙江师范学院筹备委员会还对师院负责人，包括院长、副院长、第二副院长及各系负责人的人选进行了研究。

二、调整工作分两个阶段完成。

第一阶段为 1952 年 2 月至 7 月。2 月 5 日初步完成学校合并工作，9 日接收之江大学校董会，接着进行对浙江大学文学院及师专两院校的接收工作。在之江大学设立师范学院筹备处，由刘丹、焦梦晓、陈立负责。原浙江大学文学院与之江大学文理学院合并后在师范学院设立中文、外文(俄语、英语两组)、教育三系；原浙江师专六个两年制专修科并入师范学院外，再加设体育、中文、教育三科；3 月，原俄专并入师院，在师院设俄语专修科。

浙江師範學院院系調整情況及建校工作總結報告

(一)院系調整前的基本情況

院系调整情况和建校工作报告

在具体人事方面，除中文系徐震堮、沙孟海二人分配到他校工作，浙大留外语系教授二人、副教授三人、讲师四人、助教一人、兼任讲师一人外，其余的师资均由师院聘任。职员工友全部亦由师院聘用。

这一阶段，以筹备委员会

的形式领导师院工作,6月中筹组临时院务委员会,制订学校规程,7月间正式成立院务会议。

调整的第二阶段是1952年8月至10月。在华东高等学校院系调整委员会浙江分会领导下,浙大理学院部分系科调入浙江师范学院,师院增设化学、生物、数学、历史四系。

三、师院成立初期,由于同时进行“三反”与“思想改造运动”,建校工作进度缓慢。系科设置只能在原有基础上进行,教学计划的拟订等也只能因循守旧。行政工作的开展受到很大的限制。在学期开始后,极力设法补充人员,从革大及中学方面调动连同新聘的,至9月止共增加40余人。

建校工作的重要步骤是筹划增加院舍建筑。因师院接收原有之江大学的房舍,全部修整使用后勉强只可容纳900人左右,考虑今后发展需要,学院在5月间征用附近山地52.689亩。6月底,华东教育部批准62亿元的基本建设费,7月间开始兴建学生宿舍5幢(可容720人),教职员工宿舍8幢,教室1座,大膳厅1幢,其他有厨房、厕所、汽车间等。到11月,学生宿舍已全部完工,教员宿舍5幢亦已大部分竣工。

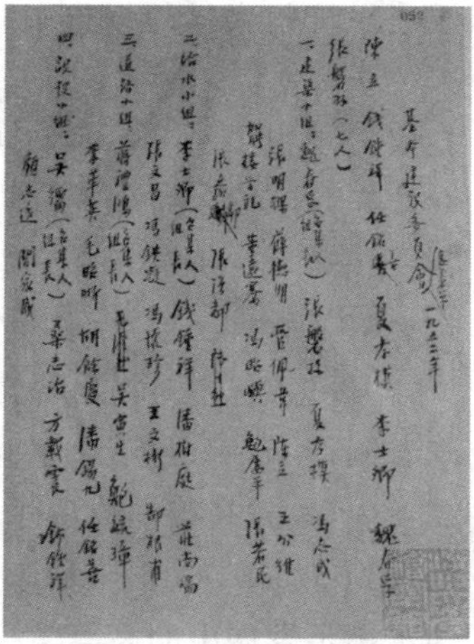
基本建设委员会
一九五二年

1952年院基建委员会名单

建校工作的另一个主要方面是增添设备和图书。7月中曾组织了理科教师赴上海采购必需仪器设备。同时添设金工场1所,计划能继续修理仪器和自制简单的教具,并拟添设玻璃工场、木工场等,以配合理论教学。

缺水问题也是学院将致力解决的一项重要工作,因之江大学原有蓄水池容量有限(只能供七八百人),上半年曾一度出现严重缺水现象。

有关规划、筹建杭州大学及其成立后与浙江师范学院合并的文献内容梳理

许高渝整理

有关该专题的文献主要有：筹建一个综合性的杭州大学的初步设想(1956 年 2 月 20 日)、中共浙江省委文教部致沙文汉同志并报省委的报告(1956 年 3 月 31 日)、浙江省人民委员会文教办公室关于建立杭州大学的报告(1956 年 8 月 23 日)、杭州大学筹备委员会人员登记簿(1958 年 5 月)、浙江师院党委会议记录和杭州大学党委会议记录(1958 年 10 月)、中共浙江省委关于杭州大学与浙江师范学院合并后校名的决定(1958 年 11 月 26 日)等。

1956 年 2 月 20 日草拟的“筹建一个综合性的杭州大学的初步设想”(下称“设想”)原名为“筹建一个综合大学的规划纲要”。

“设想”首先对提出筹建杭州大学的背景做了说明。1956 年，浙江省制订了一个发展文教事业的十二年总规划，根据该规划，在十二年内，本省高等学校将由 5 所增加到 20 所，学生人数将由 8000 人增加到 64500 人以上，科学研究机构的数量与规模也将大大发展。为了满足发展中的高等学校师资和科学研究人才的需要，以及一部分高中师资的需要，“省委决定筹建综合性大学一所，并定名为杭州大学”。

“设想”计划杭州大学“在 1958 年开学，先设 6 个系，第一年招生 600 人，以后发展的最大规模为 8 个系，学生 3200 人，均暂为四年制”。“设想”对未来杭州大学的师资也提出了具体数字：“共 368 人，与学生数的比例为 1∶8.15。其中正副教授 72 人，正副教授或讲师 100 人；助教 196 人。分两个阶段来配备，第一阶段主要满足 1960 年前开始招生的 6 个系的师资需要，共需 105 人，第二阶段主要满足

在 1960 年发展成为 8 个系后的师资需要，预计除前已配备者外，尚需增加 263 人。”

“设想”接着列出了第一阶段各系、各课程所需具体人数，并对师资来源考虑了三个方案：(1)以浙江师范学院为基础，即把该校改为综合性大学，再由复旦大学加以援助；(2)完全依靠复旦大学解决，但根据复旦目前师资情况，1958 年开学就不可能；(3)如果要保证 1958 年开学，又不影响本省高等师范教育事业的发展，可由复旦和师院共同抽出一部分师资，搭起架子，以后再视需要逐年补充。具体意见是：第一，教研组主任和主要教授是教学中的骨干，拟全部由复旦大学负责解决；第二，一般教授或讲师拟从师范学院中抽调；第三，所需助教拟要求高教部在高校毕业生中调派。“设想”对行政组织系统和干部来源问题也提出了具体而详细的方案。

“设想”中最后的一项问题是成立建校筹委会。“在省委领导下，立即成立综合性大学筹备委员会，这个委员会可由省委文教部、省人委二办、师范学院和复旦大学有关方面组成。它目前的任务是：根据此规划纲要研究本校的具体规划，研究本校的组织机构及人员编制问题，研究本校的师资培养、调配和职工调配问题，研究本校的历年招生计划和教学计划问题，确定校址，争取今年上半年开始基建，研究购置一批图书、校具等设备问题。”

“设想”初稿形成一个多月后，省委文教部于 3 月 31 日提交了一个致沙文汉同志并报省委的报告。

该报告认为：“关于本省建综合性大学问题，经我们多次研究，并与本省有关大专学校校长、教务长协商，一致认为是必要的，可能的，而且是有条件可以尽快建立起来的。”该报告提出的学校名称、设置的系科和“设想”基本一致，如“定名为杭州大学，设数学、物理、化学、生物、中文、外语、历史、地理 8 系，总规模为 3480 人，暂定为四年”。所不同的是将“设想”中的 1958 年开学，提前了 1 年：“除历史、地理两系因师资条件不具备外，其余 6 系均可于 1957 年开始招收新生”。

对师资来源问题，该报告提出了从本省四所大专学校抽调讲师以上人员和请求中央高教部解决助教以及少量教授或讲师的方案：“本省四所大专学校可以抽调讲师以上人员为：数学方面五名，物理方面四名，化学方面五名，生物方面四名，外文方面四名，中文方面三名。(具体名单另附)这些人员调集起来后，一、二年级的课程一般没有问题，可以开得出来，三、四年级的课程略需补充。这六个系的系主任也已有对象。其中物理与生物两系的师资配备与其他大学比较，不能算弱。要求中央高教部解决的除每系派给十五名助教外(外文可不派)，只要求增派代数、分析、有机化学、动物生理等教授或讲师各一名，近代文学教授或讲师两名。”

报告最后对学校基建和筹备建校工作提出了具体计划，提请沙文汉同志和省委考虑。“基建方面，按每人二十二方计算，约需七万七千方，平均每方以六十元计，约需四百七十万元，分三年建成，第一年投资一百万元，第二年二百万元，第三年一百七十万元。”“为了使一九五七年把综合大学建立起来，目前就应该进行筹备工作。我们建议立即组织筹备委员会，以沙文汉同志为主任委员，另设两名副主任委员(一是准备提升为综合大学副校长的非党教授，一是搞具体工作的党员)，并吸收准备提升为综合大学系主任的教授组成，进行购置图书、仪器及基本建设、物色教育人员等工作。此外，并要求省拨给一定经费作筹备之用。”

1956 年 8 月 23 日，浙江省人民委员会文教办公室向上级呈交了“关于建立杭州大学的报告”，这份报告明确指出：“现经党中央批准，本省建立综合性的杭州大学一所”，对学校最大规模则设定为 5000 人，并定于 1957 年开始基建，1958 年开始招生。该报告提出了与筹备相关的多个问题，报请审议批示，其中主要有：一、校址：

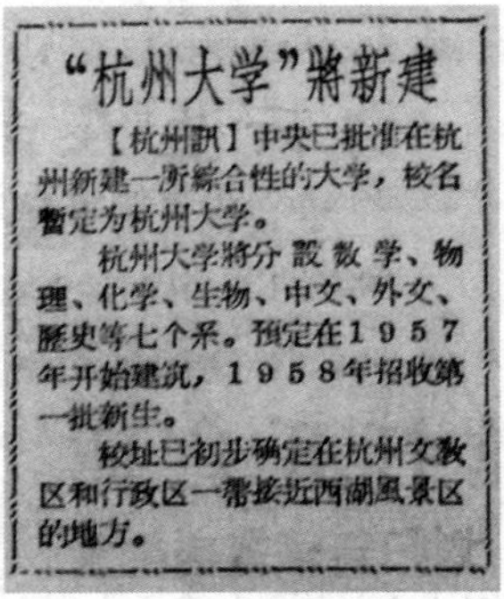
“杭州大学”將新建

【杭州訊】中央已批准在杭州新建一所综合性的大学，校名暫定为杭州大学。

杭州大学將分設数学、物理、化学、生物、中文、外文、歷史等七个系。預定在1957年开始建筑，1958年招收第一批新生。

校址已初步确定在杭州文教区和行政区一帶接近西湖風景区的地方。

1956 年 10 月 9 日《新民报》晚刊报道浙江将新建杭州大学

选定在黄龙洞的前面，土地按每人1分计，共需500亩。二、经费及建校步骤：按每生25方计算，建筑面积共需12万5000方，平均每方按80元计算，共须1000万元，外加其他基本建设费百分之十及设备费约200万元，共需1300万元。根据“总体规划、分期施工”的原则，拟分5年建成。自1957年开始，要求次年即投资200万元，兴建2万方房屋，并以40万元购图书设备等。三、筹备机构：拟即成立杭州大学筹备委员会，并在筹备委员会下设立办公室，配备工作干部25人，进行教务、设备及基本建设工作。本年9月份即开始办公。

由于各方面的原因，上述三个文献中提出的种种设想、方案大多未能及时实施，但需要肯定的是，其中许多规划为1958年正式开始的杭州大学筹建工作奠定了良好的基础。

证明杭州大学筹建工作自1958年5月启动的一个主要文献是“杭州大学筹备委员会人员登记簿”。该文献封面上盖有“杭州大学筹备委员会”蓝色印章，印章旁写有“1958.5”的字样。登记簿共有6页表格纸，上面记载了68位在杭州大学工作的教职员工的姓名、原职别和工作部门，以及参加革命、入党（团）年月、来杭日期、临时分配在校的工作类别和所在工作单位等信息。从该文献可以看到，5月份开始工作的有14位，分别在筹委会办公室、教务科、招生委员会等部门任职。

在杭州大学筹建工作开始前夕，时任浙江师院党委书记陈烙痕在4月22日召开的师院党委会上已将新办杭州大学的消息告知与会委员。他后来在1962年4月17日举行的一次关于杭大的历史沿革问题会议上，对此问题有更具体的说明。他回忆说：“我来师院不久，酝酿创办杭大（1958年4—5月），指定我负责筹备。那时杭大（由）文理科组成，办综合性大学。500人规模，中文、历史、新闻、数学、物理、化学6系。办公室主任司建兴，物理系系主任王谟显兼，数学系系主任白正国，中文系系主任叶克，历史系没人，宋阳在搞，化学系陈嗣虞，新闻系浙江日报社长兼（江牧岳），左达副书记，我兼书记，林淡秋副校长，后来加上陈建功副校长，没有校长。”

杭州大学成立后不久，因该校师资等问题发生困难，省委提出与浙江师院合并问题。最早记载该问题的文献是1958年10月16日浙江师院党委扩大会议记录和同日举行的杭州大学党委召开的题为“讨论并校有无困难问题”的会议记录。

浙江师院党委扩大会议上，陈烙痕书记传达了省委领导提出是否将两校合并为杭州大学的意见，同时讨论了合并后的组织结构及合并准备工作。对于合并，与会人员认为合并愈快愈好。在杭州大学党委召开的会议上，左达副书记和林淡秋副校长都赞成要合是尽可能快，并彻底地合。之后，师院党委于10月19日和22日举行会议，前一次主要是各系汇报合并的准备工作情况，讨论教学计划等问题，后一次会议涉及与杭大合并后系科搬迁问题。杭大党委也在10月20日举行会议，进一步讨论对合并的看法。

是年11月26日，中共浙江省委下达了关于杭州大学与浙江师范学院合并后校名的决定。决定全文如下：

省委决定：杭州大学与浙江师范学院合并后，校名定为杭州大学。

重新明确杭州大学性质和任务以及确定杭州大学为省重点高校的两个文献

1958 年 11 月，浙江师范学院与杭州大学合并并定名为杭州大学后，对学校作为地方综合性大学的性质和任务有过多次讨论。1962 年 5 月，吕志先同志任杭州大学党委书记、校长后，学校又一次讨论杭州大学的性质、任务和发展规划问题，并向省委报告，提出杭州大学为综合性大学，其任务是培养马列主义理论工作者，培养教学人员和研究人员，加强基础理论研究工作；担负省内高中师资的进修任务和函授工作。后根据省委指示，将杭州大学的任务确定为"为本省培养从事科学研究和各条战线的专业人才以及大学、高级中学的师资"。

但在"文革"时期，学校原先的性质和任务遭到扭曲，1970 年，省里将杭州大学的办学方针规定为"以师范为主，兼办文理"。为此，"文革"结束后的**1977 年 9 月 28 日**，学校党委向省里呈送了**《关于要求重新明确我校性质和任务的报告》(校党委〔1977〕53 号文件)。**

该报告认为，1970 年规定的"这个方针极不明确，在我校广大教师、干部和职工中造成很大的混乱，给学校培养目标的确定、专业的设置、教学计划的制定、师资队伍的培养、科学研究的开展等一系列工作带来困难，因而这些年来，科研和教学工作受到很大损失，特别在基础理论的教学与研究方面受到削弱，科技人员的培养受到贻误。同时，规定这样的办学方针，实质上就是对原来省委对我校规定的性质和任务予以否定"。

报告从多个方面陈述将我校办成一所好的综合大学的理由以及重新明确我校性质和任务的必要性："要在(到)本世纪末的二十三年内，实现四个现代化，把我国建设成为社会主义的现代化强国。

为了实现这个宏伟目标,必须把科学研究和教育革命相应地搞上去,必须加速培养又红又专的科技人员。办好综合大学,这是加速培养科技人员,深入开展科学研究,特别是培养基础学科的专业人材(才)和开展基础理论研究的一个重要措施。从国际上看,各国特别是一些科技先进的国家都非常注意办好综合大学,他们往往把它看作是国家科技水平的重要标志之一。在国内,解放(新中国成立)以来,许多省市(省区市)也很重视办好综合大学,目前除西藏外,其他省市(省区市)都设置综合大学。随着我省"工业学大庆""农业学大寨"的深入发展,三大革命运动的蓬勃展开,各条战线对于科技人员的培养和科学研究的开展,就会提出愈来愈迫切的要求。我省人口众多,文化基础较好,科技事业解放(新中国成立)以来亦有一定基础,办好一所综合大学是完全必要的,亦是具有条件的。"

报告最后提出:"我们迫切要求省委重新明确杭大的性质与任务,正式规定杭州大学为综合性大学,其主要任务是培养三大革命运动所需要的有关专业人员和科研人员,开展科学研究,并逐步使杭大成为我省哲学、社会科学和自然科学基础理论的研究中心。同时还承担培养部分高中及大学师资的任务。初步考虑经过三五年后达到伍(五)千人左右的规模。"

省委接到报告后,于**1977年11月9日批复(省委发〔1977〕157号)**。该文件写道:"经研究,同意杭州大学为综合大学,主要任务是为本省培养科学研究人员和各种专业人才,培养高级中学和大学的师资。鉴于我省现有师范院校培养的中学师资远远不能满足教育事业发展的需要,你校近几年应把培养师资作为主要任务。"

1978年,省委转发了省委教卫部《关于调整浙江省普通高等学校领导管理体制的意见》的通知(省委〔1978〕51号文件)。在中共浙江省委教育卫生部的"意见"(1978年9月9日)第7项规定:"根据国务院关于办好全国重点高等学校的指示精神,确定杭州大学为全省重点高等学校。"

关于学校校庆日和校训的三个文献

1956年3月23日，浙江师范学院对学校校庆日做出了决定，并以布告形式公布（院办秘字第025号）：“我院从成立到现在已整整四年了。四年来随着祖国社会主义建设事业的突飞猛进，在党和政府的领导和重视下，经过全院人的努力，我们学校从不大的基础上建设成长起来，而益加巩固地向前发展、壮大。目前我们在祖国社会主义革命高潮中，已成为向科学进军的一支强大的力量。为庆祝它的诞生和发展壮大，兹决定每年四月一日为校庆日。第一届校庆纪念活动定于今年四月一日举行。特此布告。”

师生員工和校友

慶祝“4.1”校慶

（本刊訊）4月1日为本院校慶日，这天晚上本分部分別举行了慶祝晚会。許多在本市的校友，回到母校來，参加了晚会。在晚会上，学校領導同志，講述了本院四年來的發展情况和慶祝校慶的意义，並宣布了1955—1956学年第1学期优秀生名單。報告后，演出了文藝節目。工会在本部演出的話劇“通訊朋友”，受到大家的欢迎。分部在晚会后，还举行了青年舞会。工会和学生黑報板都發表了許多慶祝校慶的文章。为慶祝校慶，工会还發動和組織了教工同志聚餐。

浙江师范学院1956年举办第一次校庆活动的报道

杭州大学在1963年9月13日举行的校务委员会第五次全体会议上通过了关于校庆日的决议。全文如下：

“一九六三年九月十三日杭州大学校务委员会第五次全体会议通过，定五月三日为我校校庆日，并于明年举行首次庆祝活动。会议号召全校师生员工鼓足干劲，同心同德，团结一致，在校党委和校委会的领导下，努力学习，积极工作，搞好教学和科学研究，以出色的工作成绩和丰硕的科研成果迎接明年校庆。

“关于我校校史的研究，决定由陈立、陈建功、朱福炘、江希明、郑晓沧五位委员组成校史研究小组，由陈立委员担任组长；王绮、于光两委员参加研究活动。”

在1991年5月23日举行的杭州大学校务委员会会议上，决定

将“求是、育英”四字作为杭州大学校风、校训。该次会议的会议纪要记载:校务委员会副主任金锵同志专门对此做了说明。他说:“校风、校训是学校办学的宗旨,国内外的许多高校都有着富有特色的校风、校训,杭大确定‘求是、育英’为校风、校训,主要基于以下原因:(1)学校在办学中要以求是的精神,达到育英的目的;(2)杭州大学的前身是求是书院和育英书院,充分体现了学校的历史;(3)简单明了,通俗可记。”

南校门大理石背面的“求是育英”四个镏金大字

有关“211工程”评审的主要文献汇集

杭州大学“211工程”部门预审专家组评审意见(1996年9月12日)

经国家教委批准,1996年9月10日至12日,浙江省人民政府组织专家组对杭州大学“211工程”进行了部门预审。

在预审开幕式前,浙江省委、省人大、省政府、省政协的领导会见了专家组成员,省委书记、省人大常委会主任李泽民同志做了重要讲话。中共浙江省委副书记、省政协主席刘枫,省人大常委会副主任王启东、毛昭晰,副省长徐志纯,省政协副主席薛艳庄,预审专家组成员,国家教委有关领导,省预审领导小组成员,杭州大学党政领导和部分师生员工代表,以及与杭州大学联合办学的杭州电子工业学院、浙江省政法管理干部学院党政领导出席了预审开幕式和闭幕式。在开幕式上,刘枫同志代表省委、省政府做了重要讲话,奚广庆司长和吴树青教授分别代表国家教委和专家组讲了话。

预审专家组成员听取了杭州大学校长郑小明教授做的《在杭州大学“211工程”部门预审会上的汇报》;审阅了杭州大学“211工程”自我评估和整体规划的报告以及重点学科建设与发展规划报告;审看了杭州大学“211工程”部门预审专题录像片《以求是学风,育一代英才》;实地考察了心理学系、数学与信息科学系、化学科学与技术系、中文系、历史系、计算机学院、生命科学学院、金融与经贸学院、物理系、旅游学院、电教中心、图书馆、中心实验室、校园网总控室等单位;召开了学术带头人和中青年学术骨干座谈会。其间,学校有关领导就专家组关心的问题做了进一步的汇报和说明。

专家组对杭州大学申请进入“211工程”的整体建设规划和郑小明校长的汇报进行了认真的评议,一致认为:

杭州大学是一所具有悠久历史和优良传统的省属重点大学，经过长期的建设和发展，学校形成了自己的特色和优势。改革开放以来，杭州大学坚持党的教育方针，明确办学指导思想，坚持立足浙江，面向全国，保持传统优势，大力推进应用和开发研究，努力为浙江省的经济建设和社会进步服务，积累了较为丰富的办学经验，取得了一批高水平的教学科研成果，为国家和浙江省培养了大批水平较高的各类高级专门人才；通过不断深化教育改革，建立并完善以文理为主，多学科综合协调的学科发展格局，强调基础、注重复合的人才培养模式；确立稳定基础，跟踪前沿，发展应用的科研工作布局；不断拓展对外开放、参与国际竞争和联合社会力量办学的新路子。学校以教学、科研为中心，大力提高本科教育质量，积极发展研究生教育、留学生教育和高层次成人继续教育。有计划地加强了重点学科、重点课程的建设和学术带头人的培养，重视公共保障体系和校园文明建设，现已发展成为一所具有万人规模，学科比较齐全，基础较为深厚，综合实力较强，办学效益较高，同社会经济发展联系密切，在全国同类地方综合性大学中居于前列，并有一定国际影响的社会主义综合性大学。

杭州大学围绕申请进入“211 工程”做了较长期的认真准备工作。浙江省委、省政府已将杭州大学“211 工程”建设作为省重点工程之一列入国民经济和社会发展中长期规划和第九个五年计划，决定在“九五”期间投入 1 亿元的专项资金支持杭大建设。我们认为，杭州大学对于进入“211 工程”的基础和条件的自我评估、学校“211 工程”的目标规划以及学校提出的到 2010 年把杭州大学建设成为一所以文理为主、多学科协调发展，主动适应经济建设和社会发展，特别是浙江省经济文化发展的社会主义综合性大学，成为浙江高级专门人才培养、现代化建设重大问题科学研究、高质量社会服务的重要基地，整体水平居全国同类大学领先地位，部分学科达到国内一流，少数学科的优势领域接近或达到国际先进水平的发展目标总体上是合适的；主要建设项目的设计，重点学科建设的规划，基本上符合浙江的需要和杭大的实际。在人才培养、学科建设、队伍建设、校园文明建设、科研和科研基地建设以及对外合作项目、公共保障体系、管理体制改革、党的建设和思想政治工作等方面确定的任务、发展思路和相应措施是可行的。

专家组认为,浙江地处东南沿海,是对外开放的前沿,随着经济的迅速发展,对人才和科技的需求将更为迫切。加快杭州大学重点建设的步伐,对于实施浙江省"科教兴省"和可持续发展战略,实现经济体制和经济增长方式的两个转变,进一步扩大对外开放,具有十分重要的意义。

专家组对杭州大学"211 工程"建设和发展提出如下建议:

1. 杭州大学作为浙江省国家"211 工程"建设的高等学校不仅要为浙江省地方经济建设服务,还要为浙江省社会进步,提高人民素质作出贡献,在物质文明建设和精神文明建设中同时发挥重要作用。

2. 杭州大学对"211 工程"重点学科建设规划应根据浙江省经济发展和社会进步的需要做适当调整,进一步突出重点,分期分批进行,以确保规划的顺利实现。

3. 对规划中的一些具体指标,应根据国家计划安排以及学校实际执行的可行性,留有余地,使之更加切实可行。

4. 杭州大学有条件,也有需要大力加强人文社会科学学科的建设,重视对学生进行人文素质教育,更好地适应 21 世纪对高级专门人才的要求。

5. 建议浙江省委、省政府早日落实"九五"期间对杭州大学"211 工程"的经费,随着浙江省经济的发展和财政收入的增长,进一步加大对杭州大学投入的力度,并适当扩大杭大校园面积,以保障学校建设和发展的需要。

综上所述,专家组成员一致建议,通过杭州大学的"211 工程"部门预审,建议国家教委、国家计委、财政部尽快部署和批准立项,以促进杭州大学早日实现"211 工程"整体建设目标。

《杭州大学“211 工程”重点建设项目可行性论证报告》专家组审核意见(1997 年 4 月 15 日)

1997 年 4 月 15 日,浙江省政府聘请的以浙江省人大常委会副主任、浙江大学教授王启东为组长,国家古籍整理出版规划小组秘书长、中华书局总编辑、编审傅璇琮为副组长的专家组,根据国家计委、国家教委、财政部《“211 工程”总体建设规划》的要求,对《杭州大学“211 工程”重点建设项目可行性论证报告》进行了审核。鲁松庭副省长到会并讲话,浙江省“211 工程”建设领导小组、浙江省教委等有关方面的负责同志参加了审核工作。

专家组听取了杭州大学校长郑小明教授关于学校“211 工程”重点建设项目可行性论证报告的汇报,审阅了有关文件材料,征询了重点学科建设项目有关负责人的意见,经过分组讨论和集中研究评议,形成如下审核意见:

一、杭州大学是一所具有悠久历史和优良传统的省属重点大学,经过长期的建设和发展,学校形成了自己的特色和优势,现已发展成为一所具有万人规模,学科比较齐全,基础较为深厚,综合实力较强,办学效益较高,同社会经济发展联系密切,在全国同类地方综合性大学中居于前列,并有一定国际影响的社会主义综合性大学。杭州大学于 1996 年 9 月通过“211 工程”部门预审。此后,学校根据预审专家组和浙江省有关领导部门的意见,进一步修订和完善了“211 工程”建设规划,在体制改革、学科建设、人才培养、科学研究及学校保障体系建设等方面进一步理清了思路,更加明确了学校“211 工程”建设的指导思想、总体目标及“九五”期间的主要建设任务和重点建设项目,在浙江省政府及省教委的指导和支持下,编制了《杭州大学“211 工程”重点建设项目可行性论证报告》。

二、杭州大学提出了“211 工程”建设的总体建设目标:“到 2010

年，把杭州大学建设成为一所以文理为主、多学科协调发展、主动适应经济建设和社会发展，特别是适应浙江省社会经济文化发展的社会主义综合性大学；成为浙江省高级专门人才培养、现代化建设重大问题科学研究、高质量社会服务的重要基地；整体水平居全国同类大学领先地位，部分学科达到国内一流，少数学科的优势领域达到或接近国际先进水平。"专家组认为，杭州大学的这一建设目标既遵循高等教育的办学规律，又注重适应国家特别是浙江省经济和社会发展的需要，人才培养与科学研究并重，既提出了较高的奋斗目标，又符合学校的实际情况，思路清晰，定位确当。

三、专家组认为：杭州大学把"211 工程"建设的重点放在学科建设上，确定 10 个学科为"九五"期间的重点建设学科，既力图稳定并提高学校已有的基础优势学科，又从调整学校学科布局，加强为浙江省经济建设和社会发展服务的目标出发，重点建设一批新兴应用学科。这一重点学科建设的基本思路、规模和结构是合理的。

四、杭州大学"211 工程"建设的资金筹措，体现了政府投入与学校自筹相结合的原则，建设经费基本落实，分项目的资金安排明确，比例基本适当。

五、《杭州大学"211 工程"重点建设项目可行性论证报告》对杭州大学现有建设条件和存在问题的说明，对"211 工程"建设预期效益的分析是实事求是的。专家组认为，通过"九五"期间重点建设项目的建设，杭州大学在学科建设、人才培养、科学研究、师资队伍建设、学校保障体系建设等方面将取得显著进展，学校的整体水平和办学效益将再上一个台阶。

六、专家组建议：

1. 杭州大学要进一步发挥综合性大学的优势，学科建设要进一步加强相互合作，重视学科的交叉与渗透，重视学科群的建设，努力形成杭州大学学科建设的整体优势和特色。杭州大学要努力实施好根据不同学科的特点，采取学科独立建设、学校统一建设、多校共同建设等多模式的重点学科建设思路。

2. 对于拟四校共建的计算机应用、生物工程等重点学科，建议尽早成立联合协调小组，以便统筹规划。

3. 学科中青年带头人的培养成长和学科梯队建设，是建设好杭大“211 工程”重点建设项目的关键，希望学校给予更多的关注并切实采取积极措施。

4. 对于杭州大学这样一所基础好、发展潜力较大的学校，建议浙江省政府及有关部门在可能的情况下给予更多的经费支持。学校也应发挥自身积极性，进一步筹措“211 工程”建设经费。保证各项经费的及时到位，同时注意合理使用以发挥尽可能大的效益。

5. 校园面积狭小是影响杭州大学发展的制约因素，建议省政府予以高度重视并尽早解决。

七、专家组全体成员一致同意通过对《杭州大学“211 工程”重点建设项目可行性论证报告》的审核，并建议学校做适当修改后上报浙江省政府及省教委，以便尽快批准实施。

浙江省教育委员会、浙江省计划与经济委员会、浙江省财政厅关于杭州大学“211 工程”重点建设项目可行性论证报告的审核意见(1997 年 9 月 29 日)

根据国家计划委员会、国家教育委员会、财政部《“211 工程”总体建设规划》(计社会〔1995〕2081 号)的精神，我们对《杭州大学“211 工程”重点建设项目可行性论证报告》及其附件进行了审核，现提出如下意见：

一、杭州大学“211 工程”的总体建设目标是，到 2010 年，把杭州大学建设成为一所以文理为主，多学科协调发展，主动适应经济建设和社会发展，特别是适应浙江省社会经济文化发展的社会主义综合性大学，成为浙江省高级专门人才培养、现代化建设重大问题科学研究、高质量社会服务的重要基地；整体水平居全国同类大学领先地位，部分学科达到国内一流，少数学科的优势领域达到或接近国际先进水平。

二、杭州大学“211 工程”建设的主要内容包括：重点学科（含重点实验室）建设、教学科研基础建设、基础设施建设。具体为：

（一）以重点学科建设为核心，重点建设工业心理学、数学、有机化学、中国古代语言文学、中国古代史、教育学、计算机科学与工程、生物工程学、城乡规划与海洋工程、经济与工商管理等 10 个学科，其中计算机科学与工程、生物工程学、经济与工商管理为 4 校（浙江大学、杭州大学、浙江农业大学、浙江医科大学）共建项目。通过建设，使这些学科成为我省博、硕士人才培养和承担国家及省的科研任务的重要基地，使杭州大学学科布局更趋合理，学科整体水平迈上一个新台阶。

（二）教学科研基础建设包括教学实验室建设、“百课工程”、文献信息保障体系、中心实验室建设 4 个项目，以及国家教委批准的基础学科人才培养和科学研究基地建设。通过建设，使 60%以上的基础教学实验室在本(20)世纪末达到国内先进水平，初步建立面向 21 世纪课程体系，形成以图书馆为主体的文献资源与信息共享系统，使中心实验室成为浙江省分析测试中心和分析测试人才培养基地。

（三）基础设施建设包括田家炳书院、教学主楼、留学生楼 3 个项目。通过建设，使学校基础设施能适应教学、科研和发展留学生教育的需要。

三、杭州大学“211 工程”建设总投资为 20800 万元。其中省政府专项基金 10000 万元，学校自筹 10800 万元。在总投资中，用于重点学科建设 8000 万元，其中政府专项资金 4000 万元；用于教学科研基础建设 6000 万元，其中政府专项资金 2600 万元；用于基础设施建设 6800 万元，其中政府专项资金 3400 万元。各部分投资均含不可预见费。政府专项资金要专款专用，超支不补。属于基本建设的子项目要按基建程序办理审批有关手续，并纳入基建投资计划管理。全部资金分 5 年安排使用，具体分年度投资及用向按所附《杭州大学“211 工程”建设资金分年度安排计划表》执行，学校自筹资金也应同步足额到位。政府专项资金中安排的预备费的使用调整要报经省教委、省计经委、省财政厅同意。

四、杭州大学“211 工程”建设所要实现的效益是,到 2000 年,杭州大学将在教育质量、学科建设、科研实力、管理水平和办学效益等方面有较大提高,办学条件有较大改善,整体水平稳居于国内同类院校前列。所建设的学科中,工业心理学将达到或接近国际同类学科一流水平,中国古代语言文学、中国古代史、有机化学、数学、教育学等 5 个学科将达到或接近全国重点学科水平,另外几个学科将与我省经济建设和社会发展紧密结合,充分发挥应用学科专长,确立省内优势地位。学校科学研究工作将大大加强,现有的国家重点专业实验室、省级重点实验室及一批国家和省级重点学科的科研实力得到显著增强,能承担更多的国家和地方重大科技项目。人才培养质量明显提高,到本(20)世纪末达到在校学生 10000 人规模,其中博士生 300 人,硕士生 900 人,本专科生 8500 人,留学生 500 人,研究生数量将有较大幅度增加。建成一支政治素质好、业务水平高、学术思想活跃、学风严谨、结构合理的教师队伍,“100 名跨世纪人才工程”初见成效,一批年轻的学科带头人和骨干教师走向成熟,其中一些人在国内外学术舞台上崭露头角。

五、要加强对杭州大学“211 工程”建设的管理。要按照建设项目法人责任制的有关规定,对各项目建设进行检查和监督,确保项目顺利实施和实现效益目标。要按照国家、省关于“211 工程”专项资金管理办法,加强对资金的管理。学校要严格按上述意见及所附项目建设计划表实施“211 工程”建设,项目执行中如遇到重大问题,由省教委会同省计经委、省财政厅研究解决。学校要及时写出项目年度进展报告和项目完成后的总结性报告,报送省教委、省计经委和省财政厅。

附件:杭州大学“211 工程”建设资金分年度安排计划表(略)

四 发展记叙

师院时期党的组织建设和开展的思想政治工作

魏佑功

1952 年初浙江师范学院成立时，学校仅有党员焦梦晓、吴永楮、王绮、何新邦、李玉芸、朱子善、秦亢宗、顾惠生、林新民、曾钜生、舒惠钧等 11 人，成立了一个党支部，由王绮、林新民、秦亢宗等组成支委会，王绮任党支部书记。过了不久，学校建立党委会，由刘丹、焦梦晓、王绮 3 人组成，省文教厅厅长刘丹兼任党委书记。至同年底，因刘丹调任浙大党委书记，朱子英来校工作，院党委做了调整充实，省委任命焦梦晓为党委书记，朱子英为副书记。委员有王相庭、洪涛、王绮、魏佑功。

党委成立后，经过分析研究，认为要加强党的领导，做好政治思想工作，培养高质量的社会主义建设人才，必须把党的组织建设好。由于社会主义事业发展的需要，学校规模的迅速扩大，培养人才的任务相当繁重。而当时，学校的力量却相当薄弱，到 1953 年春，全校党员只有 26 人，在师生中各建立了 1 个党支部，这与学校党组织所承担的任务是很不相称的。因此党委下决心，花大力气，在几年内一直狠抓党的建设。每学期、每学年都制定具体的建党计划，采取有效措施，加快扩大党的队伍，提高党员水平，逐步健全党组织，以适应学校发展的需要。

党委在1953年1月份开展整党、建党学习,开始上党课。参加整党、建党学习的除全体共产党员外,还吸收了部分教职工、学生青年团员和要求入党的积极分子共200多人。在整党、建党学习的同时,为了密切联系群众,进一步扩大党在群众中的影响,3月初,党委在全院师生员工大会上,宣布公开党的组织,使广大师生受到极大的鼓舞。整党建党学习以"怎样做一个共产党员",即共产党员标准8项条件为主要内容。这次学习,由于党委重视,声势很大,影响颇深,效果良好。通过学习,党员的马列主义水平、政治觉悟有了明显的提高,增强了党的组织观念,进一步明确了怎样做一个共产党员的标准。对参加整党、建党学习的积极分子也是一次生动而具体的共产党员标准和共产主义思想教育。许多同志积极性很高,纷纷表示要以实际行动,努力争取成为一个光荣的共产党员,有一批师生提出了要求入党的申请报告。经过党组织的考察,第一批吸收了8名师生入党,并举行了新党员宣誓大会。党委书记焦梦晓、副书记朱子英在会上讲了话,肯定了新党员的进步表现,向他们提出了新的要求和希望。新党员代表在会上表示:要为壮丽的共产主义事业,把自己的一切献给党。

发展新党员一开始就把党的思想建设放在首位。因此,一直坚持上党课,比较系统地讲党章、党员标准等基本知识。还利用寒暑假组织短期党的基本知识学习班,例如1955年寒假,校党委办了一期党的基本知识学习班,有各系科一年级团干部约300人参加。由于广大群众政治觉悟的提高,争取入党,以党员标准要求自己,已成为广大青年团员和部分师生员工推动工作、学习的力量,据1954年12月统计,已有1000名以上要求入党的积极分子受到党的基本知识教育,各系青年团组织还自动组织了不少学习党章小组,订立了学习计划。如数学系三年级部分同学在党的基本知识小组里一面学习,一面联系思想开展批评与自我批评,巩固了做人民教师的思想,加强了班内团结。当时全系同学中,先后向党组织提出入党申请的就有200多人。

在建党中，始终坚持贯彻“积极慎重”的方针，凡是新发展的党员，党支部确定有党员联系进行考察教育，经党支部逐个研究，按照党员条件，成熟一个发展一个，从1953年春到1954年11月中旬统计已发展新党员83人，加原有党员26人共有党员109人，党支部由2个扩到8个。由于严格坚持党员条件，被吸收的新党员，一般都是学习和各项社会活动的优秀分子。在新党员中，被评为优秀教师的3人，优秀团员4人，立功者5人(其中有1人曾先后立过5次功)，受过表扬鼓励的6人。学生中的新党员一般都是贯彻“三好”有显著成绩的品学兼优者。

从1953年1月整党、建党学习开始，党委坚持思想建党领先，有组织、有计划地进行发展新党员，逐步扩大党的队伍。到1955年上半年已发展109名新党员。先后提出要求入党的积极分子就有1000多名。党支部由1953年的2个发展到1955年上半年的11个，到1956年底统计全院发展新党员有310名，其中教师24人(内有讲师以上6人)、学生272人、职员13人、工人1人。这时党员人数在全校师生员工中的比例与建校初相比发生了很大的变化，其中教师党员72人，占教师人数的17%；职员党员48人，占职员人数的22%；学生党员人数190人，占学生人数的6%；工人党员2人，占工人人数的1.1%。

党组织的发展，党员队伍的不断扩大，使党的思想政治工作更为细致和深入，联系群众更加广泛；党员的先锋作用和党组织的核心作用明显地表现出来，从而有力保证了党的路线、方针、政策的贯彻执行和学校各项工作的顺利开展，对当时优良校风和学风的形成，也起了重要的推动作用。

经过几年的努力，学校发展很快，形势很好，为了总结党委过去几年的工作，适应新的形势，迎接今后更多繁重的工作任务，党委决定于1956年6月16日(在六和塔)举行第一届党员大会，民主选举新的党委会。

出席党员大会的有205人，其中正式党员109人，预备党员96

人。大会主要议程是:党委工作报告;选举中共浙江师范学院委员会;选举党的监察委员会;选举出席中共浙江省委举行第二次代表大会代表。大会由朱子英做党委工作报告,焦梦晓致闭幕词。

大会选举焦梦晓、朱子英、王相庭、魏佑功、洪涛、孔成九、薛艳庄、夏越炯、董南、方茂炽、杨招棣 11 人组成新的中共浙江师范学院委员会。选举朱子英、尤新兰、陈非、刘鸿三、赵一生 5 人为监察委员,朱子英任监委书记,尤新兰任副书记。

选举朱子英为出席浙江省第二次党员代表大会代表。魏佑功、薛艳庄为列席代表。

6 月 22 日党委举行第一次会议,一致选举焦梦晓、朱子英、洪涛、魏佑功、孔成九为党委常委。焦梦晓为书记,朱子英为副书记。

首届党委新增加的成员中,体现了校党委一个指导思想,就是重视培养选拔新生力量,大胆使用年轻干部,使党委班子逐步年轻化、知识化。新选的 11 名党委成员,其中新增加的 5 名都是大学毕业 20 多岁的年轻教师和干部,占整个党委班子的 45%。

1956 年 12 月 27 日,经省委同意,增补孟建华、李德余、毛逸 3 人为党委委员。增补王相庭、毛逸为党委常委,洪涛为党委副书记。1958 年初,省委任命陈烙痕为浙师院党委书记。在新的形势下,党委于 1958 年 2 月 21 日举行第二届党员大会。出席大会的有 243 人,其中正式党员 196 人,预备党员 47 人。大会由洪涛主持,陈烙痕做形势报告,焦梦晓做今后工作任务报告。

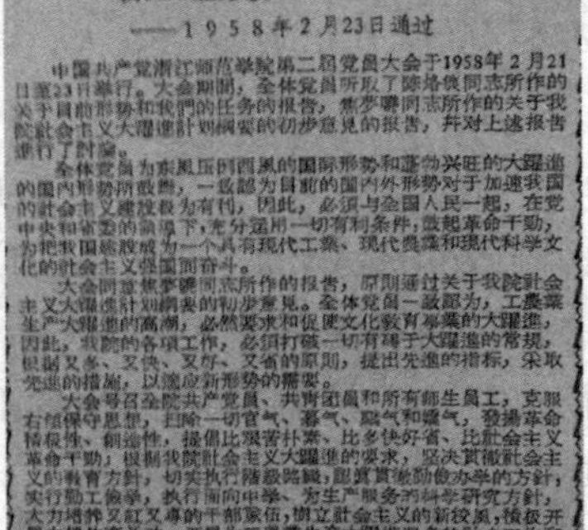
中國共產党浙江師範學院
第二屆党員大会决議
——1958年2月23日通过

中国共产党浙江师范学院第二届党员大会于1958年2月21日至23日举行。大会期间,全体党员听取了陈烙痕同志所作的关于目前形势和我们的任务的报告,焦梦晓同志所作的关于我院社会主义大跃进计划纲要的初步意见的报告,并对上述报告进行了讨论。

全体党员为东风压倒西风的国际形势和蓬勃兴旺的大跃进的国内形势所鼓舞,一致认为目前的国内外形势对于加速我国的社会主义建设极为有利,因此,必须与全国人民一起,在党中央和省委的领导下,充分运用一切有利条件,鼓起革命干劲,为把我国建设成为一个具有现代工业、现代农业和现代科学文化的社会主义强国而奋斗。

大会同意焦梦晓同志所作的报告,原则通过关于我院社会主义大跃进计划纲要的初步意见。全体党员一致认为,工农业生产大跃进的高潮,必然要求和促使文化教育事业的大跃进,因此,我院的各项工作,必须打破一切有碍于大跃进的常规,根据又多、又快、又好、又省的原则,提出先进的指标,采取先进的措施,以适应新形势的需要。

大会号召全院共产党员、共青团员和所有师生员工,克服右倾保守思想,扫除一切官气、暮气、骄气和娇气,发扬革命积极性、创造性,提倡比艰苦朴素、比多快好省、比社会主义革命干劲;根据我院社会主义大跃进的要求,坚决贯彻社会主义的教育方针,切实执行阶级路线,贯彻勤俭办学的方针,实行勤工俭学,执行面向中学、为生产服务的科学研究方针,大力培养又红又专的干部队伍,树立社会主义的新校风,积极开展文娱体育活动,开展为工农业生产大跃进服务的社会工作和以除四害为中心的爱国卫生运动,在全院掀起思想上、工作上和学习上全面大跃进的革命高潮;要求每一个人都鼓起干劲,力争上游,做朝气蓬勃、勇于进取的社会主义促进派;

中国共产党浙江师范学院第二届党员大会决议

大会选举了党委会、常委和正副书记,上报浙江省委。经省委 6

月 30 日批准，浙师院党委由王相庭、孔成九、朱子英、夏越炯、焦梦晓、薛艳庄、魏佑功、李德余、孟建华、洪涛、林琼、徐畹华、陈烙痕等 13 人组成。党委常委由陈烙痕、焦梦晓、朱子英、洪涛、王相庭、李德余、魏佑功 7 人组成，陈烙痕为书记，焦梦晓、朱子英为副书记。1958 年 9 月省委任命宋思纯为浙师院党委常委、副书记。

院党委在进行党的建设过程中，始终坚持党的思想建设和组织建设同时抓，并把思想建设放在首位。党的八大以后，主要是组织党员认真学习党的八大所通过的新的党章和邓小平同志《关于修改党的章程的报告》。在组织建设方面，由于党委一直坚持抓，党员人数在全校师生员工中的比例逐年提高，到 1958 年 11 月浙师院与杭大合并前党员已有 589 人。

中共浙江師院教員支部

接受數学系副教授白正國、講師丰寧馨兩同志入党

（本刊訊）3 月19日晚，中共浙江師院教員支部召開了党員大会，討論數学系副教授白正國、講師丰寧馨兩同志的入党問題。

这是我院党的組織第一次討論講師以上教師的入党問題的支部大会。在这次大会上，有許多教授、副教授和講師被邀列席。

大会在莊嚴的國际歌声中開始。在白正國、丰寧馨兩同志報告了自己的歷史、思想情况和申請入党的决心，以及介紹人進行介紹以后，支部大会進行了討論，認为白正國、丰寧馨兩同志解放后几年來在党的培养教育下提高了覺悟，目前已基本上具备了入党的条件，因而一致通过接受白正國、丰寧馨兩同志为中國共產党候補党員，呈請上級批准。

会上，許多被邀列席的教授和講師也講了話。他們表示对能列席党支部大会感到十分兴奋和光榮，他們並以批評和自我批評精神，表示自己要進一步提高思想認識，加速自我改造，同時也誠懇地向白正國、丰寧馨兩同志提了許多意見和希望。

教员支部吸收新党员

浙师院的思想政治工作主要抓了以下几方面的内容：

第一，进行党在过渡时期总路线、总任务的学习和教育。它是当时学校思想政治工作的总纲。对总路线的反复学习和教育，使之成为坚持社会主义办学方向，提高师生员工社会主义觉悟，为国家建设培养人才，为建设社会主义而努力学习的强大动力。

第二，进行爱国主义、国际主义的教育。1953 年初，通过学校赴朝慰问团归国报告中国人民志愿军在抗美援朝战斗中的英雄事迹，全校师生员工受到了一次生动的国际主义、爱国主义教育。

第三，进行共产主义道德品质的教育。共产主义道德品质的教育，是学校思想政治工作的重要内容，它是联系学生思想最密切、最具体，培养学生德、智、体全面发展的教育内容。党委把这工作作为每个学期党政工团进行思想政治工作的重要组成部分。

为了加强青年共产主义道德品质，抵制资产阶级思想侵蚀的教育，党委书记焦梦晓于 1955 年 5 月 7 日、11 日，曾分别在师院本部、分部对共青团员和全体同学，以及部分教职工做了《关于共产主义道德品质》的报告。阐述了道德的产生和发展，资产阶级与无产阶级道德的根本区别，以及社会主义时期对广大青年学生进行共产主义道德品质教育的必要性和重大意义，并结合学校实际进行校风、校纪的教育。

同年 4 月 19 日，学校团委还专门召开团委扩大会议，全体团委委员和部分团总支书记参加，党委副书记朱子英到会指导，参加会议的还有副教务长王承绪和教育系部分教师。会议对青年学生进行共产主义道德品质教育，抵制资产阶级思想侵蚀，结合学校实际进行整顿校风、校纪问题，做了专门研究和部署。

第四，加强马列主义理论学习、教育。学校党政领导，对马列主义理论教育一直是重视的，早在 1952 年 6 月就成立了马列主义教研室。为了培养马列主义理论队伍，于 1952 年 11 月，增设政治专修科，从全省中学选拔了 74 名优秀辅导员，作为首届政治专修科的学生。

此外，党委还经常对师生员工进行形势任务、时事政策的教育，如 1954 年《中华人民共和国宪法》、全国人民代表大会的文件学习，中央、省委、省政府有关会议、文件精神的传达学习，1956 年党的八大文件的学习，毛泽东主席《关于正确处理人民内部矛盾的问题》等著作的学习。

第五，党委对教职工的政治理论学习十分重视。因为加强教职工的政治理论学习，不仅是提高个人的理论水平，而且直接关系到如何提高教学质量和教书育人、服务育人的问题。在建校初期，首先组织了《矛盾论》、社会发展史、中国革命史、辩证唯物主义等马列主义理论学习，其次组织了学习委员会具体指导学习，每学期都具体部署和要求，及时交流学习经验，最后还写出学习小结。例如，对辩证唯物主义的学习，学校党委和院行政领导都十分重视，在 1955 年中期，院领导还专门做出了《关于组织辩证唯物主义学习委员会的决定》，委员会由陈立、焦梦晓、朱子英等和各系系主任以及部分骨干教师共27人组成，陈立担任学习委员会主任委员。

浙师院初期的几年，校一级的政治工作机构比较简单。党委下面设组织科、宣教科、保卫科、人事科（人事由党政领导从不同角度分管）、团委、工会。专职政工人员也比较少。据1954年10月11日统计，专职人员18人，而且就是在工作任务重、人员少的情况下，党委还下决心抽调洪涛、孟建华、李德斋3人脱产去人大进修培养。到1956年底，专职政工人员有25人（党委副书记2人，正副科长3人，各科干事7人，专职党支部书记4人，团委正副书记3人，干事4人，工会干部2人）。组织科开始由魏佑功担任科长，以后，副科长、科长先后由尤新兰、孟建华、梁璜辉担任。宣教科科长由洪涛担任，宣教科的日常工作，由黄锡林、盛斯猷负责，校刊、学报先后由雪克、方集理、陈谋勇负责。保卫科科长是单志武。人事科先后由李涵、吕永宽任副科长。学生科先后由赵一生、王春祥任副科长。工会日常工作由李玉芸负责。团委正副书记先后由曾钜生、金锵、李德斋、汪阿春、赵一生、杨招棣、韦俊世担任。1956年下半年，团省委和院党委商定，派杨招棣赴苏联中央团校进修，培养团的业务骨干。

* 本文原载《杭大校史通讯》1987年第4期，第1—8页，有删节，标题为编著者新拟。

作者为原杭州大学党委常委、办公室主任。

和大家一起奋斗的难忘岁月

——改革开放新时期杭大学术发展成就回顾

薛艳庄

20世纪70年代初,我参加安吉杭大“五七”干校劳动后回校,心想之后可以回到我在“文革”前的工作岗位——生物系去了,哪知领导还是要求我到校部教务处任职。当时的教务处不但管教务,还要承担科研和设备方面的管理工作,我在那里主要负责的就是科研和设备管理。

杭州大学的前身是浙江师范学院,所以一直是比较重视教学的,科研相对来说要弱一些。“文革”结束之后不久,学校党委于1977年9月向省委递交了一份报告,要求省委同意将杭大发展为教学与科研并重的综合性大学。11月,省委批文同意学校党委的意见。学校为了把科研工作搞上去,单独成立了科研处,并把我从教务处调到科研处,担任科研处处长。

我在科研处工作了两年后学校把我提拔为副校长,1983年机构改革时,又被任命为校长。1986年,我改任杭州大学党委书记,直到1992年因年龄已经达62岁,就退居二线,任校务委员会主任。

我在学校领导岗位上工作近20年,这一时期恰逢国家改革开放的大好时代,当时全校上下齐心,共同努力,在各方面都取得了巨大成绩,学术研究也有很好的发展。根据中国管理科学研究院科学学研究所1987年公布的按世界科学计量指标编制的我国学术榜,在全国(含台湾)30所名牌大学中,杭州大学名列第18位。1989年3月公布的学术榜第二榜上,在全国(含台湾)理科大学计量单项指标排序中,杭州大学名列第20位。

本文仅就改革开放新时期中杭大学术发展一些具体成就做简要的回顾。

一、1979年"庆祝建国30周年科学报告会"是杭大学术研究发展的转折点

1978年之后的很长一段时间，是杭大飞跃发展的时期。1978年学校恢复招收研究生和教师评定职称。老师们的心情都非常好，好多人都对我说，多少年没有机会发挥自己的能力为国家、为学校工作了，现在终于又可以做些事情了。

1979年的10月23—26日，学校举行了一个规模盛大的科学报告会，全称"庆祝建国30周年科学报告会"。这次会议是陈立校长提出来的，我当时是科研处处长。主抓科研的副校长是原生物系系主任江希明先生，是我的导师。我们通过学校层面、院系层面，通过老教授出面邀请等方式，从全国请了很多专家来，有好多是老院士、大学校长和研究所所长。参加开幕式的校外来宾达300多位。

当时的口号是"百花齐放、百家争鸣"。这在以前从来没有过。这次科学报告会对杭大的学术发展具有深远的影响。

全校性的大会在学校的大礼堂召开。时任二机部副部长、中科院原子能研究所所长王淦昌，中央党校顾问吴亮平等到会。王淦昌在会上希望我们杭大要"有自己的特点。就是在某一方面特别好，全国领先，全世界领先，努力去实现这个目标"。要我们考虑怎么样培养好年轻队伍。会上几位专家都讲到了要解放思想、百花齐放、百家争鸣，这对我们来说，是非常大的鼓励，我们老师听了以后都很振奋。

全校性的报告会开完了之后，每个系、每个专业也都召开了自己的学术讨论会，一些全国知名的学者专家做了报告，还开座谈会，和我们学校的老师一起交流讨论，而且每个系、每个专业都提出了很多自己的论文和科研成果，请这些专家来点评、解读，帮助我们分析将来可以在哪一些方面深入发展，形成自己的特色。讨论会后，各系、各专业都出了论文集。

这次全校性的科学报告会对杭大来讲是一个重要的转折点，从这个时候开始，大家就非常有信心来创建杭大自己的学科特色。在

这样的形势下,我们很快地就出了一大批的科研成果,有些还得了奖。

学科建设也有了新的发展方向,有的系后来延伸扩大,发展得很快。比如说,原先的政治系,后来就分成法律系、经济系、哲学系和政治系,数学系增设统计学专业和保险学专业,物理系分出了物理、电子技术、计算机 3 个系,历史系增设档案学专业、博物馆专业和图书馆专业,整个学校都在蓬勃发展。所以说,学术上的发展推动了学科建设。

二、培养青年教师是促进学校学术持续发展的基本保证

培养青年教师的方式有校内进修和出国交流、深造。当时许多系都为青年教师配备了中老年教师作为他们的指导老师,要求他们制订进修计划,参加科研工作,参加读书报告会,每周轮流做报告,相互讨论,相互启发,使年轻人有担子、有压力,敦促大家接触本学科的前沿。

当时学校经费很少,设备十分简陋,教师很少有机会走出国门进修和学术交流。在这种情况下,我们就采取和国外大学建立校际交流的方式来促进老师之间的交流,利用我们的优势接受外国留学生,为外国学校举办汉语班,建立对等合作关系。同时,我们派出比较拔尖的、优秀的、有潜力成为学科带头人的年轻教师出国交流,比如与美国印第安纳大学的合作交流,要求年轻教师带课题出国进修,并要求带合作科研项目回来,促进年轻教师的成长。派出去的年轻教师基本上都逐步成了学术带头人。

从学校管理层面上讲,我们尽力给科研人员创造条件,给他们更多的机会,比如说争取课题。有些实验条件还不够科研要求的,我们就争取到其他学校的著名专家那里去跟着做,让他们有机会能够接触到学科的前沿。

我当时想,既然学校安排我在领导岗位上,就应该尽全力给老师们创造良好的科研条件,使他们更好地得到培养,以促进学校学

术的持续发展。

三、举办大型的学术会议和国际会议是发展学术研究，提升学术水平的重要途径

在改革开放的新时期，学校常常举办大型的学术会议来增进科学家之间的交流。仅20世纪八九十年代，杭州大学举办或合作承办国际学术会议就有50余次，有力促进了对外合作研究和学术交流。

其中，中国宋史国际学术讨论会、中国传统文化和中外文化关系国际学术讨论会、函数论国际学术讨论会、中（浙江）韩经济发展比较研讨会都举办得十分成功。

中国宋史国际学术讨论会，由北京大学、杭州大学联合主办，于1985年5月14日至17日举办。会议围绕着宋史研究中的各种问题进行讨论。到会学者所提交的论文的内容相当广泛，涉及宋代的政治、经济、军事、文化、典章制度和民间宗教，以及有关辽、西夏、金史等方面的问题。这是新中国成立后举办的第一次宋史国际学术讨论会。

中国传统文化与中外文化关系国际学术研讨会，由中国教育国际交流协会和杭州大学于1992年1月11日至13日共同举办，季羡林、周继旨、庞朴、朱维铮、徐朔方等知名学者参会并发表观点。与会代表共107人，其中有来自美、日、德、法等国家和地区的代表33人。会议围绕中国传统文化、传统文化与现代化的关系、中外文化关系等展开讨论。

纪念陈建功教授诞生一百周年暨函数论国际学术讨论会于1993年5月举行，来自世界各地的130多位专家教授云集杭州，专程来参加这一有深刻纪念意义和学术价值的隆重集会。此次会议是由陈建功教授生前工作过的浙江大学、复旦大学和杭州大学联合组办的。美国加州大学巴巴拉分校樊玑教授、美国普林斯顿大学斯坦因（E. M. Stein）教授、北京大学程民德教授担任会议组委会主席，苏步青教授任名誉主席，陈省身教授、丘成桐教授任名誉顾问。陈建功教授之子陈翰馥教授等都在大会上做了精彩发言。这是杭州

大学乃至浙江省学术界一次空前的盛会。

中(浙江)韩经济发展比较研讨会于1995年10月16日至18日召开,由杭州大学和韩国亚洲大学联合主办。由于浙江在区域面积、自然资源、人口数量等方面都与韩国极为相似,为此,杭州大学韩国研究所组织专人进行研究,编写多份论文专辑,提供省委、省政府有关部门做经济决策参考。

此外,1995年在杭大召开了国际光电子激光会议,会议由在光束变换领域取得多项突破性进展的王绍民教授主持。

杭大科研处、语言文学研究室于1985年12月12日联合召开了社会科学研究方法学术讨论会,也是一次重要的会议。

参加讨论会的有文科各系的代表及化学、数学、心理、计算机、物理系的教师,共50余人。会议收到论文近20篇,有18位同志先后在大会上做了发言。

学术讨论会的中心议题是社会科学研究方法的变革问题。与会代表就如何看待引进、移植、应用自然科学研究方法,“新方法”与马克思主义哲学的关系,以及文学、语言、经济、哲学、历史、教育等领域的研究方法的现状和发展趋势广泛地交换了意见。会议代表认为自然科学的突飞猛进、电脑的广泛运用,为社会科学研究提供了现代化手段,自然科学的方法对社会科学研究方法的影响、渗透,必然需要社会科学调整自己的思维机制,由此而引起的变革有利于社会科学研究的现代化。但是,社会科学研究方法的变革,需要结合学科的性质和研究对象的性质,同时注意研究方法自身的继承关系。有的同志认为社会科学研究归根结底是揭示社会结构、社会矛盾,这就需要运用人类积累的一切经验和方法,因此在研究方法问题上,同样需要开放,不能搞封闭。

会议特邀化学系金松寿教授、历史系丁建弘副教授、语言文学研究室陈元恺副研究员分别做了题为《自然科学研究方法在社会科学中的应用问题》《国际史学研究中的方法问题》《关于中国比较文学的思考》的报告。

除了举办大型国际学术会议外，举办了全国性的研究型培训班，影响也很大。

陈立校长是国内外知名度很高的管理心理和工业心理学家，由他创办的工业心理学科设有国家重点实验室，是国家基础科学研究和人才培养基地，重点项目飞机座舱照明与人机工效学科研成果填补了我国航空照明心理学研究空白。管理心理学科为全国举办了数十期培训班，影响很大。

四、成功申报国家级、省级项目，通过完成项目获得各种大奖是杭大学术发展成就的主要标志

在担任科研处处长期间，我跟很多科研工作者都成了朋友。我任校长、书记期间也很关心科研。据统计，20世纪八九十年代，杭大获得3项国际奖，15项国家级奖，140余项各部委和省政府奖。

仅1980年以后至四校合并前，主要的获奖科研成果（以时间先后为序）有：

1980年，统计预报方法研究获中科院科技成果三等奖；

1985年，NZP-1型有机废气焚烧催化剂获国家科技进步奖三等奖；

1985年，化学杀雄剂KMS-1的研制和药效获中科院科技成果二等奖；

1986年，《中国自然地理、历史自然地理》获中科院著作一等奖；

1986年，宜观式大屏幕显示获国家科技进步奖二等奖；

1987年，食品级聚氯乙烯（PVC）树脂生产及加工应用技术获国家科技进步奖二等奖；

1987年，声谱实时伪彩色编码显示与旋笛声学结构分析获国家科技进步奖二等奖；

1987年，飞机驾驶舱照明工程心理学研究及应用获国家科技进步奖三等奖；

1987年，环境污染分析方法的研究及其标样的研制（协作项目）获国家科技进步奖三等奖；

1987年，丙二酸亚异丙酯在合成中应用的研究获国家教委科技进步二等奖；

1987年，浙江省海岸带和海涂资源综合调查获省科技进步一等奖；

1987年，动物资源调查及《浙江动物志》的编著获省科技进步一等奖；

1987年，植物资源调查及《浙江植物志》的编著获省科技进步一等奖；

1988年，精密集成恒流源与硅集成温度传感器的研制与应用获国家科技进步奖三等奖；

1988年，高亮度荧光显示与亮度饱和获国家教委科技进步一等奖；

1988年，《现代西方哲学教程》获国家教委高等学校优秀教材一等奖；

1988年，《唐宋词通论》获1978—1987年全国古籍优秀图书一等奖；

1990年，列阵光学获国家科技进步奖四等奖、浙江省科技进步一等奖；

1991年，中华人民共和国1∶100万土地资源图获中国科学院科学技术进步奖一等奖；

1992年，中华人民共和国1∶100万土地资源图的编制与研究获国家科技进步奖二等奖；

1994年，杭大出版社出版的图书获第八届中国图书奖；

1995年，数字电路设计理论的三层次研究获国家自然科学奖四等奖；

1995年，全国首次人文社科优秀成果奖评选中，杭大获3项一等奖、6项二等奖，名列全国地方综合性大学之首；

1996年初，经评定，物理系王绍民教授主持的高亮度超衍射极限光束激光系列技术和郑小明教授主持的催化合成有机中间体两项研究为浙江省高校重大科技攻关项目；

1997 年，高亮度激光技术和内腔式高亮度小发散角新型光束 CO_2 激光器获国家发明三等奖。

许多获奖者和获奖项目我至今记忆犹新，如数学系的王斯雷，物理系的王绍民、陈哲良、葛世潮和化学系的金松寿教授都获得了国家奖，都很了不起。

我记得有一次，王绍民的激光测大坝项目要做一个很长的支线，要放一个大房间这么长的线，可是他找来找去都找不到合适的地方，后来他来找我，我就琢磨哪里有这么大一个房间呢，正好想到学校以前不是有防空洞吗，正好合适，我就安排给了他，解决了实验场地的问题。

超大型等离子体显示系统是陈哲良的项目，他也是物理系的老师。做这个项目也很难，我听他说，超大型等离子体显示系统是一块块人工拼起来的。

葛世潮研制的彩色荧光大屏幕显示系统还被国家科委指定运往巴黎国际科技展览会展出。

金松寿教授是我国催化理论和工业催化剂研究的知名专家。在他领导下的团队是很强的，不但获得了科学大会奖，还获得了国家科技进步奖和国际尤里卡发明金奖。

我从 1952 年开始在浙江师范学院任教，到 1998 年四校合并，在杭州大学工作了 40 多年，是杭大各项事业，包括学术研究发展的见证人，为支持学校发展和大家一起奋斗，贡献了自己的应尽之力，每当想起那一段难忘的岁月，想起改革开放新时期杭大在学术上迅猛发展和取得的成就，心里充满喜悦的心情。和同事们一起奋斗的岁月是多么难忘！

＊本文原载《浙大口述》，浙江大学出版社 2017 年版，第 345—353 页，收入本书时，内容和标题有调整和增加。

作者为浙江省政协原副主席，原杭州大学党委书记、校长，教授。

杭大争取进入国家“211工程”过程简述

夏越炯

“211工程”是新中国成立以来由国家立项在高等教育领域进行的规模最大、层次最高的重点建设工作，它是我国实施“科教兴国”战略的重大举措，也是发展高等教育事业的重大决策。自1992年起，我校为争取进入“211工程”的行列做出了不懈的努力，终于在1996年9月顺利通过了主管部门预审，之后，又在1997年4月通过了“211工程”立项论证，使我校的“211工程”建设进入了实施阶段。跨入全国重点建设院校的行列，实现杭大人为之奋斗多年的理想，它是多少年来从领导班子到广大的师生员工梦寐以求的夙愿。我在争取进入“211工程”的过程中有幸参与了一些工作，感到十分光荣，至今回忆起来，仍分外激动。

早在1990年6月，国家教委在制订全国教育事业十年规划和“八五”计划时，就研究了在“八五”期间集中精力办好一批重点高校的问题。1991年1、2月，国家教委、国家计委和财政部经过认真讨论，上报国家有关领导人批准，正式提出“211工程”建设计划。

在获悉国家教委规划“211工程”这件大事不久，我们还进一步了解到，在即将重点建设的100所左右的高等学校中，除了现有的委属重点大学外，还拟从各个省再挑选1—2所大学升建为重点大学。于是，学校迅速而果断地紧紧抓住这一千载难逢的发展契机，做出了一定要争取进入国家“211工程”的决定。

1992年5月15日，学校向浙江省教委递交了《关于要求将杭州大学列入“211工程”的报告》。报告认为，我校是一所文理商法工多学科的综合性大学，是浙江省重点大学，历史悠久，经过多年的建设和发展，已具有相当规模，形成了自己的办学特色，不仅在浙江省高

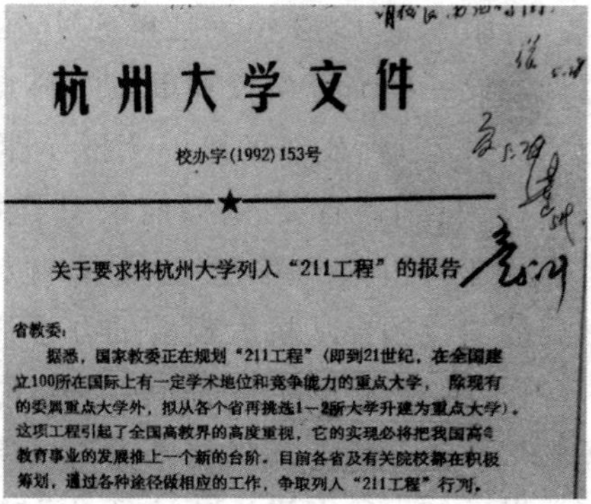

杭州大学文件

校办字(1992)153号

关于要求将杭州大学列入“211工程”的报告

省教委：

据悉，国家教委正在规划“211工程”(即到21世纪，在全国建立100所在国际上有一定学术地位和竞争能力的重点大学，除现有的委属重点大学外，拟从各个省再挑选1—2所大学升建为重点大学)。这项工程引起了全国高教界的高度重视，它的实现必将把我国高等教育事业的发展推上一个新的台阶。目前各省及有关院校都在积极筹划，通过各种途径做相应的工作，争取列入“211工程”行列。

杭州大学党委 1992 年 5 月 15 日向省教委提交的报告

等教育中处于举足轻重的地位，全国 30 多所地方性综合大学也公认杭大名列前茅，国内外有关方面和专家都给予充分肯定，具备进入“211 工程”行列的条件。报告希望得到省里的支持和帮助，将杭州大学作为浙江省进入“211 工程”的高校。

同年 12 月 8 日，学校派郑造桓书记和我陪同省委副书记刘枫同志到国家教委，就我校进入“211 工程”计划之事向时任国家教委第一副主任朱开轩同志汇报。我们汇报了杭大的基本情况和办学条件，提出了将杭州大学列入“211 工程”计划的要求。刘枫同志也表示，杭大是浙江省属重点大学，办学已具有相当基础和规模，师资力量较强，教学和科研有较高水平，在国内有一定影响。省里已写专门报告积极支持杭大和另一所办学不错的农大进入“211 工程”计划。朱开轩同志听取汇报后，介绍了“211 工程”计划的基本情况，指出“211 工程”的建立需要一个过程，入选的地方大学，由省里重点投入和扶植。同时也表示，杭大在全国地方同类大学中排在前列，有条件进入“211 工程”；由于一般综合性大学的普遍特点是基础学科较多，除少数基础学科要保护外，多数基础学科要进行适当调整，增设应用性和实用性较强的学科。

我们从北京回杭后不久，以学校的名义于 12 月 11 日向省委、省政府递交了《杭州大学关于深化改革中几个问题的报告》。报告中提出，我校具有的综合实力得到了国家教委和有关方面的领导与专家的肯定，关键需要省里的支持和扶植，请求省委、省政府重点支持我校列入“211 工程”计划。同月 14 日，郑造桓同志和我致信省委李泽民书记，汇报了我们赴京之行和朱开轩同志的谈话要点。

转眼到了1993年。是年7月,国家教委下发了《关于印发〈关于重点建设一批高等学校和重点学科点的若干意见〉的通知》,这是实施"211工程"所发布的第一个指导性文件。

11月1日,省委、省政府组织了由专家、教授和有关部门负责人组成的评议组来到我校,进行了材料评审、听取汇报和实地考察。学校的党政领导从杭大现有的办学规模和基本特色、专业设置和学科建设、师资队伍的建设和教学水平的提高、科研开发的注重、对外交流与国际合作的加强和办学条件等7个方面介绍了杭大的现状,并汇报了杭大争取进入"211工程"的规划目标及其具体措施。评议组的专家考察了中文、心理、生物、化学、历史等系以及校图书馆、校中心实验室,听取了这些单位负责人的介绍,参观了中文系教师出版展览、图书馆善本书库、心理系的工业心理实验室、生物系的专业实验室、化学系催化研究所、历史系的文物陈列室和校中心实验室内的计算中心等。通过汇报、实地参观和考察,评议组认为杭大总体水平较高,有自己的特色,社会需求面广,完全有实力、有条件进入"211工程",通过了对我校申请进入"211工程"的评议。

在接下来的1994、1995两年中,学校一方面大力宣传进入"211工程"对我校发展的重要意义,以进一步形成全校师生员工的共识和合力,另一方面规划蓝图,将学校工作的重点放在深化改革,苦练内功上,使我校在各方面的建设取得了新的发展。

一、在各级领导班子和师资队伍的建设方面:我校公开选拔了4位年轻的校级干部,充实加强了校级领导班子,使领导班子年轻化,同时,中层干部队伍也得到了年轻化,全校中层干部平均年龄显著下降,他们的学术层次也有进一步的提升。与此同时,要求已获副高职称的青年教师补学硕士或博士学位。

二、体制建设:完善党委领导下的校长负责制,尊重发挥校务委员会、学术委员会在学校重大决策上的作用,加强民主党派和群众团体的监督和咨询作用。确定校、院、系三级管理体制,中层干部实行任期制。

三、学科建设和学术研究：心理、数学、化学、中国语言文学和历史学先后成为国家基础科学研究和教学人才培养基地。学校对7个文科和6个理科的重点学科投入资金以加强重点建设，1994、1995两年约1000万元。学术研究工作取得显著成就，1994—1995两年承担国家自然科学基金项目47项，国家社科、教委和部委项目140项，国际合作7项，外资研究项目71项，省级项目85项，企事业委托项目380项，出版著作285部，发表论文2468篇，其中学术榜论文89篇，列全国高校第24位，获奖成果国家级1项、省部级74项，两年的科研经费达3662万元。

四、教学方面的建设：自1995年起学校启动百课工程建设，即在3年内重点建设好100门左右的主干课程，要求这些课程内容具有前沿性，设置具有规范性，教学方法和手段具有先进性，师资队伍具有合理性。大力加强大学生的素质教育，开设了近百门素质教育课程，定本专科生须选修占总学分20%的文化素质教育课程，双休日举办文化素质教育讲座，编选文化素质教育参考书籍等。1994年后，学校建立了3个重点实验室，1994、1995两年投入建设费432万元，对基础实验室投入了540万元设备费，极大地改善了学校实验教学，特别是计算机教学条件。

五、大力拓宽联合办学渠道，先后与杭州电子工业学院实行联合办学，与义乌市共同创办义乌分校，与新闻部门共同组建新闻与传播学院，与省金融界组建财政金融学院，与德清市政府和省医药管理局组建生命科学院等。

六、校办产业建设得到加强，特别是建成了具有高新技术特点、竞争力较强的生物技术、机电一体化、计算机及软件、精细化工等产业。

七、校园建设：通过抓教风、学风和党政干部工作作风全面推进校园文明建设活动，整治校园环境，实施HZUNET工程，建立校园网。

此外，为弥补国家投入基建经费的不足，通过联合办学、引进外资和自筹资金等方式开展基本建设,改善办学条件。

1995 年 7 月 10 日至 14 日,在辽宁大学举行了高校第二届教育改革与发展研讨会,我校由沈善洪校长参加。这次会议上着重讨论了地方综合性大学"211 工程"建设问题,交流了各自学校的做法、措施和取得的成效。会议结束时,与会的 6 位校长联名向国家提出了《关于尽快启动地方大学'211 工程'预审工作的请示》,这份报告对加速进行包括我校在内的各校"211 工程"预审工作起到了一定的作用。

1996 年 2 月 27 日,学校召开了中层干部会议,对新学期的工作进行了部署。学校提出,新学期是迎接"211 工程"预审工作的临战时期,要求全校师生员工抓住机遇,深化改革,按照"211 工程"评估体系的要求和《杭州大学"九五"计划和 2010 年发展规划》,团结一致,同心同德,做好各项工作,促进学校教学、科研、管理水平的全面提高。学校为了使"211 工程"预审工作圆满完成,成立了迎接"211 工程"预审领导小组、"211 工程"预审办公室。我担任预审工作督导组长。

6 月 20 日,国家教委"211 工程"办公室向浙江省教委发出了《关于同意浙江省对杭州大学开展"211 工程"预审工作的通知》。《通知》提出,对杭州大学的预审工作,由浙江省组织进行,同时指出,在整个预审工作中,以学校为主进行项目设计和可行性论证是一个关键环节。省里要加强对学校论证工作的指导。有关论证工作的时间一般不少于两个月。

省政府根据这一通知的要求,立即组成了以省委刘枫同志为组长,副省长徐志纯、鲁松庭为副组长的预审领导小组。在该小组的指导下,组织校内外的教授、专家进行了为期两个月(7 月 1 日—8 月 31 日)的项目设计和可行性论证工作,形成了杭州大学"211 工程"自我评估和整体规划的报告以及重点学科建设与发展规划报告。

在那年暑假期间,学校迎接"211 工程"预审工作的准备工作一直在紧张有序地开展着。8 月 27 日至 29 日,学校专门组织了中层干部读书班，要求大家和全校师生振奋精神，扎实苦干，严格按照“211 工程”预审评估指标体系要求，认真仔细做好迎检准备工作。

“211 工程”预审会议开幕式

“211 工程”预审会专家组现场考察，听取汇报

预审工作在 9 月 10 日拉开帷幕。由原北大校长吴树青教授、浙大校长潘云鹤教授等国家重点高校的 11 位著名教授组成的专家组对我校提出的“211 工程”规划和学校的现状进行了为期 3 天的考察和评审。专家组全体成员，国家教委、省委省政府、省教委等有关负责人听取了郑小明校长关于我校申请进入“211 工程”的情况汇报，观看了专题录像片《以求是精神，育一代英才》。他们还考察了我校近 20 个教学、科研单位以及实践基地，并分别召开了学科带头人、中青年学术骨干座谈会，12 日下午，举行闭幕式。吴树青教授在闭幕式上宣布：专家组全体成员一致建议通过杭州大学申请进入“211 工程”部门预审。

在顺利通过“211 工程”部门预审后，学校根据预审专家组的意见，进一步修订和完善了“211 工程”建设规划，更加明确了学校“211 工程”建设的指导思想、总体目标及“九五”期间的主要建设任务和重要建设项目，于 1997 年 4 月 14—15 日举行了“211 工程”立项论证会。

在立项论证会上，以浙江大学王启东教授为组长的专家组成员听取了郑小明校长关于“211 工程”重点建设项目可行性报告的汇报,审阅了有关文件,征询了重点学科建设项目有关负责人的意见,经过分组讨论和集中研究评议,形成了最后的审核意见。专家组认为杭大“211 工程”建设既遵循高等教育的办学规律,又注重适应国家特别是浙江省经济和社会发展的需要,人才培养与科学研究并重,既提出了较高的奋斗目标,又符合学校的实际情况,思路清晰,定位确当;杭州大学所确定的 10 个重点建设学科既力图稳定并提高学校已有的基础优秀学科,又从调整学校学科布局,加强为浙江省经济建设和社会发展服务的目标出发,重点建设一批新兴应用学科,这一重点学科建设的基本思路、规模和结构合理;建设经费基本落实,分项目的资金安排明确,比例基本适当。专家组相信,杭州大学在学科建设、人才培养、科学研究、师资队伍建设、学校保障体系建设等方面将取得显著进展,学校的整体水平和办学效益将再上一个台阶。

从 1992 年 5 月我校向浙江省教委递交《关于要求将杭州大学列入“211 工程”的报告》到 1997 年 4 月“211 工程”立项论证会成功举行,我校争取进入国家“211 工程”的工作延续了 5 年之久,充分展示我校为实现成为全国重点建设院校的决心和毅力,也表现了杭大人空前的凝聚力和奋斗精神。

我作为一名老杭大人为学校成功进入国家“211 工程”感到无比自傲,为自己作为学校党政领导的一员能有机会为这项工作付出绵薄之力感到由衷欣慰。

* 作者为原杭州大学党委书记、常务副校长,教授。

外国留学生教育工作追忆

王文龙

我于1970年11月进入杭大外语系学习英语，毕业后留校工作。1974年起分别受农业部派遣赴非洲乌干达援外和教育部派遣在中国驻美国休斯敦总领事馆从事中国留学生的管理工作，1988年5月回到母校。学校安排我在对外中国语言文化交流中心工作，从事留学生的招生和管理工作。在1998年四校合并前，我一直担任学校留学生教育管理工作，在此期间，有幸与曾钜生、许高渝、朱丽云、林涓、陆旭东、赵秀英、夏青、陈植锷、黎体凡、王明华、吕可凤、祝彩云、王迅、朱弘、贾笑梅、彭利贞、吴坚、吴寒、郭克勤、刘艳、关非蒙、杨一冰、杨健、孙敏、李霞等老师共事，结下了深厚的情谊。

杭大的外国留学生教育始于1965年。那年9月，学校接受146名越南留学生到我校学习汉语。为此学校成立了留学生办公室（于光兼主任，杨招棣为支部书记），并从中文系挑选了一批优秀教师担任留学生的汉语教学工作。由于1966年“文化大革命”，越南留学生只学了一年汉语就中断留学，返回越南。90年代初，有10余位越南学生曾两次访问母校，看望当时的留学生办公室的有关人员和曾经担任过他们汉语教学的老师。

改革开放以后，学校十分重视对外交流和外国留学生的招生、教学和管理工作，使留学生的规模从无到有，从小到大，得到稳步发展。

1982年7月19日，学校举行“中国文化暑期学习班开学典礼”，首批美国留学生26人参加了为期一个月的汉语与文化学习。

1984年7月6日，第二期“中国文化暑期班”开学，25位美国学生参加了为期一个月的汉语与文化学习；随后的7月22日至8月

22日,又有21位美国学生参加“中国文化暑期班”学习。

1985年3月15日,按照我校与美国印第安纳大学人员交流计划,印第安纳大学10名师生来校学习汉语与比较教育。

1986年9月我校接收了国家教委的20位德国籍免交学费的政府奖学金留学生,他们来自汉堡大学、图宾根大学、波恩大学、歌德大学、柏林业余大学、柏林维尔海尔姆大学、马克西维利安大学和亚历山大大学,学习期限从半年到两年,专业除汉语与文化外,还包括中国文学和现代汉语。同时还接收了美国太平洋大学和印第安纳大学的13位校际交流学生和来自美国、澳大利亚及法国的3名自费留学生。当时长期留学生人数只有36人。从那时起,我校的留学生人数逐年递增,到1997年下半年,在校的长短期留学生人数达到208人,来自16个国家。

为了拓宽外国留学生教育事业,学校成立了杭州大学对外中国语言文化交流中心,专门负责外国留学生的招生、教学和日常管理工作,冯恭己、叶子南、夏白鸽老师先后担任中心负责人。我于1988年7月接替即将离校出国的夏白鸽老师的工作,开始着手外国留学生的管理。学校专为留学生教学组建了一支懂得多国语言(英语、日语、俄语、德语)的汉语教师队伍。1990年前后,对外中国语言文化交流中心更名为国际文化交流学部,1993年1月12日更名为外国留学生部,我被任命为副主任,1996年11月15日又更名为国际文化交流学院,并任命许高渝教授为院长,我和朱丽云老师为副院长,直至1998年四校合并为新浙江大学。为进一步促进和提高留学生的教学效果,学院于1997年初成立了中外语言文化比较研究中心,学院除承担外国留学生的汉语教学外,根据多数教师掌握两种语言——汉语与外语(如英语、日语、德语、俄语等)的特长,对留学生的母语和来华所学语言——汉语、源文化和目标文化的对比等方面进行研究,将教学中的语言对比提高到理论的高度,以科研促进教学。学院从20世纪90年代初为加强教师队伍的建设,曾派王明华、吕可凤、吴寒3位老师到美国印第安纳州的凡尔布拉索大学进修半年，又先后派朱丽云老师、吕可凤老师、彭利贞老师分别到波兰华沙大学、克罗地亚萨格勒布大学、斯洛伐克考门斯基大学教授汉语两年，以积累国内外教学的经验。为便于教师出国交流，学院的教师都持有对外汉语教师资格证。

学校的留学生工作曾先后由姜新茂副校长和王重鸣副校长主管，他们对留学生教育的发展给予极大的支持和指导，从软件和硬件上给予大力支持。为解决留学生的住宿问题，1984 年对河南第八栋宿舍进行改造，于 1985 年 4 月改造完工，为 1986 年 9 月国家教委派遣的公费生进校入住创造了条件。随着留学生人数的不断增加，河南第八栋宿舍难以满足留学生住宿的需要，学校又对校内第三宿舍楼进行改造，每个房间加通暖气，把一半盥洗室改建成洗澡间，从晚上 6 点到 12 点供热水洗澡。1991 年前后，我们用创收的经费在该幢宿舍楼西面新建了 12 间带单独卫生间和空调的标准间。为便于管理，我们在留学生宿舍加装了电话传呼系统，方便了门卫与学生的联系。学校在东一教学楼一楼安排了几个留学生专用教室，在老外语楼三楼加装了语音室，供留学生使用，后老外语楼因建邵逸夫科教馆拆除，留学生办公室则从老外语楼三楼搬到第三幢留学生楼办公。

我们为学习汉语与文化的留学生开设汉语精读、汉语口语、汉语听力、汉语写作、报刊阅读等课程，还开设了中国书法、中国戏剧、中国武术等选修课。虽然当时的教学条件有限，比如听力训练基本上靠手提式的卡式录音机，但是学生们的学习热情很高，效果也很好。为使学生进一步了解中国、理解中国，加深对中国文化的理解，各教学班每学期都组织学生教学实习，参观游览杭州市内的名胜古迹，还统一组织学生到杭州市外各地旅游。我们曾组织学生到绍兴鲁迅故居、沈园、东湖、兰亭、柯岩、大禹陵，淳安千岛湖，富阳龙门古镇，桐乡乌镇，景宁畲族自治县等参观学习。许多同学因对汉语学习和了解中国产生兴趣而不断延长学习期限。我们的留学生教育从开始的短期学习（1 个月左右）到长期（半年至 4 年），从非学历教育到学历教育，专业也从汉语言文化拓展到其他专业。学生类别除普通进修生外，还招收了高级进修生、博士生、硕士生和本科生。

1989 年 9 月，我校接收了韩国大宇公司派遣的 8 位汉语进修生（先于中韩两国建交）。

1993 年 9 月，我校接收了第一位外国籍博士研究生——韩国釜山大学的赵允卿女士，师从吴熊和先生研修宋词文学。

1995 年 9 月，招收了来自日本的硕士研究生泉敬史（Izumi-Takashi）先生，研修中日关系史。

留学生练习中国书法

1997 年 9 月，招收美国包安明（Brian Boecker）为工商管理硕士研究生，韩国延世大学胡子光女士为现代汉语硕士研究生；招收了韩国留学生都万会为法律系本科生、巴西的庄赋丽（Zhuang Fuli）为计算机系本科留学生、日本留学生竹野贵则和福井聪为汉语言文化本科留学生。

外国留学生进修的专业除汉语与文化外，还包括了中国历史、中国近代史、史记汉书春秋史、明清时代之村落与农业经营、思维心理学、现代文学、南宋诗词、吴趼人小说研究、宋明理学心学、宋明清思想史、当代文学与文化、中国经济、经济法、水利管理、清末杭嘉湖地区蚕妇情况、心理学、哲学、民国体育史、黄宗羲和浙东学派等。

据不完全统计，自 1965 年开始至 1998 年上半年止，杭州大学共接收来自 34 个国家和地区的外国留学生 2933 人次，其中通过国家教委的渠道到我校学习的学生 324 人次，校际交流生 435 人次，自费留学生 1266 人次，一个月以内的短期留学生 908 人次（未包括外事处招收的短期文化旅游学生）。

校际交流学校包括美国的印第安纳大学、蒙他那大学、凡尔布拉索大学、太平洋大学、弗莱斯诺大学，德国的吉尔大学、帕骚大学、维尔斯堡大学，日本的岛根大学、福井大学，澳大利亚的莫道克大学，法国的巴黎八大、诺曼底高等商业学校、上诺曼底商学院等学校，加强了校际交流学校之间的师生互访和学术交流，为学校派出教师到对方学校进修考察创造了条件。

90年代初，杭州大学就开始举办汉语水平(HSK)考试，1997年被汉语水平考试中心正式批准为浙江省唯一的汉语水平考试(HSK)考点。

我校是全国高校外国留学生教育管理学会及浙江省外国留学生管理学会成员。

附件　杭州大学1965—1998年6月各国留学生人数排序一览表

国　家	国家教委	校际交流	自费生	短期旅游	合　计
日　本	24	13	608	218	863
美　国	8	174	118	474	774
德　国	99	55	80	36	270
韩　国	—	—	167	64	231
澳大利亚	—	136	60		196
法　国	—	51	37	60	148
越　南	146	—	—	—	146
瑞　典	20	1	40	45	106
意大利	6	—	51	—	57
瑞　士	6	—	9	11	26
英　国	1	2	15	—	18
加拿大	—	—	12	—	12
丹　麦	4	—	8	—	12
奥地利	2		9	—	11
比利时	4	—	4	—	8

续 表

国　家	国家教委	校际交流	自费生	短期旅游	合　计
西班牙	1	—	7	—	8
泰　国	—	—	8	—	8
荷　兰	—	—	7	—	7
新加坡	—	—	6	—	6
苏　联	3	—	—	—	3
埃　及	—	—	2	—	2
伊　朗	—	—	2	—	2
以色列			2		2
索马里		1	1	—	2
芬　兰	—	—	2	—	2
印度尼西亚	—	—	2	—	2
挪　威	—	—	1	—	2
巴　西	—	—	2	—	2
新西兰	—	2	—	—	2
印　度	—	—	1	—	1
马来西亚	—	—	1	—	1
尼日利亚	—	—	1	—	1
合　计	324	435	1266	908	2933

* 作者为原杭州大学国际文化交流学院副院长。

杭大出版社创建的前前后后

张春林

一

20世纪八九十年代是杭州大学发展史上的黄金时期。一方面，社会的大环境经过拨乱反正，尊重知识、尊重人才蔚然成风，教育工作者开展教学活动和学术研究的热情空前高涨。另一方面，在学校范围内以党委书记薛艳庄、校长沈善洪为核心的领导班子有见识、有抱负、有担当，团结一心带领全校师生开拓前进，各项工作都出现了生气勃勃的局面。

令人焦虑的是当时校内许多老教师的学术成果缺少刊发的机会，而更多的教学和科研的新锐迫切盼望扩展发表的园地。学报有限的篇幅显然不能满足需要，创办学校出版社就提到了议事日程。

学校设立出版社应向国家教委和新闻出版署报批。当时大学出版社的工作由国家教委的内设机构条件装备司分管，我校主管后勤的副校长姜新茂跟条装司领导有直接的工作联系，因此申办出版社的具体事务自然落在他的肩上。而我在中文系主持《语文导报》的工作，对出版业务比较熟悉，积累了一些相关的经验和人脉，成为姜副校长在这方面的助手。我跟姜副校长曾同在杭大新闻系就学，毕业后又在杭大中文系共事多年，私交甚笃。两人搭档开展筹建工作，关系融洽，配合默契。后一阶段，杭大的老校友、刚从杭州磁带厂厂长位置上退下来的陈纲也加入了团队。他老当益壮，工作热情很高，在申办过程中发挥了突出的作用。

作为大型的文化教育单位，各高校对办出版社积极性普遍很高。为了控制总量，当时的成例是部属高校一般都能获准，而对为数众多的地方性高校则视条件和需要有选择地准入。我校申办前，获准的仅辽宁大学、新疆大学和广西师范大学三所。杭州大学教学和科研实力雄厚，在地方性高校中素负盛名。学校领导和广大教师都对办社有强烈的愿望。我们准备了翔实的材料，陈述学校办出版社的必要性和可能性，并且根据审批工作的进程，一次又一次往北京跑，求得有关部门的支持。这中间，在京的浙江老乡新闻出版署卢玉忆副署长、教委条装司沈友益副司长、中宣部出版局综合处洪宗儒处长自始至终给了我们很大的帮助。

经过一年多的努力，1989 年 6 月，国家教委和新闻出版署正式批复同意建立杭州大学出版社。开始省里有关行政管理部门有不同的意见，后来我校的省人大代表和政协委员在“两会”大声疾呼，省委书记李泽民又亲自过问，1989 年 8 月 8 日杭州大学出版社终于挂牌成立。北京师范大学教授、著名书法家启功先生欣然命笔，为出版社题写了社名。

为了加强领导，学校决定由姜新茂副校长分管出版社，请陈纲担任社长，我则负责总编辑的工作。以《语文导报》编辑部的人员为班底，又从学报编辑部和教材科调来若干业务骨干，还从应届毕业生中选留了部分优秀的本科生和研究生，形成了一支老中青结合、文理工齐全、编印发配套的工作人员队伍。劫后重生，百废待兴，当时学校的财力和物力十分紧张，还是尽其所能给出版社的创建以有力的支持，调拨了五六间办公用房和 10 万元启动资金。就这样筚路蓝缕，新生的杭大出版社终于开始了创业的行程。

二

建社之初，当时各地高校“创收风”甚嚣尘上，沈善洪校长明确指出：“出版社不是学校的创收单位。它的任务是出好书，出优秀的高校教材和学术著作。”由于学校不向出版社压创收指标，我们有了宽松的工作环境，一开始就把出版精品图书作为努力的方向。

杭州大学作为面向 21 世纪全国重点建设的 100 所高校之一，名家辈出，著述宏富，校内专家学者辛勤笔耕，在教学和科研领域多有所获。自建社以来，我们立足本校，服务地方，有计划、有步骤推出一系列专业教材和学术著作。20 世纪 90 年代，先后出版了崔富章教授著的《〈四库提要〉补正》，王元骧教授著的《审美反映与艺术创造》，徐岱教授著的《小说形态学》，洪湛侯研究员著的《中国文献学新编》，蒋礼鸿教授著的《敦煌文献语言词典》，张金泉教授等人著的《敦煌音义汇考》，倪宝元教授主编的《成语范例大词典》，梁太济教授等著的《宋史食货志补正》，史晋川教授和罗卫东教授著的《经济增长与反通货膨胀的国际比较研究》，胡建淼教授著的《中国行政法学论纲》，陈桥驿教授著的《〈水经注〉校释》，陈立教授著的《陈立心理科学论著选》，金松寿教授和郑小明教授著的《选择性分子间引力与集团结构适应性》（英文版），王绍民教授主编的“光学前沿丛书”《拦光光学导论》《有限束宽光动力学》《张量光学》《衍射的本性和新光束激光》等。这些精品力作，在一定程度上体现了杭州大学出版社的出书水平，在学术界、教育界产生了良好影响。

为了扶植学术著作的出版，从 1993 年开始，社内还专门建立了杭州大学学术著作出版基金，对具有一定权威性的学术研究成果和跨世纪新兴学科的学术著作提供出版资助。1993—1999 年间，共拨出 120 万元，资助了 62 种（部）学术著作的出版。面对学校教师队伍跨世纪的新老交替，根据学校资源分配向优秀中青年人才倾斜的方针，出版资金相当大的比例用于扶持中青年学者的学术著作出版。校内的不少中青年专家正是从杭大出版社出书起步，逐步迈入学术的核心圈子，成为各有关领域的学术带头人。像法律系的胡建森、教育系的徐辉、经济系的史晋川都是杭大出版社最早的一批作者，如今已经成为蜚声全国的教坛精英、学界翘楚。出书出人，杭大出版社在学校教师队伍的建设中可谓功不可没。

杭州大学出版社运行 10 年，历经陈纲、张春林、朱宏达、蒋保纬四任领导，始终坚持正确的出版方向。10 年中共出版图书近千种，重印重版书达 1000 多种（次）。所出图书中，有 130 多种在省级以上各类图书评奖中获奖。其中《选择性分子间引力与集团结构适应性》获第八届中国图书奖,《历史与我的选择》入选由中宣部、国家教委、新闻出版署等五部委联合评选的"全国百种爱国主义教育优秀图书",《审美反映与艺术创造》获国家教委人文社会科学研究优秀成果一等奖,《矩阵光学原理》获第三届全国优秀教材一等奖,《〈四库提要〉补正》《小说形态学》获第二届全国高校出版社优秀学术著作奖,《计算机应用入门》(1)(2)(3)获全国高校出版社优秀畅销书奖,"光学前沿丛书"《明代文学史》《词学研究集成》等6种图书被列入国家"九五"重点图书出版规划;《控制论化学》《电流型数字电路设计》等3种图书被列入国家教委"九五"重点图书出版规划;《南宋史稿》《〈水经注〉校释》《中国经济发展论纲》等18种图书被列入浙江省"九五"重点图书出版规划。杭州大学出版社坚持走正路,创品牌,求发展,在实现从数量增长到优质高效的阶段性战略转移过程中,取得了新的成就。

1998年9月,根据中央的指示,浙江大学、杭州大学、浙江农业大学、浙江医科大学四校合并,组建新的浙江大学。1999年6月30日,杭州大学出版社与浙江大学出版社合并,成立新的浙江大学出版社。杭州大学出版社融入新的浙江大学出版社继续发展。

* 本文的部分材料源自蒋保纬撰写的《杭州大学出版社》一文,谨此致谢。

作者为原杭州大学出版社总编辑。

学校体育工作回顾(1952—1987)

陈德明

我校1952年至1987年的体育工作,大致可以分为四个阶段、两个发展高峰。从1952年2月—1960年是蓬勃发展阶段,体育成绩出现了第一高峰。1960年到1965年是调整阶段,总的趋势还是好的。1966年到1976年是“文革”阶段,体育工作受害很深。1977—1987年是制度化、科学化健康发展阶段,出现了体育成绩的第二个高峰。

一、院系调整后的发展时期(1952—1960)

1952年在我校六和塔本部尚无400米跑道的田径场,体育专修科办在省体育场内,由于学习环境较差,暑期以后我和曹赤梁同学到六和塔本部找陈立院长反映情况,要求体育科搬入院本部。陈立院长同意我科搬入院本部。

此后我们就上山与其他各系一起学习。学校拨款在三龙头劈山填沟建造400米跑道田径场,1953年完工,1954年5月全院在新田径场举行第一届体育运动大会。田径项目男子17项,女子12项,分教工、学生两个组。陈立院长为筹备会主任,舒鸿教授为总裁判,体育科学生与其他各系学生一起比赛,各个项目成绩都不差。

1955年搞了规模盛大的体育日。在西斋篮球场上举行各系体育节目表演赛。学校领导及团委的负责同志出席观看。

在此期间的学生体育锻炼风气很盛,“锻炼身体,建设祖国,保卫祖国”的指导思想很明确。劳卫制锻炼小组遍布全院,可以说每个学生都参加劳卫制锻炼小组,同时还出现了很多以英雄人物命名的锻炼小组,如女生的“古丽亚锻炼小组”,男生的“吴运铎锻炼小组”等。学校体育室编印了《劳卫制锻炼手册》及劳卫制测验卡片发至学生,人手一册。校篮球队、排球队、体操队、足球队的训练也很正常。特别是足球队经常同笕桥空军足球队比赛,各有胜负,关系很好。

那时,每年举行一次全校性规模盛大的校运动会已成制度,但1957年由于“反右”斗争紧张,运动会未能举行。到1958年受全国“大跃进”的影响,学校体育场上出现从未有过的锻炼热潮,搞“四红”“五红”“挑灯夜战”。田径场上装上电灯,晚上敲锣打鼓地搞体育测验,学生们为达到体育标准,一次一次地跑,一次一次地跳,搞体育“大跃进”,这种过“左”过急的做法现在看起来似乎好笑,但这种鼓干劲争上游的精神为我校群众性体育工作的普及打下了良好的基础。1959年的校运动会可说是杭大25届运动会中规模最大、单项最多的一次。

运动会比赛

当时我校田径运动队队员有100多人,集中办运动员伙食,建立运动队党支部,郑年同志是当时的支部书记。李寿福、赵光荣、蒋仁芳、李粹英、徐可平都以优异的成绩代表浙江省出席在北京召开的全国第一届运动会。

二、调整时期(1961—1966年初)

1960年开始,国家出现了暂时的经济困难,但至1961年时,师生们的精神状态仍很好，体育课教学、课外体育活动依然充满生气。体育工作继续发展，我们只在运动项目及运动量上做些调整和控制。校运动会暂时停开一年。

在此期间，传统体育如太极拳、太极剑、八段锦等不仅是课外活动的内容，也成为各类体育正课的主要内容。羽毛球、乒乓球等运动也进入体育课堂。

1962 年 5 月召开了全校第七届田径单项运动会，项目减少到男子 9 项、女子 7 项，是我校体育史上项目最少的一次校运动会。

自力更生、自己动手搞体育建设的精神在这一时期里特别突出，后来用的一批水泥篮球柱子全都是校基建科与体育教师们自己动手做起来的。党委书记陈烙痕动员学生自己动手建造游泳池，并亲自掌锄破土，经一年多的努力，把低洼塘水沟变成了 50 米长 22 米宽的游泳池，1962 年投入使用，为杭大游泳运动的开展创造了条件。这时期的体育教师每年有半个月的修建运动场地的义务劳动。

1962 年时，学校还搞了规模较大的一次体育图片展览会，全面反映学校师生 20 世纪 50 年代初期以来的体育面貌，共展出图片 200 多幅，全部都是体育教师自己拍摄制作的。这次图片展览会丰富了学校的文化生活，受到师生的好评。

之后的 1963—1965 年，每年也在 5 月举行校运动会（第八届—第十届）。

三、“文革”时期（1966 年 5 月—1976 年 9 月）

1966 年 5 月举行了第十一届校运会，由于正值“文革”初期，体育运动已受到冲击，学生无心思读书，搞体育锻炼，办运动会也是为了应付计划，田径项目减少到男子 11 项、女子 9 项，运动成绩也普遍比上届下降。后来体育正课也上不起来，校运动会一停就是 5 年。

1970 年 10 月，首届工农兵学员进校。虽然有体育课，但到课率低，有的甚至一堂课一位教师两个学生，谈不上完成教学计划、开展群众性体育运动。1972 年举行了第十二届校运动会，规模是杭大历史上最小,成绩也是杭大历史上最差的一届。在长达10年的“文革”时期,体育教育受害不浅。

四、恢复发展阶段(1977—1987)

77级新生于1978年2月进校,体育工作进入恢复和重建阶段。我室重新公布体育课堂常规、体育课缺旷课制度及考试评分标准。由于我校教务处对体育教学的重视,给我室工作以大力支持,体育课教学秩序很快恢复,成了全校课堂秩序最好、缺旷课最少的课程,体育教学质量的提高也有了制度上的保证。篮球、田径、乒乓、体操代表队重新组建,训练工作也逐步走向正常。1978年我校男子篮球队荣获浙江省篮球选拔赛冠军,出席该年暑假在四川成都举行的全国大学生“三好杯”篮球比赛。

1978年6月由杭大举办全省第二届大学生运动会,我校荣获体育专业组男女团体总分第一名。

1979年开始,招生中注意招收有体育专项特长的学生,并加强了运动队的管理和训练工作。

1980年11月16日至18日在浙江省体育场举行浙江省第三届大学生运动会,23所大学的639名运动员参加角逐。我校甲组(普通组)和乙组(体育系组)两个队男女运动员囊括全部四个团体总分冠军。共获得金牌59枚、银牌29枚、铜牌26枚。我校男运动员5人6次破5项校纪录、1人平1项校纪录、2队破两项接力赛校纪录。

1980年6月由我校组织主办的浙江省高等院校第一届体育科学研究论文报告会在我校健身房开幕,为期两天。这是我省高校体育科学论文报告会的开端。

1981年6月我校又举办了浙江省高等学校体育科学研究第二届论文报告会,会议在东临202室举行,会议收到10所高校论文25篇。

1978年起,我校体育管理、体育科学研究、体育教学、课余活动训练、群体工作等全面走向制度化、规范化、科学化。建立学生健康卡片，进行每年一次按全国统一要求的学生体质健康测试，全面加强学校体育工作管理。

为迎接第一届全国大学生运动会和省第七届运动会的召开，我省于1982年5月14—16日举行了省第四届大学生运动会。比赛分普通高校组、体育专业两组。我校两个组各有20名运动员参加比赛，结果以悬殊的总分囊括了男女共4个团体冠军。

同年暑假(1982年8月)，在北京举行第一届全国大学生运动会，我省参加乙组(体育专业组)的田径、体操(男)、艺术体操(女)和丙组(普通大学组)田径比赛。按规程规定浙江省可派运动员59人，其中我校运动员46人，占78%。男子乙组竞技体操获金牌5枚，为团体第一名。女子丙组我省所获的25枚金牌中我校运动员得21枚，10枚银牌全系我校运动员获得，22枚铜牌中我校运动员得了14枚。我校运动员施丽琴还被评为“五讲四美运动员”，受到中央首长的接见。

在首届全国大学生运动会举行的同时，召开了全国高校体育科研论文报告会。我校张永生、陈德明两同志作为论文作者代表出席报告会宣读论文。

1982年10月15—16日两天举行了我校第二十届运动会，我校普通组田径健儿20人次共破15项浙江省高校纪录，15人次破12项本校纪录，21人达到二级、86人达到三级运动员标准。

1982年是我校业余运动训练出成果最多的一年，是我校体育历史上的第二个高峰。

1984年10月15—17日，浙江省体委、省教育厅、省卫生厅组织体育卫生工作检查验收组来我校检查。检查结果我校体育工作评分为优秀。

1984年10月18—20日，由我校承办浙江省第五届大学生田径运动会和首届艺术体操比赛。我校女子田径队荣获团体总分第一名，女子艺术体操队获得徒手和球操两个单项第一名以及团体冠军，体育系田径队获得体育专业组男女两项冠军。

1985 年由国家教委、国家体委、卫生部、民委四单位组织全国青少年体质健康调研工作,我校是全国的观测点,按国家的统一部署于 5 月份对全校学生进行检测工作。

1986 年暑假,第二届全国大学生体育运动会在大连举行,我校派出运动员 25 人,共打破 13 项全国大学生田径纪录。

1986 年 9 月我校公体教研室被评为我省高校先进体育教研室,出席浙江省第八届运动会,并获得省人民政府的奖励。

1987 年下半年开始,我省普通体育课教学采用由我校教师主编的全省统一的体育教材,并发给学生人手一册。我校开始招收高水平运动员,男篮 5 名、田径 4 名均安排在外语系学习。

1987 年 10 月 28—31 日,在浙江林学院举行全省第六届大学生运动会,我校普通组 18 名运动员参加,男队以 142 分与团体冠军队成绩相同,因单项第一名少而屈居团体第二名。女队退居第四名。体育专业队男女均获冠军。

上武术课

1987 年 11 月,学校决定并宣布公体室为直属学校领导单位,并改名为公共体育教学部。有教师 36 人,其中教授 1 名,副教授 2 名,讲师 13 名,助教 20 名,干部 1 名,工人 4 名。在教学、科研、场地设备的管理等方面,公体教学部基本上实行了制度化、规范化、管理科学化,各项工作都已打下一定的坚实基础。

* 本文原载《杭大校史通讯》1988 年第 5 期,第 2—9 页,有删节。

作者为原杭州大学公体部支部书记、副主任,教授。

学校基本建设概述(1952—1987)

项鹏飞

从1952年到1987年,我校的基本建设先后经历了创业、奠基、紧缩和发展四个阶段。

一、创业阶段(1952—1956)

1952年,我省在六和塔之江大学原址成立了浙江师范学院。当时接收之江大学的校舍有大小楼房平屋57幢,计建筑面积21594平方米,较大的建筑物有慎思堂、科学馆、材料试验馆、图书馆、都克堂、东斋、西斋、韦斋等,其中有一些年久失修损坏不堪的建筑,在师范学院成立不久后均经修复。师院成立之初即征用土地53亩,开始造房;先后扩建了学生宿舍5幢、教工宿舍8幢、教室1幢、膳厅1幢和一些福利用房,又新建400米跑道田径场1个。到1957年移交给省委党校时,全校校舍新旧合计总建筑面积已达41303平方米。

新中国成立之初,百废待兴,中等教育战线师资紧缺,浙师院校舍迫切需要再加扩建,但六和塔校舍受自然地形限制,发展困难;山上又常闹水荒,长年累月要靠10余名挑水工人手提肩挑来解决用水问题。学校曾打算向西发展。由于该地区市政规划已定点为风景疗养区,有关当局不同意浙师院在原地继续扩建,并指定到新辟的文教区去建校。1955年经省文教厅、省文委报请华东文委批准,决定在松木场重新建校。

二、奠基阶段(1957—1966)

浙师院的松木场新址,原划定在庆丰村皇姑山附近,即今杭州电视机厂以西,省卫生实验院区域。该地地形低洼,常年积水,并且离市区又较远,经一再要求,才改到现在的学校的位置。新址选定后,勘察设计与征地拆迁同步进行。1956年,新校舍建筑工程全面铺开,首先开工的是第一、二、三、四幢学生宿舍,接着是饭厅和教学大楼,不到两年时间,到1957年底止,累计竣工面积已达3万余平方米;教学、生活福利用房配套齐全,连幼儿园也一气呵成,交付使用,给迁校创造了有利的条件。

全部工程的设计,由省建筑设计院负责;校舍总体平面布置,基本上采纳了上海同济大学建筑系的意见。施工任务由国营杭州建筑公司承包。

迁校后,基建仍继续进行,到1966年"文革"开始,共累计完成88502平方米;如不遇上1962年前后的艰难日子,步子可能还会跨得更大一点。

1960年前的建筑之一

1958年新建立的杭大与浙师院合并,接收了省委原党校校舍13576平方米,原浙江省工农速中校舍10154平方米,加上新建校舍88502平方米,共有校舍建筑面积为112223平方米。作为一个省属高等院校,学校已初具规模,为以后的发展奠定了良好的基础。

新校舍从无到有,从小到大,草创时期,工作条件恶劣,生活艰辛。基建地块处于市郊,公路不通,到处荆莽丛生,坟冢累累。这里原是国民政府的一个刑场,在施工过程中常发现戴有镣铐的尸骨。当时负责基建工作的王相庭总务长,亲临第一线,举家从六和塔迁到工地上,和基建科同志扎营在行将倾塌的铜佛寺内,上下团结一致,克服了种种物质上的困难,胜利地完成了建校任务。

三、紧缩阶段(1967—1976)

"文化大革命"开始后,学校基建全面下马,起步不久的建校任务，遂陷于低谷的境地。刚刚落成的图书中心大楼，未及搬迁进入，即成为红卫兵的接待站，八层楼书库作为“文攻武卫”的司令部，设备多遭破坏，令人痛心。十年动乱期间，只建了两幢教工宿舍和一些零星小屋，合计建筑面积10045平方米。其中好几个年头，几乎寸土不动，基建科同志也只好靠修补过日子。

“文革”期间，学校停止招生，不建造房子，又家大业大，外人看来是一块肥肉，于是房屋土地纷纷被占、被借，遗留问题不少。其中有：海洋研究所与分部校舍；浙江日报社与体育场路校舍；杭州炼油厂与河东土地；省体委与体育场路土地；学军中学与文三街校舍；浙师院与十五家园宿舍；西湖区商业局与文三街商店。总计以上先后被占被借校舍共29182平方米，土地155亩；所占所借校舍，后来部分已经归还，但这部分土地使用权则无偿丧失了。

四、发展阶段(1977—1987)

党的十一届三中全会以后，随着国民经济日渐恢复和好转，我校基建工作走出了低谷，进入蓬勃发展时期。在奠基阶段，每年平均造房8850平方米，在紧缩阶段只有1000平方米，在新的蓬勃发展阶段，则一跃而达到13303平方米，到1987年底，尚在施工的不计，已累计完成146338平方米的校舍和400米跑道田径场1个。

1986年新建的外语楼

这段时期，基建工作量十分繁重，先后建成的主要建筑物有新化学楼、风雨操场、图书馆、西四教学楼、旅游楼和金融楼等，使化学、外语、历史、中文、政治、心理、经济等系先后迁入新舍教学。扩建图书大楼的完成，彻底解决了该馆“书满为患”“人满为患”的老大难问题，并使我校中心大楼的形象更加突出。这些大楼在设计之前，都广泛征求使用系科的意见，并反复参观有关兄弟院校，借鉴先进经验。竣工后,基本上能符合教学科研的需要。

再从生活方面来说,盖起了学生宿舍4幢,计22936平方米,既满足了招生人数日益增加的需要,也缓和了学生宿舍拥挤不堪的情况。为了解决外籍教师住宿的困难,1981年盖起了1534平方米的外教宿舍,1986年又新建6695平方米的干训楼(即新专家楼)1幢。特别值得指出的,在这11年内,共建了教工宿舍30幢,累计建筑面积53619平方米,有850余户教工先后搬进了宽敞的新屋;而腾出的旧房,又使不少教工在调整中得到了不同程度的改善。

还有值得一提的是,这一阶段的基建资金,除大部分是国家财政拨款外,还有相当一部分是学校自筹"引进"的。资金总数774万元(其中部分是开办费),能盖近25000平方米的房子,这对我校教学科研事业的繁荣与发展,起到了一定的作用。

自1956年松木场建校至1987年底止,新建校舍241860平方米,加上在院校并合过程中接收旧校舍15021平方米(被占用和拆除的均不计在内),我校实际拥有校舍256889平方米。累计投资总额为3335万元。校园土地面积为641亩,折合42.7公顷。其中校本部417.2亩,河南80亩,河东21亩,生物系80亩,体育场路37亩,庆丰村5.8亩。

*本文原载《杭大校史通讯》1988年第5期,第25—29页,有删节。

作者为原杭州大学基建科技术员。

图书馆的文献建设

图书馆整理

杭州大学图书馆渊源于1897年(清光绪二十三年)创建的求是书院藏书楼。经过几代人近百年的不懈努力,已逐步建立起以图书馆为主体,馆、系(资料室)结合的文献保障体系,成为学校高层次办学的重要支撑条件。

1985年成立了学校图书馆管理委员会,1987年成立杭州大学图书情报委员会,作为学校有关图书情报工作重大决策的咨询机构,同时也成为图书馆联系校内各有关方面的桥梁与纽带。图书馆积极参加图书馆界的各项活动,为全国高校图书情报工作委员馆、浙江省高校图书情报工作委员会常委馆。浙江省高校图书情报工作委员会秘书处也设立在本校图书馆。

图书馆(速写,1977级学生祝毅创作)

图书馆馆舍建筑面积16335平方米,内设阅览室12个,各类书库17个,专业研究室10个,阅览座位1500余个;正式工作人员88人,其中具有大专毕业以上学历68人,具有高级职称9人、中级42人。

学校一贯重视文献资源建设,根据综合性大学的特点,已初步形成了文理兼收,古今咸备,文史、方志和基础学科文献较为丰富的藏书特色。图书馆有文献总量30万种、160余万册(其中外文文献30万册)。馆藏文献中,哲学社会科学类图书约占总量的55.58%,自然科学和工程技术类图书约占44.42%,其中哲学、经济、语言文学、历史、地理、生物科学、数学、物理学、化学及综合类图书藏量尤为突出,中外文期刊1.1万余种,中外文报纸438种。从馆藏报刊所属学科的比例来看,哲学、社会科学类期刊约占馆藏报刊总量的52.9%,自然科学、工程技术类期刊约占44.8%,报纸约占2.3%。

线装古籍中有名闻海内外的嘉业堂、玉海楼的许多旧藏。古籍线装书达12万册(1.1万种),其中以丛书和浙江地方志较多。根据1989年全国文献资源调查,按文献收藏的品种计算,杭州大学在全部参调的514个单位中列第53位,在所参调的362所高校中居第24位。丰富的文献为学校的教学、科研、育人、开发工作提供了优越的条件。

1996年,图书馆受赠文献共计343种564册。主要有台湾文化大学文学院宋晞教授的《史学方法与论文写作》《清末华工对南非屈兰斯瓦尔金矿开采的贡献》,金庸(香港)的《金庸作品集》1套,杭州大学出版社出版的著作文献近百种。1997年,接受赠书近千册。

1996年底"杭大文库"建成,收集本校教职工论著近3000种。1997年正式对外开放。

杭大文库

1997年开始重点建设杭州大学人文社会科学文献资料库,以加强我校优势学科文献及国家、省重点学科所需文献建设。除原有的《四库全书》《近代中国史料丛刊》《丛书集成》《中国方志丛刊》等外,在省教委的全力支持下,订购了《四库全书存目丛书》《续修四库全书》《四库禁毁书丛刊》《敦煌宝藏》等一批大套丛书。同时，为适应网络建设的需要，积极增加电子版文献，到 1997 年，本馆已有《中国学术期刊》《人大复印资料》《人民日报》《中国法律法规大典》《中国科学引文索引》等 14 种光盘可供读者利用。

20 世纪 80 年代，现代技术开始在图书馆应用。90 年代以来，加快了文献信息工作的现代化技术引进和应用，引进了富士通 K650-30小型计算机和 ILIS 集成图书馆信息系统软件，用于图书馆管理。1992 年 12 月开始，采用计算机进行中、外文图书采访和编目，并加紧进行中、外文图书的回溯建库工作。馆藏 10 万多种中文图书和 4 万多种外文图书已进入数据库。1993 年 3 月开始图书流通计算机管理。同时购置了光盘驱动器及《中文科技期刊篇名数据库》和《中文社科报刊篇名数据库》等，开展了光盘检索服务。图书馆还自行开发了期刊管理系统，建立了图书馆公共检索局域网。在此基础上，图书馆计算机系统与学校校园网和 CERNET 联网，开通了 E-mail 和远程检索。用 Powerbuild 重新编制了期刊管理软件并开发了多媒体查询软件，设立多媒体查询台。购置了目前较先进的 586 光驱 Meridian TNT 型光盘塔服务器和 Sun-E3000 部门级服务器，针对原先机房太小的问题，重新开辟装修了新的计算机房，并对图书馆各房间预布了信息插座，使图书馆的计算机管理系统跨上了新的台阶。另外，于 1997 年建立了杭州大学博士学位和硕士学位论文全文数据库及中外杰出人物数据库。馆藏文献目录数据库在原有数据的基础上不断增加。

*本文原载《杭州大学年鉴》(1996—1997)，第 274—279 页，由图书馆撰写，标题由编著者新拟。

杭州大学义乌分校纪实

黄兴团

在日益繁华的商城义乌，站在江东的鸡鸣山上鸟瞰正在形成的市科教文化区，首先进入视野的是杭州大学义乌分校：占地248亩的校园，新崛起的教学大楼，设计新颖的学生宿舍和专家楼，标准化的校内操场，精心勾画的校内主干道和绿化带，都是那样令人注目！1993和1994两个年级6个专业班的320名学生正专心致志地在这里求学。

小城，终于圆了大学梦。

一

随着义乌市委市府“兴商建市”发展战略的实施，小商品市场发达繁荣，各类产业蒸蒸日上，新的经济建设格局急切地呼唤着大批高层次的专业人才，而紧紧追赶时代步伐和市场经济大潮的杭州大学，正进行高等教育改革的试点。共同的历史使命和时代担当，使地方和大学两个社会层面上的领导，不约而同地走到了一起。

1993年2月18日，杭州大学校长沈善洪带领校领导班子全套人马，风尘仆仆来到义乌，并同义乌市市长毛光烈洽谈加强教育科技协作与联合办学事宜，双方很快取得共同语言。2月19日，义乌市同杭州大学签订了《关于加强教育科技协作关系协议书》和《联合办学协议书》。

《协议》吹响了行动的号角。校、市双方紧密配合，努力推进联合办学的各项工作，迅速排出了一个办学日程表，充分显示了双方创建商城大学的热情与力量。1993年7月2日，省教委下文批准了义乌市人民政府《关于创办杭州大学义乌分部的请示》。当月，筹建办就完成了200多亩校园的征地任务。

1993年9月28日，投资3000多万元的校舍破土动工。同时，首届新生暂借城北中学教室正式开学。

1994年9月5日，新学期按时开学，9月21日第一届学生注册入学，近400名师生的教学与生活井然有序。商城大学，雄姿初展。

二

小城迅速崛起一所大学，实在是一个奇迹。这是义乌人民智慧、心血和力量的汇聚。在这里，全市上下同心同德，奏出了一曲高亢嘹亮的兴教办学“大合唱”。

市委市府把杭大义乌分校的建设作为全市必保的重点工程来抓。市委书记严高文十分重视分校建设，百忙中经常深入工地检查指导，反复强调要按时完工，按时开学。原市长毛光烈积极主张创办分校，显示了改革家的勇气和胆识。市长魏超然接过重担以后，脚踏实地，埋头苦干，一心抓落实。

也许是市领导的真心感动了“上帝”，城东办事处的干部、群众为了新大学的诞生，做出了无私奉献。校园用地牵涉到城东办事处5个村，由于市有关部门领导的精心安排和细致工作，征地十分顺利。宗塘村42户拆迁，不到两个月，就全部完成。

为了加快建设速度，11个建筑工程队“挥戈上马”，展开了劳动竞赛，市财政城建、教育、供电、供水、邮电、自来水以及城东派出所等部门有求必应，大力支援，充分显示了义乌市社会办学的热情和力量。

三

在1993年9月28日杭大义乌分校开学典礼上，省教委副主任阮忠训曾经提出：“希望义乌市像办小商品市场一样办好杭大分部，希望杭大像办本部一样办好义乌分校。”

现在，杭大义乌分校的领导和师生们正在奋力开拓改革办学、社会办学、面向市场办学的新路子。

为了加快培养市场经济急需的人才,分校先后开设了经济法、财会、计算机、文秘、经济管理和外语等6个专业。学生一进校门,学校就高标准严要求,提出“吃好‘开口奶’”,加强对学生的思想道德品质教育,实行班主任工作目标责任制,积极引导学生自理自律自强,形成了良好校风。

杭大领导的确像办本部一样办分校,经常带领各系领导到义乌听课,与师生探索教改之路。

义乌分校,抓“软件”,也抓“硬件”。计算机实验室、多媒体语言室,堪称一流。本部向分校赠了1万册图书,教学仪器设备正在不断增添。

可以相信,杭大义乌分校这颗在小城上空升起的大学之星,随着商城的日益繁荣,一定会发出更加耀眼的光芒。

义乌精神赞

——访前进中的杭大义乌分校

的轰动仍未平息。他们的眼光,一直热切地注视着远方精彩的世界。学校于是想方设法,开选修课,请专家讲座,与外校联谊……

当然,这里的学生学习是艰苦的。由于大部分是本部来执教的老师,所以难以科学地安排课时,往往连着几天全是一门课。学生们说:“老师的课上得好,但这样疾风暴雨式的教学让我们消化不良。”能不能作些改善呢?比如,是否可以让杭大留校的硕士生、本科生到分校执教锻炼一

校报关于义乌分校的报道

* 本文原载《浙江日报》,1994年10月26日,第3版。

作者系《义乌报》编辑。

四 系所述略

中文系发展简史

吴秀明

一、1952—1958 年

1952 年全国高等学校院系调整，浙大中文系与之江大学国文系合并，成立浙江师范学院中文系，王西彦被任命为首任系主任。后因王西彦参加赴朝慰问，由夏承焘代理系主任一职（1952 年 9 月 16 日起）。1953 年下半年，薛声振出任代系主任、系主任。1956 年，系主任由姜亮夫担任，蒋祖怡、吕漠野、孔成九任副主任，校党委副书记朱子英兼任系总支书记，魏佑功任副书记。不久，魏佑功任中文系总支书记，毛逸为副书记。1958 年，陈非曾任书记。

这时的中文系可谓群星璀璨，汇集了一大批著名的学者、教授。他们开设了一系列丰富多彩的课程，如夏承焘的中国文学史、薛声振的文字学、王驾吾的先秦散文、陆维钊的汉魏六朝文学、任铭善的语文概论和语言学概论、蒋礼鸿的古汉语、胡士莹的明清文学话本小说、蒋祖怡的文艺学，以及应广大学生要求由陆维钊和胡伦清开设的现代文学，等等，教授们严格执教的作风和渊博的学识，给学生们留下深刻的印象。

这一时期，中文系和全校其他系一样，从教学内容、教学方法、教学制度等方面全面学习苏联,进行整体性改革:积极创建教研组和教学小组,开展教研教学活动,并按照部颁的师范教育计划草案修订了教学计划和教学大纲。

1953 年 9 月,古代汉语、古典文学两个专业开始招收研究生,古代汉语导师为姜亮夫教授,古典文学导师为夏承焘教授,中文系成为全校最早招收研究生的系之一。

除了本科教学外,为解决中等教育师资的急需,1952 年底,中文专修科开办了一年制的师资短训班,招收一批小学骨干教师,将他们培养成为初中教师。1954 年 7 月,学校为培训提高在职中学教师组建中学教师进修部,中文系参与承担其中的任务。1956 年秋,浙江师范学院成立函授教育部,设中文函授专修班。

在科学研究方面的重要活动,有 1955 年 4 月 14 日系内举行的学术报告和学术讨论会(报告论文共 29 篇),参加学院于 1956 年 3 月 31 日召开的全院第一次科学讨论会。夏承焘、任铭善、胡士莹等教授都提交论文。

夏承焘先生(右)和吴熊和老师亲切交谈

1957 年,全国开展了反右派斗争,中文系一些师生被错划为右派。1958 年学校开展了第一次"教育革命",这些运动使中文系的发展遭受严重挫折。

二、1958—1966 年

1958 年 11 月,浙师院和新创办的杭州大学合并,定名为杭州大学。学校任命叶克为中文系第一主任,姜亮夫为第二主任。后叶克离校,姜亮夫为主任,蒋祖怡、吕漠野、孔成九为副主任,主持日常工作,朱子英任总支书记,浦光、毛逸任副书记。

由于学校的性质由师范学院转为综合性大学,中文系的培养目标从单一的教师转到语言文学工作者等多方面综合人才上来。课程设置也做了相应的调整。1960年，林淡秋副校长亲自下中文系蹲点，与当时主持系行政工作的蒋祖怡副主任一起，根据北京大学中文系的学制和课程安排，制定了由原来四年学制改为五年学制的教学计划，并开设了许多在之前尚未有人开设过的选修课，如《文心雕龙》选修课等。任铭善先生也根据自己多年的研究成果，开设了国内属首次设置的"中国汉语史"课程，林淡秋副校长曾准备开设"毛泽东文艺思想"课程，后因故停开。

另一面，中文系还多方邀请文坛学界名流讲学，扩大学生的知识面。1960年，茅盾到中文系讲学并与中青年教师座谈，1962年，巴金曾两次来系讲学。此外，来系讲学的还有巴人等。

在科研方面，中文系在此时也同样取得了丰硕的成果。比较有代表性的是1959年出版的《杭州大学学报》"中国语文专号"，它刊载夏承焘、王焕镳（驾吾）、胡士莹、蒋礼鸿、雪克、张仲浦等先生的最新成果，产生了广泛的影响。1962年1月，中文系举办了"工具书展览会"，展览期间，参观者每天300余人次，外系外校也有师生前来参观。

1961年7月20日，中国科学院浙江分院语言文学研究室成立（设在杭大），中文系与该研究室联合举办了治学经验报告会。次年5月，该研究室因中科院浙江分院撤销，改名为杭州大学语言文学研究室，夏承焘为主任，孔成九为副主任。

1964年，按照上级安排，中文系和其他文科三个系参加农村"四清"运动，之后在"阶级斗争为纲"和"反修防修"的思想指导下调整教学计划，削减课程。1965年7月即开始拟订教改方案：42门课（其中选修课21门）减为16门（但新增毛主席诗词、当前文艺问题、政论文及写作、语言和语言政策4门），总学时由2903学时减为2035学时。当年，中文系还举办半农半读试点班，共招收32名学生，学制5年，以杭州园林管理局苗圃为劳动基地。

三、1966—1976年

1966年夏,“文革”开始。6月13日,杭大召开批判原杭大林淡秋副校长和中文系夏承焘教授大会,即所谓的“林夏战役”。9月,学校“停课闹革命”,中文系正常的教学秩序遭到严重破坏,科研工作也因此被迫中断。

1968年3月29日,学校“革命委员会”成立。接着开展“清理阶级队伍”运动,中文系不少教师职工甚至学生被揪斗,有的被关入“牛棚”。

1969年4月起,又开展“教育革命”。中文系成立了教育革命领导小组,组织教改小分队去嘉兴农村,5月7日,还在东栅开办了“毛泽东思想文科大学”。

1970年10月,学校招收第一批工农兵学员入学,之后连续招收了五届。1971年,中文系还组织师生分别到诸暨、绍兴、桐庐和萧山的有关公社或大队,实行“开门办学”,在田头一边劳动,一边教学。

四、1976—1998年

1976年10月,粉碎“四人帮”,标志着历时十年之久的“文化大革命”结束。中文系由此也开启了一个崭新的发展阶段。

1978年,学校任命王驾吾为系主任(1981年改为名誉系主任),张颂南、姜新茂为副主任。毛逸为党总支书记,吴龄为副书记。毛逸调离后,王绮、李行先后任总支书记。之后,任系主任的有陆坚、郑择魁、吴熊和、陈坚、萧瑞峰。任总支书记的有朱传忠、廖可斌、韩泉欣。

王驾吾主任

为了适应新形势,中文系于1979年开始筹办新闻专业、古典文献学专业。这两个专业后来相继于1982年和1983年经省政府和教育部批准增设,新闻专业在1982年招收本科生30名,古典文献专业于1983年在全国范围内招收本科生20名。新闻专业后因学校新闻系的设立而中止。1992年,在汉语言文学专业设影视方向。到1998年,全系设有汉语言文学、汉语言文学教育、古典文献学、文秘4个专业和影视戏剧、编校2个专门化。中国古代文学和古典文献学被列为省级重点学科。

1981年11月,国务院批准了全国首批博士、硕士学位授予单位和学科、专业及指导老师名单,中文系的中国古代文学、文学批评史、现代汉语、汉语史获硕士学位授予权,中国现当代文学和古典文献学名列于1984年1月公布的新增硕士点中,古典文献学同时获博士学位授予权。1986年7月,中文系新增文艺学硕士点和中国古代文学、汉语史博士点。1990年,新增世界文学专业硕士点。

本科教育在这一时期取得可喜成就。80年代,开始实行学分制。为了适应这一教学改革,中文系各教研室开设了众多的选修课,除原来的中国古代文学、中国现当代文学、外国文学、古汉语、现代汉语、语言学概论、文艺理论、马恩文论等10门专业基础课外,还开设了语言与语言研究、训诂学、鲁迅研究、楚辞研究、文艺创作心理学等50余门课程。课程结构体系不断完善,如1998年汉语言文学专业的课程结构分为公共基础课、学科基础课、专业方向与特色课和文化素质与跨学科课四大部分。

这一时期,中文专修科和本科函授教育也先后得到恢复。中国语言文学不仅成为本科的专业,而且也是干部专修科和成人脱产班所开设的专业之一。学校夜大学成立后不久即设立中文专修科。1984年,浙江省自学考试中,汉语语言文学专业列为浙江省自学考试本、专科专业之一。

此外,受教育部的委托,中文系还曾主持举办由全国重点高校讲师以上的骨干教师参加的培训班。部分教师参加《大百科全书》《汉语大词典》《辞海》分卷的编纂工作,并担任主编、副主编。

师资队伍的职称结构在这一时期发生了显著变化。1977年,全系教授6人,1987年,教授8人,副教授28人。1998年,教授和副教授数,分别增至24人和39人。高级职称的年龄构成也有很大变化,一批教学优秀和在学术上有成就的青年老师,成长为教授或副教授。

科研工作在这一时期也取得了突出的成就。1979年5月,恢复了中国语言文学研究室,由姜亮夫、郑择魁负责。1984年,由张颂南、陈元恺任正副主任。1984年,教育部批准成立"杭州大学古籍研究所"。姜亮夫任首任所长,平慧善任副所长,沈文倬、刘操南、王荣初、雪克等老师调往古籍所工作。之后,中文系又成立了中国文学研究所,以及影视戏剧研究所、语言研究室、外国诗研究室。1995年,经国家教委批准,中文系的中国语言文学被批准为国家文科基础学科人才培养和科学研究基地。

在科研成果方面,许多老一辈教师出版了具有全国影响的著作,如夏承焘的《月轮山词论集》《天风阁学词日记》等、王驾吾的《墨子校释商兑》等、胡士莹的《话本小说概论》、蒋祖怡的《文心雕龙论丛》、孙席珍的《外国文学论集》和与人合作翻译的《古希腊文学史》等。1986年以来,全系教师共出版学术著作160余部,发表论文1800余篇;承担省部级以上科研项目110余项。1984年以来,共获省部级以上科研奖170余项。如徐朔方(徐步奎)的《论汤显祖及其他》在1984年获第一届全国戏曲理论著作奖,郭在贻的《唐代白话诗释词》《楚辞解诂》论文获1984年中国社科院首届青年语言学家奖二等奖,倪宝元的《成语辨析》和王林祥的《论典型化》获1984年省优秀社会科学成果一等奖,吴熊和的《唐宋词通论》获1988年省优秀社会科学成果一等奖和全国古籍优秀成果一等奖。90年代,又有姜亮夫的《楚辞通故》、王元骧的《审美反映与艺术创造》、蒋礼鸿的《敦煌变文字义通释》获国家教委首届人文社科研究优秀成果一等奖,郭在贻的《训诂丛稿》获二等奖,徐朔方(徐步奎)的《汤显祖评传》获国家教委第二届人文社科研究优秀成果二等奖,王维贤的《语言逻辑学引论》获1992年浙江省人民政府奖社科一等奖,祝鸿熹的《文史工具书词典》获1992年古籍整理图书奖二等奖,邵海清所校的《忠雅堂杂校笺》获1994年古籍整理图书奖一等奖,汪飞白的《诗海——世界诗歌史纲》获1990年第四届中国图书奖等。这一时期，吕漠野和郑择魁、陈坚、张颂南等的现代作家作品研究，黄金贵的古代文化语词研究等，也有不俗的学术成果。

中文系的《语文导报》于1974年创刊，原名《语文战线》，1984年改名《语文导报》，1988年停刊，参与创建杭州大学出版社。该刊曾在全国发行，是一份在语文教育界和语言学界广受欢迎和具有广泛影响的刊物。

中文系老师在这一时期积极参与各种学术团体的活动，据不完全统计，有30余位教师兼任各种学会、研究会的理事、理事长，正、副主席等职务。在国际交流方面，先后有30余人次应邀赴美国、日本、韩国、俄罗斯、英国、法国等国家讲学或合作研究，有上百位上述国家的学者来我系讲学或进修。

自1952年以来，中文系累计培养本专科生4700人，函授、夜大及各种培训班学员4100余人，硕士生410余人，博士生54人。他们大多成为我国特别是浙江省教育、文化、宣传等部门的骨干人才。这些毕业生分布在省、市、地、县机关，各大专院校、新闻、文化单位，用自己的思想、知识和才华，发挥着重要的作用。

*作者为原杭州大学中文系系副主任，浙江大学中文系系主任，教授。

从浙江师院外文系到杭大外国语学院发展历程述略

许高渝

1952 年 2 月 5 日,浙江师范学院成立,外文系是其最先设立的 3 个系之一。

从浙江师院外文系到杭大外国语学院,经历了近 47 年的发展,大致可分 4 个时期。

一、1952 年 2 月—1958 年 11 月

1952 年 2 月,以原浙大外文系和之江大学外文系为基础成立了浙江师范学院外文系,设英语、俄语 2 个组,兼负责全校公共外语教学工作,方重教授为首任系主任。同年 3 月,由中苏友好协会浙江分会创办的俄文专科学校(1951 年创立)作为俄文专修科并入浙师院外文系。来自上述 3 个学校的教师中有教授 5 人(方重、佘坤珊、戚叔含、严群、德梦铁)、副教授 5 人(李树化、吴辛安、鲍屡平、蒋炳贤、郑儒铖)、讲师 7 人(潘斯卡娅、费舍尔米斯卡娅、鲍毓璋、叶之蓁、章申、陈士衡、黄一民)、助教 8 人(毛澹然、冯志成、王茵洁、高琬、顾培愉、王明辉、孙力军、董育麟)。

1952 年 7 月,方重教授离校,蒋炳贤先生任代主任。1953 年 9 月,英语专业被并入华东师范大学,戚叔含等一些老师调至复旦大学任教,系名也因全部招收俄语专业学生而改称为俄语系,蒋炳贤先生任俄语系系主任,下设俄语教学小组(系教学小组)、普通俄语教学小组两个教学组,后分别改称为俄语教研组和公共俄语教研组。

1956 年秋,英语专业恢复招生,系名也随之改为外语系,蒋炳贤先生继续担任系主任。系内设 3 个教研组:英语教研组、俄语教研组、公共外语教研组。全系教师 32 人,其中教授 1 人,副教授 3 人,

讲师3人,教员6人,助教12人,实习助教7人。职员2人,助理秘书和教务员各1人。在系的俄语学生122人(3个年级),英语学生62人(1个年级)。

这一时期的初期仅设讲读、语法课,后来增设翻译课、口语课。以培养学生的实践能力为主,俄语专业曾使用不少苏联原版教材。在最后一个学年均要安排4—6周到中学进行教学实习。

教学小组(教研组)的主要工作是集体备课、互相观摩教学、编写教材和组织教师进修提高(老教师对年轻教师定期辅导、答疑或检查青年教师的读书计划和组内举办读书报告会)。另外,还派遣教师脱产到兄弟院校进修。

1956年前后,外语系教师在“向科学进军”的号召下,努力开展外国文学和语言的研究工作。蒋炳贤、鲍屡平、郑儒鍼、冯昭玙先生分别以“狄更斯的小说”“哲理诗人鲁克锐提乌斯”“英语动词”“列·托尔斯泰的文学作品”为自己的研究课题,并在《西方语文》《浙师院学报》上发表了研究成果。

1956年3月,浙江师范学院召开了第一次科学研讨会,叶志洪、王明辉老师分别在会上提交论文《从属句分类的某些情况》和《在俄文中破折号的用法》。但由于后来的政治形势,教师独立进行科研工作的风气并未得到应有的鼓励,相反,被视为走白专道路的表现,于是刚刚开展起来的科研工作不久就被迫停止。

1957年夏,全校开始反右派斗争,历时3个月,外语系一些师生被错划为右派。1958年5月开始学校开展教育大检查(第一次“教育大革命”),系内不少教师受到不公正的批判。这两场运动使外语系的发展遭受严重挫折。1958年下半年,学校组织师生下乡参加劳动,随后又组织大家参加“大炼钢铁”运动,正常的教学秩序受到冲击。

二、1958年11月—1966年6月

1958年11月,浙师院与新建的杭州大学合并,定名为杭州大学,原浙师院外语系更名为杭州大学外语系,仍设英语、俄语两个专

业,鲍屡平先生出任主持工作的系副主任。系内仍设英语教研组、俄语教研组和公共教研组。当时全系专业教师 43 人,其中教授 2 人,副教授 3 人,讲师 1 人,教员 5 人,助教 32 人。

这一阶段的初期,系的规模有所扩大,1960 年春,曾设俄语和英语专修科,计划学习期限为两年。同年秋,开设了德语专业和日语专业,专业数增加为 4 个(俄、英、德、日)。同时,一些"左"的做法仍然被延续。1960 年 5 月,学校开展了第二次"教育大革命",掀起了师生共同大搞科学研究的"热潮"。重新制定教学计划,在外语系的教学方案里大大增加了政治课和生产劳动的比重,提出教材主要以毛主席著作等政治题材为主,有的教研组将教学原则设定为"贯彻政治挂帅思想领先的原则,大搞群众运动,贯彻阶级路线原则……树立不断革命思想"。

1961 年 5 月,学校按照"调整、巩固、充实、提高"的方针,决定本系 1960 年秋招收的日语专业的学生于 1962 年 2 月提前结业,德语专业学生也于 1963 年暑假毕业,这两个专业和俄语函授专业今后均停办。1960 年春招收的俄语和英语专修科学生则大部分被精减。

1961 年 10 月,外语系贯彻教育部发布的《直属高等学校暂行管理条例(草案)》(即"高教六十条")的精神,在教学工作中加强基本理论、基础知识和基本技能的教育,教材中增加了经典文学的比例,教学秩序稳定,学习气氛浓厚,教育质量有了明显提高。外语系学术空气再度活跃,曾先后邀请葛传槼、胡孟浩等国内外语界知名学者来系讲学;1963 年,还组织系和教研室学术报告会,许多教师也着手确定科研选题。

1964 年下半年至 1965 年初,外语系又一次进行课程改革,以反修和阶级斗争为原则,对当时使用的各课程的教材、例句、习题以及讲授中的前言和结语做全面检查。同时,调整课程设置及教学计划,删减教学内容,减少上课周数与学时,安排学生下连队当兵及参加生产劳动。1965 年 10 月,外语系二、三、四年级学生及教师、干部到新昌县参加"四清"运动,于 1966 年 5 月返校。

1965年，在原杭州师专基础上新建起来的浙江师范学院迁往金华，其外语系学生和大部分教师并入杭大外语系。

负责全校非专业外语教学的公共外语教研组因在提高外语教学质量做出突出贡献，于1960年被评为全国教育、文化、卫生、体育、新闻方面社会主义建设的先进单位。

三、1966年6月—1976年10月

1966年6月，"文革"开始。8月25日，学校建立了"文革"筹委会，9月初，全校"停课闹革命"，进行全国大串联。12月，外语系部分师生成立"红卫兵"组织。次年10月，成立外语系革命委员会。在此期间，部分党政领导干部、老教师被批判揪斗。在1968年进行的"清理阶级队伍"运动中，不少老师被关入"牛棚"或接受背靠背的审查。德梦铁教授等三人遭迫害，含冤致死。

1969年，外语系成立教育革命领导小组，开办学习班，组织由师生参加的教改小分队，编写中小学外语教材，筹办外语"红(色)师(资)班"。是年夏，师生到上虞溪笕公社劳动，接受贫下中农"再教育"；当年11月至次年1月，按照所谓"第一号命令"到德清筏头公社进行"战备疏散教育"。

1970年8月，原杭州外国语专科学校与杭大合并，该校大部分教师并入外语系参加教学工作。

同年10月，英语、俄语两个专业开始招收工农兵学员，学制为3年。德语专业于1972年也恢复招生。至1976年，英语专业共招收6届学员，俄语专业和德语分别招收2届和3届。

1973年4月，外语系恢复成立俄语、英语、公共外语3个教研组。

"文革"开始后，全系科研工作完全停顿。在"文革"后期，即至20世纪70年代中期起，俄语教师集体从事国际共运著作的翻译，部分英语教师从事联合国资料等的翻译，这是在当时条件下所能开展的主要科研工作。

四、1976年10月—1998年9月

1976年10月,长达10年的"文化大革命"结束。外语系进入了新的发展阶段。

1978年至1992年10月间,系主任一职先后由鲍屡平、冯昭玙和任绍曾担任,1992年11月外国语学院成立后,任绍曾、许高渝和殷企平相继担任院长。

这一时期,学科建设得到了长足发展。英语专业于1978年开始招收研究生,并在1981年11月3日获硕士学位授予权。1995年,该学科的硕士点顺利通过了国家教委学位办组织的专家组的评审,并被确定为A级。1994年底,英语专业被浙江省政府确定为省重点扶植学科,此外,还新建了英语教育专业和英语专修科。1978年,日语专业重新招生,1993年,创建了法语专门化班。

"打好基本功、拓宽知识面,加强实践性"是这一时期教学改革的主要方向。曾开展了多项改革试点:英语专业于1985年进行专升本试点,在1994级试行快、慢班制,英语本科基础阶段尝试平行使用两种教材,教育实习中试行实习与调研相结合,俄语专业实行外贸系列课程改革等。为拓展学生知识面和适应社会需要,有计划地增设了不少新课程,如英语词汇学、英美语言学引论、外报外刊、俄语时文选读、俄语词汇学、政论文选读、英美历史、苏联概况、科技德语等等。一些过去曾开设的传统课程,其教学内容也得到了充实或更新,如原来的听力课改成了视听说课等。与此同时,大力开展第二课堂活动,开辟了英语角、日语角、德语园地、俄语俱乐部等口语活动的场所,举办"外语月"系列活动,包括英语辩论赛、外语歌曲大奖赛、外语演讲比赛、外语背景知识竞赛等。

公共外语教学工作在这一时期也开展得有声有色。为了加强公共外语教学,提高教学质量和水平,于1987年在原外语系公共外语教研室的基础上组建了公共外语教学部(后称大学外语教学部)。该部下设第一、二、三、四教研室,担负着全校非外语专业本科生、专

科生和研究生的英语、日语、法语和德语的教学任务。在老师的辛勤教育下，学生的英语水平和实践能力日益加强，在全国大学英语四级统考中连续几年名列我省前茅，通过率高出全国重点大学的平均通过率近10个百分点。为此大学外语教学部荣获国家教委1993年普通高等学校优秀教学成果二等奖、浙江省和杭州大学1993年优秀教学成果一等奖。

1977年后，采取了多种措施大力加强师资队伍建设。早在1981年，为了提高青年教师的素质，在鲍屡平、冯昭玙先生的倡导下，建立了青年助教旁听硕士研究生课程的制度。除了组织教师在职进修外，还努力为教师提供外出短期进修、参加外地学术会议的机会。随着对外开放的不断发展扩大，到1997年已有近半数教师或到相关国家深造，或攻读国外大学的学位。1977年开始聘用外国文教专家和外籍教师，来自澳大利亚、德国、日本、加拿大、美国、英国、苏联等国的专家数十人先后在外语系（外语学院）执教。外语系还曾聘请了王佐良、许国璋、王福祥、胡孟浩、桂诗春等外语界著名学者担任兼职教授。

1978年后，在学校统一领导下，认真而严肃地进行了教师任职资格的评定和职务聘任工作，使教师队伍的职称结构发生显著变化。试比较：1982年，全系207位教职工中有教授1人，副教授6人，讲师108人；1986年底，教职工增至227人，其中教授增至4人，副教授增至33人，讲师110人；1995年6月，外语学院全院教职工94人（因1987年后公共外语部单立，故总数减少），其中教授6人，副教授43人，讲师18人。

除了完成国家计划开设的本科生、专科生、研究生的教学外，大力开展多层次教学，为社会服务。1978年春节开始和省教育局及省广播电台合办了业余英语广播讲座，向全省广播，另外还不定期地为省政府及下属厅局（电力、乡镇、科委、水电、海洋等部门）以及一些工矿企事业单位开设强化培训班、口语班。1980年，外语系受教育部委托，负责组织浙江省高等师范院校英语教师培训班，由外籍教师任教。1983年暑期,外语系举办了为期一个月的全省中学英语教师培训班。1982年起,我系负责夜大英语专科的教学工作,1985年,夜大增设日语专科,亦由我系教师任教。全省英语专业自学考试于1983年起由我系负责主考。1987年元月,设立TOEFL考试杭州考试中心,并于当年8月开始受理考务工作,10月24日举办了首次托福考试。1994年,经国家教委批准,学院又设立剑桥商务英语证书(BEC)考点。学院还在杭州经济技术开发区开办了"杭州大学外国语学院开发区附属学校"。

1977年后,科研工作重新起步。1978年与浙大合办刊物《外语》,1979年举办了一次有相当规模的科学讨论会。1985年后,每年召开由全体教师参加的科学讨论会成为传统,在讨论会上提交的优秀论文均汇集出版。此外,还经常举办和承办全省性、全国性甚至国际学术会议,如全国德国文学研讨会(1985),全国外国文学现状研讨会(1989),全国首届俄汉语对比研讨会(1991),第一、二届话语分析研讨会(1991、1992),系统功能语法研讨会(1993),俄语和其他语言对比国际研讨会(1996)。

为促进学术研究,先后成立了英语国家当代文化研究室、科学幻想小说研究室、语言学研究室、俄罗斯及东欧经贸文化研究中心4个系级研究结构。另外,一些教师参加校级研究机构,如日本文化研究所、中德翻译中心、法国文化研究中心、应用语言学研究中心、欧洲研究中心等的研究工作。

自1985年至1996年,共出版专著9部、编著17部,教材26部、工具书30部、译著91部,发表论文422篇。从事国家级课题研究6项、省级课题研究20余项,还承担了部分国际合作课题。一批成果获奖,其中国际奖1项,全国社科二等奖1项,省级优秀成果奖15项。

鲍屡平教授的《乔叟研究》、张君川教授的《莎士比亚研究》、蒋炳贤教授的《劳伦斯评论集》和翻译的《古希腊文学史》、冯昭玙教授的俄语词汇语义研究和俄罗斯文学翻译、姚祖培教授的英诗翻译,以及话语分析(任绍曾)、翻译理论(郭建中)、澳大利亚文学(朱炯强)、外汉语言对比(吴洁敏、许高渝、陈坤泉等)、中日文化交流史(王勇、王宝平)、汉语节律(吴洁敏)等研究在全国有一定影响。

我系是浙江省外文学会、浙江省翻译工作者协会、浙江省高校外语电教协会的创建单位和挂靠单位,这些学术机构对推动和组织全省的外国语言文学研究、翻译研究和外语电教工作发挥了重要作用。有10余位老师分别担任了全国、省各级教学研究会、学会的理事、常务理事或会长职务。

此外,学生中的学术活动也开展得十分活跃,既培养了学生的科研兴趣和能力,又丰富了他们的业余生活。

电教、资料工作是我系顺利完成教学和科研任务的重要支柱。在20世纪80年代中期,一些热爱电教和资料工作的教师(包括数位具有高级职称的老师)充实到这两个部门中,而原来在那里工作的同志的积极性也通过职务聘任等得到了进一步的发挥。电教、资料工作逐渐从过去单纯保管、被动服务转变为主动服务。电教室(后称电教中心)自1985年起在条件十分困难的情况下开辟了听音室、录像放映室、视听教室,主动为教学、学生服务,录音资料从原来1450小时增加到4000余小时,录像资料达1000余小时。资料室(后称资料信息中心)克服了人手十分紧张的困难,组织编写自学参考资料、期刊索引,加强了与校内外同行的横向联系。藏有英、俄、德、日、法、汉各类书籍7万册,各类外文期刊100余种。

从1952年建系到1998年,已有5000余名毕业生,分布在祖国的四面八方。

在从浙江师院外文系到杭大外国语学院的46年发展过程中,党组织负责领导和组织全系(院)师生政治思想工作,并同行政班子一起使各项工作不断推向前进。曾担任党组织主要领导工作(1956年前为支部书记,之后是总支书记)的有陶政民、徐畹华、宋阳、程贤政、丁建民、吴雪娣。

＊作者为原杭州大学外国语学院院长,教授。

历史系发展简史(1952—1988)

胡为民　吕树本　胡玉堂　楼学礼　楼子芳

一

1952年2月院系调整，浙江师专历史科全体师生及图书资料并入新成立的浙江师范学院，同时招收春季入学的第二届专修科学生一个班，历史专修科主任由沈炼之教授担任，原主任陈乐素教授调任院图书馆馆长，另调沈镜如教授来历史专修科任教。

1952年暑假，历史专修科改为历史系，仍由沈炼之教授任主任，并由毛昭晰任秘书(1956年初由胡玉堂继任系秘书)。当年暑假开始招收首届四年制本科生一个班。同时为满足中学师资的急需，续招第三届专修科学生一个班和一年制的短训班一个班。专修科于1954年暑假再招短训班，办了一期。该班学生毕业后，又曾应省文教厅委托，办了两届高中历史教师师资培训班，对象为选送的初中历史教师。

至1956年底，全系学生近200人。本系教工人数达到32人(其中有5名教师赴外校进修)。这期间新调来系任教的主要有胡玉堂、徐规、王正平、张健甫、张崟、管听石、陈士良、高甘霖等，还有一部分本系毕业生中选留的青年教师。系资料室和行政人员也有所充实和增加。

1956年秋，院党委决定历史系单独建立党支部，徐崇云任书记。1957年冬，历史系建立党总支，林琼任书记。

1957年2月，原政治专修科部分学生转入本系二年级学习。

这期间，学校在体育场路(现浙江日报社址)另辟分部。我系与中文等3系科于1954年暑假迁至体育场路分部办学，至1957年4

月初，再迁至新建的天目山路校址办学。

这期间政治运动不少，如思想改造、肃反运动、整风“反右”斗争等。广大教师和学生在党的领导教育下，得到了锻炼和改造，取得了不同程度的进步与提高，成绩是主要的。当然也存在着一些偏向和错误，如肃反运动时气氛过于紧张，特别是反右派斗争犯了严重扩大化的错误，将我系3人错划成右派，在学生中，当时也有20余人被错划为右派。

1958年初，我系教师9人响应党的号召，去萧山欢潭乡劳动基地锻炼。留校教师则投入知识分子“向党交心”运动，大小会议接连不断。

至同年五六月间，运动转入“教育大革命”，中年以上教师甚至已讲课的青年教师，无不受到“批判”，向教师“送”的批判稿——“万言书”，以后汇编铅印成书《批判集》。

当“教育大革命”深入开展大辩论之际，全国上下的“大跃进”开始了，全校师生员工参加“大炼钢铁”和“大办人民公社”运动。历史系师生于9月间分赴新登（当时是县的建置）与富阳农村。去富阳的二、三年级师生一个多月后返校，去新登的一、四年级师生则历时4个多月，返校时已是1959年1月了。

历史系在浙江师院时期，历时6年余，各方面的工作取得了显著的成绩。

在教学上，逐步对各课程内容进行了系列改革，先后开设了中国古代和中世纪史、中国近代史、中国现代史、世界古代和中世纪史、世界近代史、世界现代史、中学历史教学法、历史要籍介绍及选读等专业课；还有公共必修课——政治理论课、教育学、心理学、体育、俄语（专修科与短训班不开）；并在最后一学期中进行教育实习或见习，实习时每个学生到中学进行试教2—4节历史课及部分班主任工作实践。

当时系里按相关课程分别建立教研组（室）和教学小组，教学大纲和讲稿一般都经过教研组集体研究或讨论。特别是年轻教师上课,都能认真备课,在老师指导下写出讲稿,使教学质量迅速得到提高。各课教师都注重课外辅导,经常组织课堂讨论或答疑,深入学生寝室,既教书又育人,师生关系融洽,教学相长。

系里十分关心青年教师的培养。一方面尽可能争取轮流选送去北大、北师大、华东师大等校历史系进修,另一方面则加强在职进修,在搞好助教辅导工作的前提下,按照边干边学、干什么学什么、急用先学的原则,在教研组或老师的指导下,制订进修计划,拟开读书目录,定期进行读书报告,等等。后来,他们都成长为本系的教学骨干和主力。

学校当时虽属师范性,以教学为中心,但是历史系的科学研究与国内外学术交流活动还是比较活跃的。这时期本系教师出版的论著有沈炼之的《简明世界近代史》、沈镜如的《戊戌变法与英国》等5种,参加上海等地学术讨论会10余人次。特别是1956年暑假教育部召开的制订全国高师各科教学大纲讨论会,我系派出沈炼之等教师多人去京参加,对于各科大纲的制订我系几乎都有教师参加,这在当时全国高师的历史系中算是阵容比较整齐和有较高水平的。国内外著名学者来系讲学和交流的也不少,如埃及学者费克礼,东北师大历史系系主任万河与两位苏联专家,四川大学历史系赵卫邦教授,北大历史系教授向达,华东师大历史系教授束世澂、吴泽等。

为纪念孙中山诞辰90周年,我系于1956年11月中旬举办了内容丰富的纪念展览会,展出孙中山1912年视察之江大学时与师生的合影,以及学校图书馆、系资料室收藏的全部有关孙中山的图片、书籍、资料,并刊出本系四年级学生所写的论述孙中山的纪念文章。这次纪念活动深得各方好评。

浙江师院时期,历史系共毕业本科生3届计102人,二年制专科生毕业4届计172人,一年制短训班1届计46人,高中师资培训班2届43人。毕业生一部分散布于全国各省,大部分在本省教育战线上工作,多数为各大中学校教育骨干,成为我省教育战线上的重要力量。

二

1958年7月，省人民政府决定新办的杭州大学招生，历史系系主任由浙师院历史系系主任沈炼之兼任，筹办工作由宋阳负责，先后分配来系的教工8人。同年11月，省委决定新建的杭大与浙师院合并，定名为杭州大学，合并工作于年底完成。两校历史系合二为一，系址再迁至文三街新辟的分部（现为学军中学校址）。这时全系有教职员49人，学生407人。系主任仍为沈炼之，系总支书记为林琼，宋阳为总支副书记。1959年起增设系副主任，由胡玉堂担任。

1960年8月至1961年11月，省委党校曾与杭大合并，党校党史教研室5人并入我系。为此，迟洪美一度担任过系总支副书记。在决定党校重新分开时，1961年10月，新办不久的杭州师范学院（即今杭州师范大学前身）历史系并入我系，调入的教师有李絜非等6人，学生80人。

自1961年上半年起，学校根据中央"调整、巩固、充实、提高"的八字方针，对教学、科研、劳动等各方面的工作进行了全面调整和安排，学校规模缩小，强调以教学为主，实行劳逸结合，关心群众生活。为此，我系自1961年暑假后起，减少招生人数。学制改为5年，1962年曾停止招生1年，并有一批教工调出杭大。据1965年12月的不完全统计，全系教职员为42人，学生为84人。1965年下半年增加徐崇云为系副主任。

自"大跃进"以后的八九年中，学校的性质、规模反复多次，在教学上也有较大影响。特别是1959年暑假后组织师生学习党的八届八中全会文件，批判"右倾"，发展了"左"的思想影响。1960年5月至8月开始第二次"教育在革命"——改革教学内容，学习《列宁主义万岁》3篇重要文章，反对修正主义的教学观点。1963年10月，又在教师中开展了学习对于国际共产主义运动总路线的建议与"九评"等重要文章。1964年夏，全系教师开展了对杨献珍的"合二而一"论，翦伯赞、吴晗等人的所谓"非阶级观点"和"让步政策"论，以及李秀成评价问题等等的批判。1966 年上半年，在我系与中文系教师中，重点开展了对吴晗《海瑞罢官》的批判。因此，总的说来，这一阶段的工作是在曲折中前进。

在教学方面，除加强政治理论课和专业基础课外，还先后开设了一批选修课和必修课，如中国史学史、外国史学史、马克思主义经典著作选读、马克思主义论历史科学、亚洲各国近现代史、浙江地方史、中国史部目录学、史学理论、学术讨论与批判等。为培养学生解决实际问题的能力，经常组织教师带领学生下乡、下厂，进行社会调查和劳动锻炼，编写“四史”。如 1959 年 2 月至 9 月，全系师生停课，下乡下厂大搞调查研究，编写地方史，向国庆十周年献礼；1960 年暑假部分师生去绍兴参加新“三反”运动；1963 年 11 月至 1964 年 1 月，全系师生去杭州市郊农村劳动锻炼并写家史和村史；1966 年 2 月至 4 月，毕业班五年级部分师生去平湖进行“四史”调查和编写；特别是 1964 年 11 月至 1965 年 7 月，根据省委的统一部署与校党委的安排，我系全体师生参加省委社会主义教育工作团，去诸暨县石壁等公社开展农村“四清”运动。

在科研方面，1959 年全系师生在调查研究的基础上，分别编写的《浙江现代革命概要》《浙江工人运动史》《浙江畲族史》《浙江手工业社会主义改造的伟大胜利》《都锦生丝织厂史》，以及稍后编写的《宁波和丰纱厂史》等四史初稿，收集整理了数千万字的资料，为浙江地方史的研究打下了一定的基础，也为有关单位提供了丰富的资料。1962 年、1964 年两届浙江历史学会年会上，本系教师共提交论文 30 多篇，不少已正式发表。沈炼之教授翻译的法国沙勒·瑟诺博斯著的《法国史》于 1964 年 7 月出版，这是关于法国通史的第一部汉译本，在国内有一定的影响。系资料室编印的《中国古代及中世纪史论文资料索引》《中国近代史论文资料索引》，被收入文史哲工具书介绍。

三

自 1966 年 6 月以后，开始了“文化大革命”的十年动乱，使校和系的教学、科研等各方面的工作，遭到严重的破坏和损失。运动初期，各种“造反队”以批“资产阶级反动路线”“横扫一切牛鬼蛇神”为名，篡夺了领导权，对干部、教师进行残酷批斗、非法抄家。1967 年 12 月 1 日历史系革命委员会成立，边平光任主任。1968 年 8 月省工人宣传队进驻我系后，开展“清理阶级队伍”运动，以种种不实之词诬陷众多教工，关“牛棚”，搞“逼供信”，施以种种侮辱，甚至体罚。

1969 年 5 月，我系部分师生去安吉县孝丰西圩公社进行教育革命试点办学。同年暑假期间，历史和中文、政治 3 个系的部分教师组成教育革命小分队，去湖州创办“工农兵文科大学”，去余姚梁弄创办“文史哲试点班”。

1969 年 11 月，我系全体师生去德清县筏头公社进行“战备疏散教育”，至次年春节前返校，除老弱外，来去都是步行。

1970 年暑假，学校开始招收首届工农兵学生，10 月份入学。我系首届招生 29 人，后又续招 3 届，先后共招工农兵大学生 169 人。学制初定 2 年，后改为 3 年。在恢复办学以后，1971 年初，全校师生（除老弱病外）进行了一次“拉练”，从杭州出发，经富阳、桐庐、建德、浦江、诸暨、萧山返校，行程约 400 公里。1974 年 4 月后，在江青反革命集团发动的“批林批孔”运动期间，我系师生在“评法批儒”的活动中，坚持了比较实事求是的态度。1975 年 10 月至 1976 年春节前，我系师生根据省委的指示，去嘉兴虹阳公社参加“农业学大寨”运动。

在十年动乱的前期三四年中，党的组织完全陷于瘫痪，直至 1970 年 11 月才重建系的党组织——支部，由邵宗杰任党支部书记兼系革委会主任。1973 年 9 月，系党支部改为党总支，由魏佑功任总支书记兼系革委会主任，陈非为系革委会副主任。

十年动乱期间，系的教学工作极不正常，科研工作完全停顿，党的政治思想工作被搅乱，广大教工浪费了宝贵的年华，确是一场浩劫。

四

自 1976 年 10 月粉碎江青反革命集团以后，特别自 1978 年 12

月党的十一届三中全会以后,经过拨乱反正,各条战线进入了新的历史时期,我系开创了前所未有的新局面。

关于体制改革:1978 年 11 月恢复系主任制,沈炼之任系主任,胡玉堂、金普森、杨福茂任系副主任(次年增加陈非为系副主任)。1981 年 9 月,沈炼之改任名誉系主任,胡玉堂为系主任。1984 年 4 月后,实行领导班子年轻化,由金普森任系主任,丁建弘、郑云山任系副主任。1986 年 12 月丁建弘辞职获准,由詹天祥继任系副主任。与此同时,先后担任党总支正副书记的有杨招棣、金普森、胡为民,1984 年 4 月起,由胡为民任总支书记。

为了适应教学与科研的需要,除原有的中国古代史、中国近代史、中国现代史、世界史等教研室外,先后增设文物与博物馆学、档案学、历史文选、浙江地方史 4 个教研室和法国史、宋史 2 个研究室。法国史研究室由沈炼之教授任主任,宋史研究室初由陈乐素教授任主任,他不久调离杭大,由徐规教授继任。党、团组织队伍在新时期中也有很大的发展与壮大。全系党员已由"文革"前的 22 人发展到 82 人,党支部由 2 个增加到 6 个。全系共有团支部 11 个,团员 362 人。

在教学方面,根据"四化"建设的需要,我系实行了多层次、多形式的办学。1977 年下半年起,恢复招收四年制本科生。1981 年 1 月,教育部批准我系新设文物博物馆与档案专业,分为两个专业,于 1981 年暑假招收文博专业学生,1982 年暑假招收档案专业学生,交叉进行。1984 年起,接受冶金部委托代培,每年招收档案专业专科生(两年制)。同时,我系于 1978 年开始招收宋史硕士研究生,次年开始招收法国史硕士研究生。至 1987 年为止,我系招收硕士研究生的有宋史、先秦史、元史、中国史学史、中国近代史、中国现代史、世界史前史、西欧中世纪史、法国史、德国史、英国史等 11 个专业研究方向,先后招收研究生 60 名(已毕业 28 名)。1987 年开始招收中国古代史专业的博士研究生。此外,于 1985 年恢复招收历史专业函授生,首批招收 108 名。我系还举办过一年制的进修班和短期培训班,并成为省自学考试党政专业的中国通史课程的主考单位。

我系历史学专业的培养目标，主要是培养历史科学的研究人员、专业工作者和大、中学校师资；文物博物馆学及档案学专业的培养目标，主要是培养文物博物馆学与档案学的研究人员及专业工作者。为了提高学生的素质，历史学专业除设立政治课、外语课、体育课和专业基础课等必修课外，共开设了34门选修课。文物博物馆学专业除公共必修课和专业基础课外，共开设专业课18门。档案学专业除公共必修课和专业基础课外，共开设专业课17门及若干选修课。各专业在教学过程中，还有计划地组织学生到省内外进行专业调查或专业实习。四年制本科生还必须在教师指导下撰写毕业论文。我系学生在校百科知识竞赛中，自1981年至1984年连续4届夺得团体总分第一，荣获“四连冠”。在历年应届毕业生中考取研究生的人数，在文科各系中比例最高。档案专业首届毕业生中考取研究生的人数高达5人。

在科学研究方面，也有很大的发展，成果累累。据初步统计，自1977年至1985年止，我系教师9年中出版了专著56部，发表论文452篇，共508项，为1976年以前24年中发表的论著总数78项的6.5倍。这些论著中获奖的有20项，如先后获省社会科学优秀成果一等奖2项，二等奖7项，三等奖8项，荣誉奖2项；获全国爱国主义历史读物优秀奖1项。还有被国家教委推荐为全国高等院校使用的教材和参考资料5种，受国家教委委托编写的教材5种。

我系与省内外以及国外的学术交流活动有了进一步的发展。我系教师到兄弟院校讲学，或邀请兄弟院校专家、学者来系讲学，已是非常频繁。这几年中邀请来系讲学的著名专家、教授有30余人。我系教师先后出国赴美、英、法、德、日本、澳大利亚等国留学、进修、学术讲演以及出席国际学术会议的有10人（有5人在外留学）。我系邀请美国、加拿大、法国、德国、日本、澳大利亚及等国家和中国香港地区的学者前来访问、进修和讲学的也有多人。法国著名的马克思主义史学家、巴黎第八大学教授克洛德·维拉尔在我系讲学近一个月,并受聘为我系名誉教授。国内著名史学家邓广铭、张芝联受聘为我系兼职教授。1985年5月间,我系举办了中国宋史国际学术讨论会,参加的有日本、美国、德国以及我国香港地区的学者21人,内地学者40多人,论文有67篇。还有由我系主持召开的全国性学术讨论会和教材编写讨论会共计19次。我系曾与中国唐史学会,苏、皖、豫三省社联、社科院联合进行“唐宋运河考察”,并编印出版了考察报告。

在师资队伍建设方面,成就也比较显著。至1987年,全系教职工84人中,有中共党员45人,有教授8人、副教授23人、讲师22人,已拥有一支专业基础扎实、教学和科研水平较高的师资队伍。我系教师担任全国性或省级学会、研究会理事以上职务的很多,其中担任名誉会长、顾问、正副会长、正副秘书长的有12人。

宋史国际学术讨论会

* 本文原载《杭大校史通讯》1987年第3期,第47—53页,略有删节。

作者胡为民为原杭州大学历史系总支书记,吕树本为该系副教授,胡玉堂为系主任,楼学礼为副教授,楼子芳为资料室主任。

政治学与行政管理系发展历史回顾

边鹏飞

政治学与行政管理系的发展先后经历了浙江师范学院政治专修科、杭州大学政治系以及杭州大学政治学与行政管理系 3 个阶段。

1952 年 10 月，70 余名中学政治辅导员被保送到坐落在六和塔旁的浙江师范学院学习，成为师院两年制政治专修科的第一届学生。我是其中之一。当时学院党委书记焦梦晓同志，先后担任科主任的洪涛、魏佑功同志以及党支部书记孟建华同志都是参加革命多年的老同志，平易近人、作风深入，对我们的思想、学习和生活，关怀备至。焦梦晓书记还亲自给我们上课，经常找同学谈心，不仅能叫出全班 70 多位同学的名字，而且对一些同学的学习、思想、家庭等情况也十分熟悉。我们的老师有汪玉杰、吴永椿、谢瑞淡、曹孔六、王荣等，他们是政治系最早的一批理论教师，边学边教，与学生亲密无间，令人难忘。作为学生，我们有很好的班风。政治上要求进步，人人向党提交了入党申请书。同学间讲团结、讲互助、集体荣誉感很强。学习刻苦努力，思想活跃，争论问题可以面红耳赤，最后又能服从真理。对老师很尊敬，对学校很关心。当时学校在六和塔附近，校内道路崎岖，夜晚电影散场时，总有我们的同学在路旁照顾年老的教师。大雪后，我们发动组织起来打扫积雪。记得有次校运动会前夕，大操场旁边的小山坡塌方将一段跑道掩埋住了，我就立即组织全班同学迅速清理干净。凡此种种，不一而足，每当老同学会面谈起这段往事，总有依依不舍、回味无穷之感。

浙江师范学院政治专修科共招过 4 届学生，单一的政治专业学制先是 2 年，后改为 3 年。

杭州大学政治系后来的发展道路有起有落，经历过分系、合并、取消、重建等曲折过程。

1958年,师范学院与新办的杭州大学合并,政治专修科升格为政治系,政治系也随之进入了一个大起的阶段。

1959年秋,增设了哲学、政治经济学两个专业,采取推荐和考试相结合的办法,从在职干部中招收了100名调干生,学制为2年。1960年根据省委指示,拟将政治系分为政治、哲学、政治经济学、经济4个系。但这个方案在实施前,省委又决定杭州大学同省委党校合并,仍保留4个专业的牌子,并决定政治系设政法、政教2个专业,经济系设工业管理、人民公社、财政贸易3个专业。是年秋季,按政教、政法、哲学、政治经济学、工管、财贸、人民公社等7个专业招收新生,并将原党校的理论班也并了过来。但分系的计划未能实现,只得将上述各专业学生分别归入政治、经济2个系管理。2个系党和行政的领导成员基本上由党校来的同志担任,原来教研室的建制不复存在,学习内容单调划一。一年时间各专业学习的主要内容是《毛泽东选集》1至4卷。这个时期看起来,似乎是政治系空前繁荣的时期,无论从专业设置的花色品种,还是从招生的数量来看,政治系一跃成为学校的超级大系之一。历史证明,在"大跃进"时期极度膨胀起来的"左倾"路线影响下的办学方针、办学方案是不能持久的。

1961年,省委决定杭大与省委党校分开。经济系又回到了政治系而不复存在。从这年开始,按3个专业招收学制为4年的本科生。其中政治专业以招收普高生为主,哲学、政治经济学专业只招收调干生。1年后,哲学、政治经济学专业停止招生。这2个专业又因为在校学生大批自动退学,不得不合并成一个教学班。

1962年,根据《高教六十条》的精神,政治系重新制定了教学计划,重视师资队伍的建设,加强对学生的管理,恢复了正常的教学秩序,使政治系走上了健康发展的道路。当时省委常委吕志先同志担任校长,刘活源任总支书记、系主任。吕校长明确提出理论联系实际,既教书又教人的方针,亲自在政治系抓政治课教学改革的试点。刘活源同志组织教师,坚持不渝,狠抓多年。政治系的经验,受到中宣部的重视,发文全国。沈善洪老师受系领导委托主持教师的进修科研工作,把北大、复旦作为努力方向,争取全国发言权。每个教师制订详细的进修科研规划,措施也很落实。这一时期,我系多数教师为年方二十几、三十出头的青年,风华正茂,不甘落后。虽然当时没有拿出多少研究成果,但确实认认真真地读了一点书,思索了一些问题。如果说后来政治系若干位教师在全国理论界尚有一定影响的话,恐怕同这段时间的工作不无关系。总之,从 1962 年至 1966 年,是政治系发展的重要时期,为后来 20 世纪 80 年代的大发展和分系奠定了坚实的基础。

曾任系总支书记兼系主任的刘活源同志

然而,“文化大革命”的浩劫,把政治系推向了深渊,大多数教师受到了不同程度的冲击。20 多位教师关进了牛棚。学有所长,有自己见解的同志,被打成“反动权威”“白专道路”,长期批斗,下放劳动。在错误路线的迫害下,多位教师含恨调离了政治系。在这个时期,如果还有什么可以提一提的话,那就是越来越多的教师,对国家的前途忧心忡忡,以沉默来表达对运动的冷淡和抵制。

1970 年开始,招收了数届“工农兵学员”,我们的教师利用了课堂这个合法的讲台,向学生灌输了一些马克思主义的真理。

粉碎“四人帮”后,政治系又逐步得到恢复和发展。1977 年恢复招收本科生。1978 年政治经济学专业首先招收硕士研究生。1979 年,国际共运和哲学专业也开始招收硕士研究生。经国家学位委员会评审,国际共运专业获首批硕士学位授予权。

1980 年 9 月,学校决定政治系一分为四,即成立哲学系、经济系、法律系,并将中共党史教研室、国际共运史教研室与原马列主义教研室合并,建立新的马列主义教研室。

新马列主义教研室成立后,受教育部委托为全国高等院校办了两期党史教师培训班。1982 年,中共党史专业开始招收硕士研究生和研究生班,并获得了硕士学位授予权。1983 年,创办夜大政治专修科,并开始招生。1984 年起,受省委组织部委托,从在职干部中招收了两届两年制政治系专业学生。

1985 年 6 月,在马列主义教研室的基础上重建政治系。政治系和马列室实行“两块牌子、一套班子”的管理体制。下设中国革命史、政治学两个专业,并按两个专业招收本科生。与此同时,受东海航空兵部队委托,在宁波部队营地开办政治专修科,招收了两届学生。

进入 20 世纪 90 年代,根据形势发展需要,政治系专业适时做了调整,开拓了办学渠道。1992 年和 1993 年,受省人事厅的委托,从全省优秀工人中招收了 2 届行政管理专修科,还举办了 3 期硕士学位主要课程进修班,并招收了政治管理、行政管理经济管理等大专专业证书班。

政治系 78 届 2 班毕业生合影

1993 年 12 月,政治系更名为政治学与行政管理系。1994 年 10 月学校为了加强公共马列主义理论课和思想品德课的教学,马列主义教研室从政治学与行政管理系中独立出去,并改名为政治理论教学部。政治学与行政管理系下设政治学、行政管理、马列主义基础 3 个专业以及行政管理与办公自动化专科。建有政府管理与公共政策、政治与社会发展 2 个研究所,以及组织形象设计中心。并与政治理论教学部联合成立国际问题研究所。有中共党史硕士学位授予权。1997 年时,全系有教职工 24 人,其中教授、副教授 12 人。系主任余逊达,副主任吴祥弟,总支副书记陈文娟。

自1952年到1997年，我系为国家各条战线的社会主义建设输送了大批人才，其中培养本、专科毕业生3492名，硕士研究生和研究生班学生93名。毕业的学生遍及浙江全省城乡、海岛和山区。在北京、上海、江苏、安徽、江西、福建、湖北、广西、四川、新疆等10个省、自治区、市也都能见到我系毕业生的足迹。我系毕业生的一个重要特点是适应性较强，因而他们工作的分布面也广。我省的大专院校、中等学校、省地县委党校、科研、新闻、出版、广播等思想文化单位，党、政、军、公、检、法，以及工矿企业等部门和单位，都有我们系的毕业生。绝大多数同志在各自岗位上辛勤工作，做出了成绩。其中有不少优秀分子已经成为本单位的领导和骨干。已经有了一批毕业生经过多年的努力，在学术上有了一定的造诣，被评为教授、副教授。担任县级以上领导职务的同志就更多了。

自1952年建立以来，我系的发展凝结着几代人的心血。先后在本系任教和工作过的同志，据不完全统计有224人，先后担任政治系(科)以及马列室主任的有洪涛、魏佑功、李德余、刘活源(兼任总支书记)、徐崇云(兼任总支书记)、董如宾、王学启、边鹏飞，担任总支书记的有陈因、宋阳、吕志宇等同志。我们将铭记这些同志的贡献。

* 作者为原杭州大学政治系系主任，教授。

哲学系发展回顾

马志政

哲学系的前身是政治系哲学专业。政治系创建于20世纪50年代,源于原浙江师范学院政治专修科。1959年秋,除了原有的政治专业外,还增设了哲学和政治经济学两个专业,主要从在职干部中招收学生。1960年,学校拟将政治系分为政治、哲学、政治经济和经济4个系,但不久由于政治系与省委党校合并,建立哲学系的计划未能实现。1979年11月,学校向省委、省政府报告,要求增设哲学系,1980年5月,省政府批准同意,同年9月,学校正式宣布成立哲学系。

哲学系建立之初的师资队伍由原政治系哲学教研室和马列主义教研室自然辩证法教学组的老师组成,全系教职工22人,其中教授1人,讲师8人;从原政治系分出哲学专业3个年级的学生,共136人。

建系后在学校的关怀和全系师生员工的共同努力下,发展迅速。1993年4月23日,更名为哲学社会学系,设哲学、社会学两个专业。全系设有哲学原理、中国哲学史、外国哲学史、逻辑学、自然辩证法、社会学、公共关系学等8个教研室,开设了马克思主义哲学原理、马克思主义哲学原著、马克思主义哲学史、中国哲学史、中国哲学史史籍、欧洲哲学史、现代西方哲学、自然辩证法、形式逻辑、辩证逻辑、数理逻辑、美学、社会学、伦理学等专业课程。此外,教师还每年为全校开设公共选修课。

建系后成立了古希腊哲学研究室,当时在国内是首创,原研究室主任是我国著名的古希腊哲学研究专家、中华外国哲学史学会顾问、中国社会科学院特约研究员严群教授。严群教授于1985年1月

严群教授

病逝后，研究室由陈村富教授负责。后该室改为西方哲学研究所和基督教研究中心。

哲学系的哲学原理和古希腊哲学具有硕士学位授予权，1987 年起招收社会学研究生。1990 年增设西方哲学博士点，夏基松、陈村富先后被批准为博士生指导教师。

到 1997 年，哲学系有教职工 40 余人，其中教授 7 人，副教授 21 人，讲师 12 人，并聘请了一批校内外知名学者、专家为兼职教授。哲学系重视对中青年教师的培养。一方面要求他们主动承担教学任务，开设新课，另一方面，尽量创造条件让他们到国外和国内重点院校去进修，提高他们的业务素质。

全国马哲硕士点研讨会在杭大举行（左一为本文作者）

教师们在努力搞好教学的同时，积极开展学术讨论和研究工作。几年来举行了多次全系性的学术报告会，会同其他单位主办了 6 次全国性的学术讨论会。如 1986 年在本校举行的全国性的认识与价值问题的讨论会，《哲学研究》《国内哲学动态》等报刊都做了介绍，在国内有较大影响。全系有 10 位教师担任省级或全国性的有关哲学学科的各种研究会的会长、副会长、常务理事、理事、秘书长等职，这些同志在学术界都有一定的影响。自 1980 年至 1988 年，我系教师已在省级以上刊物上发表学术论文 113 篇，专著（译著）7 部，部编和协作教材 9 部，通俗读物 3 本。不少教师还参加了有关工具书的编审和撰写工作，有些论著获国家级的二等奖和省级一、二、三等奖。个别学生在就学期间就钻研学术，发表有影响的学术论文，达到较高水平，如马哲专业 82 级硕士研究生王永昌的毕业论文受到复旦大学著名教授胡曲园先生的高度评价。

哲学系根据经济建设和社会发展需要,开展多层次办学。自1984年起,哲学系承担了浙江省高等教育自学考试党政干部基础科和其他专业的马克思主义哲学原理、普通逻辑、伦理学、社会学、自然科学基础知识等课程的主考任务。1985年秋新增设了两个干部哲学专修科,一是纪检干部哲学专修科,学员77人;二是为部队培养两用人才,和83013部队合办哲学专修科一个班,招收部队学员52名。1993年起在省民政厅等有关部门的支持下,创办社会工作与管理专科,1994年起招收公关策划本专科学生。另外,也举办过夜大、函授、专业证书班。

哲学系刚建系时,图书资料非常缺少,中文书刊只有3500册,外文资料几乎等于零。经过多年的努力,至1997年中文图书已猛增至2万余册,外文图书资料3000余册,其中古希腊哲学外文书籍较为齐全,有些还是国内少有的,外文杂志有10余种,中文期刊近200种。

已毕业的本科生和研究生在各自的工作岗位中都做出了一定的成绩,获得用人单位的好评。不少同学在毕业分配时主动要求到边远山区去工作。1982届毕业生曹杰,嘉兴人,主动要求到丽水山区工作,到职后任劳任怨,忘我工作,不幸因病早逝,逝世后曹杰同志被丽水地区机关党委授予优秀共产党员的光荣称号。大部分毕业生被分配到大专院校和地、县党校任教,有些被分配在省、地、县各级党政机关工作,其中不少已被提拔为县处级领导干部。研究生王永昌先后担任杭州市江干区委书记、绍兴市委书记、浙江省政协副主席和省人大常委会副主任。

1980年至1998年间,曾先后担任系主任的有薛克诚(1980—1987)、马志政(1987—1990)、陈村富(1990—1996)、黄华新(1996—1998)。先后担任党总支书记的有范广品、施元湘。

*作者为原杭州大学哲学系系主任,教授。

经济系发展历程

史晋川

一、系科沿革

1960—1961 年期间，杭州大学与省委党校合并，设置经济系和政治经济学系，对外是两块牌子，内部是一套系领导班子，设工业管理、财政贸易和政治经济学 3 个专业。党总支书记兼系主任吴梦驷，总支副书记程炳卿。工业管理、财贸和政治经济学专业均招收具有实践经验的在职人员，学生由推荐选送和报考相结合录取。工业管理和财贸专业学制 2 年，各招收了 1 届学生；政治经济学专业招收了 2 届，首届学制 2 年，第二届学制 3 年。

1961 年底，经济系和政治经济学系调整合并到政治系，内设政治经济学专业。

1980 年 9 月，杭州大学政治系分为 3 个系，经济系得以恢复，下设政治经济学、旅游经济和经济管理 3 个专业。政治经济学、旅游经济专业于当年招生，经济管理专业在次年招生，国家旅游总局拨专款建造旅游教学大楼（西一教学楼）。系党总支书记徐崇云，副书记张青山（1981 年 6 月底离任），系副主任陈宗谷。1981 年 7 月增补张龙高为副书记，1982 年 1 月和 8 月增补刘知行、郭玉珠为系副主任。1982 年初，省财政厅多次要求杭州大学经济系增设财政专业，学校于是决定先设财政专门化班，同时筹建财政专业；同年 6 月，中国人民银行总行和浙江省分行与杭州大学协商，在经济系设立金融专业，并拨专款建造金融教学大楼（东一教学楼）；财政学和金融学专业于 1982 学年开始招生。1984 年，经济系领导班子调整，徐秉文、张明樑任系副主任，王春祥、张龙高任系党总支正副书记，郭玉珠任调研员，1986 年，增补张树廉为系副主任。1986 年 9 月，系行政班子调整，张明樑为第一系副主任，徐秉文、史晋川、张树廉为系副主任（张树廉于 1986 年 11 月离任）。

1987 年 11 月，杭州大学调整学系建制，经济系一分为三，设经济系、旅游系和财政金融系。经济系下设政治经济学、国际贸易和经济管理 3 个专业，由史晋川担任第一系副主任，顾士俊担任系副主任，喻春生担任系党总支副书记，后增补李庚锦为党总支副书记。1992 年 9 月系党政领导班子调整，由史晋川任系主任，汪斌任系副主任，李庚锦任系党总支书记，陈以正任系党总支副书记，1993 年增补金祥荣为系副主任，后又增补沈满洪为系党总支副书记

1996 年 2 月，杭州大学本着“拓展外部学科发展空间，优化内部办学资源配置”的指导思想，在中国人民银行浙江省分行的大力支持下，以经济系和财政金融系为主组建杭州大学金融与经贸学院，由浙江省人民政府柴松岳副省长担任名誉院长，中国人民银行浙江省分行谢庆健行长兼任院长，史晋川教授任常务副院长，王长仁、金祥荣、陈申生、王维安、张耀为副院长，杨爱群为院党总支书记，沈满洪和洪非为院党总支副书记。学院下设经济系、财政与会计系、金融系、国际贸易系和经济管理系等 5 个系。

经济系设有经济学、工商行政管理 2 个专业；拥有西方经济学硕士点，招收宏观经济、国际贸易、区域经济发展等方向的研究生；下设经济发展研究所和工商行政管理研究所。系主任张旭昆教授。

经济管理系设置企业管理、房地产经营管理 2 个专业；下设企业管理与发展战略研究所、房地产经营管理研究所。系主任张法荣副教授。

金融系设货币银行学专业及国际金融和证券投资 2 个专门化；拥有国际金融硕士点；下设国际金融研究所、信用研究所。系主任闻岳春副教授。

国际经贸系设置国际贸易、市场营销 2 个专业及国际营销专门化；下设国际贸易与经济合作研究所和市场营销研究中心。系主任

戚译副教授。

财政与会计系设置财政学、会计学 2 个专业及财务管理专门化；下设财政研究所、会计与财务管理研究所。系主任朱柏铭副教授。

学院成人教育设有专升本金融学专业和经济管理专科，开设了货币银行学、经济管理、证券期货和工商管理论文硕士班。学院同时成立了金融培训中心和英华语言及商务培训中心 2 个培训机构。

二、师资队伍

1960—1961 年期间，经济系有教师 25 人，至 1980 年刚恢复经济系建制时，教师人数仅 20 人。由于改革开放后，对经济建设的人才需要急速增加，在学校领导的支持下，经济系办学规模和师资队伍迅速扩大，到 1987 年时，全系教师已增至 103 人，其中副教授 19 人，讲师 31 人，分布在政治经济学、经济史、经济管理、旅游管理、财政学、金融学、外语、数学 8 个教研室。

1987 年 11 月，学校调整学系建制后，旅游和财政金融专业独立建系，专业教师相应离开分属各系，经济系教师约 50 人，其中 70% 是青年教师，学历结构很不合理，获博士学位的仅 1 人，获硕士学位的也只有 11 人。因此，系里在重视高学历人才的引进的同时，也十分关注对青年教师的培养，一方面以边工作边进修的方式，通过教学实践，提高他们的业务水平，使他们逐渐成为教学科研的骨干力量；另一方面，选送一部分青年教师到国内外学校深造，或鼓励青年教师攻读在职研究生，青年教师中到外校进修的有 13 人，到国外进修的 15 人，委托外校代培研究生 6 人，在职研究生 7 人。通过这些措施，经济系的青年教师学历结构有所提升。

20 世纪 90 年代中期，经济系师资队伍的职称和学历结构发生了明显的变化，全系 52 位专业教师中，教授 3 人，副教授 13 人，讲师 27 人，助研、助教 9 人。获博士学位 3 人、硕士学位 22 人，另有 7 人在国外进修学习(据 1995 年 6 月资料)。

1996 年金融与经贸学院成立后，全院师资队伍的职称和学历层次已经有了较大的提升,在100余名教师中,有正教授9人,副教授35人,讲师50余人,大部分教师具有硕士、博士学位;其中有首批浙江省跨世纪中青年学科带头人1名,校级跨世纪中青年学科带头人4名;在全国一级学会担任理事以上职务的有10人,在省一级学会担任常务理事以上职务的有18人;有20余人在省内有关市、县政府和企业担任经济咨询委员会委员或经济顾问。学院还聘请了著名经济学家、北京大学校长吴树青教授和吴敬琏教授等10余位国内知名学者为兼职教授。

三、人才培养

1981年至1987年间,经济系为国家培养了大量人才,其中本科生554人,专科生44人,研究生15人(其中硕士生14人)。1992年至1997年,经济系毕业本科生440人,其中经济学专业毕业生128人,企业管理专业毕业生206人,工商行政管理专业毕业生59人,房地产经营管理专业毕业生47人。毕业生在工作岗位上努力工作,用人部门普遍反映良好。

为适应社会需要,经济系还开展了多种形式的办学和咨询服务,例如为大庆石油管理局代培经济管理人员,招收省内经济管理干部专科班,为杭州市旅游公司代培旅游管理人员,为杭州、宁波、桂林、广州等地饭店、宾馆开办培训班,与中国经济学团体联合会培训中心和杭州市技术经济和管理现代化研究会举办工业经济管理改革讲习班,同浙江省计经委等单位举办《中外合资经营企业》讲习班、《经济法》讲习班等。

四、科学研究

20世纪80年代,经济系教师在科学研究方面取得了不少成果。据1981年至1987年的不完全统计,共发表论文100多篇,出版专著2部,编写教材和教学参考书8部。系内经常举行学术报告会,老师们也积极参加全国性学术会议。同时,邀请美、英、法、日学者来系讲学。

进入 20 世纪 90 年代后，经济系在加强基础理论研究的基础上，积极主动地开辟新的应用研究领域，把为本省经济发展为应用研究的重点。1991—1996 年，争取到近 100 项课题，其中除 10 余项国家级课题外，其余课题均是面向经济建设的应用课题，其中大部分又是直接为本省经济建设服务的。科研成果大大增加，出版学术著作 35 部、教材 52 部，发表学术论文 800 余篇，获得国家教委人文社会科学优秀成果奖、省社会科学优秀成果奖、省科技进步奖 20 余项，获省教委、省社联等各类社科优秀成果奖近 50 项。

经济系同时开辟各种渠道，广泛开展各种形式的国际学术交流活动。在对外交流方面得到了美国基督教亚洲高等教育基金会、英国文化委员会、日本三洋机电株式会社等国外机构的支持，与美国、英国、日本、法国、比利时、澳大利亚、德国、韩国等国家和中国香港地区的 10 多所大学和科研机构建立了稳定的合作交流关系，先后派出了 30 余名教师出国进修、从事科研合作和参加国际学术会议，举办了 7 次国际学术会议。

金融与经贸学院成立后，率先在学校实行研究所(中心)制度，院属研究所(中心)以学科研究为主，系属研究所(中心)同时担负教学和科研任务。全院有各类科学研究机构 15 个，研究方向涉及现代经济学理论、国际金融、国际贸易、区域经济发展、财政、证券投资、工商行政管理、房地产经营管理、财务管理、市场营销等领域。西方经济学是学校重点学科和省级重点扶植学科。

1998 年 9 月“四校合并”后，以原杭州大学金融与经贸学院和原浙江大学对外经贸学院为主组建了浙江大学经济学院，下设经济学系、国际经济与贸易系、金融系和财政系，办学体制延续至今。

＊作者为原杭州大学经济系系主任、金融与经贸学院常务副院长，现任浙江大学金融研究院院长，教授。

财政金融系发展简述

王维安

一、历史沿革

财政金融系(以下简称财金系)是在1982年浙江省财政厅、中国人民银行总行投资布点设立的财政和金融专业的基础上,于1987年从经济系独立出来的一个年轻的系。设有财政学、金融学、国际贸易学3个专业,下设财政、金融、国际金融与贸易、财会、数量经济等5个教研室和1个电子计算机室。系图书资料室有专业书刊3万余册,中外期刊500多种。首届系主任张明樑、副主任胡关金,总支书记张龙高;1990年总支改选,徐佩丽、杨爱群为副书记;次年2月行政班子调整,张明樑留任系主任,副主任陈申生、徐佩丽(兼)。1993年,行政班子调整,有3位系副主任:陈申生(主持工作),冯恭己、王维安、杨爱群为副书记。同年,财金系与中国人民银行浙江省分行及在杭各大银行组建了杭州大学金融学院,同时在浙江银行学校内设立分院。1994年联合浙江省证券公司等设立杭州大学证券与期货学院,由时任沈善洪校长兼任院长,王维安兼任副院长。1996年2月,财金系与经济系合并组建金融与经贸学院。首任院长由中国人民银行浙江省分行谢庆健行长兼任,史晋川任常务副院长,金祥荣、陈申生、王维安任副院长。杨爱群任书记,沈满洪、洪非任副书记。

二、师资队伍与人才培养

财金系作为原杭州大学较为年轻的系,相对其他系来说,师资力量开始时较为薄弱,有的专业课程甚至需要外请教师也有些困难,不少专业教师还是自己学校培养毕业留校的青年教师,但财政、金融、贸易这 3 个专业在当时社会热门度高，人才需求量大，学校也特别重视。建系第二年即 1988 年时有专业教师 41 人，其中副教授 6 人，讲师 14 人，外聘兼职教授 3 人。到成立金融与经贸学院前一年 1995 年时共有在职教师 55 人（其中行政人员 7 人，专业教师 48 人；其中教授 2 人，副教授 14 人，讲师 25 人，助教 7 人）。

财政、金融 2 个专业从 1982 年开始招生，学制 4 年，均为浙江省招收的首届 4 年制本科生。1988 年、1989 年还招收 2 届 4 年制国际金融专业本科生。1988 年设立国际贸易专业开始招收 3 年制专科生，1993 年开始招收 4 年制本科生。据不完全统计，1987—1995 年为全省及全国累计培养全日制本专科生 1000 余人，其间还招收培养多名硕士研究生。毕业学员许多已在工作岗位担任要职并发挥重要作用，其中已有若干名正厅级干部和担任学科负责人的教授、博导。

财金系成立期间适逢国家经济改革开放的快速发展时期，社会各界急需大量专业财经类人才。我系通过举办金融专科函授、金融专升本函授、金融专业证书、财会专业证书、国际贸易函授、夜大等形式为全省金融、财贸系统培养非全日制学员几千余人，扩大了杭州大学财金系的社会影响。此外，还有为中国人民银行浙江省分行举办的两期英语脱产强化班、为新疆维吾尔自治区工商银行举办的两年制脱产专科班、为中国建设银行浙江省分行委托培养的两年制金融脱产班以及面向全省的 2 年制脱产优秀工人班与乡镇企业班。

财政金融系 3 个专业的课程设置以国家教委 1991 年核定的 11 门核心课程作为主干课程，外加专业主干课程。核心课程是政治经济学、高等数学、微观经济学、宏观经济学、会计学、统计学、财政学、货币银行学、国际金融学、国际贸易学、计算机应用。专业主干课程：财政学专业主要有财务会计学、国家预算、国家税收、外国财政、涉外税收、西方财会等；金融学专业主要有银行信贷学、西方商业银行经营与管理、国外货币金融学说、金融投资学、保险信托、国际结算等；国际贸易学专业主要有国际贸易实务、国际结算、国际商法、国际市场行销、国际技术转让，涉外企业财务等。

三、科学研究

年轻的财金系为培养社会急需的财经类人才,尽管教学任务比较重,但始终坚持教学与科研相结合,科研要为教学服务的宗旨。研究方向涉及国际金融、货币银行学、证券投资、财政、国际贸易、财务管理、数量经济等领域。据不完全统计,1987—1995年财金系教师公开出版《金融经济学》《现代货币银行学》《公债经济论》《国际金融》《财政学通论》《韩国金融体制与运作》《保险学》《现代商业银行业务与经营》《国际贸易学》《新会计方法概论》等著作教材40多部,在《经济研究》《财贸经济》《世界经济》《金融研究》《国际金融研究》《数量经济与技术经济研究》《国际贸易问题》《自然杂志》等期刊上发表学术论文300余篇,主持承担完成国家社科基金、国家自然科学基金、省哲学社会科学基金及各类社会委托课题研究50多项,获得各类奖项20多项。由财金系学生创办的财金学社活动出色,影响颇大,多年获得学校甲级社团荣誉称号。

四、对外交流

财金系注重对外学术交流,除了选派教师进修与举办学术研讨会议与国内大学建立相互合作关系外,还与美国、英国、日本、德国、法国、澳大利亚、韩国等10多个国家以及中国香港、台湾地区的大学建有人才培养与合作交流关系。

此外,财金系还于1991年派出几位教师筹办了杭州大学实验城市信用社,张明樑兼任董事长,卢波任总经理;20世纪90年代后期与杭州其他33家城市信用社一起合并组建归入杭州城市合作银行(今天的杭州银行)。

* 作者为原杭州大学金融与经贸学院副院长,现任浙江大学经济学院金融研究所所长,教授。

忆杭州大学数学系

沈一兵

1958年新的杭州大学成立仅几个月之后，浙江省委决定把杭州大学和只隔一条马路的浙江师范学院合并，定名为杭州大学。陈建功教授仍为杭州大学副校长，原浙江师范学院的数学系系主任徐瑞云教授被任命为杭州大学数学系系主任，白正国教授为数学系系副主任。

徐瑞云先生早年入读老浙大数学系，深得陈建功教授和苏步青教授的赏识。毕业后留老浙大数学系任教。1937年赴德国留学，是国际著名数学家C. Caratheodory的关门弟子。1940年获德国数学博士学位，成为近代中国第一位数学女博士。回国后即被在贵州的老浙大聘为副教授，抗日战争胜利后随老浙大回杭州。中华人民共和国成立后，积极从事党的教育事业，勤奋工作。1953年后出任浙江师范学院数学系系主任，后任杭州大学数学系系主任。她肩负繁重的教学工作和社会工作，其间还翻译了俄罗斯数学家纳汤松的《实变函数论》(高等教育出版社，1955)。徐瑞云先生长期站在教学第一线，曾先后为学生讲授"数学分析""近世代数""实变函数论""复变函数论"等基础课程。她备课十分认真，授课深入浅出，深受学生欢迎。她的教学方法为数学系的老师继承发扬，甚至她的粉笔板书，也为许多师生所敬佩。此外，徐瑞云先生对青年教师和学生十分关心，她既严格要求，又动之以情，晓之以理。周末她常邀请学生和研究生到她家里做客；假日她常和他们一起郊游；哪位有困难，她就慷慨解囊；她出差到外地，总要抽时间去看望正在那里进修或深造的教师，其他学校的人都说你们的系主任真好！

白正国先生1936年报考老浙大数学系。在"求过四定点的抛物线”的考题中,他正确地给出了两个解,引起了苏步青教授的关注和好评。毕业后留在数学系工作,跟随苏步青教授从事射影微分几何的研究。在此期间完成了一系列关于射影曲面论方面的论文,解决了当时射影微分几何中著名的 Fubini 问题,成为苏步青教授创立射影微分几何“浙大学派”的得力干将。1943 年,他被聘为研究助教。抗日战争胜利后,白正国先生发表在美国的近 10 篇高水平论文的单印本陆续寄来,使他在老浙大数学系的学术声誉大为提高。1948 年,他被破格晋升为副教授。一个没有出国留过学的大学毕业刚 8 年的年轻人被晋升为副教授,这在当时的浙大是非常罕见的。1952 年全国高校院系调整时,白正国先生被安排在新成立的浙江师范学院数学系工作。后被苏步青教授借调到上海复旦大学数学系工作。直到 1958 年杭州大学成立时,他才和陈建功教授一起从上海回到杭州。

杭州大学数学系在陈建功、徐瑞云、白正国 3 位著名教授的奋力创业下,教学和科研水平不断提高。由于是新办大学,师资严重不足。数学系领导一方面派出许多年轻教师(有的是刚本科毕业的)到国内有关高校和研究所(如北京大学、复旦大学、中科院数学所等)进修或学习,另一方面,1961—1962 年,我国开始了导师负责制的研究生培养制度,学制 3 年。陈建功教授和白正国教授成为当时首批研究生导师。他们各带了许多研究生(例如,1962 年他们就各招了 5 名),开始自己培养人才。陈建功教授把这比喻为“老母鸡带小鸡”。当时数学系专门设置了 2 个办公室,一个是供陈建功教授的学生使用的“函数论研究生办公室”,一个是供白正国先生的学生使用的“几何研究生办公室”。研究生们在导师的指导下,每周在自己的办公室举行“读书报告”。这是老浙大培养学生的“秘方”。研究生的学术论文,经导师审阅批改后,一般在《杭州大学学报》上发表,只有极少数高水平的论文被推荐到《数学学报》或《数学进展》上。导师对研究生的毕业论文要求很高,达不到导师的要求,则不予答辩和毕业。

陈建功先生治学严谨，对学生要求更严，强调好学，强调钻研，严格纪律。他认为，教育不可能万能，学校要有规章制度，能跳级的就跳级，不合格的就留级；开除学生要慎重。对于青年教师，他主张高标准、严要求；主张阅读原版专著，多出论文，出好论文。他对数学联系实际，从不回避自己的想法。他主张学生要打好数学理论基础，熟悉国内外研究信息，努力写出具有学术价值的优秀论文，借以开阔思路，拓展思维。他主张数学学科要面向国家经济建设实际，但不是不读书。他认为，数学理论研究上不去，教育工作不扎扎实实进行，为社会主义建设服务就必然是一句空话！他常说："我不反对数学为经济建设服务，但我绝不赞成把服务庸俗化、简单化，要搞好基础理论研究，否则就是莫名其妙！"

徐瑞云主任虽然行政事务繁忙，但仍坚持为大学生讲课，并且她还协助陈建功教授为函数论研究生讲课。她的教育指导思想是主张培养学生成为具有全面扎实基础的通才。她有一个通俗的比喻，要把学生培养成"优质木材"，将来毕业后根据国家需要，既可以做"梁柱"，也可做"桌凳"。当时系里规定，凡新来的青年教师，必须对各门数学基础课做一年的辅导教师，不能独立开课，只能上习题课。全系上下，人人自觉学习，积极进修，学术研究蔚然成风。尤其是函数论和微分几何两个方向，在陈建功教授和白正国教授的倡导下，这两个方向的青年教师都要进行读书报告。

杭州大学数学系对教师的定职升等，要求非常严格。有一个真实的故事，一直流传在原杭州大学数学系的老师中间。陈建功先生的夫人朱良璧先生当时是数学系的讲师，年轻时曾在美国的著名数学杂志 *Annals of Mathematics* 上单独发表过两篇文章。大家推举朱良璧先生申报副教授职称。陈建功先生是杭州大学学术委员会主任，看来该没有问题了。谁知朱良璧先生的申请书到了陈建功先生手里却被卡住了。陈建功先生说，她（指朱良璧先生）怎么能升副教授?！就这样，朱良璧先生一直作为老讲师，直到退休。这和当今有些地方的"关系最重要，论文做参考"的风气相比有天壤之别啊！

另一方面,杭州大学数学系对教师,特别是对年轻教师的培养与提升十分关注。尤其是参与数学系党总支领导工作的白正国教授,他的想法和建议经当时的系党总支领导认可后,大部分都能付诸实施。例如,有一次教师调整工资,他认为有一位年轻教师科研成绩突出而工资偏低,主张给这位教师的工资连升两级。但上面不同意,认为全省无此先例。后来白正国教授通过系党总支,经过两次的坚决要求,终于被上面批准了。在那个还没允许"让一部人先富起来"的年代,这是多么不容易的事啊!

正是由于陈建功、徐瑞云、白正国3位教授的努力,作为地方性大学的杭州大学数学系,在"文革"前夕,已从开课都成问题的极差境地,发展成为有相当规模、教学和科研达到全新阶段,可跻身于国内名牌大学数学系之列的水平了。

十年浩劫,杭州大学数学系悲痛地失去了陈建功教授和徐瑞云教授。"四人帮"被粉碎以后,国家百废待举。年近花甲的白正国教授临危受命,再次出任杭州大学数学系系主任,带领数学系师生重整雄风。他不仅继续倡导老浙大的优良学风,而且身体力行,积极培养和发展学术梯队。经国务院首批批准,他招收了硕士学位和博士学位研究生。杭州大学是省属重点大学,研究生生源受到较大影响。一般说,录取的研究生起点水平没有重点高校的好。但由于白正国教授对研究生要求非常严格,注重打好扎实基础和训练独立科研能力,加上研究生们也能很好配合,十分用功。因此,毕业的硕士生和博士生都能达到较高的水平,有的还是相当优秀的,受到了国内外同行的赞誉。例如,硕士研究生王国芳、黎镇琦,博士研究生莫小欢、东瑜昕、朱小华、盛为民、傅吉祥、张希等,毕业后都做出了可喜的成绩,其中朱小华、傅吉祥、张希都先后荣获国家杰出青年基金,为微分几何这一研究领域增添了光彩。2010年傅吉祥还被推荐在国际数学家大会上做45分钟报告,后来又荣获著名的陈省身数学奖。已考取白正国研究生而不久就去美国深造的陆国震等也都取得了很大的成功。正如中科院院士、复旦大学教授谷超豪先生与胡和生先生在庆贺白正国先生八十华诞的贺信中所写："1952 年院系调整后，浙江省的数学研究和教学遇到一定困难，您继续发扬浙江大学数学系原来的精神和风格，和同事们一起奋斗了 40 多年，在杭州大学建设了一个高水平的数学系，成为我国数学研究和培养人才的重要基地之一，这是您的重要贡献。您一贯坚持微分几何的研究，早期在射影微分几何方面做了很出色的成果。近年来适应国际发展潮流，在领导研究和培养人才方面又取得很大成就，优秀中青年人才不断成长，成为整体微分几何方面的坚强的新生力量。您诚恳谦虚，实事求是，专心致志于学术，具有中国知识分子的传统美德，发扬这种美德，对于今天的中国是十分必要的。"

继白正国教授之后担任杭州大学数学系系主任的是王斯雷教授。20 世纪 50 年代，他曾是浙江大学电机系的本科生。因热爱数学，被当时的浙江师范学院数学系徐瑞云主任所赏识，成了浙江师范学院数学系的教师。他是"文革"前杭州大学数学系的 4 位年轻讲师之一("文革"前我国讲师是高级知识分子)。"四人帮"被粉碎以后，他曾应丘成桐教授之邀，到美国担任丘成桐教授的助手一年。王斯雷教授谦虚谨慎，勤奋好学，刻苦钻研，声誉卓著。当时盛传，学校推荐他担任杭州大学校长，但被他婉拒了。王斯雷教授担任杭州大学数学系系主任后，继承和发扬了前几届数学系系主任的优良传统，积极培养和发展学术梯队，起用年轻骨干教师。他在繁忙的行政工作之余，坚持学术研究，在杭州大学数学系开启了"调和分析及其在偏微分方程上的应用"的新方向。他积极开展国内外学术交流，邀请了许多国内外著名学者专家来杭州大学数学系讲学访问，其中包括国际著名数学大师陈省身教授和丘成桐教授。同时他也悉心培养硕士和博士研究生，选送年轻教师和研究生到国内外深造。他培养的不少学生，现已成为国内外著名的学者和专家，例如李嘉禹、季理真、麻希南、陈杰诚等。

继王斯雷教授之后，担任杭州大学数学系系主任的依次是姚璧芸教授和林正炎教授。

“忽如一夜春风来，千树万树梨花开。”改革开放的春风同样吹到了杭州大学数学系。除了基础数学专业蒸蒸日上发展外，“计算数学”和“概率统计”等学科专业也在杭州大学数学系迅猛发展。以王兴华教授为首的科学计算和信息科学专业，坚持理论与应用并举，继承与创新并举，开创了一条适合我国国情的发展道路。短短十几年，杭州大学数学系的这个方向一跃成为国内知名的计算数学方向。在王兴华教授的指导下，这个专业不仅继承发扬了数值分析和科学计算，还在国内高校数学系中首开信息科学和软件工程的先河。那几年，该专业的本科毕业生就业十分紧俏，一度成为杭州大学数学系本科招生的最热门专业，培养了像蒋田仔、来明俊、宣晓华等出色人才。王兴华教授认为，真正优秀的计算机人才，必须要有扎实的基础数学根底。就这样，杭州大学数学系继基础数学博士点之后，计算数学也成为博士点。

数学系学术讨论活动

杭州大学数学系的概率统计专业，最早出自陆传荣教授的倡导，他也曾是“文革”前杭州大学数学系的四位年轻讲师之一。“四人帮”被粉碎以后，他和林正炎教授一起，创办概率统计专业。他们继承和发扬老浙大的函数论功底，在概率论的极限理论方面做出了举世瞩目的杰出贡献。论文和专著源源不断，优秀人才脱颖而出，培养了像邵启满、王所进、蔡宗武、张立新等在国内外概率统计界有相当声誉的学生。林正炎教授也成为概率统计专业的博士生导师，挂靠在复旦大学的概率统计博士点。1997 年荣获了十分不易的国家三大奖之一的国家自然科学奖三等奖。概率统计专业后来也成了杭州大学数学系本科招生的热门专业。

当时的杭州大学数学系，学风纯真，学术严谨，办学特色鲜明，人才辈出。到1993年底，数学系经国务院学位委员会(办公室)批准的博士生导师已有6人：白正国、王斯雷、王兴华、施咸亮、林正炎和沈一兵。数学系相继获得了数学学科博士后流动站、国家理科人才培养基地、数学一级学科博士点等具标志性的学术成就。浙江省数学学会一直挂靠在杭州大学数学系。因此，国内公认，以数学学科的水平而论，浙江省当以杭州大学数学系居首。

正是由于老、中、青几代人的不懈努力，杭州大学数学系从一个名不见经传的地方性新办大学的小系，发展成学科门类基本齐全、专业特色鲜明、能跻身于国内名校数学系之列的重要系科。杭州大学数学系培养的学生，不少都成为所在单位的骨干力量，有的至今仍在各自岗位上发挥着光和热！例如史宇光、陆国震等。

1998年，浙江大学、杭州大学、浙江医科大学和浙江农业大学合并为一所新的浙江大学。至此，经历了40年风雨的杭州大学画上了句号。

笔者想引用著名国际数学大师陈省身先生晚年在他的《九十初度说数学》中的一段话作为本文的结束："数学研究一定要重视基础。基础数学使得问题变得简单。中国的数学有辉煌的历史，但是中国传统数学却没有复数。……如果没有复数，就没有电学，就没有量子力学，就没有近代文明。中国传统数学讲'应用'，不要复数，所以就永远走不到这条路上去。……实际上，真正抽象的数学最有应用的价值。"

* 本文原载《数学与人文》第12辑"百年数学"，高等教育出版社2014年版，第123—129页，后作者略有修订。

作者为原杭州大学数学系教授。

物理系发展回顾(1952—1991)

高　琴　洪士棩

杭州大学物理系的前身是浙江师范学院物理系,它创建于1952年初全国高校院系调整之时,由浙江大学物理系的部分教师、之江大学数理系部分教职工及浙江师范专科学校物理科的全体师生组成,地址在杭州市六和塔西的秦望山上。它的发展历史经历了以下几个阶段:

一、浙江师范专科学校物理科的创办(1951年7月)

中华人民共和国建立以后,为了发展我省中等教育事业的需要,急待培养各类合格的师资,省人民政府决定由文教厅和浙江大学联合创办浙江师范专科学校,于1951年春筹建,暑假招生,9月开学,地址设在华家池。

物理科首届学生37名,绝大多数是从应届高中毕业生中选拔保送入学的,个别的是从在职小学教师中选送入学的。1952年2月,浙江师专并入浙江师范学院后,他们成为浙江师范学院物理科的首届学生,他们中大多数后来成为教学战线上的骨干力量。

二、浙江师范学院的诞生、发展到杭州大学物理系的建立(1952年2月—1958年11月)

浙师院于1952年2月5日正式成立。2月份就招收了物理科的第二届学生43名。1953年9月开始招收四年制的本科生。经过几年的努力,物理系到1958年10月,已有50余名教职员工,分普通物理、理论物理、物理教学法等几个教研室。本阶段的主要任务是培养德才兼备、体魄健全的物理师资,强调师范性,因而十分重视教学,尤其重视物理实验及演示实验的教学工作,为此还建立了一个工种较全的可供学生实习和制作物理教具的物理工场。到1956年时，教学计划和各课程的教学大纲都达到了当时全国高师会议提出的要求，对提高教学质量起了很大作用。本阶段共招收了3期师资短训班、4届专科生、6届本科生，共培养学生800余名。现在他们都在各自的岗位上发挥光和热，为我省的文化教育事业做出了重要贡献。他们当中许多是中学的高级教师，有的成了特级教师，还有一些在高校工作的，也成了教授、副教授，他们是我省目前物理教学的中坚力量。

三、"文革"前的物理系(1958年11月—1966年6月)

1958年上半年，浙江省委决定筹办综合性的杭州大学，并于暑假开始招生，物理系招有52人。故从1958年起，我系开始按综合性大学的要求安排教学，为此先后派出近20名青年教师到北京大学、南京大学、复旦大学、中山大学、北京原子能研究所等单位进修培养，为1961年建立理论物理、无线电、半导体3个专业创造了条件。从1961年9月起，将本科生学制延长为5年制。到"文革"前夕，全系教职工达80余人，设有普通物理、公共物理、理论物理、无线电、半导体5个教研室。本阶段招有8届本科生，共招收学生741名，学生的分配去向，除大、中学师资外，还到工厂、科研等单位。目前他们都在教育战线和其他企事业单位中起着主力军的作用。

四、"文革"期间的物理系(1966年7月—1976年10月)

同全国高校一样，由于"文革"的动乱，停止了正常的招生和上课，教学秩序、实验设备遭到严重破坏，系行政、系总支已不能开展正常工作。各专业、各教研室皆停止了工作。

自1970年11月开始招收各地推荐来的5届工农兵学员，共427名。尽管他们入学时的文化程度参差不齐，但在广大教师的耐心教育下都有了不同程度的提高。他们目前在各自岗位上肩负重任，弥补了"文革"所造成的人才短缺、青黄不接的严重状况。

当时教师中一部分在校内参加教学辅导,或者去各地开门办学,另一部分集中精力搞科研生产,如半导体生产线、激光测坝、荧光及等离子体显示等,对以后开展的科研起了一定的作用。

五、"文革"结束以后的物理系(1976 年 10 月—1985 年 3 月)

"文化大革命"结束以后,学校的各项工作开始拨乱反正,严格的高考制度保证了新生的质量。各项规章制度的建设使这一时期的教学秩序成为中华人民共和国建立以来最稳定的阶段。物理系得到了稳步的发展,全系教职员工最多时达到 200 余名,分设基础物理、公共物理、实验物理、理论物理、光学、无线电和半导体等 7 个教研室及等离子体显示、荧光显示研究室,恢复建立了理论物理、光学、无线电、半导体等专门化方向,并先后建立了理论物理、光学、物理学史、无线电电子学、半导体等研究方向的硕士点。职称评审工作也得到了正常的开展。

王绍民教授在国际会议上

本阶段连续招有 12 届 4 年制本科生(物理专业和电子技术专业共 1361 名);7 届专科生(物理专修科、电化教育专修科、电子技术专修科、物理实验专修科等共 275 名);5 个硕士点的研究生共 106 名;还有进修生 12 名。总共招收学生 1754 名。本阶段既重视教学又重视科研,为浙江省大专院校输送了大量师资,在科研上做出了一定成果,为中科院多个研究所和许多高校输送了 200 名左右的研究生,其中有些人已取得博士学位或正在进行博士后研究。本阶段的毕业生除了在教学战线上工作外,大多数分配在工矿、企事业单位。在此期间,有 10 名教职工于 1984 年参加筹建了杭州大学计算机科学系；1988 年 1 月荧光显示研究室划归学校科研处领导。

六、1989 年 3 月—1991 年的物理系

物理系于 1989 年 3 月分为物理系和电子工程系。原来的无线电、半导体教研室的全体教师、部分职工及相应专业的学生组成电子工程系。原来的基础物理、公共物理、理论物理、光学、实验物理教研室及等离子体显示研究室教师、部分职工和相应专业的学生组成现在的物理系。为适应社会需要，杭大物理系保留原有的 5 个教研室及 1 个研究室外，还增设了热保护电器研究室；在招生时，增设了 1 个电器仪表专修科。物理系当时有教职工 99 名(其中 11 名在国外讲学、进修)，有本科生 154 名、专科生 95 名、硕士研究生 13 名。

物理系在创建以来的长期历史过程中，朱福炘教授付出了巨大的辛劳。朱先生是我国著名的物理学家和教育家，浙江师范学院物理系的创办人，历任浙江师范学院物理系系主任、院教务长、副院长和杭州大学物理系主任、副校长等职。凡是物理系的规划、课程设置、实验室筹建、仪器设备的购置与制作、教师和实验员的培养……各项工作无不凝聚着朱先生的心血。朱先生为人耿直、不计名利、严于律己、诚恳待人、勤俭办学、诲人不倦等高尚品德素为我们敬仰。朱先生为教育事业奉献了 60 余年，培养了新中国成立前后几代理工科技人才，已于 1987 年光荣退休。值此回顾我系历史之际，谨缀数言，以表我们的敬意。

朱福炘教授

＊本文原载《杭州大学物理系校友通讯录》，1991 年 4 月。

作者高琴为原杭州大学物理系系主任，教授；洪士棡为该系副教授。

计算机学科发展回顾

张　森

杭大计算机系于 1984 年 4 月开始筹备。我被任命为筹备组组长,组员起初只有钟树涛、吴美朝两人,不久吴森林同志也参加筹备。是年 6 月,接省〔1984〕207 号文件批复,同意我校筹建计算机系,8 月,经省教育厅批转教育部审批,设立计算机科学技术系计算机应用专业,次年 4 月,教育部批复同意设立,这样,杭大计算机科学技术系就正式建立了。

学校任命为我为系主任,吴美朝为系副主任。系党总支书记为吴森林。建系之初,教师队伍是由物理系任教电子工程课程和从事相关研究的部分老师、数学系计算数学及应用软件专业的部分老师以及校计算中心的全体教师组成,共 34 人。1984 年 9 月,首次招收本科生 52 名,数学系计算数学及应用软件专业的二、三年级学生也转入我系。

主要基础课程有数学分析、线性代数、概率论与数理统计、数值分析、离散数学、物理学、电子技术、数字逻辑电路设计、汇编语言、程序语言、编译方法、数据结构、计算机组成、计算机系统结构、微型机应用、操作系统、数据库及计算机控制等,到高年级分专门化,并进行毕业设计。

头几年全系设备仅有 CROMEMCO 机 4 台、PDP 机 2 台、内存只有 64 K 的 8 位台式机 65 台,仅有的 2 台 IBM XT PC 机算是高档的了。在实验室方面,除计算机中心实验室外,逐年增加了微型机应用、数字逻辑、计算机组成及图像处理等实验室。

我接触计算机比较早,在 1958 年读大学读三年级时曾由学校派遣到中国科学院计算机所受训。当时,毛泽东主席提出要搞原子弹、导弹和计算机，但是人才奇缺。党中央为了解决计算机人才问题，决定速成培养，采取模仿黄埔军校的办学方法。从1956年开始，在苏联专家的帮助下，中国科学院计算机所每年1期连办3期。我参加的正是所谓“黄埔三期”的训练。我们受训使用的是第一代计算机，速度是每秒一万次，体积有几个礼堂大，重30吨。但当时的水平并不低，相当于1956年的美国水平。

1984年计算机系成立之初，我正是年富力强的时候。那时候，真是“金戈铁马，气吞万里如虎”，什么事情都敢想、敢干。事实上，也只有这样，才能最终闯出一条路来，取得后来的成就。当时我们计算机系师生们都坚信“为者常成、行者常至”之真理，去做才有机会成功，去走才有机会到达目的地。1986年，第一届毕业生走上了社会，担负起社会的重任，这一年，我们在科研上也取得了丰硕的成果：我承担的三维成像及处理有关项目的研究获得了浙江省科技进步一等奖；连续几年我们在《中国科学》上发表学术论文多篇；不久之后，系列论文又获浙江省自然科学优秀论文一等奖；同时我也被授予“浙江省突出贡献中青年专家”的称号。其实，所有的荣誉都应归功于全系教职员工，没有计算机同仁的共同耕耘，哪有当时的收获。

我们计算机系的发展，也并非一帆风顺。20世纪90年代在全国曾一度出现毕业生很难分配的情况。1991年省教委考虑到计算机系学生的出路问题，决定当年计算机专业在我省的主要城市停招，只保留几个贫困县的招生。这一突如其来的决定搞得人心惶惶，我当时觉得省里这样的决定缺乏远见，只看到当年而没有看到四五年之后的形势。一旦1991年真的不招生，必将导致1995年没有毕业生，这是十分危险的决策。我当时的胆量不知从何而来，也许是年轻气盛，立即同一位新华社驻浙江的高级记者直奔省府，向时任省委副书记刘枫同志陈述情况。没想到几十分钟的谈话十分见效，刘书记当即决定要求省教委主任改变招生计划。果然不出我们所料，毕业生难分配的低潮很快过去。90年代中期，全世界更掀起了信息产业发展的浪潮，而且是史无前例的高潮，中国当然不例外。很长时间以来，计算机专业的大学考分最高、到社会工作工资待遇最高、专业分布最广、人数最多。现在想来没有一点勇往直前的无畏精神是成不了事的。

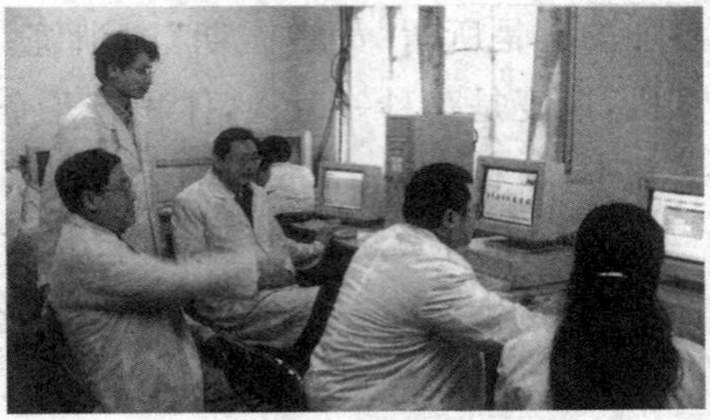

作者(左三)和教师在一起

不过，光有大无畏的精神也是不能成就一番作为的。最重要的是，需要根据自己的特点，因地制宜，不断钻研创新，才能真正取得成功。20世纪80年代，我们计算机系的科研主要方向是图像处理，这个项目的源头是1978年我们还在物理系时接受的一个“三维图像显示研究”的课题(由国家科委直接下达)，总经费是30万元人民币，当时这已经是一个大数目，1978年我们参加课题组教师平均每人的年收入还不过700元，那笔经费相当于一个教师年收入的400多倍！随后，我们从图像处理领域扩展到图像识别、图像增强、图像分割、生物医学图像处理等方向和领域，承担国家自然科学基金的研究项目也一个接着一个，我们的系列论文被美国著名杂志誉为“国际上最新的进展”。从90年代初开始，科研项目除图像处理外，大量的应用项目也接踵而来，队伍也随之越来越大。此时，我们看到小课题多，力量分散，而应用类项目没有高难度大型课题的带领，很难创造出高水平、有特色。为此，我们在充分统一思想认识的基础上，决定把分散的教师力量集中起来，充分利用研究生和本科生力量，搞难度较大的大型应用型项目，以求重点突破。正是在这一指导思想下，我们集中力量在1993年接到一个“浙江日报综合管理系统”大型项目，该项目总经费1200万元，投入二三十人。这个项目当时在浙江省计算机领域可算是头号大项目了，即使在国内也很少听说过。在项目开发中，我们明确定位于高水平，采用国际最先进的技术，在系统开发中我们在国内率先采用了Oracle数据库技术，最早使用了Notes技术。在开发项目过程中，还由 Oracle 公司支持成立了我国最先的 Oracle 学院，又成立了第一家 Otes 研究所，由陈根才教授担任所长。1996 年这个大型项目完成，经全国知名专家鉴定，一致认为达到国际先进水平，使浙江日报社的报业信息处理处于国内领先的地位。从那时开始，我国报社信息化由北大方正一家独揽变成两家竞争。1997 年此项成果被评为省教委科技进步一等奖、省政府科技进步二等奖。更重要的是，这个项目培养了一批我国最早从事 Oracle 数据库应用和智能检索技术的人才。当时还是本科学生的姚成伟同学，由于在课题中的出色表现，获取了国家教委"建昊奖"的特等奖。

除了科研领域不断传来的喜讯，我们计算机系在运动场也是捷报频传，在全校田径运动会中获得五连冠！歌咏会场也不甘人后，在杭大歌咏大赛中荣获十佳第一，另一位同学也入选十佳！喜事连连，全系的教师和同学都沉浸在兴奋中。

计算机系的发展实践说明：科研人员的凝聚，可保障大型科研项目的成功。为了使科研项目向更大、更高的方向发展，1994 年杭州大学校领导决定以计算机科学技术系为基础，联合系级编制的优化决策研究所、浙江省 GIS 重点实验室，三位一体，成立杭州大学计算机学院。我兼任了计算机学院的院长，还有三个副院长，分别是 GIS 重点实验室的刘南教授、优化决策研究所的沈祖志教授、计算机系的孙达传教授。学院中的三部分在组织上、财务上是独立的，但把这些有关的交叉学科放在一起对于科学研究的发展起到了合作和推动的作用。所以大家的关系都非常好，犹如一个实验体。

1997 年为了使计算机科学在各个学科领域获得更多的应用，为了发展交叉学科，校长做出决定，成立一个规模涉及多个系的组织，称为"软件工程中心"。那一年，我已不当系主任，接力棒交到了陈根才教授的手里。我的工作重心放在了中心的筹建上，当时参加这个中心的有计算机学院、数学系、心理系。我担任中心主任，数学系系主任林正炎教授、心理系系主任王坚教授、校科研处处长谢敦礼教授分别担任副主任。这个中心集中了杭大的大量人力和物力。

然而正当规模大力发展,各项工作如期进行时,全国高校合并之风以迅雷不及掩耳之势刮到浙江。浙江 4 所高校于 1998 年秋合并,“软件工程中心”的组建也随之终止了历史使命。

* 作者为原杭州大学计算机学院院长,教授。

电子工程系的建立和发展

陈偕雄

电子工程系是一个工科系，成立于1989年。她的前身是物理系的无线电专门化和半导体专门化，1961年开始招收五年制无线电专门化和半导体专门化本科生，1980年起招收专科生，1982年设电子技术专业。1978年起招收硕士研究生，无线电电子学(后更名为电路与系统)硕士点于1981年获硕士学位授予权，1996年获博士学位授予权，1997年起招收博士研究生，为杭州大学重点学科，并被评为浙江省重点扶植学科；半导体物理与半导体器件物理硕士点于1986年获学位授予权。

1989年成立电子工程系后，设电子工程专业和信息工程专业，开设专业基础课6门，专业课7门，选修课21门，实验课12门。上述两个专业前两年共同学习的主要基础课有高等数学、普通物理、工程制图、电路分析基础、电子线路、计算机基础等10门。专科设有电子技术(计算机控制)专业和计算机应用专业(设在义乌分校)，学制均为3年。

电子工程系设有电子技术研究所，下设数字电子学、数字信号处理、信息显示、传感技术等4个研究室。另有5个实验室，即电子技术基础、信号处理、电子系统、半导体物理与器件和传感技术实验室。有计算机房和资料室各1个。资料室藏书2.95万册，有中外文期刊1200种，期刊合订本8270余册。

1997年时全系有教职员工56名，其中教授8名，副教授22名。本专科生共450人，硕士研究生17人。

近10多年来，特别是电子工程系成立后，科研工作有很大进展：1989年以来，全系共承担国防科工委攻关项目、国家自然科学基金及浙江省自然科学基金项目等各类科研项目51项。科研经费有较大增长,1995年达313万元。获各类科研奖励76项,其中有国家自然科学奖1项,国家科技进步二等奖1项、三等奖2项,国际尤里卡奖1项,省部级科技进步奖21项。出版著作11部,1989年以来在国内外重要学术刊物上发表论文389篇,平均每年56篇。多项科研成果居国内领先,有些研究成果达国际先进水平。积极开展了国际合作与交流,教师中先后有20余人出国进修、高访或合作研究,有20余人次参加国际学术会议。英、美、德、瑞士等国和我国台湾地区的多位著名学者、教授应邀来系讲学和合作研究。曾和英国爱丁堡大学在国际合作项目支持下开展合作研究。20世纪90年代后期,青年教师中涌现出一批破格副教授和博士后组成的学术骨干,开始形成了老、中、青结合的学术梯队。

电子工程系在语音信号处理、数字电子学、高信息密度集成电路、恒流器件及应用、光电器件、表面物理与界面物理、红外热成像技术、传感技术、大屏幕显示技术等研究方向形成了自己的特色,在国内具有一定的地位和影响。

一、语音信号处理研究方向

在多项国家自然科学基金和省自然科学基金支持下,深入开展了全息声谱的伪彩色编码显示,嘶哑语声特征分析、提取和处理,语音识别和说话人识别等方面的研究,并取得了突破性进展,研究成果居国内领先。由张礼和、郑义等完成的“声谱实时伪彩色编码显示及旋笛声学结构分析”获国家科技进步三等奖、浙江省科技进步二等奖。此外,在国家自然科学基金支持下,俞振利还和外语系吴洁敏教授合作开展语音信号和诗歌中韵律之间关系的研究,取得了显著的成绩。

二、数字电子学、高信息密度和低功耗集成电路设计理论研究方向

在多项国家自然科学基金、省自然科学基金和国际合作项目支

持下，通过对数字电子学、高信息密度和低功耗集成电路设计理论的深入研究，取得了多项突破。打破了与－或－非代数系统的限制，提出了与—异或代数系统、或—符合代数系统及通用逻辑代数系统。在数字逻辑的图形方法研究中取得了突破，国际上首次提出了与—异或代数系统的图形表示—bj 图、或—符合代数系统的图形表示—dj 图以及 RW 谱变换中的谱系数—rj 图。在高信息密度集成电路设计领域，提出了数字电路的开关级设计理论——开关—信号理论，设计了三值 JKL 触发器、三值边沿触发器及二值三值混合电路。在低功耗集成电路设计研究中打破了直流供电的限制，改用交流供电，提出了能量交换电路。该方向研究成果颇丰，处于国内领先地位。其中由吴训威、陈偕雄共同完成的“数字电路设计理论的三层次研究”获得国家自然科学四等奖，并作为浙江省获奖代表参加全国科技奖励大会。另外，获得国家教委（教育部）科技进步二等奖 3 项，浙江省科技进步二等奖 2 项，浙江省科技进步重大贡献奖 1 项。

作者（坐前排）和教师们

三、红外热电视研究方向

蔡丹宇教授是国内最早从事外热电视的研究人员之一。他完成的第一项研究成果红外热电视鉴定会于 1982 年 11 月召开，第二项研究成果“CIR 型红外热电视”获 1986 年机械工业部科技进步二等奖。在上述研究成果的基础上，对设计方案、使用器件做了重大改进，使得仪器的精准度、可靠性和稳定性大幅度提高。研究成果“ITV 型红外热电视”获 1994 年浙江省科技进步三等奖。在省委要求下，该项成果后转让给了浙江省测试技术研究所。蔡老师还参与制订红外热电视的国家标准和军用标准。

四、等离子体大屏幕显示系统及荧光彩色大屏幕显示系统

以尤珊圻为负责人的研究团队承担了国防科工委下达、用于军事指挥系统的“拼接式等离子体大屏幕显示系统”的电路及系统设计、研制,完成了样机研制。该显示系统是当时世界上拼缝最小的等离子体大屏幕显示系统,该项研究成果顺利地通过了鉴定,处于国内领先,并获得国家科技进步二等奖。以沈天福为负责人的团队完成了“ZDY3 型多功能荧光彩色大屏幕显示系统”,获得一致好评。

五、恒流器件和传感技术研究方向

该方向早期承担中共华东局科委、国防科委及省科委项目多项。以竺树声、吕品桢为负责人的研究团队对恒流器件的研制和应用进行了长期、深入的研究。先后研制成恒流二极管、3dh 系列可调恒流管、安培级恒流管、dh400 型大电流恒流器件,组成了完整的恒流器件系列,并投入了小批量生产。在恒流器件推广应用方面出版了 2 部专著。恒流器件研究成果获发明专利 1 项,浙江省科技进步二等奖 1 项、三等奖 2 项。传感技术方面对集成温度传感器和光电检测器进行了研究,其中“精密集成恒流源与硅集成温度传感器的研制和应用”获国家科技进步三等奖、浙江省科技进步二等奖。硅光电检测器获国际尤里卡奖。

六、半导体物理与半导体器件物理研究方向

在国家自然科学基金、省自然科学基金和省科委等项目的支持下,从事半导体的杂质和缺陷、半导体的表面物理和界面物理以及光生伏特效应研究,取得了一系列研究成果。其中主要有:“电子辐照提高功率开关晶体管开关速度的工艺技术”获省科技进步三等奖;关于等离子体增强化学气相淀积氮化硅膜的性质与淀积条件的关系研究论文发表于该领域权威刊物 *Thin Solid Films*;对硅的光生伏特效应进行了多方面的研究;对 MIS 电容器的电容—时间瞬间

及其在产生寿命测量中的应用进行了全方位的深入研究。共发表论文 70 余篇。张秀淼 1992 年在 SCI 收录个人论文发表数居全国第一(并列第一),1994 年获光华科技基金三等奖,同年被评为省优秀教师。

电子工程系以培养高素质人才为目标,对教学计划、课程设置和学生思想政治工作进行一系列改革,在加强外语、计算机和实践教育方面以及在形成奋发向上的良好学风方面取得了较显著的成绩:本科英语四级统考的通过率一直名列全校前茅;学生科技作品多次获国家和浙江省奖励,其中获全国大学生挑战杯赛鼓励奖 3 项;获全国大学生实用科技发明大奖赛鼓励奖 1 项、参赛奖 3 项;获全国大学生电子设计竞赛浙江赛区三等奖 1 项、成功参赛奖 1 项;获数学建模竞赛浙江赛区二等奖 2 项;获浙江省大学生课外学术、科技作品竞赛三等奖 1 项;获 1993 年度浙江省社会实践先进集体称号;91 级本科班获浙江省先进班级称号;自 1991 年起至 1994 年,连续被评为杭州大学校园文明建设先进单位。全系教师共编写并出版各类教材 7 种,自编教材 20 余种,获各类教学奖励 8 项,其中,获浙江省优秀教学成果奖 2 项,浙江省教书育人先进个人奖 1 项。

电子工程系多年来为浙江省电子工业部门、科研单位及高等院校培养了大批工程技术人才和管理人才,他们中的许多人现已成为企事业单位的骨干。

电子工程系历任系主任有竺树声(1989—1992)、陈偕雄(1992—1999),曾任副主任的有陈偕雄、郑义(1989—1992)、范雅俊、孙衍人(1992—1996)、赵勇(1996—1999)、蒋刚毅(1996—1997)、徐凤霞(1997)、沈继忠(1998)。历任总支书记有竺树声(1989—1992)、诸葛玲(1992—1999),副书记有诸葛玲(1989—1992)、徐国良(1996—1999)。

* 作者为原杭州大学电子工程系系主任,教授。

生物系简史

毛树坚

一、历史沿革

1951年初，浙江省文教厅为培养全省中学教师，与浙江大学联合创办浙江师范专科学校，设有生物专修科。科主任由浙江大学生物系系主任江希明教授兼任，浙江大学生物系负责教学工作。1952年，全国高校院系调整，浙江省建立浙江师范学院，设生物系，仍由江希明教授担任系主任。

江希明教授(中)和教研室同事

浙江师范学院生物系初建时，教师有教授2人、副教授2人、讲师4人、年轻教师5人。学生有原师专学生40人，1952年新招本科生、专科生、短训班各1班，共约120人。至1956年时，生物系教师已发展到30多人，分设动物学、植物学以及遗传学与教学法3个教研组。在生物系的发展过程中，系主任江希明以及董聿茂、王曰玮、吴长春等老教师，在组织教学及培养青年教师等工作中艰辛备尝，为生物系的发展奠定了良好的基础，贡献殊巨。1956年，江希明教授调任浙江师范学院副院长，王曰玮教授继任系主任。

1958年，杭州大学成立，设生物系。但为时不久，杭州大学与浙江师范学院合并为杭州大学，两校生物系也随之合并，成为杭州大学生物系。由陈士怡教授任系主任，王曰玮教授任第二系主任(以后改称副主任)，并增补薛艳庄为副主任。

1960年，生物系曾设置动物与动物生理学、植物与植物生理学、生物化学及生物物理学等4个专业。1962年由于贯彻中央八字方针，专业撤销。

1965年，江希明、陈士怡两教授分别招收动物生理学及遗传学两专业的研究生，共3名。

1966年至1977年十年动乱期间，生物系师生进行了若干教育改革的探索。1970年后，连续招收了5届工农兵学员，共319名。

1971年3月，原依托于杭州大学的浙江省动物研究室(创建于1956年，由董聿茂教授任主任)因机构撤销，18名人员并入生物系。

1977年后，全国高校恢复统一考试招生制度，生物系也恢复招收本科生与研究生。

1978年3月，陈士怡教授恢复系主任工作，沈桂芳、周灿松任系副主任。

为开展浙江省生物资源的调查工作，1979年1月，省编制委员会同意在杭州大学生物系建立“生物资源考察队”，编制10人。当时从1979年毕业生中选留5人作为考察队成员，计划对全省生物资源开展调查工作。但最后因长期经费问题无法解决，考察队于1981年撤销建制。

1978年，全国高校恢复职称晋升和研究生招收工作。1981年和1984年，经国务院学位委员会批准，生物系的动物学、遗传学及植物学3个专业，获硕士学位授予权。

1981年，由于江希明、陈士怡、董聿茂3位教授的积极倡议，浙江省人民政府批准成立杭州大学生物研究所。生物研究所与生物系是“一套班子，两块牌子”，另加科研编制10人。陈士怡兼任所长，沈桂芳、毛树坚任副所长。

1984年3月，学校进行机构改革和人事调整，陈士怡教授由于年事已高，退居二线。丁仁瑞副教授出任系主任，毛树坚、余象煜任系副主任。毛树坚副教授出任生物研究所所长，丁仁瑞任副所长。

1986年，为开发科研成果，生物研究所在杭州市高新技术开发区申请成立亨达生物技术公司，由毛树坚兼任总经理，丁仁瑞兼任副总经理(后由李振唐接任)。

据1986年6月统计，生物系共有教职工126人，其中教授5人，副教授14人，讲师42人。在校本科生277人，硕士研究生31人，遗传学研究生班14人，另外，还有专科与夜大学生。

1990年1月，系行政领导班子调整，由郑斯湧教授出任系主任，黄纯农、陈启瑺、汪明荣任系副主任。生物研究所领导未变更。

1992年，由黄纯农教授出任系主任，陈启瑺、吴雪昌、张铭任系副主任。生物研究所由黄纯农任所长，陈启瑺任副所长。

1995年，生物系更名为生物科学与技术系。

1996年，生物科学与技术系更名为生命科学学院，由黄纯农任院长，陈启瑺、吴雪昌、张铭任副院长。

学院成立后，增设系一级及研究所等的建制，系的建制有：生物工程系、生物科学系、生物医药系。研究所有：细胞与分子生物学研究所、生态学与保护生物学研究所、生化与发酵工程研究所、食品营养研究所、生物资源与制品研究所、海洋生物学研究所。另有学院中心：实验中心、科技信息中心。重点实验室：浙江省细胞与基因工程实验室。产业公司：杭州亨达生物技术公司、三叶生物技术公司、生物制剂厂。

据1996年生命科学学院建立后的记录：全院教职工102名，其中教授17名、副教授28名、中级职称32名。在校本科生275人、硕士研究生60名、联合培养博士研究生2名。

1997年后筹备4校合并。

二、教学概况

1958年以前，浙江师范学院生物系的主要任务是为本省培养中学生物学师资，课程设置依此目的安排。为加强实践教学，在西天目山和舟山群岛普陀建立野外实习基地。1958年成为杭州大学生物系后，主要目的为培养德才兼备的生物学的各种专门人才，并兼顾培养高校和中学的生物学师资，因此课程设置更向纵深拓宽。1960 年曾成立 4 个专业，增设了生物化学实验室与同位素实验室。

教研组(室)是当年高校教师进行教学的组织形式。生物系从建系初期的 2—3 个教研组发展至 20 世纪 80 年代后期，已有 9 个教研组：动物学教研室、植物学教研室、动物生理学教研室、植物生理学教研室、遗传学教研室、微生物学教研室、生物化学教研室、细胞生物学教研室，以及中心实验室(主要从事电镜技术与高速离心技术教学)。

开设的课程，据 20 世纪 80 年代记录，除有分析化学、物化胶化、有机化学等相关基础课外，计有专业基础课 10 门：普通生物学、动物学、植物学、细胞生物学、动物生理学、植物生理学、遗传学、组织胚胎学、生物化学、微生物学等。以后又陆续增开动物生态学、植物生态学、海洋生态学、污染生态学、生态数学、分子遗传学、细胞工程技术、基因工程技术、细胞培养、细胞分裂与细胞分化、免疫生物学、发育生物学、分子生物学、核酸实验技术、酶学、蛋白质与多肽、微生物分类、微生物生理学等专业课与选修课。另外，还有学位专业课程近 20 门。

为配合专业课程的开设，生物系致力于各种专业实验室的建设。据 1986 年的记录，当时已有：细胞培养实验室、植物组织培养实验室、同位素实验室、生态学实验室、免疫学实验室、低温实验室以及超速离心技术实验室、电镜技术室等。

据 1996 年生命科学学院的记录，开设课程又有拓展，计有专业基础课 12 门，专业课 20 门，选修课 27 门，以及专业实验技术课 42 门。

三、科学研究概况

从建系开始，江希明、王曰玮、陈士怡等历届系主任，都出身浙江大学，具有“大学教师必须要有自己的科学研究”的治学理念，因此比较重视全系教师的科学研究。早期的研究,主要从事我省舟山群岛海洋及沿岸动植物资源分类区系以及水产资源的研究工作,成绩显著。论文发表在1958年出版的《浙江师范学院学报》"舟山生物学专辑"。同时也对西湖的生态环境和西天目山的动植物分类区域进行连续的研究。1958年后,又对家鱼人工繁殖的生理学基础做过多年的研究。

1978年改革开放初始,全系教师对科学研究倾注了极大的热情,收获很大。其一是中国科学院基金资助的项目有6项:陈士怡教授主持的"酵母有关基因表达和酒精发酵节能探索以及酵母细胞的改造和生物发酵工程"研究,江希明教授和丁仁瑞、郑斯湧等从事的肿瘤免疫和低温生物学研究,唐愫、沈桂芳等的水稻叶绿体DNA基因文库及物理图谱的构建研究,俞志隆、袁妙葆等长期进行的大麦抗黄花叶病和大麦品质遗传的研究,梁海曼等的植物细胞培养去分化和再分化研究,吴宝华等的魚类寄生性孢子虫研究。其二是省重点生物工程项目:金逸民等的稻麦组织培养与原生质体融合技术研究,毛树坚等的鱼类细胞工程研究——以后发展成"863"计划的"抗草魚出血病的基因工程育种研究"课题。其三是在国内有较高学术地位的董聿茂教授从事海洋动物研究的团队开展的东海深海及近海甲壳类动物的研究,海岸带潮间带生态的研究,海洋附着动物生态研究等;诸葛阳等以鸟兽区系生态和鼠害防治为主的研究;毛节荣从事的鱼类分类区系研究及丰年虫保种研究;王曰玮教授和蔡壬侯、方云亿、项斯端等多年来从事浙江植物分类区系及生态的研究,如西天目山的植被植物生态海岸带潮间带研究、藻类蕨类植物分类生态的研究等,又承担编写《中国植物志》和《浙江植物志》的任务。此外,还有运河杭州段及西湖环境生态与生物学的研究以及土壤动物学经济植物胚胎培育等研究等,都取得显著成果。其四是一些有明显经济效益的应用性研究,如火腿缩短腌制周期的微生物学研究,食用菌和药用菌类的研究,花粉的研究,米醋和三十烷醇在农业生产上的应用等研究。据1986年统计,当时每年在各级刊物上发表和在各专业学术会议上宣读的论文，约有60篇。

据1997年生命科学学院的统计，当时有国家“863”计划课题1项，国家自然科学基金、浙江省自然科学基金等项目课题共140项，总经费达800多万元。获国家专利10项，国家及省部级科技奖140多项。出版教材13种，自编教材41种，出版学术专著50余部（册），工具书6部，译著3部，其中18种（册）获奖。在国内外重要学术刊物发表论文700余篇。董聿茂、诸葛阳教授等参与的《浙江省动物志》和吴长春、方云亿、项斯端教授等参与的《浙江省植物志》，双双相继获1992年、1993年浙江省科技进步一等奖和国家级图书大奖。合作项目“中国报春花科植物系统研究”获1995年国家自然科学三等奖，“大麦抗黄花叶病遗传与利用研究”获1994年上海市科技进步一等奖。

四、对外合作交流

1995年更名生命科学学院后，重视对外合作交流。为广泛争取资源，学院与浙江省医药管理局、德清县人民政府、中国水稻研究所、美中医药开发协会、杭州九源基因工程公司、杭州澳亚生物技术公司等单位合作，共建学院，组成生命科学学院董事会。

学院聘请国内外知名专家教授16位任名誉或兼职教授，其中有中科院院士4位。学院与美国伯克利加州大学、美国农业部基因研究中心和英国剑桥植物育种中心合作进行大麦生物工程研究。学院与日本、欧共体联合开展“西湖环境生态学”研究。学院与德国国际生物物理研究所合作，共同申请课题，共建实验室，联合培养研究生。

五、46年间本专科生招生统计

1952—1958年浙江师范学院时期：招收3届全日制专科生147名，招收6届全日制本科生243名。

1958—1966年杭州大学时期：招收8届全日制本科生243名。

1970年11月—1977年3月(“文革”时期):招收5届工农兵学员3年制本科生319名。

1977—1998年杭州大学时期:招收3届全日制专科生90名,招收22届全日制本科生1722名。

生物系同学在采集海洋生物标本

*本文根据《杭大校史通讯》(1986年第1期)、《杭州大学校友通讯录》(生命科学学院分册,1997年3月)、《永恒的纪念》(浙江大学出版社2017年版)整理。

作者为原杭州大学生物研究所所长,教授。

教育系发展简史

邵祖德 戚谢美

一

1952年2月院系调整，在浙江大学教育系和之江大学教育系基础上新建浙江师范学院。当时教育系有教职工19人，其中教授8人，副教授1人。

翌年春，浙江师范学院教育系开始第一次招收专科生50人。秋，又招收专科生36人，本科生19人。由于当时仅以培养师范学校的教育学科师资为目标，适应面过窄，加以中等师范学校建制变动频繁，此后连续3年未曾招生，至1956年才予恢复，1958年再次停招。

20世纪50年代前期的教育系，教学秩序较为稳定，课程设置以苏联师范学院教育系的教学计划为模式，除政治课外，专业课有人体解剖生理学、心理学、儿童心理学、教育学、中国教育史、外国教育史、小学教材教法等课程，教材亦多采用苏联教材的译本，如凯洛夫《教育学》、麦丁斯基《世界教育史》、捷普洛夫《心理学》等。

1957年6月以后，先是反右派，继而下放劳动，再而“教育大革命”，运动不断，教学秩序很不稳定。在反右派运动中，4名教师被错划成右派分子，学生中亦有4人被错划成右派分子。1958年3月，全系学生赴金华新狮乡劳动锻炼；9月教师亦去金华新狮乡劳动锻炼。

师范学院教育系的6年中，先是王承绪教授任系主任，1957年以后改由陈学恂先生任主持工作的系副主任，另一位系副主任为王琦。1956年，教育系支部成立，邵宗杰为第一任书记。

二

1958 年 11 月，浙江师范学院与新建的杭州大学合并，定名杭州大学，教育系为杭州大学 10 个系之一。教育系总支亦同时建立，书记辛航，副书记邵宗杰。主持工作的系主任陈学恂，副系主任王琦。

王承绪教授(左四)和教育系的老师们

同月，全系师生从金华返校，立即投入心理学“大辩论”。紧接着是教育学的教学改革，师生同编教材，进行轮流专题讲课，教学秩序逐渐恢复正常。1960 年 7 月，杭州大学与浙江省委党校合并，辛航、邵宗杰、陈学恂调校部任职。10 月，教育系和浙江教育学院合并，成立杭州大学教育学院，全系教师连同刚招收的教育干部进修班迁入文三路教育学院，集中学习新出版的《毛泽东选集》(第四卷)，各门专业课停开。

陈学恂教授

1961 年 3 月，随着“调整、巩固、充实、提高”八字方针的贯彻和学校工作的全面调整，教育系由文三路迁回杭州大学，原总支副书记邵宗杰、原系主任陈学恂调回教育系任职。原被下放和借调在外的教师陆续调回。从 1961 年秋开始，教学、科研工作恢复正常，并出现一派生机。教学方面，除恢复开设教育学、心理学、教育史、教材教法等专业课外，新开设了“马克思主义教育论著选读”课，政治理论亦相应加强，课程的结构发生较大的变化。科研方面，以郑晓沧教授为首的编译组承担全国高校文科教材《西方资产阶级教育论著选》的编译任务，陈学恂参加主编的《中国古代教育史资料》亦于是年出版，许多教师撰写的论文在学校学报和《心理学报》上发表，一时学术空气颇浓。青年教师培养工作被提到重要地位，政治上组织理论学习组，以《社会主义教育文件汇编》中的马列主义原著为内容，系统学习马克思主义；各教研组亦把理论学习作为教研活动的重要内容，如教育史组学习《马克思主义经典作家论历史科学》即是一例。业务上，老教师以带徒弟方式对青年教师进行对口培养。这些措施很快取得成效。自 1963 年开始，青年助教纷纷走上讲台，成为教学工作的一支重要力量。

1962 学年开始，教育系分设教育学与心理学两个专业，轮流招生，修业年限均为 4 年。1962 年以陈立教授为导师的工业心理专业开始招收研究生，当年招收学生 2 名，后又招收 2 名。

1964 年，按省委和学校部署，59 位师生赴诸暨参加农村社会主义教育运动。1965 年 7 月，多数教师和全体学生返校复课，部分教师到诸暨白米湾农校进行两种教育制度实验。不久，部分教师又去萧山湘湖师范学校进行教育改革试点。1966 年 5 月，"文化大革命"即将开始，两组教育改革试验组撤回学校参加运动。这个阶段，组织变动较少，系主任一直由陈学恂担任，总支书记后由邵宗杰担任。

三

1966 年 6 月，开始了"文革"10 年动乱。不久，全校"停课闹革命"，教育学系师生开始全国性的大串联。与此同时，各种"战斗队"纷纷建立，以批判"资产阶级反动路线""走资派""资产阶级反动学术权威"为名，对干部、教师进行批斗、非法抄家。时全系教工 33 人，遭受批斗、抄家的即达 18 人之众。

1969 年，全系师生赴上虞农村参加劳动，接受贫下中农"再教育"。1970 年开始，部分教师参加学校组织的教育革命小分队，先后赴衢县、桐庐、临安等地举办中学教师培训班。1972 年开始，以孙士仪先生为主在临安进行小学三算（口算、笔算、珠算）结合试验。1973 年至 1974 年，招收一年制的教育干部进修班 1 期。1975 年教育系举办由基层教育干部和中小学骨干教师参加的半年期培训班，招收30名学员,以专题讲座的形式进行教学。

“文化大革命”的10年,教育系的教学、科研等各方面工作遭到严重的破坏和损失,干部和教师的身心受到沉重的打击和摧残,是教育系历史上最沉痛的一页。

四

1976年10月粉碎“四人帮”,特别是1978年党的十一届三中全会以后,教育系的历史进入最为兴旺的发展时期。

1977年10月,学校教育专业恢复招生。1978年3月,增设教育心理专业。1980年9月,教育心理专业划入学校新建的心理系。1983年9月,增设政治教育、教育管理2个专修科。政治教育专修科学制2年,自1983年至1988年连招6届共241名学生。教育管理专修科自1983年至1988年共招158人。1988年开始举办的大专起点教育管理本科班,连招6届共166名学生。1993年11月,省教委同意杭州大学增设教育管理本科专业,学制4年,该专业从1994年开始招生。至此,教育系有了学校教育和教育管理2个本科专业。学校教育专业则自1989年起在中等师范、普通高中应届毕业生中招收定向保送生,连招3届,共招收定向保送生23名(其中中师18人、普通高中5人)。1986年开始,学校教育专业的高年级开设学前教育专门化课程。1995年6月,与浙江幼儿师范学校联合举办幼儿教育大专班。该班从1995年开始招生,连招4届,共培养278名具有大学专科文化程度的幼儿园教师。

1978年10月恢复研究生招生制度以后,中国教育史、外国教育史、比较教育学、教学论、学科教育论先后获硕士学位授予权。比较教育学科和中国教育史学科分别于1984年1月和1986年9月经国务院批准获博士学位授予权。1981年12月至1998年7月,教育学系培养硕士研究生85名,其中中国教育史专业14名、外国教育史专业6名、比较教育学专业18名、教学论专业29名,教材教法研究专业(1991年开始改为学科教学论专业)16名、教育基本原理专业2

名;培养博士研究生 13 人,其中比较教育学专业 10 人、中国教育史专业 3 人。

本系在成人学历教育方面办有教育管理脱产班(专升本)和学前教育函授班(专科)。教育管理脱产班自 1995 年至 1997 年共培养学生 239 人。学前教育函授班自 1996 年至 1997 年共培养学生 129 人。

师资队伍在此时期也发生重大变化。1980 年在心理系单独建系后,教育系全系教职工 32 人,其中教授 3 人,副教授 1 人。1986 年底,全系教职工 46 人,其中教授 4 人,副教授 8 人。1995 年,全系教职工 41 人,其中教授 7 人,副教授 12 人,获博士学位者和硕士学位者分别为 5 人和 14 人。各学科的学术梯队逐步形成,长期存在教师队伍青黄不接的局面亦日趋缓解。许多教师以其勤奋的工作被评为校先进工作者,1980 年,陈学恂教授被评为省劳动模范。1982 年,王承绪教授被评为省优秀教师。

教学研究组织不断健全。全系设教育学、教育管理、中国教育史、外国教育史、教学法等 5 个教研室。课程设置上,除加强和充实原有的基础课、专业课外,又开设了教育社会学、教育经济学、教育统计学、教育测量学、教育科学研究法、比较教育、教育行政和学校管理、教育文献等课程。并建立学生书库,为学生借阅教育专业必读参考书提供条件。

为了发挥教育系的学科优势,建立了中国教育史、外国教育研究室及比较教育研究中心,由陈学恂教授和王承绪教授分别任主任。1995 年 9 月,又成立了教育科学研究所,徐辉任所长,刘力任副所长,下设 6 个研究中心或研究室:比较教育研究中心、中国教育史研究室、教育实验研究中心、教育测量与评价研究室、德育研究中心和教育战略与决策研究中心。

各研究室自 1979 至 1998 年承担科研项目 96 项,科研经费 190 多万元。其中国家规划重点项目 17 项,省哲学社会科学规划项目 9 项,省教委重点项目 11 项,其他项目 59 项;发表学术论文 786 篇,出版专著119部,编写教材29部,编著3部,译著6部,工具书7部。获省人民政府颁发的省社科优秀成果奖2项(二等奖1项,三等奖1项),国家教委颁发的全国教育科学优秀成果奖5项(一等奖3项,二等奖2项),教育部全国普通高校人文社科优秀成果奖2项(二等奖1项,三等奖1项),省教委哲学社会科学优秀成果奖13项(一等奖2项,二等奖3项,三等奖8项),省社联社会科学优秀成果奖9项(二等奖1项,三等奖5项,优秀成果奖3项),等等。

1978年后,本系的对外学术交流和友好往来日益发展,至1998年7月,以公派或交流的方式,先后有17位青年教师到美国、英国、日本、德国、澳大利亚等国家的高校进修。另有多名老师出国访问、考察和参加国际学术会议。

1982年教育部将本系确定为联合国教科文组织亚洲太平洋地区教育革新发展服务计划中心之一,王承绪教授为联合国教科文组织亚太地区顾问委员会成员及该中心主任。他曾先后多次出席联合国教科文组织亚太地区顾问委员会,参加在泰国曼谷(1981)、法国巴黎(1981)、新加坡(1981)、菲律宾马尼拉(1982)举行的会议。1991年,比较教育与国际教育学会(CIES)在美国宾西法尼亚州匹兹堡大学举行学术讨论会,徐顺松应邀出席会议并作题为"中国农村基本教育与社会发展"的学术报告。教育系在此期间也曾举办国际学术会议,如1992年与高等教育研究所在杭州举办"杭州大学中英高等教育学术讨论会",1993年教育系与香港大学课程系、省教委教研室联合举办"浙、港、台义务教育课程讨论会"等。

1984年以来,英、美、澳大利亚、比利时、德国、日本等国的一些学者亦来系访问、讲学,其中有英国著名比较教育家、伦敦大学教授埃德蒙·金,澳大利亚悉尼大学比较教育与东南亚教育专家黄开济博士,比利时鲁汶大学威廉姆斯教授,以及德国法兰克福大学比较教育专家米特教授等。1986年,在英国文化委员会的资助下,教育系开始和英国伦敦大学教育学院国际教育与比较教育学系、英国苏塞克斯大学教育学院建立合作关系,双方多次互派人员进行学术交流活动。

1978—1998年的20年间先后担任系主任的有陈学恂(1978年1月—1983年5月)、金锵(1983年5月—1983年9月)、邵祖德(1984年4月—1992年6月)、徐辉(1992年6月—1996年2月)、田正平(1996年2月—1998年);先后担任总支书记的有曾钜生、毛雪非、余美玲。

*作者邵祖德为原杭州大学教育系系主任,教授;戚谢美为原杭州大学教育系系副主任。

心理系的建立与发展(1980—1987)

汪安圣

一

心理学系建立于1980年,它由老浙大的心理学系、心理学实验室、浙江师院教育系的心理学教研室、杭州大学教育系心理学教研室和心理学专业演变而来。建系7年以来,心理系的规模和教学科研工作都有了较大的发展。

建系初期,全系教职工只有22名,其中教师17名。1987年时教职工59名,其中教授3名,副教授6名,讲师12名,助教19名,实验员和资料员11名,工人2名,党政干部6名,已经开始形成了一支具有较高学术水平的老、中、青结合的学术梯队。全系设有普通心理学、工程心理学、管理心理学、儿童教育心理学、生理心理学等5个教研室,经浙江省人民政府批准,设有心理学研究室、儿童生长发育和智能发展研究中心2个科学研究机构,并设有心理学的实验室和资料室。

建系以来,许多教师在全国和浙江省的学术机构或协会中担任重要职务。陈立教授、朱祖祥教授等9人分别担任了中国心理学会副理事长、理事,中国心理学会工业心理学专业委员会主任、副主任、委员,中国心理学会普通心理专业委员会副主任、委员,国务院学位评审委员会学科评审组成员,中国大百科全书心理学卷副主编、编委,中国行为科学学会顾问、副会长,中国人类工效标准委员会副主任、人体测量分会主任,中国社会心理学会理事,中国教育学会发展心理学理事,浙江省心理学会理事长、副理事长,浙江省行为科学学会名誉会长、会长、秘书长,浙江省社会心理学会副会长。此外,心理学系10多位教师分别担任了全国主要的心理学刊物的编委工作,其中包括:《心理学报》编委,《心理科学通讯》编委,《应用心理学》主编、副主编,《心理学杂志》编委等。

二

建系初期,本科只设一个专业,即心理学专业。后经国家教委批准,分设工业心理学和教育心理学2个专业。1981年起招收工业心理学专业学生,从1982年起,招收教育心理学专业学生。心理学系是我国最早分专业招收本科生的心理学系。工业心理学专业面向全国招生和分配,教育心理学专业以招收本省学生为主,同时也为其他省市培养部分学生。1987年全系本科生184名,7年中已经毕业的学生共计129名。

心理学系是我国首批经国务院学位委员会批准招收博士生和硕士生的系。设有1个博士点——工业心理学专业博士点,分设2个研究方向:管理心理学和工程心理学。博士生导师为陈立教授和朱祖祥教授。1987年1月,第一位博士生王重鸣通过了博士论文答辩,成为我国第一个工业心理学博士,也是我校培养的第一个博士。全系设有3个硕士点,5个研究方向:(1)普通心理学专业,有认知心理学和个性社会心理学2个研究方向;(2)工业心理学专业,有管理心理学和工程心理学2个研究方向;(3)教育心理学专业,设学校心理学研究方向。建系至1987年,已毕业博士生1名,硕士生25名。正在攻读学位的博士生5名,硕士生30名。

心理学系除了招收和培养本科生和研究生之外,还根据我国四化建设和心理学科发展的需要,举办多种短期培训班。几年来,先后为机械工业部、纺织工业部、电子工业部、核工业部、石油工业部举办了管理心理学培训班14期,为全国和本省举办了实验心理学、医学心理学、犯罪心理学、干部素质测评、儿童生长发育研究和监测技术培训班各1期,共计培训学员1500名。

三

在为国家培养心理学人才的同时,心理学系还积极开展多项心理学的科学研究工作。7年来,心理学系在开展基础理论研究的同时,重点进行了心理学的应用研究。面向社会实际,密切结合我国社会主义四化建设的需要,积极承担国家和本省有关部门提交的实际研究课题,取得了显著的研究成果。几年来,先后开展研究的主要课题有:航空照明工程心理学研究、飞机驾驶舱颜色灯光信号显示的工效学研究、铁道信号显示制式改革的工程心理学研究、飞机座舱电/光显示字符国家军用标准的工程心理学研究、劳动安全人机工程学研究、人体测量方法标准研究、计算机终端CRT显示心理学研究、干部素质测评方法研究、企业奖励制度的心理学研究、管理决策问题的研究、儿童生长发育的调查研究、弱智儿童的诊断与矫治研究、学习不良儿童的诊断与矫治研究、班级集体优化的社会心理学研究、人类解决问题的思维模式研究等。到1986年止,全系在国内外发表的论文达415篇。1985、1986两年的论文中就有9篇得奖。朱祖祥教授等人进行的“飞机驾驶舱照明工程心理学研究”的成果曾获浙江省1985年科学技术进步一等奖。我系参与制定的“LHB5520-80飞机座舱红光照明基本技术要求”获航空工业部1983年科学技术进步三等奖、1985年国家科学技术进步三等奖,“气功微震压实式造型与尺寸系列参数”获机械工业部科学技术成果二等奖。我系编制的“弱智儿童智力筛查量表”和“儿童生长发育监测卡”分别为弱智儿童的诊断和儿童生长发育的监测提供了科学的工具,受到社会广泛的重视和好评。

心理学系从1981年开始编辑出版《外国心理学》杂志。1986年起改名为《应用心理学》,面向全国发行。

四

随着教师队伍的成长,教学科研的发展,心理学系在国内外的影响日益扩大,国际学术交流十分活跃。每年都有许多外国心理学家和国际组织的官员、专家来系访问,并做学术讲演。心理学系与美国、英国、瑞典、澳大利亚等国的许多大学和研究所都有学术交流。联合国儿童基金会从 1983 年开始就对心理学系进行资助,将心理学系"儿童生长发育和智能发展研究"列为与我国政府进行合作的项目之一。1985—1989 年该项目已进入第二周期。1983 年,在联合国教科文组织和开发署的资助下,由陈立教授、朱祖祥教授和卢盛忠副教授组成的工业心理考察组,访问了美国和英国,考察工业心理学的研究和教学工作。同年,在联合国儿童基金会的资助下,由汪安圣副教授、汪文鋆副教授、卢婉君副教授、王重鸣博士组成的儿童心理考察组,访问了美国、加拿大和瑞士 3 个国家,考察了这些国家的儿童研究情况。心理学系曾先后派出 13 名教授、专家参加了 7 次国际学术会议,并做了学术报告,同时也派出多名教师赴国外进修学习。从 1987 年起,在我国政府和英国文化委员会的支持下,心理学系与英国塔维斯托克研究所开展一项为期 3 年的关于管理决策问题的合作研究。1984 年 5 月,联合国教科文组织曾派 2 位著名的工业心理学专家到心理学系,对工业心理学专业进行为期 3 周的考察和咨询。他们在后来给联合国教科文组织的报告中,对该专业做了总的评价:"这个专业自创办以来,已做出突出的成绩","本科生和研究生的质量都较高,教师都很能干,研究工作的科学水平可与世界任何地方媲美,大大超过一般的平均水平"。

五

心理学系目前领导成员如下:中共心理学系总支书记张青山,副书记林夏芬。心理学系系主任汪安圣,系副主任朱祖祥、王重鸣。

* 本文原载《杭大校史通讯》1987 年第 4 期,第 32—35 页。

作者为原杭州大学心理学系系主任。

化学系简史

化学系整理

化学系于 1952 年院系调整时由之江大学文理学院化学系和浙江大学理学院化学系的部分教师合并而成。经过数十年的建设和发展,师资队伍不断扩大,学术水平和科研实力逐步增强,形成了一定规模。1994 年,经国家教委批准,化学系成为国家理科基础科学研究和教学人才培养基地。

一、学科建设

化学系设有化学专业本科及精细化工产品开发专科。化学专业有无机化学、分析化学、有机化学、物理化学和高分子化学 5 个专门化学科和硕士点,有机化学为博士点,自 1984 年以来一直为浙江省重点学科。设有浙江省重点实验室(应用化学重点实验室),以及催化研究所、有机合成研究所、无机化学研究所、高分子材料研究所、电化学技术研究所、系中心实验室和大型 CAI(计算机辅助教学)教室。

化学系有教职工 112 名(16 名在国外进修学习),其中教授 14 名(博士生导师 4 名),副教授 30 名,讲师及实验师 28 名。学成回国的教师有 19 名(9 位教授,8 位副教授,2 位讲师)。老一辈学术带头人有中国化学学会创始人之一、著名分析化学家和化学史专家王琎教授,物理化学家金松寿教授和有机化学家周洵钧教授等。还有一批国内外有影响的专家和中青年骨干,如郑小明、张永敏和陈振初教授等。化学系

王琎教授

青年教师努力进取，奋发向上，在教学和科研中独当一面，脱颖而出，已有10名教师破格提升为教授、副教授，11名青年教师攻读在职博士学位。同时，不断引进青年科技人才，先后有8名年轻的博士和副教授补充进教师队伍，全系形成老、中、青三代人紧密结合、相互支持、积极上进的学术梯队和浓厚学术气氛。

化学系拥有9300平方米的化学主楼和1800平方米的应用化学及催化实验楼，各教研室和研究所都有充足的教学和科研用房。化学系中心试验室拥有一批先进的大型进口仪器设备，如元素分析仪、核磁共振仪、红外和紫外光谱仪、液相色谱仪、电化学分析仪、高温差热仪和数十台486以上型号的计算机，直接提供给全系师生使用。化学系还拥有一个大型图书资料室，占地385平方米，藏有14000余册专业书籍，800多种中外文期刊，2万多册装订资料，内容不仅包括了化学学科，而且覆盖了化学相关的学科。很多藏书和期刊都是省内仅有的，其中包括有1907年至今完整的美国《化学文摘》(*CA*)，为全系的教学和科研工作提供了完备的信息资料。

化学系各学科专业点及主要研究方向如下：

(1)有机化学：元素及金属有机化合物在有机合成中的应用，物理有机化学，有机合成新试剂和新反应的开发。

(2)物理化学：工业催化剂设计与开发，多相催化基础理论及反应动力学，均相反应动力学研究，物质结构和固体化学，电化学研究。

(3)分析化学：电分析化学，光分析化学，现代色谱分析，生物化学分析。

(4)无机化学：贵金属配位化学研究，无机固体材料研究。

(5)高分子化学：功能高分子材料及助剂合成，多组分多相高分子材料，高分子胶黏剂。

二、人才培养

化学系多年来坚持德智体全面发展的方针，十分重视对学生品德和学风的培养，注重教育质量，为全国各条战线输送了大量合格人才。自1977年恢复高考制度以来,已经培养了合格毕业生1609名,招收硕士研究生320名,233名授予硕士学位;招收博士研究生26名,10名授予博士学位。

化学系每年平均开设必修课60门,选修课21门,由经验丰富的教授、副教授担任第一线教学工作。基础课逐步采用CAI教学,学生实验设备和内容逐年更新。全体教师积极参加教学改革活动,从教学内容,教学实验,教学方法各个环节全面提高教学质量。5年来,全系教师编写教材20部,其中《有机合成》获国家教委优秀教材二等奖。1993年,有化学系教师参加的"全国大学基础化学实验改革和实践"项目获得全国高校国家级优秀教学成果特等奖。

1994年建立理科人才培养基地后,专门设立了人才培养基地班,在教学、管理等方面采取一系列强化措施,实行学士硕士博士连读培养方案,为国家输送高质量的专业人才。

在教师的辛勤培养下,化学系学生奋发学习,在校期间获三好学生207人次,一等奖学金117人次,光华奖学金65人,竺可桢奖学金4人,中国大学生应用科技发明奖2名。近年来,全国英语四级统考通过率为80%左右,计算机统考通过率超过90%,应届生考取研究生的人数占本科生总数20%左右,化学系毕业生遍布中科院各大研究所和各重点大学,并受到导师的好评,其中有3人获得中科院院长奖学金特别奖。毕业生中有6人获得中国化学学会青年化学奖,1人获得中国科协青年科技奖,近200人前往国外攻读学位、进修和进行研究工作。

三、科研工作

化学系全体教师在完成教学工作的同时,积极申请各项研究任务,争取科研经费,全面开展基础理论研究和应用开发研究工作。1990年以来,全系承接国家自然科学基金重大项目1项,国家自然科学基金项目12项,省自然科学基金项目45项,其他国家、部、省级科研项目67项,横向应用项目55项。1990—1994年总科研经费近

500 万元，1995 年科研经费 230 万。近 10 年来，化学系科研成果获得国家级奖励 4 项，获得部、省级科技进步奖 40 项，省教委及厅局级科技进步奖 23 项，省级优秀论文奖 48 项，专利 15 项。

近 5 年来，化学系出版各种专著 14 部，其中多部著作获奖并获得同行赞赏。化学系平均每年在国内外学术刊物上发表论文 150 余篇，其中每年近 30 篇在 SCI 刊物上发表，引起了国内外学者的广泛关注，多次为国外学术刊物引用。有机化学多项基础理论科研成果获得国家教委科技进步奖，在有机合成、元素及金属有机化学、有机催化化学等一些领域中达到国内先进水平，在国际学术界具有一定影响。

化学系在充分发挥基础研究优势的同时，不断加强应用开发和研究，多项成果和技术为厂矿企业应用，直接为浙江省经济建设做出贡献。应用化学重点实验室在催化剂及新型材料研制方面取得了显著成果，承担了浙江省省长基金项目和多项重点项目。研制的新型有机废气净化催化剂在除西藏外的全国各地推广应用，并出口远销日本，为我国第一个出口催化剂，取得了明显的经济效益和社会效益，荣获国家科技进步奖和国际尤里卡发明奖。

化学系中试基地将实验室研究成果进行中试放大，建成产学研联合经营体，使科研成果直接转化为生产力。开发成功的稀土三基色荧光粉，质量在全国同行中名列前茅，产品畅销，形成了一定生产规模。

历任系主任为王承基(1952—1957)、陈嗣虞(1958—1966)、金松寿(1978—1984)、张永敏(1984—1990)、郑小明(1990—1992)、汤福隆(1992—1993)、彭图治(1993.10—1996.10)、张孙玮(1996.10—1998)；先后担任总支书记的有狄洪元、李林岗、徐秀敏、汤福隆、沈富良。

* 本文由原杭州大学化学系撰写，载《杭州大学校友通讯录》(化学系分册)，1997 年。

地理系发展史简述(1952—1986)

地理系整理

中华人民共和国建立后，全国高校进行了院系调整，浙江省筹建浙江师范学院，浙江大学地理系一部分教职工和全部图书资料及设备等并入浙江师范学院，建立了地理科，由李春芬教授担任首任科主任。另一部分教师则被调整到复旦大学和华东师范大学。不久李春芬教授调任华东师范大学地理系系主任，严德一教授继任科主任。1954 年 7 月，地理科改为地理系，系主任由严德一教授担任，冯铁凝副教授任系副主任。至 1956 年，除了原浙江大学地理系部分教师外，又选留了历届毕业生 12 人，还调进了 10 位优秀中学教师来系任教，教职工总人数达 30 多人，其中正教授 2 名，副教授 1 名。1958 年，浙江师范学院与新建的杭州大学合并，原浙江师范学院地理系也相应改为杭州大学地理系。

严德一教授

1958 年至 1962 年，根据国家建设对人才的需求，地理系先后办起了地理、经济地理、水文、气象和地质地貌 5 个专业，在校学生达 500 人左右。1962 年贯彻“调整、整顿、充实、提高”的方针，对专业进行了调整，保留了地理、气象和海洋地质地貌 3 个专业，每年招生 80 人左右。十年动乱时期，地理专业先后招收 3 届工农兵学员，学制 2 年，当时根据社会的需要，第一届工农兵学员侧重地理，毕业后多分配去中学担任教师，第二届侧重农业气象，毕业后多数由气象部门分配去地、县级气象台站工作，第三届侧重城市规划，毕业后去城建部门工作。气象专业 1973—1976 年先后招收 4 届，均分配去气象部门工作。

粉碎“四人帮”后，学校恢复高考招生制度，地理系原有的3个专业中地理和气象专业开始招收本科4年制学生。当时根据省城建局的建议，创办了城市规划专业，并和海洋地质地貌（港口与航道治理）专业一起于1978年起招收4年制本科生。除了地理和城规2个专业立足本省，在省内招生外，气象专业根据中央气象局布局，面向华东的福建、江西、浙江、安徽、江苏、山东等省招生，学生毕业后，回原所在省分配工作。海地专业则面向沿海各省区市招生。1983年根据科研工作的需要，建立了河口港湾研究室。至此，地理系有了很大的发展，教师人数也迅速增加。全系教职工总人数150多人，有副教授以上高级职称的教师13人，其中正教授2人，讲师达80人。自1977至1985年止，地理和城规、气象专业每年招生各30—40名；海地专业先后招收4届学生。这期间，由于中学地理师资紧缺，为应急需，还招收了2届地理专修科。仅在粉碎“四人帮”后的9年中，地理系就有603名学生毕业，走上工作岗位。1985年秋学生为438人，如包括1985秋招收的城乡建设和工程地质2个代培班共60人在内，共有学生498人，研究生12人。地理系系主任之职，至1983年前一直由严德一教授担任，冯铁凝副教授任系副主任。20世纪60年代夏越炯、马裕祥两同志兼任系副主任。1978年，冯铁凝调经济系任教，夏越炯、马裕祥两同志也于1981年调离地理系，担任校领导工作，系副主任由孙英、孙忠华两同志担任。1983年，严德一教授因年事已高，退出领导岗位，由孙英同志代系主任职务。1984年调整系领导，学校任命王德瀚、宋小棣为地理系副主任。同年年底，王德瀚任系主任，宋小棣、何绍箕两同志为系副主任。

科研情况：杭大地理系自1957年开始，对我省自然区划、植被区划进行研究，1958年以后进行河川径流和自然条件关系、人民公社规划调研，并编写出版了《浙江自然地理》一书。20世纪60年代转入为农业服务的主要课题研究，先后对宁绍平原、杭嘉湖平原的农业区划、浙江省低产田的改造进行调查，同时调研浙江地貌和海岸地貌、浙江农业气候区划等问题。先后完成研究课题20余项。70年代,继续进行农业地理、山地气候和农业气候、浙江地貌和海岸地貌、浙江绍兴历史地理研究。结合港口开发,承担了北仑深水港址选择、福建马尾模型试验和航道整治、甬江河口和航道整治等的研究。80年代以来,地理系各专业立足本省,为四化建设服务,积极参加省综合农业区划、县级农业区划研究和农业地貌、土地类型、土地利用、土地资源制图及环境保护、风景旅游资源调查和规划、城市地理和城市总体规划、国土规划和区域规划等方面的研究。同时进行中尺度的数值天气预报、海洋气候和大气污染治理研究。历史地理研究的内容也拓宽了,陈桥驿先生出版了《水经注研究》等专著,在国内外都享有一定声誉。现正在进行研究的项目20余项,其中列入国家重点科研项目的有5项,省级项目6项,横向课题10余项。通过科研,更新了实验手段。现有各类实验室5个:地质和沉积物实验室、水动力实验室和河口模型实验室、土壤实验室、环境化学实验室。另有气象卫星接收和卫星云图处理室、城市模型制作室、制图和地理数据处理实验室等。

陈桥驿教授

30多年来,地理系先后完成各类专著、译著、图集30余种(册),研究报告和论文500多篇,其中在各类刊物发表论文120余篇,提供给产业部门的研究报告、规划报告40余篇。先后获部级科技二、三等奖5项,省级科技二、三等奖10项,评为省级优秀论文12篇。大量应用研究既为四化建设做出了直接贡献,也为基础理论的发展、知识更新和实验手段的武装提供了条件。

* 本文由原杭州大学地理系撰写,载《杭大校友通讯》1986年第2期。

区域与城市科学系简介

区域与城市科学系整理

区域与城市科学在国外发展迅速，设置系科和研究机构较多，学术研究活跃。在国内，杭州大学是全国最早设置本学科的4所综合性大学(北大、南大、中大、杭大)之一。自1989年创建本学科专业以来，充分发挥地理科学关于区域生产力布局的空间规划理论队伍的优势，重视引进建筑设计、市政工程等城市规划工科类骨干教师，促进理工结合；同时在大力拓宽经济地理学基础，加强文理渗透，以任务带动学科发展，发展交叉学科方面取得了突破性进展，办出了特色，受到国内外同行高度评价，学术地位处于国内前列。本学科3个主要研究方向是：区域规划、城市总体规划与城市详细规划和城市设计。以中观为主，向宏观和微观两头深化，充分发挥学科的综合性、区域性、应用性优势，使传统的地学基础性理论研究与现代的城市技术性应用研究密切结合，不断吸取国内外的先进理论和操作手段，为建立一门具有本国特色的、富有生气的新兴城市空间科学——区域规划与城市学科而努力。

20世纪80年代末，本学科被批准为省重点扶植学科。近6年来我系共承担科研项目50余项，获省、部级以上奖励10项，鉴定成果20多项，发表论文80余篇，专著15部，教材3部，国际学术会议交流论文12篇。

我系积极参加国内与国际学术活动，与世界各地许多学校如日本福井大学、美国加州大学、加拿大阿尔伯塔大学、澳大利亚莫道克大学、中国香港中文大学等有密切的学术交流。

本系较早建立了设备先进完善的实验室(计算机实验室和测绘实验室)，除了开设专业计算机课及为浙江省建设系统在职人员进行CAD培训以外，运用计算机做城市总体规划、详细规划、区域规划、土地利用规划的辅助设计和城镇建设条件的分析与预测。充分运用计算机技术、遥感成果等，吸收相邻学科的新技术、新方法，使学科研究成果从传统描述走向计量化、科学化。

张介一主任(左三)和师生们

我系1997年在编教职工共44人，其中教授4名，副教授15名，讲师14名，助教11名，教辅行政人员8名，出国人员4名。建系以来至1996年，共培养毕业学生517人，其中硕士研究生12人，本科生404人，专科生92人。在校学生共计267人，其中硕士研究生8人，本科生97人，专科生162人。还招有研究生班36人，去美国、日本、德国等国攻读硕士、博士学位学生共16人。

我系毕业学生分布在中国沿海各省区市的计经委、城乡建委、城建局、环保局(研究所)、城市规划设计研究院、银行等。有的校友已晋升为高级规划师、经济师，成为当地城建部门的骨干，有的已提拔为城建局局长、规划处处长、建委副主任、城市规划设计研究院院长，有的校友已成为国外大学的教授。他们在不同的岗位上用自己的双手为祖国、为未来城镇的建设描绘宏图。

* 本文由原杭州大学区域与城市科学系撰写，载《杭州大学校友通讯录》(区域与城市科学系分册)，1997年3月。

法律系概貌

法律系整理

1960 年，杭州大学政治系设置政法专业，招收在职干部，学制 2 年，仅毕业 1 届学生即停办。1980 年 4 月，根据浙江省人民政府浙政发〔1980〕33 号文和教育部〔1980〕教高一字 035 号批复，杭州大学重建法律系，设置法学专业，学制 4 年。杭州大学法律系从此成立。10 余年来，法律系从小到大，从不成熟到成熟，已取得显著成绩。

1980 年，法律系开始招收本科法学专业学生；1985 年，法律系开始主办省高等教育法学专业的自学考试；1986 年底，国家教委批准法律系增设经济法专业；1987 年开始招收宪法和经济法学研究生；1990 年，国际经济法学科被确定为省重点学科；1993 年，法律系又增设国际经济法专业，同年增设行政法硕士点，并于 1994 年秋季正式招生；1996 年设立经济法硕士点，并开始招生。行政法学现为省重点扶植学科（B 类）。

法律系有教职工 52 名。在 44 名教师中，有教授 4 人，副教授 23 人，讲师 12 人，助教 5 人。有 12 人次担任了全国性法学团体理事以上职务，即：中国法学会理事，中国法学会行政法研究会干事、中国法学会法理学研究会干事、中国法学会宪法研究会干事、中国法律史学会理事、中国国际法学会理事、中国国际私法学会理事、全国外国法制史学会理事、中国行为科学学会行为法学委员会副主任委员、中国行政学会理事。此外，有 5 人担任浙江省法学会理事，其中 2 人担任副会长，1 人担任常务理事。1995 年与省人大法制委员会联合创办的浙江省法制研究所设在我系，该所承担省人大立法项目的论证、调研、咨询等工作。浙江省法学会房地产法研究会、宪法和行政法研究会、国际经济法研究会、民法学研究会的常务副会长和秘书长都由我系教师担任。我系教师还担任了省法学会诉讼法研究会、人民调解研究会、刑法学研究会等的副会长。

法律系有三大专业组即法学、经济法和国际经济法专业组(已撤销原教研室体制),三大研究所即杭州大学地方法制研究所、杭州大学港澳台法研究所和杭州大学国际经济法研究所,还有阅览室、图书室、内部资料室、实验室。近几年办学条件有较大好转,添置了电脑等一批先进办公设备,中外文图书资料日趋丰富。

10余年来,法律系以教学、科研为中心,积极开拓,努力进取,共为国家培养、输送了合格的法学人才近2000名,还有大批短训班学员。他们已成为全国特别是浙江省政法系统的骨干,有的已担任法院院长、检察院检察长、律师事务所主任等职务。在校学生666人。经过多年的探索,法律系已基本实现教学活动的制度化管理,制订的教学管理制度有新课开设管理制度,调课、代课、停课、补课等管理制度,教材选用管理制度,编写教材、教学辅导资料管理制度,出卷考试制度等。同时,法律系为各专业制订了较科学的教学计划,开设了专业必修、选修课程近60门,其中专业基础课有中国法制史、外国法制史、中国法律思想史、西方法律思想史、法理学、宪法学、行政法学、民法学、婚姻继承法学、经济法学、刑法学、民事诉讼法学、行政诉讼法学、刑事诉讼法学、律师与公证、司法文书等;经济法专业课有经济合同法、企业法、知识产权法、财税法、金融法、保险法、劳动法、房地产法、票据法、环境法、自然资源法等;国际经济法专业课有国际法、国际私法、国际经济法、国际贸易法、国际投资法、海商法等;此外,还有一些比较研究课程、交叉学科课程和辅助学科课程,如比较行政法、比较刑法学、法律社会学、法医学、司法精神病学、犯罪学、犯罪心理学等。上述课程的开设,基本上满足了各专业培养目标对学生知识能力结构的要求,基本上符合实行学分制对各类课程的要求。在教学方法上突破了单一的讲授法,采用了案例讨论、模拟法庭、模拟谈判、专题讲座、社会调查、司法实习等方法,增强了教学效果。为加强理论与实践的结合,1985年4月建立了由我系教师组建的浙江联合律师事务所第一所，1992年底改名为浙江省华夏律师事务所，并增设房地产律师事务所，现定名为华夏律师事务所（浙江杭州）。

模拟法庭

科研是促进教学的有力手段。法律系制订了一系列科研管理制度（如科研成果登记制度、科研成果上交与展览制度、科研成果评奖制度、鼓励和资助参加学术会议制度、新学科和热点问题介绍交流制度、师生学术报告会制度、系学术榜制度），承担了多项省级、校级课题和横向课题。我系的行政法学、法理学以及经济法学等研究方向在全国法学界有较大的影响。胡建淼教授还获得了“中国十大杰出青年法学家”称号和第四届霍英东教育基金。全系教师共发表论文500多篇，出版著作（包括专著、译著、教材等）200多种。多种论著获得国家、省、校级奖励，胡建淼教授的专著曾在法兰克福国际书展展出。

建系以来，刘乃雄、费新民、黄汉升、郑九浩、马绍春、舒鸿康、吕志宏、顾思九、张宝昌、余天龙、胡建淼等同志先后担任过系党政领导。胡建淼现任杭州大学副校长、法学院院长；孙笑侠任系主任，阮方民、陈信勇、吴勇敏任系副主任；钱水苗任党总支书记，姜俊杰任党总支副书记。

* 本文由原杭州大学法律系撰写，载《杭州大学校友通讯录》（法律系分册），1997年，第4—6页。

体育系简述

体育系整理

体育系创办于1952年春,是全国最早建立的体育系科之一。她担负着为国家培养体育专业人才的光荣任务。首任科主任是留美的全国著名体育教育家舒鸿教授。

体育系建制沿革,先后经历了浙江师院体育科、杭州体专、浙江体院体育系、浙江师院体育系、杭州大学体育系、浙江省体委体育系等变迁,1972年再次划归杭州大学。体育系现下设体育理论、解剖生理、田径、球类、体操、武术6个教研室和学校体育学、体育保健学2个研究室及国际体育研究中心。有生理、生化、解剖、电化教育等4个实验室以及计算机室。系资料室有中外文体育图书15800余册,专业期刊560余种,精装合订本10000余册。体育报纸60余种。各种运动器材、场馆设备、教学仪器等基本能满足教学、训练和科研的需要。

体育系始终坚持社会主义办学方向,以培养合格的体育专业人才为根本任务。1960年起设本科,1983年起招收研究生。设有研究生、助教进修班、申报硕士学位教师进修班和本科、专科等多种学制,招收体育教育、运动训练和武术方向等专业学生。1986年获体育理论硕士学位授予权。体育运动理论与实践列为省重点扶植学科。已培养了近4000名体育专业人才(不含短训班、函授生)。根据国家教委的指导方针,结合本省实际,制订教学计划,开设了公共基础课、专业基础理论和专业术科共计60余门。专业课程有体育概论、学校体育学、体育史学、体育统计学、人体解剖学、人体生理学、运动生理学、体育保健学、体育心理学、运动生物力学、人类遗传学基础、比较体育学、伤科学、高等数学、教育学、文献检索与利用、计算机语言、体育教法、体育科研方法、体育社会学，以及田径、球类、体操、艺术体操、健美操、武术、举重、游泳、散打、拳击、武术功法和专项训练理论与方法等课程。从1993级起实行学分制。

体育系有一支结构合理、质量较高的师资队伍，一批中青年教师脱颖而出，后继有人。全系有教职工68人，其中有教授9人，副教授29人，讲师19人。有4名国际级裁判，6名国家级裁判，他们勤奋耕耘在教学、训练第一线，拼搏在体育科研和管理育人、服务育人的岗位上。在努力提高教育质量的同时，积极从事科学研究工作。20世纪80年代以来，有国家自然科学基金、霍英东基金等课题研究，发表论文、译文、科普文章、史料和出版教材、专著、译著等年平均约130余种。体育保健学、学校体育学和运动生理学获国家教委颁发的优秀教材二等奖，田径教学获省优秀教学成果二等奖，体育生物学科获国家优秀教学成果二等奖和省优秀教学成果一等奖。有50余篇论文获省科协和省科技局授予的一至三等自然科学成果优秀论文奖。有数十篇论文被国际学术研讨会录用。在运动训练方面，重视提高运动技术水平。在我省第一至九届大学生运动会上获8次团体冠军、1次亚军。以体育系选手为主的乙组代表队，代表浙江省参加了全国历届大学生运动会，曾获男子竞技体操冠军、艺术体操亚军和男女田径总分第4名。10余人次破全国大学生田径纪录，百余人次破省大运会田径纪录，为浙江、为杭大争了光。

在改革开放的形势下，体育系与国内外的学术交流和友好往来日益发展。先后邀请美、法、俄、日等专家和国内著名学者来系讲学。1990年与苏联的莫斯科州体院建立校际协作关系。曾派遣10余名教师分别赴日、美、德、英、俄罗斯等国的高校和科研机构进修和讲学，促进了学术交流，增进了友谊。

*本文由原杭州大学体育系撰写，载《杭州大学校友通讯录》(体育系分册)，1997年，第4—5页。

环境科学系简介

环境科学系整理

环境科学系成立于1993年10月。设环境规划与管理2个专业,并有环境化学硕士学位授予权。环境专业是在原化学系环境化学专业基础上发展起来的,现有环境化学与工程及环境物理2个专业方向。环境化学专业始建于1980年,在国内起步较早,有一定知名度,已为省内外环保等部门培养了300余名毕业生。

环境科学系有教职工19人,其中教授3人,副教授4人。还聘请曲格平、张坤民、黄家矩、李金昌等4名国内外知名专家学者任名誉教授和兼职教授。

系内有环境化学、环境监制、环境工程、环境物理和环境规划与管理5个实验室及计算机房。资料室拥有283种中文期刊,465种外文期刊,藏书量中文版0.5万册,外文版0.8万册,为教学科研提供了良好条件。

杭州大学环境科学系成立

本报讯　杭州大学环境科学系于1月8日正式成立。校领导沈善洪、郑造桓、薛艳庄、夏越炯、董如宾、郑小明等出席了成立大会。

环境科学是一门研究人类生存环境及其与社会、经济持续发展相互关系和调控途径的科学,具有综合性、整体性的特点。新成立的环境科学系是在原杭大化学系环境化学专业的基础上,联合相关系科的教学、科研力量组建的。现设有环境学一个专业,有环境化学与工程、环境物理学两个专门化,并拟增设一个文理渗透的环境规划与管理专业。

原杭大化学系环境化学专业建立于1979年,是国内较早建立的环化专业,现已为社会培养了258名环化方面的专业人才,有多项科研成果获国家教委和省级科技进步奖,并在国内外学术杂志上发表学术论文数百篇。

沈善洪校长在成立会上指出,建立环境科学系是学校教学改革中的一件大事,反映了杭大作为综合性大学适应未来发展的需要,是一项综合性事业。

汤福隆、朱利中出任环境科学系的首任正副系主任。

省教委、科委、省环保局和浙江大学、浙江农业大学等有关单位负责人出席了成立大会。

(晓　阳)

校报报道环科系成立

环境科学系从事的科研领域主要有饮用水与废水净化处理、环境分析化学、环境污染化学、噪声污染控制技术、环境规划与管理、环境质量评价、环境工程等,逐渐形成了自己的特色,取得了显著成绩,先后承担国家自然科学基金4项,省自然科学基金、省教委、省科委资助项目共30项,还承担了萧山市环境保护“九五”计划和到2010年远景规划、温州市鹿城区渔渡村生态环境总体规划、浙江省余杭经济开发区环境影响评价等 50 多项横向科研项目。

1986 年以来,环科系有 9 项科研项目通过鉴定,6 项获奖,其中国家教委科技进步二、三等奖各 1 项,浙江省科技进步三等奖 3 项,化工部自然科学三等奖 10 项,浙江省教委科技进步三等奖 1 项。先后出版专著教材 22 部,在国内外重要期刊上正式发表论文 300 多篇。在所取得的研究成果中,有些达到了国际先进、国内领先水平,如表面活性剂在分析化学中的应用及机理研究,有序介质中分析反应的规律、机理及应用研究,在国内外产生较大的影响,分获国家教委科技进步二、三等奖;铜及铜合金光亮酸洗工艺、酸性不溶性淀粉黄原酸酯及其应用、HQA 高效水质净化剂获浙江省科技进步三等奖,西湖风景区噪声预测及对策研究达国际先进水平。为环境科学研究、环境保护事业及我省经济发展做出了较大的贡献。

环境科学系能提供科技服务的领域主要有:饮用水净化与废水处理(电镀、印染废水处理等),噪声振动控制技术及材料、设备的开发,区域环境规划与管理,生态村建设规划,环境工程设计,城镇环境污染综合整治,建设项目的环境影响评价,黏土资源的开发利用,等等。

老师和硕士研究生(第二排左起为张邦俊、潘仲麟、胡芬老师)

* 本文由原杭州大学环境科学系撰写,载《杭州大学校友通讯录》(环境科学系分册),1997 年,第 4—5 页。

新闻与传播学院简介

新闻与传播学院整理

1993年11月25日，杭州大学在原新闻系的基础上，与浙江日报社、浙江省广播电视厅、浙江省新闻工作者协会、浙江省新闻出版局、新华社浙江分社共同发起成立了杭州大学新闻与传播学院。除了原有的新闻系，新设了在职干部培训中心和新闻研究所。

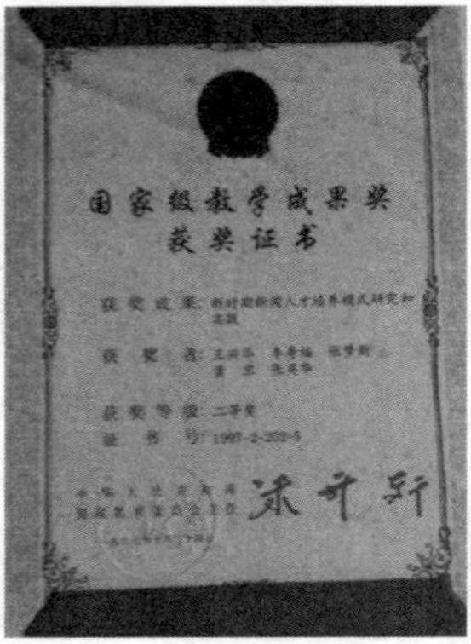

国家级教学成果证书

新闻系创建于1958年，至1962年因高等院校专业设置调整而停办，毕业学生240名。

1978年，经杭大与浙江日报社商定，开办了杭大中文系新闻专科，学制2年半(1978年4月—1980年7月)，招收统考生40名。

欢迎中国台湾学者

进入20世纪80年代，为适应培养新闻人才的需要，筹建了中文系新闻专业，学制4年。从1982年开始，每年招收统考生约30名。于1988年恢复新闻系建制，到1996年秋，共招收15届本科生，计683名；已毕业11届本科生，计405名。在读全日制学生共310名，其中新闻专业、广播电视专业本科生227名，广告专业大专生(3年制)47名、本科生20名；1989年开始招收硕士研究生，已毕业 4 届(8 名)，在读硕士生 16 名。

成人教育也得到很大发展，在连续 5 年开办夜大、函授大专班的基础上，1993 年经国家教委和省教委批准，举办了新闻专业“专升本”全日制本科试点班；同时开办“专升本”函授本科班和第二专科函授大专班。除已毕业夜大 1 届、函授 4 届外，在读函授本、专科生 600 余人，硕士学位课程班学员百余人。

新闻系设新闻、广播电视和广告学 3 个研究室，在编教工 39 人(专业教师 32 人)，其中教授 4 人，副教授 10 人，讲师 10 人，助教 8 人。另外，还聘请了校内外的兼职教授 23 人、新闻教育顾问 9 人、广告教育顾问 4 人。

新闻与传播学院建立后，与省市地县的新闻单位建立了更为密切的联系。除浙江日报、省广电厅、省记协、省新闻出版局、新华社浙江分社为董事长单位外，继省电视台、省电台、钱江晚报社、浙江经济报社、改革月报社、经济生活报社、浙江科技报社、浙江工人报社、杭州日报社、杭州电视台、杭州电台、宁波日报社、温州日报社等后，又吸收了全省各地区党报与电视台为董事单位，现已有董事单位 35 家。浙江日报社、杭州日报社、浙江电视台、浙江人民广播电台等 20 余家新闻单位，已成为全系师生固定的教学实习基地。

为适应我省报刊、广播、电视新闻事业迅速发展的需要，新闻与传播学院不断深化教改，拓宽专业内涵，努力提高教学质量。1993 年，新设了广告专业；1994 年秋，新设了广播电视专业；现已拥有新闻学、广播电视、广告学 3 个本科专业；1996 年 1 月，被国务院学位委员会增列为新闻学硕士点。

* 本文由原杭州大学新闻与传播学院撰写，载《杭州大学校友通讯录》(新闻与传播学院分册)，1997 年，第 1—2 页。

旅游学院简述

旅游学院整理

旅游学院的前身是经济系旅游经济专业，创建于1980年，是国家旅游局首批投资布点的我国第一个旅游经济本科专业；1987年，旅游经济专业发展为旅游系；1993年成立了旅游学院。旅游经济专业1984年开始招收培养硕士研究生，1990年经国务院学位委员会批准，成为旅游经济硕士点。

学院设有旅游经济教研室、饭店管理教研室、旅行社管理教研室、外语教研室和旅游研究所，以及图书资料室、计算机实验室和电教语音室。主要教学和研究方向为旅游经济管理、饭店管理、旅行社经营管理、旅游资源与开发。

经过10多年的努力，学院已形成一套完整的教学体系，积累了较为丰富的办学经验，锻炼出一支具有较高理论水平和专业水平的师资队伍。在33位专业教师中，有教授4人，副教授10人，讲师12人，助教7人。承担并完成国家和本省各类科研项目54项；主编和合编教材36种；出版专著12种、译著17种；编写讲义15种；在各类刊物发表论文120余篇、译文30余篇。17年来已培养本、专科毕业生629人，硕士研究生13人。1996年度在校本科生157人，专科生106人，硕士生13人。

学院积极开展对外交流，与美国内华达大学饭店管理学院、康乃尔大学饭店学院、香港理工大学酒店与旅游管理系以及台湾文化大学(台北市)等建立了交流合作关系，开展互派师资、交换资料及科研合作活动。在努力为经济建设和社会发展服务中，学院与26个省区市的旅游部门和饭店企业建立了合作关系，不仅为各地培养了大批旅游管理和服务人才，同时也为学院建立了教学实践基地。

＊本文由原杭州大学旅游学院撰写，载《杭州大学校友通讯录》(旅游学院分册)，1997年，第1—2页。

管理学院概况

管理学院整理

管理学院的前身是1992年组建的杭州大学经济与管理学院，下属5个系和4个研究所：经济系、财政金融系、心理学系（管理心理学科）、区域与城市科学系、旅游系、决策优化研究所、国土与城市规划设计研究所、人口研究所和房地产研究所。随着我省经济的迅速发展，社会对管理类人才的需求日益迫切，杭州大学经济与管理学院于1996年3月改组为杭州大学管理学院。管理学院下设工商管理系、决策优化研究所、高级管理培训中心、三资企业管理研究中心、房地产研究所，旨在培养高质量的管理人才，开展对外学术交流与科研合作。

学院有教职员工47人，包括专职和兼职正、副教授25人，硕士研究生68人，研究生课程进修生70人。拥有一批完备的教学科研实验设备和数个实验室。

近年来，管理学院招收培养了工商管理硕士研究生（MBA）、高级经理工商管理硕士研究生（EMBA）、行政干部工商管理硕士研究生（EMPA）。学院同时招收培养管理工程专业和工业心理学专业（人力资源管理和组织行为）硕士研究生。此外，学院还成功地主办了跨国公司与三资企业战略管理国际研讨会、中荷合作人力资源管理讲习班和中国三资企业人力资源管理战略国际研讨会等国际学术会议。

学院积极开展各种学术和应用研究，承担并完成了十几个国家科委、教委等有关部门和国家、省自然科学基金会资助的科研项目及横向项目。下属的决策优化所将自然科学和社会科学、定性分析与定量分析结合起来，综合研究经济建设中的重大问题、企业经营与管理的重大决策。同时还从事于各类管理信息系统和决策支持系统的开发以及重大项目的可行性论证分析。

学院积极开展对外学术交流与国际合作,先后与英国剑桥大学和克兰菲特大学管理学院、荷兰自由大学管理学院、美国辛辛那提大学管理学院等著名院校建立了协作关系。与西安杨森制药有限公司、中萃发展有限公司(可口可乐)、飞利浦(中国)电子集团、百时美施贵宝公司等企业开展了紧密的合作。

跨国公司企业管理战略国际学术会议

* 本文由原杭州大学管理学院撰写,载《杭州大学校友通讯录》(管理学院分册),1997 年,第 1—2 页。

工业心理学国家专业实验室

陈　欣

杭州大学工业心理学国家专业实验室是由国家计委和国家教委批准建立的，并确定为世界银行贷款重点学科发展项目。它是我国目前地方大学中，也是国内心理学界唯一的一个国家专业实验室。

该实验室主要从事心理学基础研究以及心理学在工程技术和高科技领域中的应用研究。在过去的10年中，这个实验室曾承担国家有关部委的研究任务，开展有关照明工效学、UDT工效学、计算机人机界面、信息显示、人体测量、计算机管理决策支持系统、人类信息加工策略汉字认知、干部素质及特殊工种操作人员身心素质测评和工作负荷等多方面的研究工作。自1983年以来，这个实验室的研究成果曾获国家科技进步三等奖、省科技进步一等奖、国家部委科技成果奖等10多项。近5年多来，这个实验室的成员还在国内外学术刊物、学术会议上发表论文与研究报告150多篇，出版教材、专著、译著等10多部。

实力雄厚的专业技术队伍是这个实验室取得丰硕成果的关键。它拥有博士生导师2人，教授、副教授11人，中初级研究人员与技术人员20余人。我国著名心理学家陈立教授和朱祖祥教授是这个实验室的学术带头人。陈立教授早年留学英国、德国，知识广博，学术造诣很深，是我国工业心理学的奠基人。他曾担任中国心理学会副理事长和中国心理学会工业心理学专业委员会主任，对我国工业心理学的发展和规划做出了重大贡献。心理学系系主任朱祖祥教授是我国著名的工程心理学家与人类工效学家，他还担任全国人类工效学标准化技术委员会副主任、中国人类工效学会副理事长、认知工效学专业委员会主任、工业心理学专业委员会主任等职。他在显示心理学、计算机人机界面、照明工效学等方面做了一系列研究。这个实验室的其他教授和副教授大多是中青年,具有较高的学术造诣,从事着重要的研究工作。

陈立教授(坐者)和老师们在工业心理学实验室

实验室具有研究所需的先进实验设备和其他物质条件。其视觉追踪实验室装备有先进的眼动测量系统以及数据处理软件等其他配套实验设备,可从事有关阅读、视觉显示与控制和人机界面设计等研究和开发工作。实验室还有各种计算机20余台,可进行各种心理学的基础和应用研究,并正在引进一批三维图形工作站及其他有关的测量设备。实验室还有上百种国内外主要的心理学和工效学期刊,为研究人员提供了良好的资料条件。这个实验室为我国培养的工业心理学博士和硕士研究生已成为许多大学和研究单位的工业心理学研究与教学的骨干力量。

杭州大学的这个国家专业实验室对我国心理学的发展具有重要意义。目前,这个实验室承担国家有关部委的一些重大科研项目,把心理学研究用于智能计算机及其他高新技术中。

在开展应用研究的同时,实验室还注重心理学的基础研究,其中有视觉输入的智能,汉字输入与字处理系统,图形离散度参数对人机界面信息传递率的影响,智能式决策系统的知识获取表示,解决不确定性问题的思维模型,汉字录入中手眼认知协调的联结机制模型,汉字结构特点对信息加工的影响,心理负荷评价方法研究,中文阅读中的知觉跨度与眼动特点研究,等等。

* 本文原载于《杭州大学报》,1992年12月15日,第2版。

作者简历未详。

国内一流研究所——杭大古籍所的发展历程

龚延明

遵照 1981 年中共中央 37 号文件“把祖国宝贵的文化遗产继承下来，是一项十分重要的、关系到子孙后代的工作。古籍整理，可以依托高等学校，有基础、有条件的某些大学，成立古籍研究所”的指示，教育部高教司于 1983 年 4 月 2 日批准发文在杭州大学建立古籍研究所，并设立中国古典文献学专业。

1983 年 4 月 15 日，在浙江省高等教育局、杭州大学党委的关怀和支持下，杭州大学古籍研究所正式成立。杭大古籍所直属全国高等院校古籍整理与研究工作委员会。当时，全国直属高校古委会有 14 个古籍所，其中 12 个古籍所都为全国重点大学的古籍所，如北大、复旦、南大、中大等所，唯杭州大学与上海师范大学古籍所是非全国重点大学古籍所。开办经费最多的是 5 万元，共有 5 所，杭大古籍所是获得开办经费最多的 5 所高校古籍所之一。这也说明高校古委会对杭大古籍所实力的充分肯定。

古籍所成立之初，首任所长为著名敦煌学、楚辞学专家姜亮夫教授。中文系平慧善老师与宋史专家历史系徐规教授任副所长。专职研究人员有姜亮夫、沈文倬、刘操南、王荣初、雪克、平慧善、张金泉、计伟强，共 8 位；兼职研究人员为历史系徐规教授、中文系郭在贻教授。

成立不久的 9 月初，杭大古籍所招收了首届古典文献学专业硕士生，他们是：傅杰（现为复旦大学中文系教授），董平（现为浙江大学教授），陈野（现为浙江社科院副院长），何丹、杨黛（现在美国），邬锡非（原留杭大古籍所教师）。同时，从中文系转入的研究生有陈剩勇（导师沈文倬）、陈飞（导师刘操南）。

9月19日,教育部委托杭大古籍所所长姜亮夫教授举办的全国首届敦煌讲习班开学。来自敦煌文物研究所、兰州大学8个省区市的学员共14人。开学典礼上,省人大常委会副主任商景才、省政协副主席江希明、杭大校党委书记黄逸宾、副书记薛艳庄、科研处处长夏越炯出席参加。这届敦煌讲习班为国家培养了一批年轻的敦煌学研究学者。

10月,徐规先生硕士研究生方建新分配到所工作。

10月16日至24日,中国敦煌吐鲁番学会语言文学分会成立大会在杭举行。姜亮夫先生被推举为会长,北京大学中文系周绍良教授与杭大中文系蒋礼鸿教授为副会长。分会秘书处设在杭大古籍所。张金泉为秘书长。这是一个关于敦煌学的重要学术研究机构,反映了杭州大学古籍所是敦煌学研究重镇,在海内外处于前沿的学术地位。

1983年11月10日,全国高校古籍整理研究工作委员会首届会议在北京召开。平慧善被聘为第一届古委会委员,连任3届,至1992年。

1984年1月,国务院学位委员会批准杭大为中国古典文献学博士学位点,姜亮夫先生为博士生导师。这是杭大人文社科首批博士点之一。9月,古籍所招收了首位博士生俞忠鑫。招收了10名硕士生,成立研究班,这10位研究生是:张涌泉(班长)、王魁伟、刘跃进、卢敦基、李剑亮、杨自强、周崇坚、沈金浩、李丹禾、韩凌。

古籍所第二届文献专业硕士生入学时师生合影

1985年,古籍所教师队伍进一步加强,从上海引进了曹方仁、周启成、金达胜(华师大毕业),以及王云路(中文系硕士毕业)、徐忠良

(北大古典文献专业毕业)、汪维尔(中国社科院文学研究所毕业)等中青年教师。新招博士生 1 名，硕士生有任平、黄征、许建平等 7 人。

姜亮夫先生多年积累的成果也在 1985 年陆续出版:《楚辞通故》,由齐鲁书社出版;《敦煌学概论》,由中华书局出版;《莫高窟年表》,由上海古籍出版社出版。

1986 年，浙江省敦煌学研究会由省社联批准成立。姜亮夫先生任会长，蒋礼鸿先生任副会长。张金泉任秘书长。

是年，礼学专家沈文倬先生，经国务院学位办批准，增列为博士生导师。张涌泉、傅杰、郧锡非、杨黛、李丹禾 5 位毕业生留所任教。9 月，招收了博士生陈戍国，博导为沈文倬先生。10 月，平慧善离所回中文系任教，崔富章由浙江省图书馆副馆长调任古籍所副所长。姜亮夫先生《楚辞学论文集》获浙江省高校文科研究成果一等奖。

姜先生晚年著作迭出，1987 年出版的专著有:《重订屈原赋校注》(天津古籍出版社出版)、《敦煌学论文集》(上海古籍出版社出版)、《屈原赋今译》(北京出版社出版)。1988 年，《昭通方言疏证》由上海古籍出版社出版。

沈文倬先生的《孟子正义》也于 1987 年由中华书局出版。

杭大古籍所十分重视青年教师的培养。1988 年，举办首届青年教师论文报告会，张涌泉、王云路、林家骊获得优秀论文奖。此后，这一报告会一直继续举办，对激励青年学者刻苦钻研、奋发向上，在所内营造学术氛围、培养人才方面，发挥了积极作用。如张涌泉和王云路后来都被评为“长江学者”。

1990 年，姜亮夫先生 90 寿辰，学校专门为他举办祝寿会。校长沈善洪，书记薛艳庄，副校长金锵、董如宾等出席，来宾 200 余人。沈校长致辞，赞扬姜老一生热爱祖国，在敦煌学、楚辞学、古汉语研究诸领域都做出了举

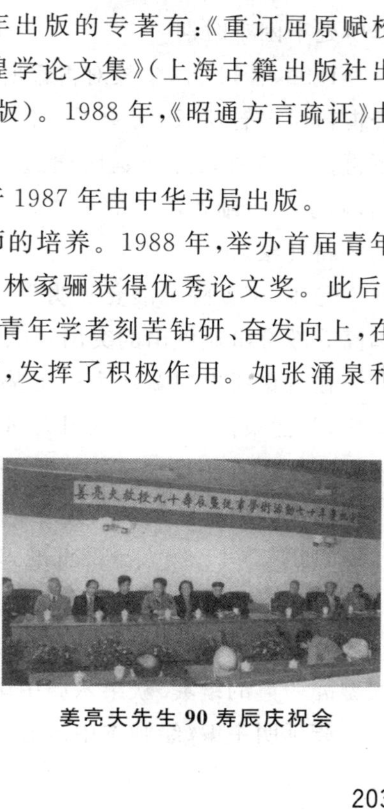

姜亮夫先生 90 寿辰庆祝会

世瞩目的杰出贡献,是一代宗师。

1991年,姜亮夫先生因年事已高,住院疗养,由崔富章常务副所长管理本所。

1992年,本所老年和中青年教师科研成果迭出。姜亮夫《瀛涯敦煌韵书卷子考释》与郭在贻、张涌泉、黄征《敦煌变文集校议》分别获全国首届古籍整理图书三等奖。《敦煌变文集校议》还获得第四届北京大学王力语言学三等奖。王云路《汉魏六朝语言研究与古代疾疫》论文获全国高校古委会中国古典文献学奖一等奖,陈晓《试论〈离骚〉塑造人物形象的艺术》论文获三等奖。王云路和方一新的《中古汉语语词例释》由吉林教育出版社出版。

姜亮夫先生长期住院期间,所内因管理不善造成较多矛盾。年轻教师徐忠良、金达胜先后离所,张涌泉赴四川大学攻读博士学位。本所处于困难时期。

1993年11月,学校对古籍所领导班子进行了调整,姜亮夫教授任古籍所名誉所长,历史系教授龚延明任所长,徐规、崔富章两先生不再担任副所长。龚延明通过调查研究,了解所内管理紊乱的原因,做了大量细致深入的工作。全所出现了重研究、顾大局、上下团结的新气象。

是年,国务院批准龚延明享受政府特殊津贴,表彰其"为发展我国高等教育事业做出的突出贡献"。

在古籍所出现新活力的形势下,1994年,许建平从杭师大调入本所,张涌泉博士毕业,从川大回所任教。1995年,苏州大学束景南教授调入本所任教。

杭州大学学术委员会建立,学校任命所长龚延明为学术委员。

11月26日,经人事部批准,姜亮夫、沈文倬等高级专家暂缓(无限期)离退休,继续从事研究著述工作。

张涌泉论文《敦煌写卷俗字的类型及其考辨方法》《俗字研究与大型辞职典的编纂》获第六届中国社科院青年语言学家奖金二等奖。

龚延明主编《绘画本中国通史》(五卷),获第一届国家图书奖提名奖、中国图书奖一等奖。

本所与中文系古汉语教研室合作申报的“汉语史学科”，被评为浙江省重点学科。

1995 年，张涌泉到北大中文系博士后流动站从事博士后研究，合作教授为裘锡圭。

束景南著《朱子大传》获第七届中国图书奖、首届国家图书奖提名奖。

2 月 25 日，龚延明教授增列为古典文献专业博士生导师。

3 月，龚延明主持的《中国历代登科总录》、崔富章申报的《楚辞学文库》被高校古委会批准立项。

7 月，龚延明赴长春参加国家教委“首届人文社会科学研究优秀成果”专家评审会。姜亮夫《楚辞通诂》获国家教委首届人文社会科学研究优秀成果一等奖，郭在贻《训诂丛稿》获二等奖。

8 月 29 日，本校历史系中国古代史专业博士毕业生祖慧分配到本所任教职。

10 月，国家教委主任朱开轩在全国重点大学校长会议上讲：“杭州大学古典文献专业毕业生可以面向全国分配。”这是对非重点大学的杭大古典文献专业培养高水平人才的充分肯定。

张涌泉《汉语俗字研究》获第六届北京大学王力语言学三等奖。

12 月 4 日，国学大师、古籍所首任所长姜亮夫逝世，享年 95 岁。

1996 年，是古籍所研究课题列项、获奖、专著出版大丰收的一年，也是学术交流十分活跃的一年。省部级立项的课题有 4 项：王云路《中古汉语词汇史》(国家社科基金项目)，张涌泉、黄征《敦煌文献合集》(高校古委会项目，经费 25 万元)，崔富章“楚辞学研究丛书”(列入国家社科规划“九五”重点项目)，龚延明主持的《中国历代登科总录》(国家教委“九五”重点项目)。科研成果奖项 4 项：束景南《“别字”即“方言”考》(省教委社会科学优秀成果二等奖)和《朱子大传》(获世界太极科学金奖)，王云路论文《汉魏六朝语言研究与中古文献校释》(获省语言学会优秀成果二等奖)和《“精彩”探源》(杭大董氏文史哲奖励基金三等奖)。著作有10种,如:张涌泉《敦煌俗字研究》,姜亮夫《古史论文集》,张金泉、许建平《敦煌音义汇考》,林家骊《贾长沙集译注》,周启成、崔富章、张金泉《新译昭明文选》等。

龚延明应邀随高校古委会组团访问香港中文大学,参加台北举行的“海峡两岸古籍成果学术交流会议”。

10月,龚延明被聘为杭州大学增列博导委员会评审专家。

11月29日,据国家教委〔1996〕号文件《关于成立第四届全国高等院校古籍整理研究工作委员会的批复》,龚延明被聘为高校古委会委员,直至2018年,尚继续担任。

1997年初,古籍所领导换届,龚延明续聘为古籍所所长,张涌泉、王云路为副所长。

龚延明被聘为浙江省哲学社会科学“九五”规划学科组成员兼图书情报档案语言组组长。

这一年出版的重要专著有:龚延明《宋代官制辞典》(中华书局),张涌泉、黄征《敦煌变文校注》(中华书局),周启成《庄子鬳斋口义校注》,古籍所与中文系合编“古典文献与文化论丛”(中华书局)等。

5月3日,杭州大学百年校庆。本所毕业生及曾在本所工作过的教师返回母校。本所举办了学术报告会,所长龚延明致辞,博士毕业生、浙江省社科院研究员陈剩勇,中国社科院文学所刘跃进博士,复旦大学傅杰博士等,在会上做了报告。

全国大型丛书“续修四库全书”工作委员会聘请沈文倬、龚延明、张涌泉3位教授为该书经部、史部编委。

10月28日,浙江省委组织部、浙江省人事厅等发文,公布1996年度浙江省“151人才工程”第一层次、第二层次培养人员名单,张涌泉入选第二层次。

蒋礼鸿主编,黄征和张涌泉等参编的《敦煌文献语言辞典》获浙江省政府哲学社会科学成果一等奖。

王云路教授担任浙江省第八届政协委员。

本所与中文系古汉语教研室合作申报的“汉语史学科”再次评为浙江省重点学科。

1998年9月15日，是杭州大学发生巨变的一年，4校合并，古籍所也因此更名为“浙江大学古籍研究所”。龚延明继任所长，张涌泉、王云路任副所长。

从杭州大学古籍所于1983年4月18日建立，至1998年9月15日更名，共经历了15年零5个月历程。

杭大古籍所是硕士点、博士点、省重点学科。培养了博士生25名、硕士生62名，其中大部分都成了学科的骨干或领军人物，发表了大量高水平的学术论著，为国家高等教育事业做出了重大贡献。

杭大古籍所是国内人文社科的强所，与北大古典文献研究所齐名。其敦煌学、楚辞学、三礼学、古汉语、宋代职官科举及文献研究与中国文化研究诸学术方向，在海内外享有盛名，都处于学科的前沿，名家辈出，姜亮夫、沈文倬先生是大师级学者，龚延明、崔富章、束景南、张涌泉、王云路等皆为学科的领军人物。杭大古籍所15年的建设，为今日新浙大古籍研究所的发展，奠定了坚实的基础。

杭大古籍所从成立、发展到成为具有海内外学术影响力的人文社科强所，与杭州大学校长沈善洪教授十分重视人文学科建设，尊重老一辈学者，重视培养年轻学者是分不开的。杭大古籍所之所以能取得非凡成绩，沈校长功不可没！

* 作者为原杭州大学古籍研究所所长，教授。

比较教育研究在杭州大学

王承绪

杭州大学教育系的前身浙江大学教育系,创办于1928年,系主任是郑晓沧教授。60年来,这个系是浙江省培养教育学科师资和教育科研人员的主要阵地。在中华人民共和国成立前的20余年间,比较教育一直是教育系的一门主要课程。中华人民共和国成立后,比较教育课程一度停开,20世纪60年代,外国教育研究得到恢复。1978年十一届三中全会以后,在改革开放方针的指引下,杭州大学教育系比较教育的教学和研究,得到了很大发展,成立了外国教育研究室,经国家学位委员会批准,设置了比较教育博士点,比较教育列为浙江省重点学科之一。一支比较教育的教学和科研队伍已在杭州大学初步形成,一批中青年比较教育研究工作者正在茁壮成长,成为我国比较教育的一个研究中心。

目前,杭州大学的比较教育研究,主要有以下三个方面:

(一)以英国教育研究为主的发达国家的教育研究,包括英国、美国、法国、德国、日本和苏联6国。比较教育硕士点,以研究英国教育为重点,已写出有关英国大学教育、高等师范教育、中学教育和职业技术教育等硕士论文5篇。受国家教委教育发展和政策研究中心委托,承担有关英国教育的研究课题。还承担了国家级和国家教委级"六五"和"七五"科研规划的战后英国教育和英国教育史等项目。

(二)以比较高等教育为重点的外国高等教育研究。比较教育博士点于1985年开始招生,专业方向为比较高等教育。现有的博士研究生5人,全部参加国家教委"七五"科研规划"各国高等教育比较论"课题组,正从事有关各国高等教育中的普通教育与专业教育问题、教学科研与社会服务、人力预测与高等教育规划、道德教育以及市场机制在高等教育中的作用等课题的研究。此外，尚有有关美国、德国、日本和苏联高等教育的专题研究，由在各该国进修的人员承担。

（三）亚太地区各国教育的研究。杭州大学与联合国教科文组织亚太地区教育办事处建立了密切的联系。本文作者从 1980 年起担任联合国教科文组织亚太地区教育合作顾问委员会成员，杭州大学是亚太地区高等教育合作我国 3 个参加单位之一。杭州大学教育系是亚太地区教育为发展服务计划的联系中心之一（全国共 13 个联系中心）。藏有较多的亚太地区各国教育资料，开设东南亚国家教育选修课。

作者在中英高等教育学术研讨会上

比较教育和外国教育史的教材建设和翻译介绍外国教育的专著和资料是杭州大学比较教育和外国教育史研究工作的重要任务。近 10 多年来，杭州大学外国教育研究室参加编写和翻译的教材有人民教育出版社出版的《比较教育》《别国的学校和我们的学校：今日比较教育》《教育的新时代》《教育的传统与变革》等，其他出版社出版的《英国教育》《高等教育新论》和《学术权力结构》等。高等教育研究室编译的“高教研究丛刊”已出 17 种，其中有关外国高等教育的有 11 种。外国教育研究室编印的“比较教育丛刊”有《比较教育方法论》《外国专家论比较教育》等 6 种。

杭州大学外国教育研究室和国外比较教育的专家学者建立了广泛的联系，邀请各国比较教育的专家学者来校访问讲学，进行学术交流，互赠图书资料。8 年来，来校访问讲学的包括当代比较教育的重要学派，其中主要的有英国伦敦大学的埃德蒙·金和黎安琪教授，美国国际教育发展理事会副会长库姆斯教授，巴黎国际教育规划研究所的桑雅尔博士,德国国际教育研究所的米特博士,日本京都大学的小林哲也教授,澳大利亚悉尼大学的黄开济博士,等等。外国教育研究室的部分人员,访问了英、美、法、德、日、泰国、新加坡、菲律宾等国家和中国香港地区,进行了学术交流,密切了联系。

杭州大学在青年教育工作者的培养方面,几年来,主要采取三种方式:一是从本校教育系和外语系本科毕业生中选留,进行培养。二是招收比较教育研究生,进行培养。三是选送国外进修。目前,在国外进修的,有美国2人、德国1人、日本1人、苏联1人。杭州大学比较教育专业也接受外国留学生,剑桥大学博士研究生、印度的希玲女士曾来杭大短期进修。

杭州大学外国教育研究室和高等教育研究室外国高教组的教师,遵循立足本国博采众长的精神,适应我国教育体制改革的需要,在比较教育的教学和科研方面,努力在已经取得的成绩的基础上继续前进,做出新的贡献。

* 本文原载于《文化交流》1988年第1期。

作者为原杭州大学教育系系主任,教授。

高等教育研究所简述

郭耀邦

高等教育研究所原名杭州大学高等教育研究室，1982 年 4 月经省高教局批准成立，是隶属于省高教局和杭州大学双重管理的处级单位。人员编制定为 15 人，办公经费由省高教局每年拨付 2 万元。高等教育研究室的主要职责是：承担全省高等教育改革发展的理论和实践研究工作，为教育行政主管部门和高等学校提供决策咨询服务；组织申报、承担国家和省部级教育教学研究课题，承担教育研究项目的管理工作；承担浙江省高等教育学会秘书处的职能及日常工作等。1990 年 5 月省教委批准将高等教育研究室改名为高等教育研究所，仍为处级单位。1998 年，由于原浙江大学、杭州大学、浙江医科大学和浙江农业大学四校合并成立新浙江大学，同年 10 月原杭州大学高等教育研究所与原三校高等教育研究所（室）合并成立新浙江大学高等教育研究所。

杭大高等教育研究室第一任室主任是王承绪先生。任期为 1982 年 4 月至 1984 年 6 月。王承绪先生是我国著名的比较教育学家，也是新中国比较教育学科的奠基者之一。在他跨世纪的人生中，学海勤耕百余载，研究成果涉及教育学科多个领域，著书为文百余种，独立开展研究、指导学术研究及大量翻译国外教育名著等，自成一派，影响巨大。王先生教书育人 70 年，授课无数，培养了许多优秀教育人才，影响了几代教育学人，声誉广泛。2003 年，联合国教科文组织授予王先生“亚太地区教育革新终身成就奖”。

高等教育研究室第二任室主任是陆有德先生（后因高教研究室改名为高等教育研究所，为所长）。任期自 1984 年 6 月至 1992 年 10 月。陆有德先生是著名的高等教育管理研究专家，是我省高等教育管理学开拓者之一。陆先生承担过多项国家、省部级课题,研究成果丰富,著有专著《高等教育管理学》,在国内有广泛影响力的杂志诸如《高等教育研究》《黑龙江高教研究》等发表了大量高质量高水平的论文。

高等教育研究所第三任所长是林正范先生。任期为 1992 年 10 月至 1996 年。林正范先生是我国高等教育领域具有丰富经验的教育家。林先生治学严谨,著述丰富,出版了《高等学校管理学》《香港教育研究》《浙江省师资队伍需求预测研究》等多部专著。他在基础教育领域也有深入的研究,践行"名校集团化办学"等具有杭州特色的教育理念方面始终走在全国前列。之后,林正范先生先后升任为浙江教育学院副院长、杭州师范大学校长,成为出色的高等学校管理专家。

高等教育研究所第四任所长是方展画先生。任期为 1997 年 7 月至 1999 年 12 月。方展画先生是我国出色的高等教育学家,出版《高等教育学》《世界教育大事典》《世界教育大系・高等教育》《知识与技能・中国职业教育 60 年》《中国都市教育竞争力研究》《寻求跨越・浙江高等教育发展战略研究》等数十部专著,在《教育研究》《高等教育研究》《比较教育研究》《中国高教研究》《教育发展研究》等国内核心期刊发表上百篇论文,其中多篇论文被《新华文摘》全文转载。在各类成果评审中其研究成果屡次获奖,如《市场经济国家政府与大学关系的比较研究》荣获第三届全国教育科学研究优秀成果奖,《寻求跨越・浙江高等教育发展战略研究》荣获"九五"浙江省教育科学规划一等奖,等等。方展画先生后被浙江省教育厅任命为浙江省教育科学研究院院长。

杭州大学高等教育研究所自 1982 年成立以来一直到 1998 年四校合并到新浙江大学高等教育研究所的 17 年间,在历任所长的领导下逐步发展,始终坚持以高等教育为主要的研究方向,取得了丰硕的成果,形成了高等教育管理、高等教育发展战略、高等教育比较研究、高等教育决策等鲜明的研究特色。据不完全统计,17 年来全所承担完成了各级各类课题共计20余项,如王承绪先生主持完成了省社会科学规划办的课题“浙江省教育人才队伍发展预测及有关政策研究”。该课题紧紧围绕浙江省“七五”期间和1990到2000年期间经济社会、教育发展的需要,首先对浙江省现有教育人才队伍的数量、年龄结构、专业结构、学历结构和教育人才的其他素质等现状进行了全面的调查分析。在此基础上,采用层次分析法、系统动力学、经济计量模型等多方法、多途径预测了1990、2000年两个目标年度浙江省教育人才的需求量,并就教育人才的合理使用、管理和培养等政策性问题做了研究,相应地提出了有关对策建议。他还主持完成了省社会科学规划办的课题“社会转型与教育结构选择:浙江教育结构研究”。该课题经过全面调研,在大量翔实资料的基础上,运用经济学、社会学、教育经济学以及系统论、控制论的原理和方法,把浙江省的教育置于浙江省、全国乃至世界政治、经济、社会和人口发展的大背景下,力求对浙江省的教育结构做出科学的评价,对未来15年,特别是“十五”期间浙江省应该构建什么样的教育结构进行了前瞻性的研究,提出了构想、预案和实施步骤和策略。由方展画教授主持完成的浙江省教育厅委托的课题“寻求跨越·浙江高等教育发展战略研究”深刻研究了发展浙江高等教育的重要作用、现实意义、基本内涵、主要特征,研究了美国、德国、英国等发达国家发展高等教育的历程和经验,实事求是地分析了发展浙江省高等教育的现实背景、基础条件、主要问题、基本目标和发展指标,意义重大。该课题特别强调,发展高等教育必须做强普通本科教育、做优高等职业教育、做好民办高等教育。研究所主持完成了浙江省社科联的课题“浙江教育发展和人力资源开发战略研究”。该课题在进行广泛的国内外比较和理性思索基础上,分析了浙江人力资源开发与教育发展存在的四大问题,即:人力资源整体素质不高,经济增长方式转型任务艰巨;人均教育水平不高,高层次人才严重不足;科教资源短缺与低效并存,综合竞争力缺乏优势;高等教育集聚程度不高,服务与辐射力不强。课题也制订了新世纪浙江教育发展和人力资源开发的六大战略抉择。研究所还主持完成了全国教育科学规划办的课题“市场经济国家政府与大学关系的比较研究”。同时,全所每年承担完成了浙江省教育厅委托的调研课题至少2项,如1998年承担完成了浙江省教育厅委托的重点调研课题2项,即:“浙江省高等学校师资队伍建设调研”“加快发展浙江省高等教育调研”。这两个重点调研课题的调研报告分别发表于《辽宁高等教育研究》和《教育研究》杂志上,并分别荣获1998年、1999年度浙江省政府优秀调研成果二等奖和一等奖。17年来全所翻译出版国外教育名著共计15部,其中由约翰·布鲁贝克著、王承绪先生等翻译的《高等教育哲学》一书再版印刷多次,从1987年第一版至今,该书在中国高等教育界产生了强烈反响。全所教科研人员出版专著共计约21部,在全国各类期刊上发表论文共计约200余篇。

同时,高等教育研究所还承担了学校部分教学工作。为适应当时浙江省高等学校后勤部门管理人才的紧缺,经当时的省教委批准,高等教育研究所设置了高等教育管理专修科,学制为2年,于1986—1988年、1987—1989年分别招收2届学生各30人、21人。他们所修课程有高等教育管理学、高等学校后勤管理、高等教育学、高等教育定量学等10多门课程。担任第一届班主任的是林正范教授,第二届的班主任是吕阳老师。这两批学生毕业后均分配到省内各高等院校的后勤管理部门工作,后来他们大多数成了本部门的领导干部,如第二届的毕业生吴跃文现在担任杭州师范大学校长办公室主任,等等。

*作者为原杭州大学高教研究所副研究员。

人口所的创办与发展

叶明德

人口学是研究人口规模、结构、素质、分布，以及人口与经济、社会、资源环境等相互关系的规律及其应用的科学。1978年党的十一届三中全会后，一是由于计划生育工作实践呼唤理论指导，二是由于“实践是检验真理的唯一标准”的讨论解放了人们的思想，人口研究的“禁区”被打破，筹建人口学研究机构的问题被提到杭州大学建设的日程上来。

1981年，学校成立了人口研究室，由马列主义教研室、地理系、生物系部分教师组成，没有单独编制，挂靠在马列主义教研室。董如宾担任研究室主任，工作人员2名，兼职研究人员9名。

1984年3月，教育部在厦门召开P01项目（联合国人口基金与中国合作的高等学校人口学研究与人才培训项目）负责人会议时，正式宣布杭大人口研究室为接受联合国人口基金援助的高校人口研究机构之一。随后杭州大学根据教育部有关文件精神正式向省教委递交了《关于建立杭州大学人口研究中心及人员编制的报告》，要求将杭大人口研究室改为学校直属、与系平级的人口研究中心，给予固定编制。

1984年9月14日，学校正式发文成立人口研究中心。主任由时任副校长董如宾兼任，王嗣均任主持工作的副主任，徐天琪任办公室主任。经省教委批准，人员编制为25人。刚成立时，在编人员有王嗣均、徐天琪、韩常先、韦今来、杨秀石、张晨苏、赵宇、吴汉良、邢积夫、孙于共10人。1985年新增的研究人员和工作人员有骆克任（从兰州大学引进）、刘长茂（从郑州大学引进）、姚乃英、虞颂琴、陈晓平。本人于1986年3月从校刊室调入。此后又先后增添吴清法、田华、周志刚、胡刚、尹文耀(1994 年从辽宁大学引进)、谢兰平、班茂盛、张海勇、李芬、原华荣(1998 年从兰州大学引进)等研究人员和工作人员。

1990 年 2 月经学校批准,人口研究中心改名为人口研究所,王嗣均任所长,骆克任为副所长。

1993 年 3 月,因骆克任为照顾夫妻关系调往上海,王嗣均因年龄关系不再担任所长,学校决定由副校长董如宾兼任所长,任命叶明德为主持工作的副所长,周志刚任副所长。

1994 年 9 月经学校批准,人口研究所更名为人口与发展研究所,同时批准成立所学术委员会,成员为王嗣均、刘长茂、徐天琪、叶明德 4 人,王嗣均任主任,周志刚列席。此后相继增加尹文耀、周志刚、原华荣等成员。

由于当时国家对人口问题比较重视,加上联合国人口基金资助,人口所初创时设施就比较完备,有办公室、资料室、计算机房等,还有一辆用于社会调查的面包车。学术活动及对外交流活动比较活跃。

早期的对外交流活动和学术活动主要有:1984 年 6 月,联合国技术合作部人口司代司长拉米瑞先生与人口研究室的教师座谈;1985 年 1 月,联合国人口基金与国家教委合作项目(CPR/80/P01 和 CPR/85/P47 项目)负责人会议在杭大举行,与浙医大人口所一起接待与会的联合国人口基金驻华副代表拉奎恩及联合国技术合作部高级项目官员罗依等;1986 年 5 月 19 日至 6 月 7 日,承办"人口统计、分析和测算技术"讲习班,来自全国各地的 37 位人口研究人员及有关实际工作部门干部参加学习;1987 年 10 月 12 日至 17 日,由杭大人口研究中心牵头,联合复旦大学人口所等 6 个单位共同发起和资助,在杭大举行全国性"人口分析研讨会";1988 年 11 月 16 日至 19 日,由杭大人口研究中心和中国社科院人口所等 4 个单位共同发起和资助,在杭大举行全国首届人口社会学研讨会。

1990 年改名为人口研究所后,多次邀请国外专家来所做学术报告或举行座谈:1993 年 3 月 30 日,接待美国霍普金斯大学人口社会学家迈克林教授访问,他与全所师生举行了座谈;1995 年 10 月 16 日,日本著名人口学家南条善治受邀向全所师生做学术报告;1995 年 10 月 23 日,美国 Duke 大学老年学专家金沃泊教授与丹麦 Odense 大学本纳得教授访问本所并做学术报告;1995 年 10 月 29 日,澳大利亚 Murdoch 大学科技政策研究所所长彼得·纽迈博士访问本所并做学术报告。另外,本所于 1990 年 9 月承办了"人口政策评估培训班",来自全国有关高校人口研究机构的 20 多名研究人员参加学习。

从 1986 年至 1997 年,不少老师出国参加学术研讨会或开展学术研究:1987 年 7 月至 9 月,王嗣均前往菲律宾马尼拉参加"中年人口学骨干研讨班"学习与研讨;同年 12 月韩常先出席在菲律宾举行的"亚太地区促进妇女接受高等技术教育、职业教育"研讨会。1988 年 9 月起,骆克任在美国北卡罗来纳研究三角区进行为期 4 个月的合作研究。1992 年 11 月,叶明德随同教育部组织的考察团赴智利、墨西哥考察反贫困问题并进行学术交流。1993 年 5 月,韩常先随团赴奥地利、荷兰考察妇女就业等问题并进行学术交流。1993 年 12 月,王嗣均赴泰国考察人口城市化问题并进行学术交流。1995 年 8 月至 9 月,王嗣均应邀赴美国参加有关全球环境变化的国际学术会议并赴欧道明大学讲学。多名青年研究人员受联合国人口基金资助出国进修:1986 年下半年,杨秀石、张晨苏赴美进修;1988 年 9 月赵宇赴英;1989 年 1 月邢积夫赴澳;1995 年,吴清法和胡刚分别被派往美国和澳大利亚进修。公派进修期通常为 1 年。

人口所下设 2 个研究室。第一研究室主要从事人口理论、人口社会学、人口经济学等方面的研究与教学,刘长茂任研究室主任。第二研究室主要从事人口地理学、人口统计学、人口生态学等方面的研究与教学,骆克任任研究室主任。

本所的研究优势与特点主要体现在人口地理学和人口社会学方面。

王嗣均先生是我国人口地理学领域有代表性的探索者与开拓者之一。1953年他于浙江师范学院地理科毕业并留校任教后，于1978年任地理系系务委员会委员并主持经济地理(城市规划)专业。1986年晋升为教授。由于人口是地理学研究的基本要素之一，从事经济地理学教学与研究的王嗣均早已与人口问题结下不解之缘。20世纪60年代他开设过“人口与居民点”方面的地理学课，参加了华师大地理系组织的结合人口分布的苏南城镇调查，并且单独在浙东平原地区进行农业劳动力资源及利用问题的调查。1978年11月，出席在北京召开的标志着中国人口科学复苏的首届人口科学讨论会，接着又出席于1980年召开的首届全国人文地理学讨论会。

20世纪70年代，就世界范围而言，人口地理学虽然已有一批通论性和区域性专著，但还没有建立起严谨的内容体系和基础理论。王先生认为，“科学内涵不明确，缺乏深厚的理论基础，是不可能有高屋建瓴的发展势头的”。1984年，他为教育部和中国地理学会联合举办的人文地理研究班讲授人口地理学课，还撰写了《中国人口地理研究的进展》一文，对我国20世纪80年代人口地理研究的最新成果进行了回顾和评述，实事求是地指出问题与不足，对努力方向做了展望。这一年他还发表了《人口地理学中一个被忽视的领域》一文，纠正了人口地理学研究中长期忽视“社会人口地理”领域的偏颇。

王先生的人口地理学研究，根据现实需要几乎涉及该学科的各个方面，但从总体看侧重于以下四个方面：(一)人口迁移研究；(二)人口城市化研究；(三)环境的人口容量研究；(四)人口区划研究。1984年他提交“人口与发展”学术会议的《中国近期城市化速度和市镇人口的分配问题》论文，引起国内外学者的重视。复旦大学桂世祚教授认为，该文是他近几年所见到的人口地理学论文中最佳的一篇。与联合国人口基金合作的中国高校人口学研究与培训项目第三周期确定了10大课题，其中“中国现阶段不同区域城市化比较研究”课题就由王嗣均教授主持。该课题1988年开始酝酿，1989年正式启动，历时5年，取得一系列成果。最终成果《中国城市化区域发展问题研究》专著作为“转变中的中国人口与发展”系列专著之一荣获1998年中国人口科学优秀成果一等奖。

王嗣均教授于1985年至1994年共招收硕士研究生9名。作为人口所的负责人，他除科研和教学工作外，还花费相当多的时间与精力于行政工作及本省人口学研究队伍的建设。他曾连任3届中国人口学会理事并连任4届浙江省人口学会会长。

所内从事人口地理学研究包括人口与资源环境可持续发展、人口迁移、人口城镇化等诸多方面，除王嗣均先生外，还有原华荣、尹文耀、周志刚、吴汉良等。原华荣、尹文耀在我国人口学界都有较大知名度。

人口社会学研究的领头人是刘长茂教授。他是陕西铜川人，1958年毕业于中国人民大学经济系。来杭大之前已是郑州大学经济系人口研究室主任和河南省人口学会副会长。他的研究范围较广，包括人口理论、人口经济学、人口结构学、人口社会学等诸多领域。到杭大人口所后，主要精力集中于人口社会学的学科建设及应用研究方面。他给硕士研究生开设人口社会学课，主动联系中国社科院人口所等单位共同发起全国首届人口社会学研讨会，发表《关于人口社会学发展的思考》等论文，同时在人口社会学应用研究方面取得较多成果，多项成果获省部级奖。韩常先教授也从事人口社会学研究，偏重于女性人口及婚姻家庭等方面，曾多次参与国际合作课题研究。

本人调到人口所时的主要任务是编辑《浙江人口通讯》（后改名为《当代人口》）杂志。工作之余，本想开展中国人口思想史方面的研究，后来根据王嗣均教授的建议跟随刘长茂教授从事人口社会学研究。所里先后安排我参加北大、人大、中国社科院、北京语言学院出国部等单位短期培训。这样，我从参与有关课题研究到独立主持省社科规划课题及国家社科基金项目，从担任人口所科研秘书到主持人口所日常工作，一步步地走向人口社会学研究的前沿，多项研究成果获省部级奖。曾担任中国人口学会理事、中国人口文化促进会理事兼学术委员会委员、浙江省社联理事、浙江省人口学会副会长。1997 年 10 月作为中国人口学者之一出席第 23 届国际人口科学大会并在会上发言。1992 年晋升为副研究员(四校合并后晋升为研究员),1993 年开始招收硕士研究生,承担人口社会学、人口社会调查方法两门课的教学任务。

董如宾、徐天琪两位老师主要从事人口理论、人口经济学方面的研究。徐天琪在农村劳动力转移与劳动力资源开发方面取得一系列成果。

人口统计分析是人口学研究的基础。建所之初,人口统计分析及人口预测方面的工作主要由骆克任承担。他调往上海后,改由尹文耀和周志刚承担。不幸的是,1996 年下半年正在印度孟买进修的周老师在海滨游泳时被淹去世。他的副所长一职后由尹文耀接任。同时,于 1997 年 8 月又从杭大数学系招聘硕士毕业生张海勇从事相关研究。

值得一提的是,我国高校接受联合国人口基金资助的人口研究机构,第一周期(1980—1984 年)为 10 个;第二周期(1985—1989 年)为 22 个。到第三周期(1990—1994 年),受援机构仍为 22 个,但从中选择 12 个作为重点。在 13 个部属高校人口研究机构中,选择其中 10 个为重点;在 9 个省属高校人口研究机构中,选择其中 2 个为重点,本所为这 2 个重点之一。

杭大人口所于 1990 年经国务院学位委员会批准获人口学硕士学位授予权。至 1998 年共培养硕士研究生 20 名。

* 作者为原杭州大学人口研究所副所长,研究员。

韩国研究所的建立及早期开展的主要活动

金健人

已经不止一次听外国朋友在访问我们韩国研究所时说这样的话了："怎么这里也有韩国研究所，而且还成立得那么早！"当他们看到所里有那么多的藏书，有那么好的办公条件，而且出了那么多的研究成果，举办了那么多的学术会议和交流活动后，更感惊奇，会追根刨底地问许多问题。因为在他们看来，成立时间比较早的韩国研究机构往往地处北方。

其实，韩国研究所的建立确属偶然。那该归之于20世纪80年代末期的机缘巧合，而偶然中的必然，便是时任杭州大学校长沈善洪教授与时俱进的当机立断。当时韩国的最大财团之一大宇财团，其领军人物金宇中以战略眼光看到了改革开放中正在崛起的中国之于韩国的重要意义。他决定派出自己的一批中层干部到中国学习中文。先是到北京联系在京的大学，但没有一个大学愿意接受，然后到上海联系，照样不能落实。因为当时中韩之间还没有正式建交。他们失望地准备离开中国，这时有人介绍不妨到离上海很近的杭州看看。他们找到了杭州大学，找到校长沈善洪先生。沈校长既是教育家也是哲学家，他以敏锐的眼光看到了改革开放中的中国高教事业的国际化前景，看到了中韩两国国际关系正常化的指日可待，大胆拍板，承接了此事。于是从1989年开始，杭州大学便开始接收韩国留学生，这应该算是中华人民共和国成立后的第一批韩国留学生。这些留学生后来都成了推进中韩两国合作交流的最早骨干。

1992年，金宇中先生邀请沈善洪校长访问韩国。在欢迎酒宴上，金宇中先生说，为感谢杭州大学对大宇财团的支持，为进一步推动中韩之间的合作交流，大宇财团准备拿出100万美元支持杭州大学的韩国研究事业。于是,为了加强中韩两国间的学术文化交流,增强中韩人民之间的友谊,扩展两国间在各个领域的合作途径,共同弘扬源远流长的东亚文明,1993 年 4 月 15 日,杭州大学成立了韩国研究所,沈善洪校长亲自兼任所长,我作为学校社科处处长,也就自然肩负起主持日常事务的副所长之责。

作为一个科研机构,在与国内外同行的比较中明确自己的长短,找准自己的定位,突出自己的特点,形成自己的优势,这非常重要。沈善洪校长在建所之初,分析了当时国内韩国研究力量的分布情况,认为东三省是朝鲜族聚居最为集中的地区,延边大学、吉林大学、辽宁大学等都具有朝鲜半岛研究的传统优势;北京是政治文化中心,北京大学具有中韩政治关系研究的天然优势;上海是中国的经济中心,而且是韩国临时政府诞生和最早开展活动的地方,所以复旦大学具有从经济和从当代史上研究韩国的领先优势。而杭州就不具有这些优势,而且,杭州大学也没有从事韩国研究的相应基础,如何脱颖而出就是个难题。当然,杭州大学也有一些自己的长处,比如校内的人文社科研究力量比较强,特别是文史哲方面,所具有的某些优势地位行内早有定评。而韩国的历史文化图书资料,近代以前的都是中文文本,专家们阅读并没有语言障碍。而且,宁波古称明州,为历史上中国江南与朝鲜半岛交往的大港。书籍之路、丝绸之路、陶瓷之路、佛教之路、商贸之路、支石墓之路、稻作文化东传之路等,有的从这里始发,有的把这里作为重要中转,应该可以挖掘许多历史文化内容。另外,浙江省与韩国还有一个与众不同的特别点:浙江与韩国在土地面积、人口数量、地形地貌、岛屿数量、海岸线长度等一系列方面,都有着惊人的相似;还有,浙江作为中国改革开放以来领风气之先的地区,在对外合作方面也存在着许多先发优势。这些,成了我们的建所之本。

研究所必须以学术研究为重点,我们从建所初期就确定了以韩国传统文化为研究重点:韩国的历史与文化;中韩文化比较与交流;东亚历史与文化。课题范围涉及历史、哲学、文学、语言、艺术、政治、宗教、经济、教育、法律、新闻、旅游等各个领域。研究成果在沈善洪任主编，黄时鉴、金健人任副主编的“韩国研究丛书”中以论文集或专著形式出版，在建所后的最初6年里就出版了《韩国研究》《韩国研究中文文献目录(1912—1993)》《韩国研究日文文献目录》《高丽寺与高丽王子》《中韩经济发展比较研究》等多种书籍。

在学术研究中，学者们的交流合作也很重要。建所之后，头几年就邀集国内学者和韩国、日本学者一起联合召开国际学术研讨会，如“中韩经济发展比较研讨会”(1995年10月与韩国亚洲大学合办)、“中国江南社会与中韩文化交流学术研讨会”(1996年1月与韩国历史学会合办)、“第一届中韩人文科学学术研讨会”(1996年12月与韩中人文科学研究会合办)、“韩国独立运动史国际学术会议”(1997年8月与韩国民族运动史研究会合办、韩国国家报勋处资助)、“第二届韩国传统文化国际学术研讨会”(1997年10月由韩国国际交流财团资助)等。特别是“第二届韩国传统文化国际学术研讨会”，应该称作国内最高级别的韩国学国际学术研讨会，这是由韩国社会科学院理事长金俊烨先生带头发起，国内各重点大学的韩国研究机构响应，韩国国际交流财团资助的学术会议，北京大学韩国研究中心作为老大哥第一个获得主办权，我们则紧跟其后第二个得到了主办权。

中韩经济发展比较研讨会

金俊烨名誉教授授聘仪式

在这一时期，特别值得一提的还有我们的中韩跨海竹筏漂流学术探险活动。1996年7月，争取到舟山市旅游局资助，我们研究所与韩国探险协会、东国大学共同举办了首届中韩跨海竹筏漂流学术探险活动,目的是用田野调查的方法,验证中国南部地区与朝鲜半岛的海上交流最早开始于什么时候。因为这一问题的解决关系重大,一般认为中韩跨海交流开始于有船史以来,但支石墓的传播、稻作文化的东传,显然都开始于有船史之前,而那时只有竹筏和木筏。于是,我们组织中韩探险队员,用竹筏和自然风力进行跨海漂流探险。此举首先得经过公安部、外交部、解放军总参谋部、东海舰队司令部的批准。在经过繁忙的准备后,竹筏于1996年7月下旬在中国普陀朱家尖起漂,因途中遭遇8号台风,竹筏偏离航向而漂流到了山东石岛。这次探险虽然没有完成预期任务,但沿途考察了韩国大航海家张保皋的古代海上商道。1997年6月15日,我们又进行了第二届中韩跨海竹筏漂流,所有经费由舟山市中盛广告公司提供。当时由1名中国队员和4名韩国队员组成的探险队于当日中午11点30分在舟山朱家尖岛开漂,乘着竹筏仅凭季风和海流,跨越了东海和黄海,终于在7月8日下午5点左右漂流到了韩国仁川,完成了中韩关系史上前所未有的创举,从而佐证了中国江南与韩国的海上交往应始于造船史之前的桴筏时期。这两次探险活动,吸引了中外100多家媒体的关注,它们的连续报道很好地宣传了我们研究所,推进了当时刚刚兴起的“韩国热”,《韩国画报》也把此一事件作为中韩建交5周年的十大文化盛事之一进行了报道。

把韩国所的研究工作与地方经济文化事业相结合,使研究成果能为地方经济文化建设服务,始终是沈善洪先生为研究所制定的方向。我们在研究中发现,杭州市有2个历史事件与韩国关系很大,一个是韩国临时政府转移到杭州后曾坚持了艰苦卓绝的斗争,一个是高丽时期曾有位高丽王子前来杭州求法。像现今大韩民国政府的法统之源即为大韩民国临时政府,它于1919年4月10日成立于上海,一直在中国和其他国家从事韩国独立运动,并一直得到中国政府和人民的有力援助。1932年4月29日,金九和尹奉吉在上海虹口公园制造了爆炸事件,炸死日军侵华总司令后,受到日寇的疯狂迫害。韩国临时政府只得转移到浙江，在杭州、嘉兴、海盐等地进行着最为艰难的斗争。作为韩国国父的金九先生和他的同志们，就是在浙江人民的保护下躲过了日寇的追捕。随着形势的发展和斗争的需要，1937 年 4 月韩国临时政府迁移镇江，之后辗转南京、长沙、广州、柳州、綦江等地，最后于 1940 年到达重庆。而在这史称“颠沛流离时期”的 8 年时间，浙江时期从 1932 年 4 月到 1937 年 4 月就长达 5 年，这在韩国独立运动史中占据着重要位置。我们所几次向杭州市和浙江省的有关部门反映这些情况，要求建立纪念性场馆。杭州市政府后来经研究决定，建立大韩民国临时政府杭州旧址纪念馆，并于 2002 年得到了外交部的批准筹建，成为中国境内第三个得到国家批准建立的韩国独立运动纪念场馆。因为省内只有我们一个韩国研究机构，所以就责无旁贷地承担了这个任务。从选址开始，到收集资料、撰写文稿、语言翻译、制作铜像石雕，现场布展施工，直至最后完成。有韩国游客参观了韩国临时政府纪念馆后竟称赞说超过了上海的韩国临时政府纪念馆。这当然是过誉之辞。后来，高丽寺的重建也经历了类似的过程。曾兼任浙江省文化厅副厅长、省文物局局长的毛昭晰先生在参观了高丽寺后，评语是：“一个字，好！两个字，很好！三个字，非常好！”

为了使研究教学工作为社会服务能更加经常化和正常化，我们还申报建立浙江中韩经济文化交流研究会，最后经外交部批准而成立。据了解，中韩之间的省级学会全国仅此一家。

作为研究机构，图书资料建设是最为重要的，我们始终把本所的图书资料收集工作置于重要地位，努力将本所资料室建设成为韩国传统文化资料中心。为此，我们广交朋友，与韩国的机构和个人进行图书资料的交流交换，并一直得到中韩团体和个人的赠书资助。特别是韩国西江大学教授全海宗先生，将他终生积累的研究用书全部赠送本所，我们为此设立了“全海宗文库”。另外，中国的杨昭全先生、吕洪年先生也将他们的研究用书赠送本所。现本所内已有韩文版图书万余册，中文版图书近万册，中外期刊 30 余种。在全国的韩研机构中,被认为是首屈一指的。

在杭州大学于 1998 年 9 月融合到新浙大后,韩国研究所得到了进一步的发展,成为目前国内仅有的 2 个拥有独立编制的韩国研究机构之一。近年来,为了改变南方院校韩语人才匮乏的窘状,先后引进了 3 位精通韩语并在韩国或者在日本取得博士学位的研究人员。同时,我们坚持依靠所内在编人员与本校相关系所兼职研究人员所形成的基本研究队伍,并与国内外相关专家学者形成非常稳固的交流合作网络,共同致力于中韩关系研究,致力于韩国传统文化研究,致力于浙江为主的中国江南与朝鲜半岛的海上交流研究,在校内开设韩国语教学,招收培养以韩国学为研究方向的硕士研究生,努力把研究所建设成为国内韩国学界的一流研究所。

* 作者为原杭州大学韩国研究所副所长,教授。

下编 回忆撷英

回怀念师长

杭州大学(含浙江师范学院)已故教授生平简介

许高渝整理

说明：因本书篇幅所限，仅收录1986年前(含1986年)具有教授职称者，共92位。按学科分类，在同一学科内按出生年份排序。卒年未详时用*替代。

中国语言文学

郑　奠(1894—1968)，浙江诸暨人。1920年毕业于北京大学。1949年前曾任北京大学中国文学系教授，北京师范大学文学系系主任，浙江大学中文系教授兼系主任、中国文学研究所主任。1950年当选浙江省文学艺术界联合会副主席。1952年2月任浙江师范学院中文系教授，同年9月起任中国科学院语言研究所研究员兼汉语史研究组副组长、语言研究所学术委员会委员、《语言研究》杂志编辑委员。主要从事古汉语和现代汉语的语法、修辞研究。

胡永声(1895—1966)，字伦清，浙江海宁人。北京大学中文系毕业。毕业后在湖州中学、嘉兴中学、浙江省立第一中学、省立杭州高中任教，一度担任浙江省教育厅秘书。1940年至浙大龙泉分校任教，抗战胜利后随校迁回杭州。1952年2月起任浙江师范学院和杭州大学中文系教授。50年代初参加中国民主同盟。主编出版“国文精选丛书”及《民族文选》《唐宋传奇小说选》《乐府诗选》等。

夏承焘(1900—1986)，字瞿禅，浙江温州人。1918 年毕业于温州师范学校，曾任西北大学讲师以及之江大学文理学院、无锡国学专科学校、太炎文学院、国立浙江大学教授。1952 年 2 月起任浙江师范学院中文系、杭州大学中文系教授，曾任中文系代理系主任，中国科学院浙江分院语言文学研究室主任兼研究员。毕生致力于词学研究和教学，是现代词学的开拓者和奠基人。他的一系列经典著作是词学史上的里程碑，人们赞誉他为“一代词宗”“词学宗师”。代表作品有《唐宋词人年谱》《唐宋词论丛》《姜白石词编年笺校》《夏承焘词集》等。曾任全国政协委员、浙江省政协常委、中国作家协会理事、中国作协浙江分会副主席。

王驾吾(1900—1982)，名焕镳，字驾吾，江苏南通人。1924 年从南京高等师范毕业，曾任江苏省国学图书馆主任、国立浙江大学教授、之江大学教授兼中文系系主任等。1952 年 2 月起任浙江师范学院中文系、杭州大学中文系教授，1962 年兼任学校图书馆馆长。1978—1981 年任中文系系主任，后改任名誉系主任。著有《先秦寓言研究》《韩非子选》《墨子校释》《墨子校释商兑》以及《明孝陵志》《曾南丰年谱》等。曾任浙江省政协常委、浙江省文史馆馆长。

胡士莹(1901—1979)，字宛春，浙江平湖人。1924 年毕业于南京高等师范，后在多所中学以及复旦大学、暨南大学、圣约翰大学、光华大学任教。抗战胜利后，迁居杭州，任之江大学文学院教授。1952 年 2 月起任浙江师范学院和杭州大学中文系教授。1961 年应聘兼任中国科学院浙江分院语言文学研究室研究员。其间曾参与《辞海》编纂工作。他的研究范围主要为说唱文学、戏曲、小说三个方面，1980 年中华书局出版的《话本小说概论》是其代表作，另著有《弹词宝卷书目》《变文考略》《词话考释》等。

姜亮夫(1902—1995)，原名寅清，云南昭通人。1921 年考入成都高等师范学校国文部，1926 年，考入清华大学国学研究院，师从王国维、梁启超、陈寅恪先生。之后曾任大夏大学、济南大学、复旦大学、河南大学教授。1935 年赴法国巴黎进修，1937 年后任东北大学教授、英士大学教授兼文理学院院长、云南大学教授兼文法学院院长、昆明师范学院教授、云南省教育厅厅长、云南省军政委员会文教处处长。1953 年起任浙江师范学院、杭州大学中文系教授、中文系系主任、古籍研究所所长。著有 30 余部学术著作，论文百余篇，在中国古典文献学、楚辞学、敦煌学、语言学、训诂学、工具书编纂等诸多方面都有重要建树。其巨著《楚辞通故》把楚辞研究从传统的章句之学解放出来，别开生面地引入语言、历史、哲学、地理、考古、民俗、博物诸学科文献，走上综合研究的道路。曾获国家教委普通高校首届人文社科研究成果一等奖等多种奖励。曾任浙江省语言学会首任会长，中国敦煌吐鲁番学会语言文学分会、中国屈原学会会长。

孙席珍（1906—1984），浙江绍兴人。北京大学哲学系、日本早稻田大学政经科毕业。20 世纪 20 年代起即从事文学创作活动，并投身革命，参加八一南昌起义。30 年代在河南洛阳师范、北京师大、中国大学、北平大学女子文理学院任教。积极参加左翼文化运动，参与发起组织北方“左联”，被推举为常委兼书记。抗日战争期间，辗转各地从事文化救亡运动。抗战胜利后，在河南大学等校任教。1952 年 2 月起任浙江师范学院、杭州大学中文系教授。曾任中国作协浙江分会副主席、中国鲁迅研究学会顾问、中国写作学会副会长、浙江省写作学会会长等。著有创作集《花环》等 10 种，专著《近代文艺思潮》等 14 部，论文集《外国文学论集》等 7 种。

任铭善（1912—1967），字心叔，江苏如皋人。1935 年毕业于之江文理学院国文系，后留校任教，抗日战争期间，曾在浙江大学龙泉分校任教。继而在杭州的浙江大学文学院任副教授、教授，并指导研究生。1952 年 2 月后，历任浙江师范学院教授、副教务长，杭州大学教授。治学以文字音韵训诂为主，后专攻经学。还从事语言学理论、现代汉语和方言的研究，在普及语言学基本知识、组织浙江方言调查方面做了许多工作。他率先开设“汉语史”这门课程并编写汉语史教材，为学校该学科的建设起了奠基作用。1960—1961 年，他参加《辞海》修订工作,是语词部分的主要撰写人之一。著有《礼记目录后案》《汉语语音史要略》和《古汉语通论》(合著)。民进浙江省委第一届副主任委员,浙江省政协委员。

吕漠野(1912—1999),浙江嵊州人。1928至1931年,在上海美术专门学校学习。1933至1952年先后在杭州盐务中学、宁波中学担任国文教员。1952年2月后,在浙江师范学院和杭州大学中文系担任现代文学教学工作,兼任系副主任,1986年晋升教授。曾任中国民主促进会浙江省委副主任委员、中国作家协会浙江分会顾问、杭州世界语协会理事长、浙江省世协副理事长。出版《初中语文教学法讲话》《吕漠野儿童文学作品选》等和多部世界语译作,发表《鲁迅与李大钊》等论文。

蒋祖怡(1913—1992),浙江富阳人。毕业于无锡国学专修学校。曾任复旦大学、上海市立师专副教授,1948年8月受聘于浙江大学文学院,1952年2月起任教于浙江师范学院、杭州大学中文系,曾任中文系系副主任。1983年起任教授。长期从事文艺理论和中国文学批评史的研究与教学,成绩卓著。尤于王充《论衡》、刘勰《文心雕龙》和钟嵘《诗品》探求阐发,造诣甚深,已出专著十余种,其中有《论衡选》《王充卷》《文心雕龙论丛》等,在海内外学术界影响殊为广泛。历任民盟浙江省委会宣传部长、秘书长、副主委、顾问,浙江省政协委员。

王西彦(1914—1999),浙江义乌人。北京中国大学国文系毕业。曾任协和大学、桂林师院、湖南大学、武汉大学、浙江大学等校教授。1952年2月起任浙江师范学院中文系教授兼系主任,不久离校赴沪任专业作家、上海作协副主席。他的主要成就在文学评论和散文创作上,代表作有《第一块基石》《炼狱中的圣火》。

蒋礼鸿(1916—1995),字云从,浙江嘉兴人。1939年毕业于之江大学。先后在之江大学、湖南国立师范学院、中央大学担任教学工作。1952年2月起在浙江师范学院、杭州大学中文系任教,1978年晋升教授。他精通文字、训诂、音韵、目录、校勘之学,擅长俗语词研究、古书校释和辞书编纂，尤其在敦煌语言学和近代汉语词汇的研究中占有突出的地位。《敦煌变文字义通释》为其学术上最重要的代表作，获吴玉章学术一等奖、首届全国古籍整理优秀图书奖、首届全国高校人文社会科学优秀研究成果一等奖。另著有《义府续貂》《类篇考索》《目录学与工具书》和数百篇论文。曾任中国敦煌吐鲁番学会语言文学研究会副会长，浙江省语言学会副会长、会长、名誉会长，《汉语大词典》副主编、《辞海》编委兼分科主编。

刘操南(1917—1998)，江苏无锡人。1942年9月毕业于国立浙江大学中文系，后留校任教。1952年2月因院系调整至浙江师范学院、杭州大学工作，历任讲师、副教授。1983年晋升教授。他为学重视中西交叉、文理渗透，考据、义理、辞章三者兼顾。已刊著述600余万言，主要著作有《古籍与科学》《史记春秋十二诸侯史事辑证》《历算求索》《古代天文历法释证》《诗经探索》等以及论文《二十八宿释名》《革象新书提要》《敦煌本毛诗传笺校录疏证》等。其学术成就涉及古典文学、科技史、古代史、文献学、戏曲学、章回小说与诗词书画等多个方面。曾任浙江省第五、六届政协委员，政协浙江省文史委员会副主任，浙江省文史馆名誉馆员。

沈文倬(1917—2009)，字凤笙，江苏吴江人。先后师从沈昌直、金天翮、姚廷杰和曹元弼先生，专攻“三礼”之学。中华人民共和国成立后，在上海图书馆工作，任编目部副主任。1963年2月调入杭州大学中文系。1983年到学校古籍研究所工作，同年晋升为中国古典文献学教授。他长期致力于经学(尤其是三礼学)与古代典籍的整理与研究，被誉为“今世治礼经者之第一人”“礼学宗师”。代表作为《宗周礼乐文明考论》，其写作跨度逾40年，总数14篇。

王维贤(1922—2009)，北京昌平人，1946年毕业于北平中国大学哲学教育系。1956年起在浙江师范学院中文系和杭州大学中文系任教，1986年晋升教授。曾任中国语言学会常务理事、中国逻辑学会理事、中国逻辑与语言研究会首届会长、浙江省语言学会会长、浙江省逻辑学会会长、浙江省哲学学会理事、《思维与智慧》(原《逻辑与语言学习》)杂志社社长等职。长期从事语言学理论、现代汉语语法、自然语言逻辑的研究和教学,成就卓著,出版专著《现代汉语语法》《逻辑学》等15部,发表论文70余篇,著述曾获得各种奖励。

徐朔方(1923—2007),原名徐步奎,浙江东阳人。1947年毕业于浙江大学师范学院英语系,毕业后先为浙江温州中学、温州师范学校教师,1954年2月起调入浙江师范学院、杭州大学中文系任教,1981年晋升为教授。他在元明清文学尤其是在戏曲小说研究,如汤显祖研究等领域卓有建树,在海内外享有盛誉。发表学术论文200余篇,荣获首届中国戏剧理论优秀著作奖、全国优秀古籍图书一等奖、教育部人文社会科学优秀成果二等奖、浙江省哲学社会科学优秀成果一等奖等国家、省部级学术奖励30余项。曾任第六届全国人大代表、第七届浙江省人大常委会常委。

倪宝元(1925—2001),浙江永康人。1948年毕业于浙江大学。1956年起在浙江师范学院和杭州大学中文系任教,1986年晋升教授。从1954年在上海东方书店出版第一部修辞学著作《修辞学习》到2000年在《中国语文》发表最后一篇修辞学论文《同语论》,一直辛勤耕耘在修辞学领域。独著和合著的修辞学论著8部,主编了《大学修辞》《修辞的理论与实践》等教材和论集5部,发表修辞学论文百余篇,曾主编中国唯一的修辞学刊物《修辞学习》10余年,兼任顾问直到逝世。其著作连续获第一届、第二届浙江省社科优秀成果奖一等奖。中国修辞学会、全国语言文学研究会、浙江省语言学会顾问。

吴熊和(1934—2012),上海人。1955年毕业于华东师范大学中文系,后为浙江师范学院中国古典文学研究生,师从夏承焘教授。毕业后留校任教,1986年晋升为教授,曾任杭州大学中文系系主任。在唐宋词学方面取得重要成就,出版《唐宋词通论》(获全国首届优秀古籍图书一等奖等)、《词学全书笺校》等著作17部,并在《文史》《文学评论》等学术杂志上发表论文30余篇,获"国家有杰出贡献的中青年专家"等称号。曾任中国古代文学学会副会长,中国李清照、辛弃疾学会副会长,《文学遗产》杂志通讯编委等。

郭在贻(1939—1989),山东邹平人。1961 年毕业于杭州大学中文系并留校任教,师从姜亮夫、蒋礼鸿等先生。1986 年晋升教授。为中国语言学会理事、中国敦煌吐鲁番学会理事、中国训诂学研究会副会长。著有《训诂丛稿》(国家教委普通高校首届人文社科研究成果二等奖和浙江省高校哲学社会科学优秀成果特等奖)、《训诂学》、《敦煌变文集校议》等。《楚辞解诂》《唐代白话诗释词》两篇论文获中国社科院首届青年语言学家奖二等奖。

哲学、政治学

严　群(1907—1985),又名以群,字孟群,后字不党。福建福州人。1931 年毕业于燕京大学哲学系,1934 年获该校硕士学位。1935 年赴美国留学,1939 年回国。曾任燕京大学副教授以及中国大学、浙江大学教授。1952 年后任浙江师范学院和杭州大学教授、古希腊哲学研究室主任。曾任中国社会科学院哲学研究所特约研究员、浙江省哲学学会副会长。译有《泰阿泰德》《智术之师》《游叙弗伦》《苏格拉底的申辩》《克力同》等,著有《亚里士多德之伦理思想》《分析的批评的希腊哲学史》《大学全书思想体系》等。

夏基松(1925—2018),浙江杭州人。1948 年毕业于中央大学政治系。曾任南京大学哲学系系主任、名誉系主任、教授,以及江苏省哲学学会会长、中国现代外国哲学学会副会长、华东现代外国哲学学会会长。1990 年到杭州大学任教。他长期从事现代西方哲学的研究,著作有:《现代西方哲学教程》(国家教委高校优秀教材一等奖)、《当代西方哲学》(江苏省社科优秀成果一等奖)和《波普哲学述评》、《现代西方哲学教程新编》(上下卷)、《现代西方社会思潮》、《西方科学哲学》、《西方数学哲学》、《历史主义科学哲学》等 10 多部,论文 100 余篇。

王学启(1928—1996),山东牟平人。1948 年 9 月入读北平东北大学法律系,后转长春东北大学政治经济系。1951 年 9 月毕业后分配至东北师范大学任教。1953—1955 年在中国人民大学马列主义研究班学习。毕业后回东北师范大学工作。1957 年后在浙江师范学院、杭州大学任教,曾任政治系系主任。1986 年晋升教授。他是我国著名中共党史专家,共出版 22 部著作和数十篇论文。他的《中国社会主义时期史稿》第一、二卷曾于 1985 年和 1990 年获浙江省教委社科优秀成果一等奖。有 3 篇论文获浙江省社科优秀成果一等奖、二等奖和中共党史学会优秀论文一等奖。曾任中国中共党史学会常务理事、浙江省党史学会会长。

沈善洪(1931—2013),浙江平湖人。1953 年毕业于浙江师范学院历史系,后入读中国人民大学哲学研究生班,1956 年毕业后回浙江师院工作,1958 年后在杭州大学任教。1973—1978 年间在浙江省委理论辅导组工作。1978 年起在浙江省社会科学院工作,后任该院院长,1983 年晋升研究员。1986 年 1 月至 1996 年 6 月任杭州大学校长,是第六、七、八届全国人大代表。长期从事中国哲学和中国文化史的研究工作。有专著、论文、编著百余部(篇),曾获国家社科优秀成果三等奖,两次省社科成果一等奖,主编的《黄宗羲全集》共 12 册 400 多万字,获国家优秀图书奖。

历史学

谢兆熊(1902— *),江西遂川人。1929 年中央大学毕业、巴黎大学研究一年、伦敦大学研究两年。曾任中学教员,江西省国民党宣传部秘书、教育所秘书,西北联大、东北大学、中正大学、上海法政学院、江南大学、厦门大学教授,以及暨南大学教授兼训导长、浙江师专教授等。1952 年 2 月起在浙江师范学院、杭州大学任教授,从事世界古代史教学。

陈乐素(1902—1990),原名博,广东新会人。中学毕业后于 1918 年赴日留学,在明治大学读政治经济科,回国后在国立浙江大学任教。中华人民共和国成立后,他奉军管会之命,参与接管浙江大学,后出任浙江师范学院历史系教授兼图书馆馆长。1954 年任人民教育出版社编审,被聘为中国社会科学院历史研究所兼职研究员。“文革”期间,被下放到安徽“五七”干校劳动,后被迫退休,辗转回到杭州。粉碎“四人帮”后,回杭州大学,恢复教席。后调任暨南大学教授兼宋史研究室主任、古籍研究所名誉所长。著作有《求是集》(一、二集)等。参与郭沫若主编的《中国史稿》中的宋史部分的编写,是我国宋史研究的开拓者之一。

沈炼之(1904—1992),浙江温州人。1926 年 7 月毕业于北京辅仁大学英语系。1928 年 10 月赴法国里昂中法大学攻读博士学位,研习法语、西洋史、法国文化史和法国史,1933 年 5 月获人文博士学位。回国后任北京师范大学教授,福建省教育厅督学、科长和中学师资养成所所长,暨南大学史地系系主任、文学院院长、代理校长。1952 年 2 月起任浙江师范学院、杭州大学教授,兼历史系系主任。他是我国法国史研究的开路人,其学术贡献:一是翻译了一大批有学术价值的法国史论著,如法国著名史学家瑟诺博斯的《法国史》《法兰西第三共和国史资料选编》等;二是撰写出版了《法国革命史讲话》《法国通史简编》及一批有重要价值的学术论著;三是组建中国法国史研究机构。曾任中国法国史研究会名誉会长、浙江省历史学会第三至五届会长,民盟中央委员、浙江省委副主任委员以及浙江省人大代表、浙江省政协委员等。

黎子耀(1908—2005),湖南汉寿人。1935 年毕业于武汉大学史学系。先后任苏州女师、贵阳女中文史教员。1941 年受聘于浙江大学史地系任讲师,后任副教授。1952 年 2 月起任浙江师范学院、杭州大学历史系副教授,1981 年晋升教授。曾任历史系中国古代史教研室主任。专著有《〈周易〉秘义》《〈周易〉导读》《〈老子〉秘义》《〈论语〉秘义》等。论文《洛诰解献疑》获浙江社会科学特等奖。

沈镜如(1910—1971),曾名鉴,浙江孝丰人。1936 年清华大学毕业、清华大学研究院肄业,历任平阳临时中学教务主任、重庆独立出版社编辑、厦门大学和浙江大学讲师、齐鲁大学副教授,以及金陵女子文理学院、重辉商专、浙江医学院教授等。1952 年 2 月起在浙江师范学院、杭州大学任历史系教授,曾任历史系副主任。任教中国历史文选、中国古代及中世纪史等课程，发表《孙诒让政治思想述评》等论文，著有《中国近代史》《戊戌变法与日本》等。

胡玉堂(1918—1988)，浙江慈溪人。1941 年毕业于浙江大学史地系，同年考取浙大研究院史地学部研究生，1944 年 7 月毕业并获得硕士学位，受聘为史地系史地研究室讲师。1949 年 8 月任浙江上虞春晖中学校长，1954 年 2 月起任教于浙江师范学院、杭州大学历史系，曾任历史系副主任、主任，1983 年晋升教授。他对希腊史、罗马史、世界古代中世纪史、法国古代中世纪史均有研究，早年曾出版过《西洋史简编》《中国史简编》，晚年专攻基督教史。他与人合著有《世界古代中世纪史》，还参与编写《世界史大事汇编》《世界史手册》等有影响的工具书。浙江省历史学会秘书长、副会长、会长，中国史学会理事，中国宗教学会理事，浙江省第五、六届人大代表。

倪士毅(1919—2018)，字弘远，浙江乐清人。温州中学毕业后，考取浙江大学龙泉分校，后在浙江大学史地系及史地研究所学习。1947 年 8 月开始任浙江大学史地系助教。1952 年 2 月起在浙江师范学院历史系、杭州大学历史系任教，1986 年晋升教授。他参与创办的宋史研究室，是中国最早的一批宋史研究机构。著有《浙江古代史》《中国目录学史》《古代杭州》等。曾任中国古都学会首届理事、浙江省历史学会理事、浙江省地名学会副会长、杭州市城市科学研究会理事以及浙江省文史馆馆员等

徐　规(1920—2010)，字仲矩，浙江平阳人。1939 年秋考入浙江大学龙泉分校。1943 年他的毕业论文《李焘年表》获得全国大学生论文优等奖，并升入浙大研究院攻读研究生，师从宋史专家陈乐素。1946 年被授予硕士学位，毕业后留校任教。1949 年，因浙江大学紧缩编制历史系停办，回故乡应聘在温州中学教历史。自 1954 年夏起，一直在浙师院和杭州大学历史系任教，1978 年晋升教授。致力于中国历史尤其是宋史、中国古代史学等领域的研究，撰写了大量论著，为中国史学研究做出了突出的贡献。他的大部分作品收集在《仰素集》一书中。他校注的宋代笔记丛书《建炎以来朝野杂记》

已出第二版。编著有《王禹偁事迹著作编年》《李焘传》《宋史研究集刊》《宋史补正丛书》等。

王正平(1921—1995),浙江安吉人。1946 年毕业于暨南大学史地系。先后在杭州市中学任教。中华人民共和国成立后,在浙江师范学院、浙江教师进修学院、杭州师专、杭州师范学院任教,1961 年起在杭州大学历史系工作,曾任世界历史教研室主任等职。主要教学和研究方向为世界古代中世纪史、史学理论与方法论。1986 年晋升教授。1978 年后出版《史学理论与方法》、《世界古代中世纪史》(合著)、《世界史手册》(合编)等著作 10 多部,在《历史研究》《世界历史》等学术刊物上发表论文 20 余篇。曾任浙江省政协常委、民革浙江省委会常委和中国世界古代中世纪史学会理事、浙江省历史学会理事。

外国语言文学

戚叔含(1898—1978),幼名毓芳,亦作肃庵,浙江上虞人。早年自学考入南京东南大学攻读中国文学,因不满学校当局学术禁锢愤然离校(肄业于中国大学)。后赴美,自费考取加利福尼亚斯坦福大学攻读英国文学,研究莎士比亚并获硕士学位。1927 年起,历任上海大夏大学教授、安徽大学教授兼外文系系主任、暨南大学文学院院长兼外文系主任、浙江大学外文系代主任、浙江大学龙泉分校教授等职。1952 年 2 月—1953 年 7 月任浙江师范学院外文系教授。1953 年调任上海复旦大学外文系教授。曾当选为上海市第三、四、五届政协委员。他注重中外文学艺术之比较研究,在比较中探求东西方戏剧艺术发展和艺术表演规律,著有《莎士比亚与〈哈姆雷特〉》。译有菲尔丁《汤姆·琼斯》(合译稿本),稿本有《论汤显祖与〈牡丹亭〉》《读(红楼梦)笔记》《莎士比亚十四行诗试译》等。

郭智石(1900— *),浙江临海人。1923 年北京大学毕业,曾任浙江省立第一中学和水产学校教员、浙江省教育所视学,以及上海法政学院、复旦大学、英士大学、浙江大学、中国新闻专科学校、暨南大学、浙江师专教授等。1952年2月起在浙江师范学院、杭州大学任历史系、外语系教授。在历史系从事世界古代及中世纪史教学，在外语系任教英语课程。有译著《破产者》《古希腊文学史》(合译)等。

方　重(1902—1992)，字芦浪，江苏武进人。1923年毕业于清华大学，后赴美，先后在斯坦福大学和加州大学攻读英美文学专业，获学士及硕士学位。1927年归国，历任南京中山大学及武汉大学英语系主任、教授。旋应英国文化协会之聘，到剑桥大学、伦敦大学、爱丁堡大学和比利时布鲁塞尔大学讲学。回国后任安徽大学、武汉大学、浙江大学教授。1952年2—7月任浙江师范学院外文系教授兼系主任。后调上海外国语学院西方语言文学系和英语系工作，历任教授兼系主任、外国文学研究所所长。担任中国译协理事、上海外文学会会长。著有《十八世纪的英国文学与中国》《邓与布朗宁对于人生的解答》《诗歌集中的可罗列奇》《英国诗文研究集》《乔叟论》等，译有《乔叟文集》《坎特伯雷故事集》《近代英文散文选》《理查三世》(英译汉)及《陶渊明诗文选译》(汉译英)等。

德梦铁(1904—1969)，出生在拉脱维亚首都里加市。20世纪30年代，大学毕业后来到中国，先在长沙军官学校任教，之后受聘到浙江大学教授德语等外语，1947年晋升教授。1949年8月，在浙江大学外文系开创俄语教学。院系调整后，曾任浙江师范学院和杭州大学俄语教研室主任。20世纪60年代初，为杭大德语专业的开设付出大量心血。她精通7国语言，博学多才，精于教学，颇受学生欢迎，为学校俄、德语青年教师的培养做出了重要贡献。

张君川(1911—1999)，山东惠民人。1937年毕业于清华大学研究院，专修莎士比亚作品及其他西方戏剧。1940年起在国立浙江大学任教，1945年晋升为教授。浙大迁杭后曾兼任国立艺术专科学校教授。1950年后历任山东大学、上海戏剧学院、北京文化部表演干部训练班、中央戏剧学院、杭州大学、杭州师范学院教授。曾任中国莎士比亚研究会常务副会长、浙江省莎士比亚研究会会长、浙江省翻译工作者协会顾问等职。1986 年代表中国莎士比亚研究会出席在柏林举行的世界莎士比亚大会。为上海举行的国际莎士比亚戏剧节的主持人之一。代表作有《莎士比亚辞典》(主编)以及学术论文《哈姆雷特的外在矛盾》《论莎士比亚表演艺术》《李尔王时代的风暴》等。熟谙英、德、俄、法、日多种外语,翻译普希金诗选,校订《法兰西内战》《黑格尔哲学批判导言》。

蒋炳贤(1913—2001),江苏苏州人。1935 年毕业于北京大学西洋语言文学系。先后任教于浙江大学外文系(1940—1951 年)、浙江师范学院外语系(1952—1958 年),并担任系主任。杭州大学成立后继续在外语系执教,1983 年晋升教授。曾任杭大外语系英语语言文学教研室主任及硕士研究生导师,亦应杭州师范学院外语系、浙江大学英语应用语言学研究生班(1986 年)之聘担任兼职教授。曾任浙江省外文学会、浙江省翻译工作者协会、浙江省文学学会暨外国文学研究会顾问。科研的主要方向为英国小说及西方文学批评。发表论文《论笛福的摩尔·佛兰德斯》《二十世纪西方文学批评的总体认识》等 60 余篇。译著有:《如此人生》《古希腊文学史》(合译,1990 年获浙江省社会科学优秀成果二等奖)及《劳伦斯评论集》。

鲍屡平(1915—1995),安徽滁州人。毕业于金陵大学农学院,后就读于英国爱丁堡大学,获文学硕士学位。1949 年起在浙江大学外文系、浙江师范学院外语系、杭州大学外语系任教,1978 年晋升教授。曾任杭州大学外语系主持工作的系副主任、系主任以及浙江省外文学会会长、中国外语教学研究会理事、中国英语教学研究会理事、中国外国文学学会理事。长期从事英国诗文评论和英语惯用法研究,且重视独创性与实用性。20 世纪 40 年代出版编著《英文成语例解》《续英文成语例解》《英文习用法举隅》等和译著《魔沼》等。50 年代后撰写的主要论文有《哲理诗人鲁克锐提乌斯》、《济慈叙事诗〈依莎贝拉〉的分析研究》(1980 年获浙江省社会科学优秀成果一等奖)、《赫兹利特〈初识诗人〉简说》等;专著有《乔叟诗篇研究》(1990)。

冯昭玙(1927—1999),浙江上虞人。1948 年毕业于浙江大学外文系英文组,并留校执教。1951 年,在北京俄文专修学校进修俄语。1952 年 2 月起在浙江师范学院、杭州大学任教,1986 年晋升教授。曾任外语系系副主任、代主任,中国俄语教学研究会理事。除撰有《关于植物名词的翻译》《几组异名同译的文学词语辨析》等论文外;还参加《俄汉详解大词典》的编纂工作。主要译著有普希金的《彼得一世史》、陀思妥耶夫斯基的《群魔》等。曾任中国翻译工作者协会理事。参与创建浙江省外文学会并创建浙江省翻译工作者协会,先后任省外文学会副会长、会长,省翻译工作者协会会长、名誉会长。

教育学

郑晓沧(1892—1979),名宗海,字晓沧,浙江海宁人。1912 年 6 月毕业于浙江高等学堂。1914 年 6 月毕业于北京清华学校文科,后赴美国留学,获教育学学士和教育学博士学位。1918 年秋回国后,任南京高等师范及东南大学教育系教授、中央大学教育学院院长。1928 年 6 月起,在浙江大学执教,曾任教育系系主任、师范学院院长、代理校长、龙泉分校主任。1952 年院系调整后,历任浙江师范学院、杭州大学教育系教授,1962 年任新建的浙江师范学院院长,1964 年任杭州大学顾问。他学识渊博,治学严谨,在教育学、教育史领域多有建树,曾编译《柏拉图论教育》《亚里士多德论教育》等外国教育名著。1962 年亲自担任文科教材《西方资产阶级教育论著选》的编译组组长,负责编译和校订工作,在浙江地方教育史和中外古代教育史的研究方面也做出了重要的贡献。曾任第二届全国政协特邀代表、第三至五届全国政协委员、浙江省政协常委、浙江教育学会名誉会长。

陈　书(1901—1963),江苏兴化人。沪江大学毕业,美国科罗拉多州立教育学院硕士。曾任贵阳师范学院和中山大学讲师、沪江大学注册主任、岭南大学副教授、河北师范学院教授等。1952 年 11 月起在浙江师范学院和杭州大学教育系任教授。从事心理学教学和研究。

张文昌(1902—1963),浙江嘉兴人。1926 年上海沪江大学毕业,中山大学教育研究所毕业,美国科罗拉多州立教育学院硕士。曾任湖南蓝田国立师范学院、厦门大学、中山大学等校教授以及湖南国立师范学院附属中学校长、之江大学教授兼教育系主任。1952 年 2 月起在浙江师范学院和杭州大学教育系任教授,从事教育学的教学和研究。

段　铮(1903—1979),字符铮,小名福来,江西鄱阳人。1927 年金陵大学毕业,后赴巴黎大学、柏林大学求学。1933 年回国,曾任河南大学教授、贵阳医学院教授兼人文科主任,以及中山大学师范学院、贵阳师范学院、厦门大学教授等。1952 年 2 月起在浙江师范学院、杭州大学教育系任教授,曾任教育系心理学教研组主任。毕生从事心理学教学和研究,著有《学习心理学概要》等。

吴　鹗(1907— *),浙江杭州人。1932 年国立浙江大学教育系毕业。曾任杭州市府教育科督学,后为浙江大学助教、讲师、副教授,沪江大学副教授,之江大学教育系副教授、教授。1952 年 2 月起在浙江师范学院和杭州大学教育系任教授,从事教育学、小学各科教学法的教学和研究。

王承绪(1912—2013),江苏江阴人。1936 年毕业于浙江大学并留校任教,1938 年赴英留学,曾任诺丁汉大学讲师和伦敦大学教育学院研究员。1947 年应邀回国任教。任浙江大学教育系教授、系主任。1952 年起任浙江师范学院教育系教授、系主任、副教务长,杭州大学教育系教授、比较教育研究中心主任、高等教育研究所所长及名誉所长。曾任《中国大百科全书》教育卷外国教育副主编,合作主编新中国第一部《比较教育》教材(1988 年获国家教委优秀教材二等奖),出版的专著和编著有《伦敦大学》《比较教育学史》《中外教育比较史纲》《英国教育》等,单独或合作翻译的著作有《教育原理》《民族主义与教育》《杜威学校》《高等教育哲学》等。发表论文数十篇,有的获全国首届教育科学优秀论文一等奖。他主持翻译的“汉译世界高等教育名著丛书”具有广泛的社会影响。曾任浙江省第五、六届省政协副主席。2003 年,荣获联合国教科文组织“亚太地区教育革新终身成就奖”,成为全球唯一获此殊荣的教育专家。

陈学恂(1913—1991),江苏江阴人。1935 年毕业于浙江大学教育系并留校任教。1939 年应聘赴香港岭南大学工作,1942 年重返浙江大学。1952 年 2 月起在浙江师范学院教育系、杭州大学教育系任教,1978 年晋升教授。曾任教育系主持工作的系副主任、系主任。专于中国教育史研究,主编《中国近代教育大事记》《中国近代教育文选》《中国近代教育史教育参考资料》《中国近代教育论著丛书》和多卷本《中国教育通史》等。曾任全国教育史研究会理事长,中国教育学会第一、二届常务理事,浙江教育学会第一、二届副会长,政协浙江省第四、五届委员。

张定璋(1919—2008),浙江温岭人。1939 年 11 月起,先后在江苏省立教育学院、广东省立文理学院和湖南蓝田国立师范学院求学,1945 年毕业于湖南国立师范学院教育系。1952 年 2 月起,历任浙江师范学院和杭州大学教育系助教、讲师、副教授,1986 年晋升教授。为建立教学论硕士点、培养中青年教学论专家倾注了许多心血。1979 年以来,出版《教学论问题片断》《教学的问题原则》《课堂教学:类型学、结构、分析》《教育实验若干理论问题的思考》《教育预测学的理论和方法论基础》等。参加多项教育实验工作。

董远骞(1925—2012),浙江宁海人。1949 年毕业于浙江大学教育系,同年 5 月参加革命工作,任杭州市军管会文教部干事,参加浙江省委农村工作团,后调浙江大学教育系任助教。1952 年 2 月起先后在浙江师范学院、杭州大学教育系任教,曾任教育学教研室主任等职。1986 年晋升教授。科研工作以教学论和俞子夷研究为重点。撰有《教学论》(合著)及《教学原理和方法》《中国教学论史》《俞子夷教育论著选》《俞子夷教育思想研究》《俞子夷传》等,其中《教学论》和《教学原理和方法》获浙江省社会科学优秀成果二等奖,发表论文 30 余篇。

心理学

陈　立(1902—2004),字卓如,湖南平江人。1928年毕业于上海沪江大学。1930年赴英国留学,1933年获伦敦大学理科心理学博士学位。曾在剑桥大学、英国工业研究所和德国柏林大学心理研究所从事研究工作。1935年回国后历任清华大学和中央研究院心理研究所工业心理研究员,浙江大学教授。1952年2月起历任浙江师范学院教授、副院长、院长,杭州大学心理学教授、校长、名誉校长。他是我国最早从事工业心理研究的著名工业心理学家,《工业心理学概论》是我国最早的一部工业心理学专著。他曾在清华大学筹建疲劳研究实验室,在北京、上海等地的工厂调查劳动环境对生产的影响,试图改善工人劳动条件,还设计了一套纺织工操作测验。在杭州开展对事故分析、细纱工培训、操作分析等方面的研究,发表了《细纱工培训中的几个心理学问题》(1956)等论文。从20世纪60年代起对认知过程进行研究探讨,发表了《儿童色、形抽象的发展研究》《色、形爱好的差异》等研究报告。主要著作有:《管理心理学》(主编,1982)、《工业心理学简述》(1983)、《陈立心理学科学论著选》(1992)等。曾任浙江省政协副主席以及浙江省科普协会会长、浙江省科协名誉主席、中国心理学会第一至第九届副理事长等职。

赵端英(1911—2007),浙江海宁人。1936年毕业于浙江大学教育系,后在松江女子中学任教。1939年赴英国伦敦大学教育学院留学,在儿童心理学系专攻儿童发展心理学。1947年回国,受聘在浙江大学教育系任教。1952年院系调整后在浙江师范学院、杭州大学教育系、心理系任教,1986年晋升教授。曾参加编译《西方资产阶级教育论著选》《现代西方资产阶级教育思想流派论著选》等经典文选。与人合作翻译了英国教育家沛西・能的《教育原理》、克雷齐的《心理学纲要》和利伯特的《发展心理学》。对著名瑞士教育家裴斯泰洛齐有一系列专门研究,撰写论文,翻译他的著作。是我国较早开始研究中老年心理学的研究的学者,撰有专著《中老年心理学》。

朱锡侯(1914—＊),浙江杭州人。1937年赴法国里昂大学攻读心理学、美学及神经生理学,获理科博士学位。1942年进入巴黎大学心理学院进行博士后研究,主攻生理心理学、应用心理学。1945年回国,任云南大学医学院生理学及实验室主任教授,兼任文法学院心理学及美学教授。1956年昆明医学院独立建院后,任生理教研组主任、教授。为中国生理学会、中国心理学会创始人之一,及该两会昆明地区负责人。20世纪80年代调杭州大学任教。代表作有《海兔神经细胞电生理活动及其生长律》《人在感情生活中的协调行为》(专著)和《论蒙娜丽莎及波蒂切利》《饮食美学与生理心理学》等论文数十篇,晚年以残余视力译都德名著《磨坊文札》。曾任中国心理学会生理心理学专业委员会委员。

吕　静(1922—2006),浙江杭州人。1946年毕业于浙江大学教育系,后在教育机关及中学任教。1948年回浙江大学教育系任心理学助教。院系调整后到浙江师范学院教育系、杭州大学教育系和心理系任教,讲授普通心理学、儿童认知发展心理学、儿童行为矫正以及心理学专题等课程,并任儿童与教育心理教研组组长。1986年晋升教授。在科研方面着重于探索儿童认知发展过程规律的研究。发表论文20余篇,其中有《小学低年级儿童掌握算术可逆推理与思维灵活性》《4—9岁儿童逻辑推理能力研究》等。《婴儿数概念的发生的研究》获"中国教育学会儿童教育心理研究会"优秀论文奖,《3—6岁幼儿在分类实验中概括能力的发展》获浙江省科技协会优秀论文二等奖。在著述方面,有《小学心理学》(曾获第二届全国优秀图书一等奖)和《儿童行为矫正手册》等。

朱祖祥(1927—2015),浙江东阳人。1952年毕业于浙江师范学院教育系。历任浙江师范学院讲师和杭州大学副教授,1983年晋升教授,曾任心理学系系副主任、系主任。曾任中国心理学会常务理事、副理事长以及工业心理学专业委员会第一、二届副主任,浙江省心理学会理事长等。专于工程心理学,尤长于航空工效学、信息显示心理学。主持20多项国家级、省部级科研项目,获浙江省科技进步一等奖、国家科技进步三等奖，发表《照明性质对辨认色标的影响》《强背景光下信号灯亮度对辨认信号的影响》等论文100余篇，获省自然科学优秀论文一等奖2次和二等奖8次。出版《工程心理学》（获国家教委高校优秀教材一等奖）及《人类功效学》《工业管理心理学》等多部著作。

数　学

陈建功（1893—1971），字业成，浙江绍兴人。1918年毕业于日本东京高等工业学校，翌年毕业于东京物理学校，1923年毕业于日本东北帝国大学，1929年获该校理学博士学位。1955年当选为中国科学院学部委员（院士）。曾任浙江大学、复旦大学教授，杭州大学教授兼副校长。研究领域涉及正交函数、三角级数、函数逼近、单叶函数与共形映照等，是我国函数论方面的学科带头人和许多分支研究领域的开拓者。自1921年起，在国内外学术刊物上发表论文60余篇，出版专著《三角级数论》《实函数论》《直交函数级数的和》及译著近10部。曾当选第一、二、三届全国人大代表，浙江省科技协会主席。

徐钟济（1904—1990），江苏泰州人。1927年毕业于北京师范大学，为伦敦大学理学院统计学硕士、哥伦比亚大学数学博士。曾任中学教员，历任交通大学、中央大学、徐州江苏学院、南京政治大学、之江大学、浙江大学、浙江财经学院教授等职。1952年8月调任浙江师范学院数学系教授。后在中国科学院计算技术研究所任研究员。著有《论先进平均数》《蒙特卡罗方法》等，译著有《数值计算》等。

毛路真（1904—1961），又名信桂，浙江奉化人。1927年毕业于武昌师范大学。长期在浙江大学数学系任教，曾任浙大龙泉分校数理系主任兼教授。主要讲授微积分、微分方程、代数方程式论、数论、复变数函数论、高等数学等课程。1952年2月院系调整后任浙江师范学院数学科教授，后任浙大数学力学系系主任。对中国数学教学的一大贡献是编著了《高中代数学》。至1952年，已印了14版，为推进我国的数学教学起了很大的作用。

周　正(1910—2001),江苏南京人。1929年南京金陵大学毕业,美国密歇根大学数学系科学博士、柏林大学数学研究院研究员。曾任东吴大学、光华大学等校教授,之江大学教授兼副校长、文理学院院长。1952年2月起任浙江师范学院数学科教授兼科主任、数学系系主任。后调华东师范大学,1956年调上海师范学院。

徐瑞云(1915—1969),浙江慈溪人。1936年,以优秀成绩毕业于浙江大学数学系,并留校任教。1937年赴德国留学。在慕尼黑大学著名数学家Caratheodory指导下研究函数论。1940年底获博士学位,是中国历史上首位数学女博士。1941年,其博士论文《关于勒贝格分解中奇异函数的傅里叶展开》发表在德国的《数学时报》上。归国后回浙江大学任教。1952年院系调整后任浙江大学数学教研组组长,1953年9月到浙江师范学院任教授,兼数学系系主任,后任杭州大学数学系系主任。曾任浙江省数学会理事长,浙江省科学技术协会第一、二届委员会委员等职。她从事分析数学的研究,擅长于三角级数论,译著有《实变函数论》《富里埃级数》(合译)等。

白正国(1916—2015),浙江平阳人。1940年毕业于浙江大学数学系,历任浙江大学讲师、副教授。1952年8月起任浙江师范学院副教授、杭州大学副教授,1978年晋升教授。曾任数学系系主任、名誉系主任。他起初以射影微分几何为研究方向,1958年后转向黎曼几何的研究,撰有《可容纳n重正交超曲面系统的黎曼空间Vn的一些性质》《共形平坦黎曼空间的共形平坦超曲面》《关于拟常曲率流形中子流形的不等式》等论文,出版《黎曼几何初步》。曾获浙江省优秀论文一等奖、浙江省自然科学研究成果一等奖和国家教委高等学校优秀教材二等奖。曾任中国数学学会理事和浙江省数学学会理事长。

沈康身(1923—2009),浙江桐乡人。1945年毕业于中央大学土木工程系。毕业后在嘉兴等地担任中学数学教师。1954年起在浙江师范学院、杭州大学数学系任教,长期从事数学、测量学、科学技术史的教学和研究,发表学术论文70余篇,出版《中算导论》(1990

年获全国首届优秀科技图书一等奖)、《九章算术导读》和 *Nine Chapters on the Mathematical Art* 等。1986 年晋升教授。曾任《中国数学史大系》副主编、浙江省数学学会理事、中国数学史学会副理事长、中国科技史学会常务理事。

王传芳(1932—1993),浙江宁波人,1953 年毕业于浙江师范学院。毕业后留校任教,1958 年后在杭州大学工作,1986 年晋升为教授。曾任杭州大学数学系系副主任、浙江省数学会理事。数十年来一直在函数论、重征偏数微分方程的离散现象、临界点理论等领域从事科学研究工作,先后在国内外刊物上发表学术研究论文 40 余篇。关于 Q-映照中森的定理、重特征方程的离散现象以及非线性椭圆型方程多解性等领域的研究成果受到国内外学术界的重视,其研究成果曾获 1978 年浙江省优秀科技成果二等奖、1986 年浙江省科协优秀论文二等奖和 1987 年浙江省教委高等学校自然科学优秀成果三等奖。

化　学

王　琎(1888—1966),字季梁,浙江黄岩人。1909 年,考取第一批庚子赔款赴美留学生,就读于理海大学并获学士学位。1915 年,他与其他一些留美学生一同发起成立中国科学社并创办《科学》杂志。回国后在湖南长沙高等工业学校、南京高等师范学校、浙江工业专门学校等校任教。1928 年,创建中央研究院化学研究所并任所长。1934 年,受化学家艾萨克·柯尔蜀夫邀请赴美国明尼苏达大学访问,并获硕士学位。1936 年回国,任四川大学化学系系主任。次年,赴浙江大学任教,其间先后担任过化学系系主任、理学院代理院长、师范学院院长、代理校长等职,为部聘教授。1952 年院系调整后,在浙江师范学院和杭州大学任教。毕生致力研究中国化学史,擅长经典微量分析,发表论文近 40 篇,在用古钱分析研究中国古代冶金史方面做出了重要贡献。曾任全国第二、三、四届政协委员,浙江省第二、三届政协副主席,中国化学学会浙江省分会理事长。

陈嗣虞(1895—1973),曾用名陈洪业,字绳武。浙江义乌人。1923年至1927年就读于杭州浙江公立工业专门学校化学工程系。毕业后在浙江大学化学系任教,1944年晋升为教授。1958年调入杭州大学,筹建化学系,并担任系主任。精通无机化学,任教多门课程,教学认真,注重激发学生学习兴趣。治学严谨,不断学习新的知识。重视培养年轻教师,努力创造条件让他们有外出进修提高的机会,支持教师有关教学改革的设想和尝试。曾任浙江省政协委员以及浙江省化学学会副理事长、民盟中央委员、民盟浙江省委会副主委等职。

钱钟祥(1901—1986),浙江嘉善人。1924年毕业于国立南京高等师范数理化部,1925年毕业于国立东南大学物理系,获理学士学位。先后在江苏十一中学等校任教。1940年起在中央研究院化学研究所任助理研究员。1946年起任之江大学教授兼代理教务长。1952年院系调整后任浙江师范学院教授兼总务长。1958年以后任杭州大学化学系教授。专长于无机化学和结构化学,对化学元素周期系和周期表有较深入的研究。

王承基(1902—1975),字子培,江苏南京人。1925年7月毕业于东南大学化学系。20世纪30年代为上海、南京地区著名的中学理化教师,获得过国民政府教育部颁发的荣誉奖章,后到南京中央大学任教。1941年起在浙江大学任教,历任讲师、副教授、教授。1950—1951年,兼任由浙江省教育厅主办的浙江省中小学教育研究班化学组主任。1952—1958年任浙江师范学院教授兼化学系主任,将化学系的工作安排得井井有条,对青年教师的培养考虑得十分周全,为化学系的发展做出了重要贡献。对无机应用及物质结构有深入研究,发表《推定烷属沸点的半径验式》《烷属的克分子体积与碳原子数及温度的关系》《提高浙盐质量的初步意见》等论文。曾任浙江省化学学会理事长。

周志瑞(1914—2016),江苏宜兴人。1937年毕业于浙江大学化学系。曾在上海理科实验所工作,任苏州中学化学教师。1952年2月后历任浙江师范学院、杭州大学化学系讲师、副教授,1986年晋升教授。他的主要科研方向是痕量元素分析。先后发表论文近40篇。

出版的《分析化学手册》由他执笔第一分册的基础知识和第三分册的发射光谱、原子吸收光谱、原子荧光光谱、X射线荧光分析和红外光谱分析等内容，约90万字。曾任浙江省化学学会第一届理事等。

周洵钧(1917—1994)，浙江镇海人。1939年毕业于中央大学化学系，曾任该校讲师。1950年获美国俄克拉荷马州立大学化学系硕士学位。回国后任浙江大学化学系副教授，1952年后在浙江师范学院和杭州大学任教，曾任化学系系副主任，1978年晋升教授。为浙江省化学学会第三、四届副理事长。专于有机化学，致力于金属有机化学的研究。主持多项国家自然科学基金项目，1991年获国家教委科学进步二等奖及其他多项省部级奖。发表论文60余篇，如《碲氢化钠还原亚胺的方法》《双新薄荷烷基环戊二烯基二氢及二氯化钼的合成》等，出版《有机化合物波谱分析基础》等3部专著。

戚文彬(1919—2002)，浙江慈溪人。1945年毕业于浙江大学化学系，后留校工作。院系调整后在浙江师范学院化学系和杭州大学化学系任教，1983年晋升为教授。曾出版教材《分析化学》和工具书《分析化学手册》(第二分册)。专著有《表面活性剂与分析化学》(获1987年浙江省教委自然科学成果荣誉奖)和《新分析增效试剂》，在国内外发表论文120篇，其中"表面活性剂在分析化学中的应用及其机理研究"和"有序介质中的分析反应的机理和应用"成果，分获1989年国家教委科技进步二等奖和1994年国家教委科技进步三等奖，1996年化学工业部自然科学三等奖。1983年起任环境化学教研室主任，他提出的以表面活性剂为增效试剂，用磷硝基苯基荧光酮为显色剂测定废水和土壤中的Cr(V1)新光度法，被全国高等农业院校《环境测定》教材所采用。

金松寿(1920—2013)，浙江义乌人。1943年毕业于浙江大学化工系。中华人民共和国成立后，历任浙江师范学院讲师、副教授，杭州大学副教授，1978年晋升教授。曾任化学系系主任，浙江省化学学会第四届副理事长，美国化学学会会员。在科学研究上，于20世纪50年代发现了新的无机盐溶解度规律；60年代以来，发现了选择性分子间作用力;80 年代发现了同族元素原子模型的松紧规律,解释了许多难以说明的化学现象。70 年代末,提出了催化剂集团结构适应理论并开发成功多种催化剂,获 1978 年全国科学大会奖和 1985 年国家科技进步三等奖。90 年代以来把控制论方法的主要内容引入化学,建立了新课程控制论化学。曾出版《量子化学应用简程》《量子化学基础及其应用》《化学动力学》《控制论化学》和 *Cybernetic Chemistry and Its Application*(合著)等多部著作,曾获 1998 年浙江省科技进步二等奖、第八届中国图书奖。

吕荣山(1920—2007),浙江新昌人。1943 年浙江大学化学系毕业。1952 年 8 月起任教于浙江师范学院化学系,历任杭州大学讲师、副教授,1986 年晋升教授。20 世纪 60 年代起,一直致力于电化学分析领域的探索,在国内率先开展溶出伏安法结合新型电极对微量非金属、有机药物、农药及生化物质的电化学检测和电极过程机制的研究。著有《分析化学手册》等,发表专业学术论文 50 多篇,其中 16 篇获奖,包括省教委科技进步三等奖等奖项。

陈义镛(1930—2018),原籍宁波,出生于上海。1952 年毕业于浙江大学理学院化学系,1952 年 8 月起任教于浙江师范学院和杭州大学化学系,1986 年晋升教授。他是杭州大学高分子学科的创始人之一,长期从事高分子科学与工程的研究工作。在功能高分子,尤其是螯合树脂及其对贵金属的吸附机理等研究领域有深厚造诣,发表学术论文 100 余篇。1980 年在《化学试剂》杂志上连续发表了“高分子螯合剂”的综述;他于 1988 年编著的《功能高分子》被众多高校作为教材和研究生考试的指定参考书。研究成果“螯合树脂法回收提取纯金技术”获浙江省科技进步二等奖。

黄　宪(1933—2010),江苏扬州人。1958 年毕业于南京大学化学系。1986 年晋升杭州大学教授,2003 年当选为中国科学院院士。主要从事有机合成化学研究,设计和开发了多种类型的新反应和新方法。专著《有机合成化学》获浙江省自然科学成果一等奖。“丙二酸亚异丙酯合成中应用的系统研究”和“碲化合物在合成中应用的系统研究”分别获国家教委科学技术进步二等奖和三等奖。部分论文获浙江省自然科学成果二等奖、三等奖。有60篇论文列入SCI学术榜中。

物理学

丁绪宝(1894—1991),安徽阜阳人。1916年毕业于北京大学,留校任理科物理教师一年。后赴美国,1922年获芝加哥大学硕士。回国后任东北大学物理系教授、南京中央大学物理系教授兼系主任、广西大学物理系教授、贵州大学物理系教授兼系主任,1944—1952年为浙江大学教授。1952年8月—1954年任浙江师范学院物理系教授。专长于实验物理教育。毕生努力于因陋就简地创制物理仪器和教学器具,为推广和普及大、中学校物理实验,培养学生动手能力,做出了积极贡献。

朱福炘(1903—2003),江苏武进人。1925年毕业于东南大学物理系,1946年8月至1948年7月在美国加州大学研究院及麻省理工学院宇宙射线研究室从事研究两年。曾在厦门大学、南开大学任教,在浙江大学物理系历任助教、讲师、副教授、教授。1949年8月至1952年1月任之江大学数理系教授。1952年2月起在浙江师范学院工作,负责创建物理系,任教授、系主任、教务长和副院长,1958年11月起任杭州大学物理系教授,兼系主任、副校长和顾问。长期从事教学工作,开设多门基础课和专业课,擅长物理实验,曾用英文编写32个实验集成《电磁学实验讲义》。他编写的供师范学校使用的《物理教科书》印发多达11版。其撰写的论文和所做的学术报告均受到多方好评。曾任浙江省第五、六届人大常委会常委,中国民主同盟第三、四届中央委员。连任多届浙江省物理学会理事长、名誉理事长等职。

王锦光(1920—2009),浙江温州人。1940年至1942年,就读于浙江大学龙泉分校数理系,后于1943年至1944年在暨南大学数理系学习,毕业后在温州中学任物理教师。1952年起在浙江师范学院、杭州大学物理系任教,先后任讲师、副教授,1986 年晋升教授。曾在中国科学院自然科学史室任兼职研究员。中国科技史学会第一、二届理事、物理学史专业委员会副主任、杭州市科学技术史研究会理事长、美国科学史学会外籍会员。著有国内外第一本《中国光学史》,1988 年获得全国优秀教育图书奖二等奖。1987 年获得浙江省高校自然科学荣誉奖。

高　琴(1933—1992),浙江杭州人。1953 年毕业于浙江师范学院物理系,在杭州二中任教一年后调回母校任教。曾于 1954 年 9 月至 1956 年 7 月赴南京大学进修天文学,1959 年 3 月至 1960 年 9 月在中科院研修原子核理论。1979 年 3 月至 1980 年 1 月在北京高能物理研究所进行合作科研。开设量子力学、原子核物理等课程,承担原子核理论方面的国家和省自然科学基金项目 3 项,发表论文 20 余篇。她主持的研究小组对原子核的基态与激发态性质进行系统研究,曾获中科院优秀论文奖和省级优秀论文奖。1986 年晋升教授,历任物理系系副主任、系主任。曾任浙江省物理学会副理事长、中国物理学会理事等职。

生物学

董聿茂(1897—1990),浙江奉化人。1928 年毕业于日本京都帝国大学动物学系,后在该校大学院继续攻读甲壳动物学,获理学博士学位。回国后,历任浙江博物馆馆长、浙江大学生物系教授兼系主任、浙江师范学院教授、浙江动物研究室主任,后任杭州大学生物系教授兼学校顾问。他是中国甲壳动物研究的奠基人之一。所编著的《东海深海甲壳动物》填补了中国深海甲壳动物研究的空白,获浙江省科协优秀成果一等奖。由他主编的《浙江动物志》获 1991 年浙江省科技进步一等奖、第六届中国图书奖一等奖、全国优秀科技图书一等奖。为浙江省博物馆事业的创建和发展做出重要贡献,培养了许多动物学人才。曾任全国人大第一至第五届代表和一些学术团体职务。

王曰玮(1907—1988),浙江黄岩人。1931年毕业于南京中央大学动物系。先后工作于南京中央大学、北京大学、北京中央研究院化学研究所、浙江大学、浙江师范学院和杭州大学。1981年晋升教授,曾任浙江师范学院生物系系主任、杭州大学生物系第二系主任等,对生物系生态与环境生物学学科的奠基和发展发挥关键性作用。主编《植物营养生理学》《植物生理学》等教材。主要论著有:《半曲霉素培养基的研究》《杭州西湖山区植物种类及植被类型的观察》《西天目森林植被研究》《西天目南坡森林植被探讨》等。曾任浙江省植物学会理事长、名誉理事长。

陈士怡(1912—1994),浙江武义人。1937年毕业于浙江大学生物系,后获法国巴黎大学理学博士学位。历任浙江大学教授、浙江农学院教授兼副教务长、杭州大学教授兼生物系系主任、生物研究所所长。专于遗传学和微生物学。早期侧重于家蚕和果蝇眼色的遗传研究。是酵母染色体外遗传研究的开拓者,在面包酵母呼吸缺陷突变型的研究上取得突破性成果,著有《酵母遗传学》,出版《动物学》教科书,发表《酵母单倍体细胞对细胞杂交法》等论文。曾任中国科学院浙江分院副院长,浙江省科协第二、三届副主席,浙江省遗传学会第一、二届理事长,浙江省微生物学会第二、三届副理事长,浙江省动物学会副理事长。

江希明(1913—1990),祖籍江苏灌云县,生于北京。1936年毕业于浙江大学生物系,1940年毕业于德国慕尼黑大学动物研究所,获理科博士学位。回国后到浙江大学生物系任教,先后担任副教授、教授、系主任等职。1952年8月调浙江师范学院,任生物系教授兼系主任、学院副院长,1958年调杭州大学任生物系教授、副校长、学校顾问。长期教授动物生理学和有关的生物学课程。先后从事再生生物和水生生物学、鱼类生殖生理学以及肿瘤的免疫生理学研究。曾在国内外杂志发表科学论文50余篇。其所指导的研究成果获全国科学大会奖,专著《肿瘤生物学》等获浙江省科技进步奖、国家教委科技进步奖。曾任浙江省政协副主席、浙江省科协主席、中国动物学会副理事长、浙江省动物学会理事长。

吴宝华(1916—2006),浙江桐乡人。1938年毕业于浙江大学生物系,后留校任助教。1952年2月任浙江师范学院动物学讲师。1957—1959年公派至苏联列宁格勒大学土壤生物系进修。回国后任杭州大学生物系讲师、副教授,1983年晋升教授。长期从事生态寄生虫学的研究,为国家自然科学基金课题“鱼类寄生粘孢子虫研究”的负责人。重视基础理论与生产实际相结合,先后发表论文40余篇,发现科学上新种72种,其中单殖吸虫46种、粘孢子虫26种。另从事区系分类研究,深入进行鱼类寄生虫的研究。曾获1979年浙江省科技成果二等奖、1987年浙江省高校自然科学一等奖、1989年国家教委自然科学二等奖。她主编的《浙江动物志·吸虫类》于1991年出版。曾任浙江动物学会理事、杭州市水产学会副理事长、中国寄生虫学会顾问等职。

金逸民(1916—2015),浙江绍兴人。1942年毕业于浙江大学农艺系。毕业后曾在浙江大学农学院农艺系和台湾糖业试验研究所及南京农林部棉产改进处工作。1956年至1987年先后在浙江师范学院生物系和杭州大学生物系任讲师、副教授,1986年晋升教授。编写《农业基础》《土壤基本知识》《作物栽培》等教材。在科研方面,从事过甘蔗、棉花、小麦、水稻等农作物及植物组织培养和植物激素等研究工作,发表论文60多篇。培育出早稻“浙花一号”,获浙江省人民政府嘉奖。在植物激素研究方面发表《荸荠汁中生理活性物质的分离与鉴定初报》等论文。科研成果“三十烷醇在杂交水稻制种上应用研究”获1982年浙江省科技成果三等奖,“稻麦应用米醋的基础理论研究及应用推广”获1984年浙江省和杭州市科技进步三等奖。曾任浙江省植物生理学会秘书长、副理事长等职。

唐　愫(1917—2005),江苏武进人。1938年7月毕业于中央大学理学院化学系,毕业后到中央大学医学院任生物化学助教。1948年任浙江大学医学院生物化学讲师。1955年起在浙江师范学院化学系任生物化学讲师。1958年后一直在杭州大学生物系任教。

1986年晋升教授。50年代初，在《植物学报》等学术刊物上发表多篇论文，其中有《洋葱汁对马铃薯磷酸化酶的抑制作用》《龙井茶儿茶素滤纸层析的初步报告》等。70年代后发表不少与农业生产中基础理论研究相关的论文，如《水稻叶绿体基因文库的构建和精细限制图谱的制作》等。她主编的《分子生物学基础》一书于1992年出版。曾任中国生物化学学会理事、浙江省生物化学学会副理事长、浙江省政协委员。

地理学

袁寿椿（1907—1995），江苏南京人。1932年毕业于中央大学地理系，1935年留学英国伦敦大学。回国后，先后受聘于西北联大、贵阳师范学院、东北大学、安徽大学、山东大学、浙江师范学院和杭州大学，任地理系教授。主要从事中国自然地理的研究与教育，在地理学界享有很高声望。

严德一（1908—1991），江苏泰兴人。1933年毕业于中央大学地理系，后任该校助教、讲师。曾在交通部公路总管处和中印公路测勘队任职，从事野外考察长达10年。后任浙江大学副教授、教授，1952年8月起任浙江师范学院教授兼地理科（后改为地理系）主任，杭州大学地理系教授、系主任。其著述有《边疆地理调查实录》《论西南国际交通路线》《柴达木屯垦问题》《青藏高原的地理剖面》《缅甸之交通》《中印公路测勘回忆》等。曾任中国地理学会理事，浙江省地理学会理事长、名誉理事长，浙江省政协委员，九三学社浙江省委会顾问等。

李春芬（1912—1996），江苏兴化人。1933年，考入中央大学外语系，次年，转入地理系学习，1937年毕业并留校任教。1940年，赴加拿大多伦多大学研究生院深造，获博士学位，同年赴美国哈佛大学从事博士后研究。1946年5月至1951年，历任浙江大学史地系教授、史地系系代主任、地理系系主任，浙江师范专科学校教授兼地理科主任。1952年2月因院系调整，出任浙江师范学院教授兼地理科科主任。不久调华东师范大学,任地理系首任系主任,担任该系系主任达 26 年。著有《南美洲地理环境的结构》《北美洲地理环境的结构》《美国自然资源》(合著)以及《秘鲁 200 海里海洋权的地理分析——兼及自然地理与人文地理的结合》《区划地理:问题与展望》等论文。任第四、五、六届全国政协委员。

陈桥驿(1923—2015),原名陈庆均,浙江绍兴人。1945 年肄业于国立中正大学社会教育系,之后在中学任教。1954 年春起在浙江师范学院地理系、杭州大学地理系任教,1983 年晋升为教授。曾任地理系经济地理教研室、区域地理教研室主任,历史地理研究中心主任。主要研究领域是浙江宁绍地区历史地理、历史城市地理和《水经注》研究。著有《水经注研究》《水经注疏》《水经注研究》第二、三集和《郦道元与水经注》等 25 部郦学专著。在历史城市研究上也成就斐然,出版了《中国六大古都》《中国历史名城》《当代中国名城》等。积极参与国内外学术活动,曾任中国地理学会历史地理专业委员会主任、中国古都学会副会长、中国地名研究会学术顾问、浙江省地理学会理事长等。

王德瀚(1931—1999),浙江鄞县人。1953 年毕业于北京大学物理系(气象专业),同年 8 月分配到南京大学任教,曾任气象系副系主任。1983 年 12 月后在杭州大学任教,曾任地理系系主任。1986 年晋升为教授。致力于气象灾害及区域气候研究,“可能最大降水研究”获江苏省人民政府科技成果三等奖,“长江流域暴雨研究”获国家气象局科技成果三等奖。出版教学参考书(合编):《暴雨分析和预报》《暴雨分析方法》。发表论文 30 余篇,其中有:《中国气温年度特征与大陆度》《西沙高空气候》《从气温、降水年变论台湾气候》《厄尔尼诺南方涛动与浙东北降水的关系》等。另外还从事大气环境影响评价技术方法研究与应用工作。曾任浙江省气象学会第七届理事会理事长。

体育学

舒　鸿(1894—1964),浙江慈溪人。早年留学美国,毕业于斯普林菲尔德学院体育系，复攻读卫生学，获硕士学位。回国后，先后任之江大学、东南大学、持志大学及浙江大学等校教授。1936 年曾在第十一届奥运会篮球比赛决赛中任裁判员。1952 年起历任浙江师范学院体育专修科主任、浙江体育学院院长、新建的浙江师范学院副院长兼浙江省体委副主任。曾任浙江省篮球协会主席以及浙江省民盟常委、浙江省政协常委。

胡士煊(1912—1994)，浙江平湖人。1935 年毕业于南京国立中央大学。曾在金华七中、宁波中学、贵阳师专任教。1938 年起任教于浙江大学。1952 年院系调整后，先后任浙江师范学院体育科副主任、杭州体育专科学校教务主任、浙江体育学院教务处副处长兼体育系系主任、杭州大学体育系系副主任，1981 年晋升教授。长期担任田径、球类、体育理论的教学、训练和行政管理工作。编写了《体育教育法》《运动裁判法》《体育概论》《体育理论》《体育原理》《体育科学研究方法》等教材。曾任浙江省篮球协会副主席、浙江省体育科学学会副理事长、浙江省政协委员。

金钦昌(1931—1997)，浙江东阳人。1949 年 8 月参加革命。1954 年 7 月毕业于华东体育学院，同年 9 月到东北体育学院工作。1959 年 7 月上海体育学院体育理论研究生毕业后在沈阳体育学院担任讲师和体育理论教研室主任等职。1979 年调入杭州大学体育系工作，先后担任体育理论教研室主任、学校体育研究室主任、体育理论硕士研究生指导教师。1986 年晋升为教授。主编、编写《中学体育教学工作》《体育理论学校体育理论》《高校体育》《体育科学研究理论与方法》《学校体育学》(1995 年被评为国家教委优秀教材二等奖)等 10 种教材与教学参考用书。发表论文 50 余篇，主要内容涉及体育基本理论、体育发展战略、学校体育、运动训练、体育科学研究等方面。有 11 项体育科学研究成果及论文 12 次获国家教委、省自然科协、省教委、省经委等单位奖项优秀奖(其中二等奖 6 次)。

忆晓沧老师

金 锵

我于1948年9月入浙江大学师范学院教育系学习。当时,郑晓沧先生是师范学院院长。教育系名教授很多,心理学科有好几位名教授,教育学科也有好几位名教授,听说都是晓沧先生请来的。在教育学科的名教授中,当时特别受大家尊敬的是孟宪承和郑晓沧先生。非常巧的是,几十年来我学习的主要专业外国教育史,正是受教于这两位老师。1950年到1951年上半年,我所在的班级学习外国教育史,是孟宪承先生讲授的。20世纪50年代末,我奉命转教外国教育史这门课程,则是由郑晓沧先生指导的。

1952年高等学校院系调整后,浙大教育系归入新建的浙江师范学院。这时,孟先生已调任华东教育部部长,外国教育史这门课程改由郑晓沧先生任教。我在学院曾任一门课的助教,但偶尔也旁听晓沧先生讲课;课余,晓沧先生常与我交谈一些教学上的问题,谦虚诚恳,令人感到可敬可亲。

1958年,一场猛烈的学术大批判运动席卷全国高校,许多名教授成为批判对象。幸运的是,由于批判另有重点,晓沧先生未被当作靶子,但1959年起,他与其他几个年长教授一道,都不再教课。我奉派开始接替他教外国教育史,随后,又增教一门新开设的外国教育名著选读。使人永远难忘的是,在这样的情况下,晓沧先生不但没有对我见外,而且主动向我表示,有什么他可以帮助的,他极愿意,尽管找他。当时,初次讲授课时颇多的两门新课,我极感吃力,天天备课到深夜,仍常常难于应付。晓沧先生见到时,总是主动亲切地表示关怀。他主动地把他教课时的麦丁斯基著、叶文雄译的《外国教育史》教本交给我,说:“上面有一些材料,也许对你有用。”

教本上，有许多眉批、外文译名的校正，还有许多具体的备用材料，对我教课很有用，使我省去了许多查对之劳，并得到很多启发。

不久，晓沧先生奉派主持系里的编译组，主要任务是选译外国教育名著的主要章节或段落，后来以张焕先生为主编的《西方资产阶级教育论著选》一书（人民教育出版社出版，供全国教育系做教材使用至今）的大部分内容，就是晓沧先生为首的编译组选译的。编译组部分老教授的另一任务是辅导青年教师学习外语。我与另一个同志觉得这是个好时机，向晓沧先生提出要求，请他辅导我们学英文原著。他欣然同意，答应每周辅导两个小时，读什么书，要选一选。几天后，他征询我们的意见："学《共产党宣言》好吗？这样还可以一边学习马列主义理论。"当时，系里正组织老、中、青各年龄组的教师学习马列原著，晓沧先生表现出很大的热情。于是，我们先预习，每周到预定时间由晓沧先生讲解。先生英文水平高超是众所周知的，每次辅导，随我们提问，他总是对答如流，旁征博引，详尽解答，使我们满意而归。可惜的是，因其他工作分心，学完头两章，这次学习就停止了。但此后先生仍然时时关心我的英文学习，并建议我仔细学一本教育原著，而这正是我的急需。为了结合教学需要，先生与我商定，辅导我学习孟禄的《教育史教本》。

1962年初开始，我每个星期到先生龙游路家中学习一次。每一次，总是由我提出问题，先生解答，不但讲解英文原文，而且兼及有关的文史知识、专业知识。讲解一个多小时后，多半休息一下。休息时，乐培师母常常拿出糕点，有时还亲自做小肉饼给我们吃。这时，常常放松一下，海阔天空、天南地北地谈天，谈得较多的，是浙江文史界的专家、名人及其他掌故。有时候，先生兴致极好，也拿出他刚写的诗词读给我听，要我提意见。我对旧诗词几乎一窍不通，当然提不出意见，而且经常听不懂，先生就慈祥地讲解一些引用的历史典故，顺便也讲解一点古诗词的韵律等知识。

这是我学习上感到充实的日子，也是愉快而难忘的日子，大约持续了半年多。因为我们原来所在的浙江师范学院早在1958年底改为杭州大学,原来的杭州师范学院建为浙江师范学院,1962 年,晓沧先生奉令出任浙江师范学院院长,虽然仍未脱离我们教育系,但他太忙了,我不好再多费他的时间。

20 世纪 50 年代起,我就患肠胃病,久治不愈。晓沧先生曾经带我去请张宗祥先生看过一次,按张先生开的药方治疗过一段时间。1962 年起,我的老病又常复发,遇到时,晓沧先生总要问问情况,并问要不要再请张先生看看。我知道张先生那时已经年迈,而且很忙,就婉谢了。晓沧先生去世前住院,每次去看望他,除了谈其他的事外,他也总要问问我的老病治得如何,是否仍然常发。直至现在,每当我发病卧床,还常常回想到先生问暖问寒时的音容笑貌。

晓沧先生精通中英文,是我国教育界英译汉的能手。他的译作在我国影响最大的是美国女作家露意莎·奥尔珂德著的教育系列小说《小妇人》《好妻子》《小男儿》。这 3 本小说是美国的畅销书,《小妇人》的影响更大,至今还在传播。晓沧先生翻译出版这 3 本小说时在 20 世纪 30 年代。《小妇人》中译本出版于 1932 年 9 月问世后,立即引起轰动,好几家报刊纷纷发表评介文章,称赞他"译笔忠实,笔笔生动,字字传神""雅丽信达""实为家家、人人,尤其是女子们的必读之书"。

郑晓沧教授

称赞晓沧先生的译本为"雅丽信达",毫不为过,而且至今不易超越他的翻译水平。这是有我亲身经历的事实为根据的。1987 年的一天,我与一个同志闲谈中谈到这几本小说重新出版的可能性问题,打算试一试。后来知道,其实已有两个出版社打算做这一件有价值的事。其中一个出版社的编辑想把晓沧先生的译本请人校阅一下,可能的话,把译本中某些简明的文言体译文改得语体化一些。他先请一名大学的英语教授试一试。这位教授花了近一个月时间试改,但再三比较,觉得无论如何超不过晓沧先生原译本的水平,只好带着叹服婉谢编辑的委托。征得晓沧先生的公子德明兄的同意,我与浙江教育出版社的总编辑曹成章同志商谈重印。成章同志具有慧眼,当即表示照原译本重新出版,并立即交给责任编辑处理技术问题。这3本小说已由浙江教育出版社于1990年1月重新出版。责任编辑是个有多年编辑经验的同志,读过不少书,看过不少书稿,她告诉我,这3本小说译笔之好,使她叹服,她几乎从未看到过文字如此传神的译著。

晓沧先生在古诗词的创作上,也很有造诣。估计生前他写的古诗词在1000首以上。1943年在泰和,他曾将自己在抗日战争时期写的诗词编成集子,题名《流离集》。中华人民共和国建立后,他对祖国的繁荣昌盛极为感奋,经常赋诗热情歌颂我国各方面的成就。1959年在北京的一次会议上,他发言中朗诵了一首自己的新作,号称为“儒将”的陈毅同志听到后,就上前与晓沧先生握手,表示赞赏。去世前,晓沧先生委托吴广洋先生代为整理他留存的诗作,题名《粟庐诗集》。与德明兄商议后,这本诗集由我们杭州大学图书馆于1985年印刷成册。可惜的是限于经费,只印了200册,几个月后就成了绝本。海内外知道的朋友不断函索,无以为答。1988年,晓沧先生的好友陈训慈先生与我商议,打算索性为晓沧先生编一个文集,将全部找得到的诗词也收入。两三年来,由于种种困难,至今未能实现,训慈先生也不幸于今年初作古,这是至今令人感到遗憾的一件事。

对晓沧先生的诗词,名家早有很高的评价。1960年,晓沧先生抄录自己所作的七言诗50首,请他的老师、著名学者邵斐子先生评点指正。邵老读后,评语是:“和平清婉,是作者本色。”晓沧先生的另一位老师、著名学者张宗祥(阆声)先生也很欣赏他的诗作,两人有过多次唱和。陈训慈先生曾在1989年给我的一封信中谈到此事,兹录出有关段落如下:

> 先生好为诗,抗日战争中随浙大西迁,旋东归龙泉分校,以后再赴遵义,颠沛流离,不废吟咏。在桂林遇早年从

业师张阆声先生,即出自选避寇中之作署《流离集》者,张先生题其诗一律曰:“同是南荒漂泊身,旅中相遇倍相亲。从残文献遭兵后,破碎家园入梦频。杜老愁吟花有泪,庾郎哀赋国无人。(庾信有《哀江南赋》)疑从独秀峰边过,一卷题词怆客神。”

晓沧先生是个坚定的爱国者,对海峡两岸的长久分离,他有切肤之痛。对祖国的和平统一,他充满热情,做了许多他力所能及的工作。可惜的是,去世前他的愿望没能实现,他日夜想望的全家团聚,也不能如愿,他是含泪告别这个世界的。先生去世前几天,我去浙江医院探望,那时远在北京的竺英姐(晓沧先生幼女)已到杭州,与乐培师母在病房阳台上讲话。我问病情,先生苦笑了一下,轻声地说:“有的亲人,我恐怕再见不到了。”眼中注了泪水。我赶忙用其他的话岔开,但这个印象,却永远留在我的心中。翻阅《粟庐诗集》,有一首先生为其长女结婚后留学出国的赠诗:“忆昔怜娇小,于今乐长成。汝归辞我去,万里况遐征。名德钦贤母,英才羡壮行。时艰悭一送,何日更相迎?”

“何日更相迎”?活着的我们后辈,愿为此共同努力,以告慰九泉之下我们敬仰的老人。

* 本文选自《春风化雨》,杭州大学出版社 1992 年版,第 57—61 页。

作者为原杭州大学副校长,教授。

学习陈立先生无私奉献的精神

朱祖祥

陈立先生早年在英国留学期间就开展过工业心理学研究。1935年回国，曾著有《工业心理学概观》一书，系统论述了当时国外工业心理学的发展状况。他曾先后在北京南口机车车辆厂和无锡大通棉纺厂等地开展过工业心理学的研究。中华人民共和国建立后曾二度出国访问考察苏、德、英、美等国的工业心理学。20世纪60年代初，陈先生还招收过劳动心理学研究生。1977年的"平谷会议"把杭大列为重点发展工业心理学科的单位，主要也是基于陈先生的上述经历。陈先生为创立和建设杭州大学的工业心理学科做出了重大贡献。他在建设工业心理学科方面所表现的奉献精神，令人感动。下面仅举两件事为例。

第一件事是陈先生率杭州大学工业心理学考察团赴美、英等国考察。1983年前，杭大心理系经教育部国际合作处介绍获得了联合国资助中国项目的一个子项目。项目包括组团出国访问和由联合国教科文组织派有关专家来校提供咨询等内容。应教育部要求，杭大组织工业心理学考察团，由校长陈立教授任团长赴美、英等国进行考察。考察团由三人组成，除了陈先生和我外，还有卢盛忠教授。我由于未受过外语口语训练而表现出畏难情绪。陈先生一再鼓励我，说一切由他担着，要我打消顾虑。其实，陈先生当时已是81岁高龄的老人，但他为了早日实现办好杭大工业心理学科的愿望，却勇挑重担，不辞辛劳，并如此爱护、关心和鼓励我们后生，令我十分感动和惭愧。考察团于1983年4月20日从杭州出发，先到美国，再从美国转到英国。在美国考察的一个月，我们自西向东，先后访问了斯坦福大学的商学院与工业工程系、伯克莱大学心理系、加州大学北岭分校心理系、南加州大学安全与系统管理学院、普度大学心理科学系和工业工程系、弗吉尼亚工学院暨弗吉尼亚州立大学的工业工程系与心理系、霍普金斯大学心理系、哈佛大学商学院、麻省理工学院的斯隆管理学院与机械工程系、波士顿大学心理系。还访问了美国多家著名的公司,如美国电报电话公司总部、贝尔实验室、数字设备公司、柯达公司安全卫生中人的因素研究部等。在斯坦福大学访问期间我们还分别与IBM公司及洛克希德导弹与空间公司的工业心理学家们进行了座谈。此外,我们还访问了美国心理学会及其下属14分会(工业和组织心理学分会)及美国人类因素学会等。在英国考察的10天左右时间,我们访问了牛津大学心理系、剑桥大学应用心理研究所、伦敦大学心理系和工效学研究所、伯克贝克学院心理系及职业心理系、伦敦商学院和伦敦塔维斯托克研究所等。在短短的40多天中,访问了美、英两国的30多个校、院、系、所、公司,同美、英两国的120多位工业心理学家进行了座谈与讨论,考察日程安排的紧凑程度可以想象。这次考察列入联合国教科文组织的援华项目,在我们到达美国之前,联合国教科文组织已有文件寄送受访单位,因此每个受访单位对我们的访问都很重视,我们每到一处都受到非常热情的接待。我们白天参观、座谈、交流、讨论,中午或晚上接受受访单位宴请,几乎每天都要到深夜12点或1点后才能就寝。如此紧张的访问活动,我真感到有些吃不消。我想陈先生一定比我更疲劳。因为除了年龄比我大26岁(我当时55岁)外,他承担的访问任务比我繁重得多。在每天的参观、访问、座谈中,我们主要依靠陈先生与外国同行进行交流,我只能集中注意力听他们交谈,不时做点记录。我们应邀参加宴请时也都主要依靠陈先生与外国友人交谈。他的劳累程度是可以想见的。但是陈先生每天都强打精神,显示出不疲倦的样子。他的这种忘我工作精神不仅感动了我,也感动了外国友人。许多外国朋友都对陈先生表示钦佩,他们伸出大拇指对我说,这位老先生"真棒"。

我们出国考察的目的主要有三个:一是了解发达国家的工业心理学发展状况;二是学习美、英两国著名大学与公司开展工业心理学研究和培养工业心理学专业人才的经验;三是考察国外工业心理学实验室建设的特点。陈先生要求我们除了在这三方面多搜集一些资料外，还要求我们尽可能节省开支，以便用省下来的钱购买我们急需的仪器与图书带回来。在整个访问期间，陈先生以身作则，从不多用一分钱。由于陈先生的严格要求，我们从生活费中节省下7000多美元，给心理系买了170多册图书和1台计算机。这些图书和计算机在后来的科研和教学中发挥了重要作用。陈先生的一心为公、勤俭办学的思想，永远是我们学习的良好榜样。

第二件事是陈先生在培养研究生工作中所表现的诲人不倦、鞠躬尽瘁、死而后已的感人精神。陈先生在20世纪60年代初和70年代后期曾先后招收过劳动心理学、工程心理学和管理心理学研究生。80年代初我国开始建立学位制度，陈先生建立的杭大工业心理学科是国务院学位委员会第一批批准有权授予硕士学位和博士学位的学科。这个学科可以招收管理心理学和工程心理学两个方向的硕士、博士研究生。陈先生当时已年逾80，加之社会活动和校务繁忙，因而他要我分担招收工程心理学方向的硕士、博士研究生，他自己专招管理心理学方面的硕士、博士研究生。自然，这是对我的信任，也是他对我的培养和鼓励。我不能辜负他的一片好心。我勉励自己，一定要以陈先生为榜样，把研究生培养好。我认为陈先生培养研究生的经验中有三点特别值得我学习。

一要学习他为研究生开课的认真态度。陈先生每招一届研究生都要亲自为他们开课。他曾为研究生开设过高等心理学、管理心理学、决策心理学等课程。他备课非常认真，每次讲课都写有简要讲稿，为了在他的讲课中把最新的知识传授给学生，他常备课到深夜。他是心理系图书资料室外文书库和外文杂志阅览室的常客，是心理系教师中借阅外文资料次数最多的老师。陈先生的讲课理论与应用并重。为了讲透一个问题，他总是旁征博引，从古代讲到当代，从国外讲到国内，既有理论分析又有实验证明。因此，陈先生开的课程，内容异常充实。

二要学习陈先生对研究生严格要求的治学精神。陈先生在研究生的培养工作中做到了既慈又严。平时他对研究生和蔼可亲,讨论问题时循循善诱。他喜欢研究生多提问题,多发表看法,研究生不论在什么地方和什么时候找他,他都和善地接待他们。但陈先生对研究生的学习要求却十分严格,特别是对研究生的学位论文有非常严格的要求。他要求研究生在做论文前都要到工厂企业蹲点研究、搜集材料,做论文过程中要定期向他汇报,论文写出初稿后要及时送他审查,若不达到他的要求,退回重写或再做补充研究。他不容许不符合要求的论文提交答辩。他对研究生的论文真正做到了高要求、严把关。他招收的硕士、博士研究生中曾有好几个都因论文通不过陈先生这一关而不得不中途退学或延期毕业。陈先生对研究生的严格要求为我们树立了榜样,他对形成全系研究生的良好学风和提高研究生的质量起着重要的作用。

三要学习陈先生培养研究生工作上所表现的鞠躬尽瘁、死而后已的崇高精神。1989 年,陈先生招收管理心理学第一个博士研究生时已是 82 岁高龄。一般教师不到这个年龄就早已退休。可是陈先生是老当益壮,这时正是他培养研究生的黄金时期。83 岁后他几乎每年招收博士研究生。我记得他在 90 岁后,除了招收博士研究生外还同时招收过几届硕士研究生。

他临终时还有在读研究生。年逾百岁仍亲自在为培养年轻一代操劳,我想不仅在中国,在世界上也是非常罕见的。陈先生为培养年轻人真是做到鞠躬尽瘁、死而后已。我虽然不可能有他这样的长寿,也做不到像他那样在耄耋、期颐之年还一心扑在培养研究生工作上,但他的无私奉献精神将深深地印在我的心中。

* 本文选自《陈立先生纪念文集》,浙江大学出版社 2006 年版,第 127—129 页,标题系编著者重拟。

作者为原杭州大学心理系系主任,教授。

深切怀念焦梦晓书记和林淡秋副校长

王元骧

我到杭州读大学、后留校工作至今刚刚50年。在这漫长的50年中,接触过的学校领导也已不少,有些值得我尊敬的领导也都已离我们而去。但最使我感动、使我怀念的是原浙江师范学院党委书记焦梦晓同志和原杭州大学副校长林淡秋同志。

焦梦晓书记

我从小在一个封闭的环境中长大,生性腼腆,不善交游,读书期间几乎连系总支和系主任办公室门口都不敢站,更不用说主动接近学校领导了。我第一次接触焦梦晓同志是一个非常偶然的机会,大约1958年冬我毕业留校后三四个月,我拿着一本书到学校理发室等理发,坐下一会,看到焦梦晓同志也进来理发。由于我在读书期间从未与他有过任何接触,以为他是不认识我的,就装作似乎没有看见,仍然抱着书低头在看。没有想到他走到我身边,在我坐的那条长靠背木椅上挨着我坐下,就亲切地跟我攀谈起来。他知道我叫什么名字,是哪个系的,是搞什么专业的,并且对我们文学理论教学小组的其他几位教师以及工作的情况也都一清二楚,最后还对我说了一些鼓励的话。这一下使我惊呆了,一股感动而又敬仰之情从心底涌上。因为不论从我的年龄、学历、水平哪方面来看,在当时学校一两千教工之中我都如同草芥,是根本不值得领导关注的小人物!然而他竟这么了解我!看重我!我真是甘愿为他赴汤蹈火!从这之后,我每见到他心头总不免漾起一股不可名状的亲切感!他总是要向我问长问短,我也毫无顾忌地向他谈心里话;平时,我还很喜欢听其他教师谈焦梦晓同志的感人事迹。据说他常在晚上10时之后到教师宿舍区去转转,看谁家的灯还亮着就敲门进去找他们聊聊。还听说在1957年前,浙师院部分系科还在六和塔之江大学旧址的时候,由于学校离城里有十余里路,进城的交通非常不便,加上那时的学生甚至有些老师经济条件都比较差,为节约开支,进城往往都是步行。而焦梦晓同志外出办事若遇到顺路的师生,他总要招呼他们上车,直到挤满车子为止。可能是由于他太重才,对知识分子特别是老专家太好了,在20世纪60年代初,被上级领导说是在浙师对"资产阶级知识分子"执行一条"投降主义的路线"而被打成"右倾机会主义分子",平反后调离杭大,到省教育厅任副厅长,我们见面的机会也就少了。

但就是他离开后,还是有一件事使我惊讶不已。那就是1973年春,当时学校响应毛主席的"深挖洞、广积粮、不称霸"的号召,动员师生在校园里大挖防空洞,我也被分配到工地劳动。一次由于天下雨在室内施工(敲铁板),把耳朵震聋了,当时教师下放劳动死人的事也屡有发生,震聋耳朵是根本不算一回事的,何况是个"臭老九",连工地主任都没有来家看过我一回,学校一级的领导还有谁会知道的?后来经过治疗,听力稍有恢复后我到西溪路散步,在16路公共汽车站附近,碰到了焦梦晓同志,他竟知道我的耳朵震聋了,并详细地问我现在如何治疗?效果如何?有什么困难?这大概是我们最后一次见面和交谈。不久,他就患肝病去世了。不知是什么原因,是消息不灵,还是我外出了,我竟连他的遗体告别仪式也未去参加,我感到终生遗憾!

比较起来,我和林淡秋副校长接触的机会多得多了。他是"左联"时期的老作家、老翻译家,并兼任南方"左联"的组织部长。中华人民共和国建立后任《人民日报》副总编并兼任文艺部主任。因1957年他批发了徐懋庸的杂文(后被认为是"反党文章",徐懋庸因此也被打为"右派")而于1958年被下放到他的老家三门县劳动。当时杭州大学正挂牌成立,省委就把他截留在杭州,任命他为杭州大学副校长。新杭大中文系教职员工仅有6人(主任、书记、2位讲师、

2位助教)，且没有人会教文学概论(当时叫“毛泽东文艺思想”)，林淡秋同志就来兼任文学概论课，我当他的助教。两个多月后，浙师和杭大合并，文学概论课由原浙师的一位讲师主讲，我插教一部分，林淡秋同志也就不再兼任了。但他还是很关心我们，完全像一个普通教师那样，常参加我们的集体备课，深入课堂听课，有时还个别找我聊聊，了解我的教学和科研的情况，我为63届中文系学生试开美学课时，他也兴致勃勃地来讲了几次，以示对我们工作的支持。总之，他十分和蔼可亲、平易近人，没有一点架子。每当看到他的笑容，我就像沐浴在阳光之中，有一种无比温暖的感觉。我是一个毫无心计、心思、从不知为自己考虑的人，一心埋头教学。虽然自己当时也“要求进步”，打过入党报告，但在某些领导眼里，我是一个走着一条“白专道路”、在运动当中没有“斗争性”又不善于处理“群众关系”的人，是不能发展入党的。在“文革”期间，我从中文系一些教师写的大字报中了解到，他还在党内几次提到应该发展我(虽然大字报没有点我的名，但明眼人一看便知)。我才知道，他不仅在业务上、工作上，而且在政治上都对我无微不至地关怀。大约1964年，他就调到省委宣传部任副部长了。

林淡秋副校长

“文革”开始，浙江运动的第一次高潮可能就是杭大的“林夏战役”，“夏”是指被胡乔木同志称为“一代词宗”的党外的中文系教授、“反动学术权威”夏承焘先生；“林”就是指林淡秋同志，是“党内的走资派、修正主义文艺路线的代表人物”。从而把他“揪回杭大”在杭大大操场开了几千人的“批斗大会”。校园里“揭露”林、夏“罪状”的大字报铺天盖地。我当时虽然三十出头，但幼稚、天真、单纯到了极点，把我听林淡秋同志讲文学概论课的笔记找出来，整理了一份材料，以“请看林淡秋的修正主义文艺观”为名写了一份大字报贴出，觉得“文化大革命”既然是领导人“亲自发动、直接领导”的,不起来“揭发”就是对领导人的“不忠”。不久,我看到在我大字报的旁边贴了林淡秋同志写的一份小字报,他对别人强加给他的诬陷不实之词都未做任何申辩,唯独对我这份大字报中一些记得不完整的,或误解了的他的讲课内容一一做了更正。这说明他对我这份大字报的重视以及对他自己观点的坚信(我看了才发觉自己的草率和冒失)。但林淡秋同志并没有因此把我看作是恩将仇报、落井投石的小人,他始终一直在关心我。“文革”后他再度出任省委宣传部副部长并兼任文联党委书记。看到1980年《文学评论》以头版头条的位置刊发了我的《论典型化》一文,非常高兴,就请当时《东海》杂志的主编盛钟健同志来向我约稿,要我也为《东海》写写文章。他是1981年12月去世的,我去参加他的追悼会,他女儿林崇明同志告诉我,他在临终前几天还谈到我,问我是不是经济很困难,因为他听说我穿的鞋子底还是有洞的。我一听就泪如雨下,双手紧捂住面孔,以致整个追悼过程我没有把手放下来过。追悼会后我回家就赶紧写那篇我正在进行的《情感:文学艺术的基本特征》的论文,我急于想完成它作为对林淡秋同志的悼念。这篇文章后来虽然在《文学评论》1983年第5期刊发了,但我自己很不满意,觉得不足以告慰他的在天之灵!去年9月到今年7月在不到一年的时间里,《文学评论》以头版头条的位置连续刊发了我两篇长文(这在《文学评论》历史上恐怕是少有的,是否“绝无仅有”尚待查考),并都在《编后记》中给予很高的评价,我想以此作为一份对他的祭礼,相信林淡秋同志若是泉下有知,他一定会感到十分高兴的!

我和焦梦晓书记和林淡秋副校长都没有特殊的个人关系。焦梦晓同志在师院和杭大期间我没有去过他的办公室,他在世时也没有到过他的家。孩子3岁时一个人去松木场买葡萄,因找不回家在那里哭,是焦梦晓同志夫人李元忠同志看到把孩子带回我家。孩子工作以后第一个中秋节,我们就买了月饼、西洋参和花篮去谢她,才第一次到焦梦晓同志家里,但这时他已去世多年。林淡秋同志除工作关系之外,平时也没有什么个人接触,由于他的女儿和女婿都是我的学生和朋友，所以 1976 年 1 月我曾连续几个晚上到他家看悼念周总理的电视直播。但尽管如此，即使他们离开我们 20 多年了，他们的形象仍然深深地扎根在我，还有很多原浙师和杭大的师生员工心中，以至我今天回忆起来还是激动不已！是什么原因？我想最根本的一点恐怕就在于他们对教育事业都怀有一颗无比忠诚的心，从而使得他们不仅把自己与学校和师生员工完全融合在一起，而且把师生员工看作是学校的主体，关心师生员工总是胜过关心他们自己，视师生员工的智慧和力量总是大于他们自己，时时刻刻都与师生员工保持血肉的联系，体察他们的疾苦，了解他们的需要，倾听他们的意见和呼声，从不把师生员工仅仅作为供他们所驱使和利用的工具，而是一个有血、有肉、有思想、有感情、明是非、辨正邪、知好歹、懂爱憎的活生生的人！以自己的真情与师生员工建立联系，以至他们离开了杭大之后，还不时在牵挂着、惦念着我们！这种对事业和群众的深厚感情，把师生员工置于个人之上，看得比个人为重的博大情怀，在他们身上升华为一种强大的人格魅力，从而把全校师生都团结凝聚在一起，最大限度地调动他们的积极性，戮力同心，和衷共济，为办好学校而共同奋斗。他们的话之所以一说就灵，不完全在于他们的权力，而更在于他们深得人心，在群众中享有很高的威望，在于群众对他们的衷心拥戴！

* 本文原载《浙江大学报》，2004 年 11 月 20 日，第 4 版。收入本书时正文略有删节，标题新拟。

作者为原杭州大学中文系教授。

陈建功教授和他的研究生

庞毅明

陈建功教授准时地走进杭州大学数学系研究室。几个研究生尊敬又热情地迎接了他。大家坐下后,“小型学术讨论会”就开始了。

这天是徐爱廷做阅读报告。他在陈建功的指导下,已做了不少次报告,这次的报告也准备得比较充分,但当他看看坐在面前既严肃而又亲切的陈建功教授,想着他十分严格的要求,心情仍不免有些紧张,生怕报告得不好。报告开始后,他在证明毕卡定理中叙述模函数时,提到了对称原理,哪知他这句话尚未讲完,陈建功立即插话问道:“这个定理你看过没有?”徐爱廷见问,觉得自己虽然看过,但没有很好理解,便脸一红,有点尴尬地回答:“曾粗粗看过一下。”陈建功立刻严肃地说:“自己没有懂的东西不能随便引用,等你把这个原理弄懂了,下次再报告吧。”接着,陈建功教授教导大家说:做学问要老老实实,懂就懂,不懂就不懂,不能似是而非,不能含糊不清。

这些话陈建功教授虽然已讲了好多次,但每个人听起来还是感到很亲切。这些教导还往往使大家想起过去许多有教育意义的事情。有一次,王美琴做阅读报告。她一边讲一边在黑板上写,为了省事,她只把几个重要的字写到黑板上,有时写算式,有时写文字。陈建功马上制止她,并说:“这是一种懒惰做法,做学问当教师都不能采取这种态度。要写文字就应当一字不漏地把全文写出来,使学生一看就懂,记下来就是一篇通顺的文章,不能只写半句。你们将来是当教师的,教师的样子不正,那学生将要学成个什么样子呢!”接着陈建功举例说:“徐瑞云先生(杭大数学系系主任)上课,黑板上的文字都写得很通顺完整,记下来就是篇文章;苏步青先生写出的汉字,连下面的四点水,都不简写作一画,而是一点一点的。你们看他们多么认真！你们要向这些前辈科学家学习。不认真是做不好学问的。”

陈建功教授就是这样一丝不苟地严格要求研究生们的。他在听研究生做阅读报告时，总是仔细倾听，对引经据典是否正确，结论是否经过运算核对，是否弄懂弄通，一个式子，一个数字，甚至连讲话的措辞语句，都不轻易放过，如果不对，他就毫不客气地当场提出来。一次，一个研究生在报告中列举了许多事实后说：这个式子可以等于什么，因此，这个定理可以成立。哪知陈建功教授却抓住“可以”这两个字教导研究生们说：“等于就是等于，成立就是成立，加上‘可以’两字就不确切。讲话要精练准确，不能含糊，一是一，二是二，学数学的人更应如此。”在答辩时，陈建功的要求也很严格，如果他提出问题你答复不出，他就要你自己下苦功多动脑筋想一想，如果你的确动了脑筋而真正想不出来了，他才允许别人解答，或者自己解答。

陈建功教授的院士证书

陈建功常常说：科学是一门老老实实的学问。要在科学上有所成就，非得下一番苦功夫不可。他常讲刻苦治学的故事给大家听，他说：有一次我到北京开会，和数学家吴文俊住隔壁，休息时总是听见他在房子里、走廊上“踢塌，踢塌”绕圈子，我以为他有心事，原来他是在利用空隙时间思考问题。第二次我去北京开会隔壁房间又有这种声音，我想：莫非又和吴文俊住在一起了？去一看，果然是他！过了一段时间，我去上海开会，隔壁又有这种声音，心想：怎么这样巧，又和吴文俊做邻居啦！你们看，他做学问多么专心，多么舍得下苦功！这类趣味盎然、意义深远的故事，无形中鼓舞了大家学习的信心，培养了大家刻苦治学的精神。

在陈建功教授严格要求、认真指导和精心培育下，几个研究生已初步树立了实事求是的学风，养成了刻苦学习的精神，因而进步很快。有些研究生原来的水平比较低,不仅专业基础知识缺乏,外语基础也不好。但是他们并没有被这些困难吓倒,牢牢地记住党交给自己的学习任务,顽强地学习、钻研,现在已基本上能使用英、俄两种文字工具,在做阅读报告时,已能不看讲稿了。他们的学习已从打基础阶段,开始进入专门化阶段了。谈起这几个研究生的情况时,陈建功高兴地说:"他们进步很快,很有前途。"

陈建功教授和研究生

陈建功教授是有声誉的数学家。他和另一位数学家苏步青从1931年在浙江大学创立了"小型科学讨论会",已经坚持了30年,培养了不少师资和科学人才。目前,国内有不少高等院校的数学系系主任,都曾得到这个"小型科学讨论会"的培养。1959年,陈建功来杭州大学担任了副校长,1960年9月接受了培养研究生的任务后,他又把这种学风带到杭州大学。陈建功教授今年虽然已经是69岁高龄的人了,但他仍然精神饱满地工作着,严格地要求着每一个研究生。他说:只有这样,才能培养出有出息的科学人才。

"严师出高徒",这话确有道理。可以预见,在党的领导下,有陈建功这样教授严格的指导和精神,这几个研究生会在红专的道路上飞跃地前进!

* 本文原载于《浙江日报》,1961年9月21日,第3版。

作者为《浙江日报》记者。

姜老游碑林纪实

任　平

到新建的杭州碑林去看看的想法，姜亮夫先生早在一年之前就有了，无奈毕竟年纪高迈，身体虚弱，天太热太冷都不宜出门，加之诸事繁多，一直未能成行。一个天晴气爽的金秋日子，终于遂了我们的心愿。

我们驱车沿着六公园、南山路前往碑林所在地的劳动路。湖上的微风透过车窗，轻拂起老人的鹤发。他不时地看看窗外，见少年宫广场花树丛生，感叹地说：大变样了。车至碑林门口，在那一对永远伫立的雕刻精致的石狮旁，碑林管理处的王杭林、陈进两位工作人员已在迎候。

杭州碑林的碑廊内主要以明清刻帖为大宗，其中可见宋代米芾、苏东坡，明代文徵明、董其昌，清代铁保、梁同书等著名学者、书家的书法；大成殿内，是著名的南宋石经，另辟一专室，保存着吴越王及王妃的两块墓盖，墓盖上刻的，是我国目前所知最古老、最精确的星图。据杭林介绍说：这便是杭州碑林的“镇馆之宝”了。

姜老眼睛不好，平时面对面跟人谈话，也是“不见其面，只闻其声”的，看书则要凑得很近。今天来看碑，对他来说实在是件难为的事。但老人宁可不坐，也要站着凑近石碑努力端详一番。我们怕他太累了，便稍加快了参观进度。姜老于文史为一代大家，于金石书画亦颇通晓，所以面对着南宋石经，他能准确地告诉我们文献记载的数字是 87 块，正与现今碑林所收数一致。面对众多刻帖，他也能告诉我们诸书家的身世及刻帖的优劣。然而他还是那么认真地倾听着王杭林同志的讲述，不时地询问一些问题。老前辈如此虚怀若谷、谦逊好学，真叫我们这些年轻人感动。当杭林介绍说这 100 多块南宋石经，在“文革”时四零八散，有的做了墙基，有的做了灶台，是文物工作人员一块块一段段收集拼凑而成时，姜老愀然变色，眼眶里滚动着热泪，一股视优秀传统文化为生命的强大的爱国心潮在心胸间起伏着，眼前之事显然又触发了他对往事的回忆。他说：最叫我不能容忍的，最让我痛心的，就是祖国文物受到损坏，民族文化遭到摧残。我 30 岁时在法国巴黎，看到博物馆放着那么多外国文化盗贼掠去的我国古代文物，痛苦激愤之至，当时凭着一颗炽热的爱国之心，决心要把流散在海外的文化瑰宝带回去，就一字一字地抄录敦煌韵书卷子，从早到晚，废寝忘食。这眼睛就是那时落下病的。姜老说，今天杭州园文局的同志们能将这么多的碑石从四处收来，整理、集中在碑林收藏，实在是不简单的事，是保护文物、弘扬中华优秀文化的有功之举。

在参观完吴越天象图之后，姜老确有些累了，但仍神采奕奕。为了让他老人家休息一下，也为了合照留影，杭林、陈进搬来了一张古色古香的小案桌，沏了一杯清香的龙井。看来陈进是个机灵人，他见姜老呷了几口茶后精神更好，变戏法般地从里面捧出来一本大册页，端来了纸墨，要请姜老题字。姜老平时不轻易写，我猜测可能要推辞。哪知老人家欣然提笔蘸墨，沉吟片刻，便写下了这样几行字：今日得见故国真奇，为生平大乐，亦生平感慨至深切切第一次。九十翁姜亮夫敬书。

归途中，姜老神色如饮甘醴般满足愉快，他说：“我到杭州 30 多年，今天是最高兴的一天。”说是高兴，眼角却噙着泪花。我想，老人此刻的心情，就是他在题词中说的，既是“大乐”，亦是深切的“感慨”吧。

* 本文原载于《杭州大学报》，1991 年 3 月 30 日，第 4 版。

作者现任文化部中国艺术研究院教授。

忆先贤王琎教授二三事

张孙玮

记得在1957年9月我们化学系的入学迎新典礼上，让我们最为轰动的是仰望已久的一级教授王琎出现在会场上，那时候化学系的老师并不多，在我们来校报到后，新生们聚在一起议论的内容之一便是打听系里老师的情况，以便写信给家长、给中学母校及同学时可如数家珍地汇报一番。当时王琎教授其实也未年过古稀，尚不足七十。但对我们当年尚不足二十岁的初生之犊来说，当然是传奇式的敬仰偶像了。当他缓缓走向讲台时，我们谁也不敢站起来观看他老人家的风采，但个个把头颈伸得长长的，生怕错过任何一秒钟对他的印象。当他老人家以低沉的声音开始讲话时，我们都屏住了呼吸，静静地倾听他的每一个字符，如今仍深深地铭记在我们的脑海中。在结束他的讲话时，他还为我们即席作了一首打油诗，虽然其内容我们已经不记得了，但立即把迎新典礼的气氛引入了高潮，令我们这批新生回味无穷。

我于1961年毕业留系任助教，分配在与王琎教授同一个分析化学教研组，所以有了更多接触和了解王琎教授，接受他教诲的机会。当时我作为王琎教授嫡传弟子戚文彬教授的助教。由王琎和戚文彬合著，高等教育出版社出版的《分析化学》上、下册两卷，上卷是常见无机离子系统分析检出，下卷为传统的无机物质的定量分析，这套教材是我的必读书，是我深入分析化学殿堂的敲门砖。

王琎教授常来参加我们教研组活动，教研组也为他配了两位助手，一位是讲师杨国樑，另一位是我同班同学并一起留系任助教的楼永达。每当王琎教授来参加教研组活动，他们都会预先搬来藤椅，放在中间位置，让王琎教授讲话时大家都能听得很清楚。而全教研组10多位教师以论资排辈的顺序围坐在他的身边,如原子核外电子排布一样。我们都知道,他是我国分析化学特别是经典微量分析的祖师爷,并毕生致力于中国化学史研究,擅长通过古钱币的分析来揭示中国古代冶金史。几十年来,曾经撰写了大量有关中国化学史领域的论文和翻译国外科学史资料,以及有关科学家传记。在王琎教授的启迪下,我们年轻老师也曾经模仿着去查找我国近代化学史上重要人物(如曾经给钠、钙、镍、锌、锰、钴、镁等许多化学元素确定汉字名称的无锡人徐寿)的事迹。可见王琎教授对我们化学系影响的深远。

后来,直到改革开放以后,在我担任浙江省科协常委时,王琎教授的儿子王启东教授是省人大常委会副主任,兼任浙江省科协主席,当他知道我也是分析化学老师后,我们就多了许多互动。从那时以后,我也才更多地知道王琎教授出生在福建的原因,原来是其父亲曾经在福建任闽侯、福清、松溪、仙游等地县令达30年之久的缘故。王琎教授自幼聪明过人,清光绪三十三年(1907)入北京译学馆学习英文。宣统元年(1909)参加清廷"庚子赔款留美学生"考试,600余考生按标准录取了47人,他是其中之一,赴美攻读化工,获化学工程学士学位。回国后历任国立南京高等师范学校、国立东南大学数理化学部教授、主任,中央大学教授、理学院院长,中国科学社论文讲演委员会委员,中国科学社董事,《科学》杂志编辑部部长。

在王琎教授的言传身教下,我们化学系分析化学教研组留下了好学上进的良好习惯,即使在"文化大革命"的困难时期,我们还承担了化工出版社委托编写大型工具书《分析化学手册》的任务,由时任党总支副书记杨招棣带领我赴北京签订出版合同,至今该手册已经出到第三版,得到国内外的积极好评,这是大家对王琎教授教书育人的最好怀念。

* 作者为原杭州大学化学系系主任,教授。

深切怀念恩师董聿茂教授

汪宝永

我是恢复研究生招生制度后，董老先生招收的第一个研究生，毕业后留校做董老的助手。现在，每当回想起当时在他身边学习和工作的情景，总要引起我对恩师的深切怀念。

董聿茂教授

董老先生对治学态度极为严谨，对科研工作和培养年轻人满腔热情。当年我读研究生时，董老已是80多岁高龄，为了给我开“甲壳动物学”这门课，董老查找了很多资料，并很认真地做了备课笔记，同时也要求我认真做好笔记。1982年，董老受中国水产科学院东海水产研究所之邀，主持东海深海甲壳动物的研究课题，80多岁高龄的董老还亲自去上海查看标本。有关深海甲壳动物的资料手头上不多，董老在去北京参加全国人大会议期间，还抽出时间亲自去中科院北京动物研究所查找。董老对东海水产研究所在深海采集到的标本极为珍惜，每次我去上海取标本时，总是叮咛我千万要小心，不要损坏标本。每当我画完一张实物图时，董老总要与标本认真核对多次，有时一张图从画完到核实定稿，要花一个多月，甚至更长时间。董老平时总是说搞科研工作的人是不应有假期和休息日的，因此，即使是寒、暑假，董老还是要我经常去他那里汇报工作的进展情况。在撰写论文时，董老要求我们要认真、客观和简练，董老常说，写论文要像打电报一样，要简练而准确。

董老先生品质高尚，待人极为诚恳，正直、平易近人，从不摆权威和前辈的架子。董老先生对我在学习和工作上要求极为严格，但对我在生活上极为关心，经常问我在生活上有什么困难。读研究生时,为了我工作方便,把家里的一辆自行车借给我用。1986 年,我受了轻微脑震荡,在家休息,董老亲自来我家看我,问我身体好些没有,当时周围的邻居都很受感动,说你的老师真好,跟自己父母一样。

董聿茂先生主编的《浙江动物志》

以上这些都使我时刻铭记在心,每当想起董老平时的教诲,就像董老还在身边不断鼓励我努力上进做出成绩。

深切怀念恩师董聿茂教授!

＊本文选自《董聿茂教授诞辰一百周年纪念集》,1997 年 3 月,第 61—63 页。

作者为浙江自然博物馆研究馆员。

素雅智慧　充满爱心

——深切怀念徐瑞云先生

数学系 64(1)班

20 世纪 60 年代第一个夏天，我们一群小年轻走进了杭州大学数学系，开始了大学生活。

开学第一课是到半山参加劳动。在劳动现场，我们见到了一位体态素雅、和蔼可亲的长者，她和我们一起生活，一起劳动，与女同学一起参加运砖劳动。在长长的运砖队伍中，她是普通的一员，又是不平常的一员，大家都感到她的平易近人。后来我们才知道，她就是我们数学系的系主任，我系唯一的女教授——徐瑞云先生。当时一般的教师我们都称为某某老师，唯有对她尊称为“先生”。

正式第一堂基础课“数学分析”，主讲人就是徐先生。当时教授不多，能由系主任、教授亲自授课，大家都感到意外和高兴。教材是她自编的，教材简洁精练，上课深入浅出，重点突出，大家都听得津津有味。一个细节是：当时我们在大教室上课，教室很大(4 个班 160 人左右)，前面是 4 块要上下推动的黑板。徐先生上课声音洪亮，坐在最后一排也听得清楚。黑板推上推下相当吃力，她都勉力完成，板书一丝不苟，清晰合理。一堂课下来，刚好 4 块黑板写满，图文并茂，简直是一件艺术品。据说当时陈建功老先生对其研究生们称赞徐先生的板书说：“一堂课下来，满黑板的板书就是一篇论文。”这门课由徐先生讲授了一年半。后来因为课程安排，虽然徐先生不再给我们授课，但她仍然很关心我们这个年级同学的学习和生活。毕业前夕，我们去请徐先生参加我们的毕业典礼，她家就住在学校门口前的道古桥宿舍，家里干净整洁，看得出生活也很简朴。当得知我们来意后她一口答应，满足了我们的要求，后来我们共同拍下了值得纪念的毕业照。

廷梁同学记忆中有关于徐先生的两件事,使他难忘。

第一件事是他当时条件比较差,参加新生劳动时,家里没有给他准备好蚊帐。那时徐先生经常到他们的工棚来,和同学们拉家常,她见他没有蚊帐,就问他:“廷梁,你怎么不用蚊帐啊?这里晚上蚊子很多的。”他就把家里没有准备好蚊帐的情况说了。徐先生当时就说:“我给你想办法!”真没有想到,第二天徐先生就给他拿来了一顶蚊帐,解决了他的困难。晚上,他睡在蚊帐里,不再受那蚊虫叮咬之苦,心里非常感激徐先生。

第二件事是当时劳动的地方要出黑板报,交流劳动心得,表扬好人好事。他记得,稿子不成问题,问题是大家写不好粉笔字,每出一期总是会闹一点笑话。徐先生得知了这个情况,就到工棚,对大家说,粉笔字今后一定要学会,不光会写,而且要写得好。接着徐先生就拿起了稿子,给同学出起了黑板报。为了提高速度,干脆叫一个同学念稿子,她直接写。看着徐先生那一手漂亮的粉笔字,写得又那么快,大家真的非常佩服。有好几期黑板报都是徐先生帮忙一起出的。

玉书同学也有亲身感受:是徐先生改变了她的人生。1960年夏天,她考入了杭州大学数学系,是那么的开心。可是,由于家庭条件的限制,每月11.50元的费用无法承受,她的父亲咬牙把入学通知书寄还给了数学系。她在农村默默地劳动,常常流泪,也无可奈何。

9月,新生报到去半山劳动,而她只能在家乡劳动。10天以后,家里突然收到了杭州大学数学系办公室的来信,说是“经济困难,来了再说”。短短八个字就改变了她的人生。她来报到了,可是同学们在半山已经劳动了半个月,还要等半个月才回来,系里就安排她在食堂劳动了半个月。劳动结束以后,评定助学金,她每个月享受7元,缓解了她的经济压力。她不仅顺利地读完4年大学,而且毕业以后分配到绍兴师范学校做了一名光荣的人民教师。是徐先生用“一个都不能少”的精神爱护学生,改变了玉书的人生。事实证明,她在后来的几十年中,能勤勤恳恳地工作,其中最大的原因就是她要报

徐瑞云教授(坐正中)和64(1)班同学合影

答国家和杭州大学数学系对她的教育和培养，不辜负徐先生等好人的期望。

在“文化大革命”期间，闻讯我们尊敬的徐先生被迫害致死，我们虽多数在外地，都深感震惊和惋惜。

时隔多年，虽然我们很多事都已淡忘，但徐先生在我们的心中永远是一个有风度、有教养、有水平的高级知识分子，是我们永远学习的榜样，永远怀念徐先生！

* 本文原载于《浙大校友》2014年第3期，第66—67页。

汲取到清澈百丈的源头活水

吴熊和

夏承焘先生离开我们整整一个月了,我们深深沉浸在悲痛之中。我们教研室多数同志,受到夏先生长期的教育熏陶;夏先生的道德学问,我们有幸得到亲炙。因此在悲痛之余,心头不断重温夏先生对我们的谆谆教诲。夏先生为人犹如光风霁月。我们向他求教问学,就像汲取到了清澈百丈的源头活水。他给我们这批刚刚播种正待出土的禾苗,带来了阳光、清风和生生不息的活泼生机。夏先生论词重词品,论人重人品,人品先于词品。夏先生教育我们的,也首先是学行一致的品格志向的陶冶,作为日后为人为学之本。我们常常从夏先生无所拘束的随意漫谈中,听到他深含哲理的议论,领受到有关人生的启迪。这里可以举两个例子。夏先生喜欢看戏,有一出戏,剧中人物一个是王者,冠冕俨然,高坐台中,但终场无所作为,神色索然;一个身份平凡,但一出场满台生辉,精彩的演出吸引了人们的目光,谁也不去注意那个高高在上的人物了。夏先生要我们从这个戏得到应有的启示,就是人们在生活中,应该是争角色而不争名位。名位是虚器,角色则贵在实干。夏先生说的争角色,就是要为人民、为祖国做出更大的业绩。夏先生一生淡于荣利,他有一首《鹧鸪天》词说:“若能杯水如名淡,应信村茶比酒香。”但夏先生为了繁荣祖国的教育文化事业,始终孜孜不倦,尽心尽力,贡献了自己宝贵的一生,表现了一个爱国学者的高尚风格。夏先生的这个教诲,永远是我们追求的目标。夏先生又向我们谈起他的游山经历。他游黄山,登了天都峰,又上莲花峰。起初在山脚下,抬头一望,莲花峰高耸天外,对自己的脚力能否登上云端,还缺乏自信。但夏先生盯住面前的一级级石阶,脚踏实地,一步一步踏踏实实地往上走，于不知不觉之间，登上了峰顶。他以“不知凌绝顶，回顾忽茫然”这两句诗来形容自己登上高峰绝顶时的心境。夏先生的登山经历，也就是夏先生治学的道路。夏先生以登山为喻，告诫我们无论在人生的道路上还是在求知的道路上，除了树立应有的奋斗目标，更需要有一步一个脚印的实干精神，勇于攀登的进取精神。不过我们尽管领受了夏先生的教诲，但都习于因循，上进很慢，愧对夏先生。而每一步务求踏实稳当，则一直用以自勉。

夏先生从20世纪30年代起，主持东南词学讲席近半个世纪。夏先生的词学研究有不少超越前人的地方。夏先生对经学、小学具有深厚的根底，早年研究过宋明理学，继而致力于宋史。因496卷的《宋史》在二十四史中最为芜杂，他一度有过加以整理和重编的打算。之后才转而专攻词学。因此夏先生能在广阔的历史文化背景上研究词学，并以他的通博和明识，大大开拓和革新了传统词学。这是一些就词论词的研究者所不能望其项背的。由于夏先生的卓越贡献，今天的词学已扩展到对词乐、词律、词史和词的体性的全面研究，成为兼涉史学、文学和声学三个领域的一个独特的学科。中华人民共和国建立以来，夏先生在杭州大学亲自系统地传授词学，培养人才，奖掖后进，不遗余力。我们作为杭大的教师和夏先生的学生，一定要遵循夏先生的教诲，依靠许多前辈学者的指导，把夏先生的学术成果和优良学风继承下来，发扬光大，使夏先生从事的学术研究在杭大后继有人，不断推进。这是我们对“一代宗师”夏先生最好的纪念，也是夏先生生前期望于杭大、期望于后人的。

在沉痛悼念夏先生逝世一月之际，我们谨以此区区心愿，敬告于夏先生灵前，并将以今后的努力所得，告慰夏先生于天上人间。

*本文系作者在杭州大学召开的“沉痛悼念夏承焘教授大会”上的讲话，选自《夏承焘教授纪念集》，吴无闻编，中国文联出版公司1988年版，第181—183页。

作者为原杭州大学中文系系主任，教授。

陈士怡先生永远活在我们心中

丁仁瑞

1959 年初,我们(浙师院)第一批(144 人)在萧山欢潭乡安家落户锻炼的下放干部,经一年劳动洗礼和“大跃进”亦工亦农的考验后返校复职。那时正值浙师院和新建的杭州大学合并不久,全校师生欢欣鼓舞,校园呈现出一派欣欣向荣的气象。当时我们生物系就设在原“工农速成中学”的校园内,一座面积达 1500 平方米的大屋顶式教学大楼给我们使用,大楼周围既有农田又有池塘,为我们理论联系实际开展科研工作创造了十分有利的条件。不仅如此,在人事上省里和学校更是做了充分的安排。当时江希明先生已升任杭州大学副校长,系主任一职由陈士怡教授担任。陈士怡教授是留学法国的著名遗传学家,1950 年 6 月回国,他先后任浙江大学生物系教授、浙江农学院副教务长等职。我真的很想见见这位博学多才的科学家,但大家都工作繁忙,即使他来了系里,我也难得见到他的身影。

陈士怡教授

那是 3 月上旬的一天,江先生叫我到实验室开会,讨论家鱼(青、草、鲢、鳙)人工繁殖研究工作。我一进门,只见一位身材结实、略显矮胖、手拿烟斗、双眼炯炯有神的中年老师正和江先生热烈谈论着什么,他一见我进去,就十分热情地向我打招呼:“您就是老丁同志?!”当时我有点腼腆地和陈先生握手致敬。在会上,陈先生十分肯定家鱼人工繁殖理论与发展生产实际相结合的研究工作,认为这具有深远意义;同时还提出,我们应从生态的角度去了解掌握家鱼在内塘性成熟所需的条件和规律,这样就可为大规模生产鱼苗提供保障;还建议通过生理、生态相结合的方法，用激素进行人工催情发情，让家鱼在内塘自然产卵、授精、孵出鱼苗等，并将这一原理推广到别的水产养殖事业中。陈先生的这些建议，不仅扩展了我们研究工作的视野，确定了科研的内容和方法，而且为我们进一步理论联系实际、科研与生产相结合指明了方向。

两个月以后，正是春雨绵绵的季节。我们课题组为去上城河渔业生产合作社进行家鱼人工繁殖研究而做紧张的准备工作，大家下班都比较迟。一天傍晚天下着雨，路边的路灯也相对昏暗，当时我急匆匆地走着回家。突然在路边有人亲热地叫我："老丁，您也刚下班，我们一起走吧！"我侧身一看，原来是陈先生。在路上我们就闲谈着。他既关心系的发展和青年教师的成长，又关怀我们的生活……不一会我们都到家了。到那时，我才知道陈先生不论天气如何，每天都是走路上下班，用他的话来说，既节约时间又健身。到了住宅小区，我才知道陈先生就住在我家的后面，也是筒子楼，只是比年轻教工多了两个小间，这似乎和他专家、教授的身份不相符合。但他在那里也住了很长时间，直到 1960 年以后才搬到当时的教授楼。更值得回忆的是，在那年暑假的一个傍晚，陈先生突然出现在我家的房门口，这既使我十分高兴，又让我有点手足无措，因为我的住处既无适当座椅又相当闷热。他看我有点窘迫的样子，便说："我们就在走廊里谈谈，这里还有弄堂风呢！"于是我俩就坐下闲谈聊天。他是那么平易近人，一直在关心我们青年一代的成长。他嘱咐和鼓励我要把各项工作带头做好，还要关心一起下基层工作师生的生活；并再三叮嘱我，任何工作在开头总是有困难的，到基层更是如此，自己不能解决的就要请教有经验的老师傅，向他们学习。"当然，要依靠党的领导，我相信你们的研究工作在江先生的指导带领下一定会取得成功的。"这是多么感人肺腑、动人心弦的鼓励和教育。真的，我们的工作也不负他的厚望，试验工作被他一语中的，获得了很大的进展。

陈先生出身书香门第，年纪很轻时就结婚成家。师母比他年长 6 岁，还是一位缠小脚的旧式女性。但她勤劳俭朴，一切家务都由她处理安排。在国家十分困难的时期,师母更是全力以赴地关怀丈夫生活,提供陈先生所需的一切,以保证陈先生有充沛的精力去从事学术研究和教学、行政工作。陈先生对她则不弃不离,恩爱一生。然而,时代无情,20 世纪 60 年代,在以“阶级斗争为纲”的极“左”思潮下,陈先生奉命将夫人迁返老家武义农村,安顿在大女儿的家中。当时陈先生幸有一位读中学的侄女在杭相伴,才未过于孤单。20 世纪 80 年代,师母终因年老体弱,抱病卧床不起,陈先生匆匆赶去,在师母临终前两人凄凉一晤,相互安抚、嘱咐而告永别!

在“文革”期间,陈先生被污蔑为“反动学术权威”、“黑头头”等并被批斗,他的身心受到严重摧残以致瘦弱不堪。但他对党依然忠心耿耿,竟将五分之三的工资作为党费交纳,如此一直到“文革”后期,按上级指示才停止做此奉献。

退休后,陈老仍自强不息,博览群书,甚至书写、记忆外文新词,以此来锻炼思维并养生修身。然而岁月无情,随着光阴荏苒,他的身体渐渐地被多种老年病所折磨。1994 年 8 月,陈老不幸逝世,享年 82 岁。

陈老的一生是艰苦奋斗、自强不息的一生,是为党和国家的教育事业做出贡献的一生,他公而忘私、不计较个人得失的精神永远活在我们心中。

* 本文选自《永恒的纪念:纪念江希明教授诞辰 100 周年暨缅怀前辈师恩文集》,浙江大学出版社 2017 版,第 87—89 页。

作者系原杭州大学生物系系主任,教授。

法国史研究室的缔造者沈炼之教授

戴成钧

沈炼之先生是我们历史系的开山祖，为我们系的建设献出了毕生精力；先生更是杭州大学法国史研究室的缔造者，他为法国史研究室的创立和建设呕心沥血，立下不朽功绩。

沈炼之教授

沈先生是我国法国史研究领域的拓荒者，是国内享有盛誉的法国史专家。长期以来，受到国内法国史研究同仁和众多专家学者的高度崇敬和信赖，大家期望他能在杭州大学创办法国史研究中心，以发展和繁荣我国的法国史研究和教学事业。在盛誉面前，先生十分谦虚谨慎。早在“四人帮”粉碎前夕，他曾真诚地对我说：“法国史研究已搁置了十几年，专业快荒废了，办中心，搞基地，还得创造条件，等待时机。”当时，高校里的教学与研究秩序是乱糟糟的。然而，先生已在严冬中期盼着科学的春天。那年夏天，商务印书馆的资深编辑浦一之同志专程来杭州大学约稿，请沈老组织班子编写一本《法国简史》，这是一套通俗国别史丛书中的一种。沈先生欣然同意了，随后又签订了出版合同。当时，学校是作为一项重要任务来接受的。记得校领导薛艳庄同志还接待了编辑和部分编写人员，鼓励大家认真、努力、踏实地编写好这本书。虽然这是一本通俗读物，先生却极为重视，亲自选调人员，审定编写计划，草拟大纲，自己还带头撰写了一章样稿。在当时搞科研困难重重，先生总是勉励大家“要解放思想，大胆去做”，并且安排编写组成员赴上海，在上海图书馆、复旦大学、华东师范大学等单位广泛收集法国出版的新书和新杂志，还组织力量有重点地翻译一些资料,为编写工作打下扎实的基础。

1976 年,“四人帮”粉碎了,科学的春天来到了。在先生的领导下,《法国简史》由商务印书馆于 1978 年正式出版。一次,先生拿着新到的样书,高兴地对大家说:“我们不仅出了书,更重要的是锻炼了人,打下了创建研究室的根基。”是啊!《法国简史》编写小组的初步活动,为法国史研究室打下了基础,而这个奠基人正是我们敬爱的沈先生。

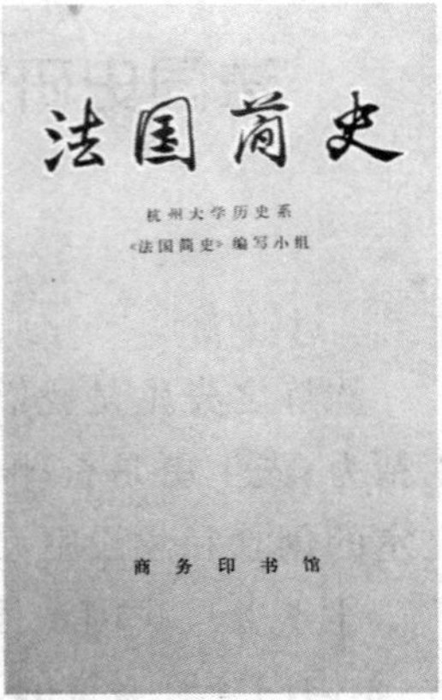

沈炼之先生领导编写的《法国简史》

1978 年 4 月,应中国社科院世界史研究所之邀,74 岁高龄的沈先生亲赴北京参加世界史学科研究规划会议。我有幸陪同先生赴会,在北去的列车软卧车厢里,师生两人尽情交谈,先生语重心长地对我说:“我老了,你们几位要多出点力。我们在国内是否有发言权,得靠大家努力!”“这次去北京开会,要虚心向名家请教,多交朋友,多取点经。”会议期间,不少著名学者一再赞扬沈老对法国史研究的精湛造诣,并力荐杭州、上海应该成为南方的法国史研究中心。先生在会内会外总是谦逊地听取兄弟院校专家们的先进经验,不时和知己老友交谈创办研究室的打算,积极主动地和各地代表广泛接触,增进相互了解和友谊,为以后同行间的协作研究创造了条件。

1979 年 5 月,在沈先生的长期筹划下,经浙江省人民政府批准,杭州大学法国史研究室正式挂牌成立,这是我国最早成立的法国史研究室。先生十分重视研究室建设的方向,他认为方向就是目标,就是重点。长期以来,先生既坚持正确的政治方向,又关注专业的研究方向。在广泛调查研究的基础上,在反复比较国内有关大学法国史研究的侧重点后,果断地确定第三共和国史的研究是我们研究室的研究方向,他说:“这个时期在法国史上是一个从近代到现代承前启后的时期，值得很好地研究。”10 多年来，我们就是按照先生的研究方向，收集和积累资料，选择重点课题，翻译和编著史料、专著，培养青年教师和研究生，等等，都紧紧环绕这个既定的科研方向。近几年，由人民出版社先后出版的《法国通史简编》《法兰西第三共和国兴衰史》等专著，就是坚持方向、突出重点、集中力量集体攻关研究的成果。

沈先生对法国史研究室建设的贡献是多方面的，从研究方向、重点的确定到研究队伍的组成，从研究图书资料的建设、研究经费的筹措，到每个研究人员思想的进步与出国进修，这一件件、一桩桩事情，先生不顾年迈体弱，都亲自过问，直到重病在身，他还叮嘱我们：“一定要把法国史研究搞下去！”法国史研究室的建设和成长，凝聚着先生的满腔心血。先生对法国史研究室的亲切关怀，对我们的谆谆教诲，将永远铭刻在后辈的心坎里。

* 本文选自《沈炼之学术文选》，杭州大学出版社 1998 年版，第 409—411 页。

作者为原杭州大学历史系教授。

忆德梦铁老师

姚越秀

德先生,拉脱维亚人,犹太族,精通英、德、俄多国语言。“二战”时,全家遭希特勒法西斯杀害,她孤身逃到中国上海,后到浙大任教,主要教德文,中华人民共和国建立后,浙大开办俄语组,她专职教俄语。

我是她教授的第一批俄语学生之一。开始上课时,她用英语讲解。她记忆力极好,教过的每个俄语单词,以后在上课时都会用上,不许我们忘记,不到一个月就改用俄文讲解了。教读诗篇时,她把全班分成四个声部,如普希金的诗《白魔》,她指挥前边左方的同学说“Мчатся тучи”(乌云在飞奔),接着指挥右方的同学说“Вьются тучи”(乌云在盘旋),她手一挥,后边左方的同学说“Невидимкою луна”(月亮像个隐身人),右方的同学接着说“Освещает снег летучий”(照亮了飞飘的雪花),然后她双手一扬,全班同学念“Мутно небо, ночь мутна”(天色朦胧,夜色朦胧)……朗诵声此起彼伏,十分有趣。德先生十分投入地带领我们朗读,她的丰富表情感染着我们,使我们这些十八九岁的中国青年一下子进入了诗的境地,进入了普希金笔下俄罗斯暴风雪之夜的旷野,坐在艰难行进的孤零零的马车上:“Страшно, страшно поневоле, Средь неведомых равнин!”(恐怖,不由自主地感到恐怖,在这神秘莫测的原野。)就这样,一堂课下来,一首长诗的第一、二段我们都背下来了。德先生讲课十分认真,每讲一段,一定要问“Ясно?”(明白吗?),“Понятно?”(懂了吗?)如果有人说“Нет”(不),她一定会重述,不厌其烦。她还十分重视课余学习,把全班20多位学生分成5个小组,将领悟快、记忆力好的同学和反应慢一些的同学搭配分在一个组,按小组复习和预习，学习好的带动差一点的，德先生自己也等于多了 5 个小助教。

德先生不仅课讲得好，而且热爱新中国，她教我们唱《Песня о Родине》(《祖国进行曲 》)时，其中有一句“Я другой такой страны не знаю, где так вольно дышит человек”(我没有见过别的国家，可以这样自由呼吸)，她说，现在我们应该唱“Я другую такую страну знаю，это Китай”(我见过这样的国家，那就是中国)，说明时显得十分自豪，因为那时她已与化学系系主任王季梁教授结为伉俪，并加入了中国籍。1950 年抗美援朝时，她向我们讲述了自己的身世，控诉法西斯的惨无人道，讲述保家卫国的意义，鼓励我们报名参军去抗美援朝。德先生不仅是严师，而且像慈母，同学中如有人生病，她就买香蕉、肉松等去看望。她还给个别家境困难的同学添置生活日用品，如买球鞋等。她在中国培养了一批又一批外语人才，不幸在“文革”中遭迫害致死，令人万分遗憾。

如果德先生在天有灵，知道她 56 年前的学生，如今还会背诵她教过的俄文诗篇，她一定会含笑地说：“Очень хорошо!”(“很好!”)

* 本文原载于《北京浙大校友通讯》总 20 期，第 6—7 页，收入本书时有删节。

作者为原浙江师范学院 1949 级外文系学生。

永远怀念鲍屡平先生和蒋炳贤先生

左　励　陶黎庆

1977 年,国家决定恢复高考,我们两人终于有了进入大学深造的机会。回想 40 多年前在母校——杭州大学的学习经历,最无法忘怀的是母校各位老师,特别是鲍屡平、蒋炳贤先生的亲切教诲,他们的人格魅力更是为我们树立了光辉典范。

当时的杭州大学外语系,英语师资力量雄厚,在英语教学研究上,不仅独步浙江,而且在全国外语界,也有颇高声望。这当然与杭大一贯求是务本,注重教育质量,不断起用本校及业内的优秀人才有关,但更多也得益于当年全国院系调整时,由老浙大外文系中翘楚者悉数加盟而留下的班底,鲍先生和蒋先生就是其中的两位。蒋先生自 1940 年开始在老浙大外文系任教,鲍先生迟一些,1949 年春到老浙大外文系工作。

我们读本科时,蒋先生开设的是英语精读课,为小班授课,而鲍先生开设的英国散文课是全年级共同课,在大教室上课。两位老教授,外貌言谈,举手投足,风范各异。鲍先生身体健硕,方正的脸膛,剑眉下长着深邃的双眼,一口清正的语音,说普通话和英语都一样字正腔圆,他年轻时曾留学英国爱丁堡大学,足见他英语功底的了得。他时任外语系系主任,会在全系大会上发言,所以还给人一种严师的外表印象。蒋先生比鲍先生年龄稍大些,但精神依然矍铄,天气寒冷时来上课,会戴一顶无边而稍有鸭嘴的浅淡呢帽,很有点像贝雷帽。天气暖和时,他的一头银发会向后梳理得整整齐齐,颇有绅士的风度。蒋先生的脸慈祥略圆,总像是在赞许般地微笑,说起话来,舒缓而清晰,听着就会联想起“娓娓”这个叠声词。

两位老先生在教学中留给我们的印象均是儒雅博学,治学严谨，学养深厚，上课时一丝不苟，每堂课必有细致翔实的讲稿，上课紧扣备课讲稿，从来不做信口开河的无当点评。课堂上的每一分钟信息量都十分充足。蒋先生每开始讲授一部名著，都会先系统介绍作家生平和著述，所教作品的历史地位、人物塑造、写作手法等。我们印象深刻的是听他讲简·奥斯汀的《傲慢与偏见》，由此引发了大家对这位女作家及其作品的浓厚兴趣。鲍先生的散文课有 6 个班 120 名左右学生在大教室听课，他比较注重分析和欣赏散文名家在遣词造句方面的精到之处。虽然我们曾一度困惑古老的莎士比亚和 18、19 世纪文学对现实生活的实用价值，但当年打下的文学基础至今仍令我们受益非凡。

鲍屡平教授

蒋炳贤教授

我们本科毕业后，左励留校，陶黎庆一度在上海深造，后也重返杭大任教，与鲍屡平和蒋炳贤两位教授成了同事。后又从校内宿舍搬到河南杭大新村落户，与两位先生有了更近距离的接触。闲暇时上他们家拜望聊天，有机会目睹他们平日的家庭生活。虽是晚辈，又是昔日的学生，但两位老先生非常礼待，丝毫不摆架子。我们的小孩出生后，蒋师母十分喜爱，几次登门看望，还送上她选购的小孩衣服和请人编织的毛衣。

左励在外语系读英语语言文学在职研究生期间，鲍先生是她的论文指导教师。选题时，左励表示对美国近代小说家亨利·詹姆士感兴趣。虽然这位小说家超出了鲍教授的研究范围，但他毫不犹豫地答应了，并坦率地说他不熟悉这位作家，但愿意与学生一起读书研究,并嘱咐左励找到有关书目时一定要与他交流,这些话是多么让人感动啊!老先生原本完全可以为了自己的方便,让学生选择他擅长的题目的。更令人难忘的是写论文期间,左励患了腰腿疼,不得不离杭去外地父母所在的医院治疗休养。左励把写好的论文草稿一章章地寄给鲍先生过目,每次他都及时地把改好的稿子寄回,从不耽误。就这样,左励虽生病养病半年,但仍如期完成论文,并通过了答辩。1993 年左励出国时,鲍先生已卧病在床,但他仍在夫人的扶助下,为左励写了或许是他有生之年的最后一封推荐信。当时左励在北京联合国译员培训班学习,并不知鲍先生病得厉害,写信请他写推荐信,他没有回信拒绝。直到左励去取时,才发现他病体虚弱。但他坚持一定要写完这封信,他嘱咐夫人把他扶起,完成了这封简短但值得纪念的推荐信。签名时,鲍先生忍不住抱怨自己字迹颤抖。这是鲍先生刻在我们脑海中的最后一幕,令我们终生难忘。

两位老先生都已逝去多年,但他们遍布天下的桃李仍在缅怀他们,感激他们的教诲,学习他们做人、做学问的榜样,可谓虽死犹生,功德圆满。

* 作者为原杭州大学外语系教师。

领我进入学术殿堂的三位先生

张梦新

1978年春，我这个已过而立之年的1966届高中毕业生与来自全省各地的140名同学一起，迈进了杭州大学的校门，成为恢复高考后杭大中文系的第一届学生。从那时至今，已过去整整40年。当年给我们授业的先生们，大多已经作古，本人也已年过七旬，但对母校和诸位先生们的感恩之情，却深深铭记在心，不敢忘却。本文所写的刘操南先生是我本科毕业论文的指导老师，吕漠野先生在我撰写毕业论文时曾提供了许多帮助，徐朔方先生是我攻读博士学位时的导师，他们是领我进入学术殿堂的终生难忘的恩师。

1981年，大四年级的第二学期，系里要求每位同学必须完成毕业论文。指导我写毕业论文的老师是刘操南先生。

早在二、三年级时，我与刘先生就曾有过多次单独请教和交往的机会。记得大二的一次古典文学课后，我向刘操南先生请教《红楼梦》中"克绍箕裘"的意思。刘先生耐心仔细地向我解释说："'克'是能够，'绍'是继承，'箕'是畚箕，'裘'是皮袄。《礼记·学记》曰：'良冶之子，必学为裘；良弓之子，必学为箕。'比喻子孙能继承父业。"先生还随口说出"克绍箕裘"一词出现在《红楼梦》的第几卷第几回。事后我翻阅《红楼梦》，果然如先生所言，令我十分佩服先生的博闻强记。

这以后，因为上课次数多了，我与刘先生渐渐熟悉起来。有一次课后，刘先生问我，是否愿意帮他誊抄几篇文章。我知道这是一个极好的学习良机，当即毫不犹豫地同意了。于是我跟着先生，来到了道古桥附近的杭大教工宿舍。先生家在一楼，房子不大，但打扫得很整洁，窗明几净。先生拿出一本方格稿纸和十来页底稿，是一篇写《楚辞·湘夫人》的文章，让我把文章用复写纸誊抄到稿纸上。因为20世纪70年代末国内还未普遍使用复印机，所以只能一个字一个字地誊抄到稿纸上。我的字写得并不好，但毕竟是老三届的高中生，又当过几年中学语文教师，誊抄得正确无误还是能做到的。第一次的论文誊抄工作，得到了刘先生的赞许，于是先生又让我陆续誊抄了研究《东皇太一》《大司命》《少司命》《湘君》《诗经》和其他一些文章。这些论文的内容十分广博，涉及面很广，特别是竟然还有关于古代天文历法和数学方面的论文，让我大为惊叹先生学识的宏富。我见到的底稿一般最先都是用蓝墨水写的，有的地方用黑色的圆珠笔做了修改，而个别文字，特别是开头和结尾处，往往又用红墨水笔做了最后的调整。我在誊抄的过程中，也慢慢了解到先生在谋篇布局、造句用语和遣词立意方面的精心构思及良苦用心。尽管我还未能洞悉其中奥妙，但是对怎样写好一篇论文，怎样在文章中注意阐述人所未言而为自己独见的观点，怎样在关键之处引经据典，用理论和史实论证自己观点的正确，以及应怎样抱着"文章千古事，得失寸心知"，对读者负责和对自己负责的态度去修改文章和发表文章，则有了较为深切的体会。因为刘先生的这些几经修改后定稿的论文，就是一篇篇极好的教材，它们教会了我应该怎样写文章，改文章。

因为对刘操南先生讲的《楚辞》印象特别深，所以在知道要写毕业论文后，我首先想到应该写篇有关《楚辞》的论文。但《楚辞》博大精深，凭我的有限功底，很难有所创新。为此，自己辗转反侧，苦苦思索。那时正是1981年的夏天，而当年9月，正好是鲁迅先生的百年诞辰，因此报刊上纪念鲁迅先生的文章很多。而自己也曾经看过鲁迅的《摩罗诗力说》《汉文学史纲要》等文章，知道鲁迅对屈原和《楚辞》的评价都很高，屈原的清白操守和至死不渝的爱国精神更是为鲁迅所钦佩。鲁迅还曾经请友人书写了《离骚》诗句"望崦嵫而勿迫；恐鹈鴂之先鸣"，挂在他北京寓所。在小说集《彷徨》的扉页上，题写"朝发轫于苍梧兮，夕余至乎县圃。……路漫漫其修远兮，吾将上下而求索”。于是毅然决定，毕业论文就写“鲁迅和楚辞”。

我粗粗拟了一份提纲，准备从鲁迅对《楚辞》的喜爱、对《楚辞》多种版本的收藏、鲁迅对骚体诗的创作，以及鲁迅怎样从一个爱国者、民主主义革命者成长为一个伟大的无产阶级革命家等几个方面去撰写论文。当我去刘先生家中请教时，虽然时值暑假，但刘先生还是在忙。见到我，先生立刻放下案头工作接待了我。他同意我拟写的《鲁迅和楚辞》的论文题目，并对我带去的论文提纲提出了指导性的修改意见。刘先生还叮嘱我说，纲举目张，论文的提纲应该细化；要仔细阅读《鲁迅全集》，了解屈原和《楚辞》对鲁迅的影响，鲁迅对《楚辞》的论述与研究；写清楚为什么鲁迅会喜爱并研究《楚辞》。

离开先生家之后，我立即去学校图书馆借来了《鲁迅全集》。在此后的一周里，认真翻阅了《鲁迅全集》，对于鲁迅对《楚辞》的论述与研究，鲁迅对骚体诗的创作及其作品，以及《鲁迅日记》中有关《楚辞》多种版本的收藏、对《楚辞》诗句的书写条幅等情况，一一做了摘录。通过阅读《鲁迅全集》，我更清楚地发现鲁迅对于屈原和《楚辞》有着深入的研究。在《摩罗诗力说》中，鲁迅称赞屈原“抽写哀怨，郁为奇文。茫洋在前，顾忌皆去，怼世俗之浑浊，颂己身之修能，怀疑自遂古之初，直至百物之琐末，放言无惮，为前人所不敢言”。在《汉文学史纲要》中，鲁迅更是把《楚辞》的代表作家屈原和宋玉专门列为一篇，认为《楚辞》“较之于《诗》，则其言甚长，其思甚幻，其文甚丽，其旨甚明，平心而论，不遵矩度。故后儒之服膺诗教者，或訾而绌之，然其影响于后来文章，乃甚或在三百篇以上”。这一论述力排2000多年来儒家诗教之陈说，不愧是独具慧眼的真知灼见。鲁迅还以现实主义的深邃目光，洞察了《离骚》与当时楚国内外社会政治斗争的内在联系，把屈原理解为时代的诗人，把《楚辞》视为伟大的变革时代的产物。

我从《鲁迅全集》中留存的60多首旧体诗中精选了10余首继承《楚辞》精神和比兴手法的各个时期的代表作写入论文，既用以说明鲁迅诗歌与《楚辞》的密切关系，也借之分析并阐述鲁迅思想的发展轨迹。得益于刘先生的指导,我的论文进展很顺利,十来天就写出了近 7000 字的初稿。

对我的毕业论文,除了感谢刘操南先生,我还要感谢吕漠野先生。吕漠野先生(1912—1999),浙江嵊州人,现代文学研究专家、世界语翻译家。他时任中文系系副主任,也是我们 77 级学生现代文学的任课教师。我因为与吕先生的公子吕忆波同为杭大附中校友,又一起在黑龙江同江县青年庄下乡,所以当我完成论文初稿后,又拿去请教吕先生。

吕先生审阅了我的论文初稿,在给以鼓励之余,也希望我能在鲁迅如何对《楚辞》继承和创新,以及在鲁迅的思想发展方面再做进一步论述。吕漠野先生的指点,使我更深入地思考鲁迅后期诗歌对《楚辞》的继承和创新问题。

较之前期,鲁迅 20 世纪 30 年代的旧体诗歌更多化用了《楚辞》,也更大量地运用了《楚辞》词语及其艺术手法,在《楚辞》的古为今用上获得了极大成就。这是因为当时日寇入侵,国土沦丧,政治腐败,民生凋敝。在这中华民族的多事之秋,《离骚》的爱国主义精神当然更给鲁迅以巨大的启迪。

另外,就个人身世和遭际来说,鲁迅和屈原那种因爱国而遭罪的悲剧,虽时隔 2000 多年却仍有许多惊人的相似之处,因此《离骚》等《楚辞》作品就更能引发鲁迅的共鸣。

同时,这也与当时国民党的文网森严有关。《楚辞》多用比兴,“其称文小而其指极大,举类迩而见义远”的艺术特点颇为适合身处白色恐怖中的鲁迅拿来为己所用。如他的《湘灵歌》《偶成》《无题》等作,几乎通篇都是“楚辞新赋”,它们真正继承了《楚辞》的优良传统,把《楚辞》的精神和艺术发展到一个新高度。它们风格多样,既有《楚辞》的清新绮丽,也有魏晋诗歌的劲健悲慨,有沉郁顿挫的唐人风韵,又吸收了晚清谴责小说的讽刺幽默笔法,可谓博采众长,熔古典诗文的优秀传统于一炉,所以能别开生面,具有深刻的思想内涵和巨大的艺术魅力。它们和鲁迅的其他诗作、小说、杂文等一起,共同构成了金碧辉煌的鲁迅文库，鲁迅先生留存后世的不朽文学艺术珍品，不仅是中国从资产阶级旧民主主义到无产阶级新民主主义革命这一历史时期的壮丽史诗，也是鲁迅在革命征途探索前进的战斗历程的记录，从一个侧面，忠实地反映了鲁迅思想发展变化的脉络。

由于得到了古代文学和现代文学两位名师的指导，前后不到半个月，我的一篇10000余字的论文就得以顺利完成。后来，《鲁迅和楚辞》一文还被《杭师院学报》录用发表。

1995年春，受到当时校长沈善洪先生“博士工程”的鼓励和鞭策，我决定报考徐朔方先生的古代文学博士研究生。因为此前我曾费时数年整理出版了100多万字的明代文学家茅坤的诗文作品《茅坤集》，于是想把茅坤研究作为今后的博士论文题目。

徐先生命题的入学试卷很难，知识覆盖面很广，四卷本的《中国文学史》和六册《中国古代文学作品选》中的内容基本没有出到一道题，但毕竟自己毕业后一直担任古代文学和大学语文的教学，业余时间阅读了较多的古代文学作品与文献，又对徐朔方先生的专著和论文有一定的研读，所以还是顺利地通过了入学考试，幸运地成为徐先生的入门弟子。当时我已47周岁，成了老杭大的最大龄博士研究生。

当时本人忝任杭大新闻系的党总支书记，又担任新闻系本科生的古代文学课与研究生的古代文学和新闻写作等课程的教学，日常工作较为繁忙，博士研究生又有外语学习与测试等要求，加之当年我慈爱的母亲去世，所以感到压力很大。徐朔方先生就多次找我谈话，先生喜欢散步，有时我们沿着徐先生居住的杭大新村宿舍的小路，有时在西溪校区的林荫道上，有时则沿着宝石山的登山石阶边走边聊。徐先生和我谈课程、谈学术，谈我的学位论文的框架结构和内容章节，也与我交换了如何处理好学校工作与个人读研关系的一些看法。在徐先生的循循善诱和亲切交谈中，我焦虑的心情得到了舒缓，对攻读博士学位也更增添了信心。

徐先生要求我们特别严格,每周都要指定阅读书目。我虽然读的是元明清文学,但徐先生决不让我们只读元明清的典籍和文献,《论语》《孟子》《老子》《庄子》《史记》《汉书》及唐宋八大家的原著等都要求我们精读。读后不但要向先生汇报,还要完成先生布置的作业。当时我住在西溪路杭大新建的教师宿舍,与徐先生的宿舍相距只有四五百米,先生就每月数次叫我,有时还有另一名博士研究生吴敢到他家中学习。有时是听先生讲,有时是让我们读一段先生指定的原著,然后先说译文再谈体会;有时则是让我们阐述某一问题或作业,然后他与我们一起交流讨论。这样的座谈式、互动式和启发式的教学方法,循循善诱,很能提高我们的学习主动性和独立思考能力,让我们受益匪浅。

作者和导师徐朔方教授(左)

在我的博士论文撰写中,先生也耗费了大量心血。记得是 1998 年的春节,大年初二清晨的 6 点多钟,我还躺在被窝中,突然我家的房门被人咚咚咚地敲响。我吃了一惊,赶紧披上棉衣就起了床。打开房门,我惊讶地发现竟然是徐朔方先生站在门口。他手拿一卷线装书,兴奋地对我说:"我发现了茅坤的几首逸诗,你快查对一下,是否可以写入论文。"面对满头白发、手拄拐杖的导师,我的心灵被深深感动了。就在举国欢度春节的日子里,年过 75 岁的先生竟还在手不释卷地学习,茅坤的《初过湖上逢雨》《由湖上归抵家再赋》等 15 首诗,就是徐先生在查阅归安陆心源所编穰梨馆《过眼录》卷二十二《茅鹿门诗翰册》时发现的,为《茅坤集》所未收。让我感动的不仅仅是徐先生提供新发现了的茅坤 15 首逸诗,更是因为从他大年初二清晨冒着严寒大驾枉顾我家所体现出的对学生的深切关爱,以及对知识孜孜不倦的追求。

在徐先生的悉心指导和督促下，我的博士学位论文《茅坤研究》得以顺利完成，于 1999 年 6 月顺利通过了学位论文答辩，以后还作为专著由中华书局出版，并于 2011 年获得浙江省高校哲学社科优秀成果专著类一等奖和浙江省政府社科优秀成果三等奖，这其中就饱含了徐朔方先生的心血。

三位先生虽然都已先后仙逝，但他们的耳提面命、亲切教诲至今仍如在眼前，先生们的音容笑貌历久弥新，他们领我进入学术殿堂的恩情将永远铭记我心。

* 作者系原杭州大学新闻系总支书记、系副主任，教授。

生命中的记忆

周明初

1984年,作为古典文献专业的第二届本科生,我进入了中文系学习。19年后的今天,我也早已成了中文系教师队伍中的一员。我的先师们,当初刚刚研究生毕业留校任教的青年教师现在都已人到中年,而当初正当盛年的老师现在都已先后退休了。蒋礼鸿、郭在贻两先生则早已离别了人世。

作为培养古籍整理与研究人才的古典文献专业,每届招收人数为15—20人,与自己专业老师们的接触,远较别的专业的学生要多得多,与老师们的联系,也较别的专业的学生要紧密得多,所以虽为本科生,与老师们的关系,有点类似现在的研究生与导师的关系。回忆当年求学情景,对这些学养深厚、道德高尚又诲人不倦的老师,心里总是充满了感激之情。而且,比起本专业后来的学弟学妹们,非常幸运的是,我们这一届学生都受到过蒋礼鸿、郭在贻两位先生的亲炙,成为他们共同执教过的最后一届本科生。

蒋礼鸿教授

蒋先生给我们开设的课程是“目录学与工具书”,时间是在1985年下半年,其时先生已届古稀之年,多年未为本科生授课,因为古典文献专业的建立,自己所钟爱的古籍整理与研究事业有了后继者,先生特别高兴,坚持要为自己专业的学子们授课。在我们之前,他已为首届的学生开设了一学期的课。到我们这一届,先生精力已经非常不济,但每次来授课,由曾华强先生搀扶,登上东临四楼的讲台,坐在曾先生带来的藤椅上,声音缓慢地读着自己所著的作为我们教材的《目录学与工具书》。在坚持了一个月后，才由曾先生和任平老师续完了这门课。由先生、曾先生、任平老师，连同我们学生，恰好构成我们专业师生四代，这也许是种巧合，但其中是否也包含古典文献事业薪火相传、生生不息的意思呢？晚年蒋先生为我们授课，总令我联系起晚年的钱穆先生坐在椅子上为台湾的学子讲授《论语》中"士不可以不弘毅，任重而道远"的情景。虽然两位先生所从事的具体专业不尽相同，但两人都以研究和传播中华传统学术文化为己任，真正做到死而后已则是相同的。

郭在贻教授著作

郭在贻先生为我们开设的是"楚辞研究"和"俗语词研究"两门课程，时间大约分别是在1987年的上半年和下半年。一年之后，病魔就夺去了先生年仅50岁的生命。先生在这两个研究领域中均有卓越的成就，因而先生的课听起来特别厚实，他将历来的研究成果、近年来的研究状况和进展以及他自己的研究心得、研究方法等原原本本、毫无保留地传授给了我们，真正是在金针度人。虽然先生的讲话带有较重的山东口音，有些地方不太听得明白，但我们仍然被先生的讲课所吸引，并被他带进极深极远的学术境界。

就像众多受过郭先生奖掖、帮助的学生一样，我们对先生有一种特别的敬爱、感激之情。在先生亲自为我们授课之前，我们已经上过一学期的由傅杰老师代郭先生开设的训诂学课，所用教材即是先生新近出版的《训诂学》。因为对先生的这一著作读过几遍，发现了一些手笔之误，也对先生的某些提法有了自己的看法，写成了期末作业上交。傅杰老师交到了郭先生手里，没想到先生竟对我这篇极幼稚的习作用毛笔及红、黑墨水的钢笔认真地加以批阅，并在首页上用毛笔写上了鼓励性的话语。因为毕业那一年，先生没有招收研究生的名额，我报考了某著名大学，成绩名列所考专业的前茅，因无意中得罪了彼校一位招生的先生，在录取过程中出现了一些麻烦，后来在先生和曾华强先生的推荐下，得以在本校古籍所继续深造。为这事，先生还特意找我去他家，对我进行安慰和鼓励。

回顾 4 年本科学习经历，可以说这是我大学 10 年学习经历中最重要、最值得珍视的一个阶段。在这最为基础的本科阶段中，在高校中副教授都非常珍稀的年代里，有着像蒋先生、郭先生这样一批道德文章俱可作为学界楷模的教授亲执教鞭，春风风人，夏雨雨人，不仅引领我们进入知识的殿堂，而且给予我们人格的感召。

* 本文原载于《浙江大学报》，2003 年 11 月 30 日，第 5 版。

作者为原杭州大学中文系 1984 级学生，现任浙江大学中文系教授。

最后的奉献

黄金贵

5 月，是高校选苗与收获的忙月：硕士生、博士生论文答辩，博士生报考……虽然这些年文史专业的导师大都门庭冷落，但训诂学的一代宗师蒋礼鸿教授却年年“香火不绝”，总有些学子不远千里来虔诚拜师，以争做蒋门弟子为荣。这一天，1995 年 5 月 9 日上午，“考博”的前夕，从西北、中南、西南来杭的火车上，都有蒋门的考生。他们，有的正陶醉于先生精彩的词语考释，有的正在拟想先生的尊容，自己受教解疑的幸福……

蒋礼鸿先生著作

然而，这一回他们将永久地遗憾了。几个小时前，蒋先生的心脏已停止了最后的搏动。此刻，他正安详地躺在一辆白色救护车的担架里，上面覆盖着鲜红的绸被。两旁坐着他的亲人——前后陪伴了他数百个日日夜夜的儿子、媳妇与女儿，前面挤坐着他的 4 位弟子，正巧是从 20 世纪 60 年代至 90 年代各一位。丧车在人流如织、车水马龙的解放路上，朝浙江医科大学缓缓移动……

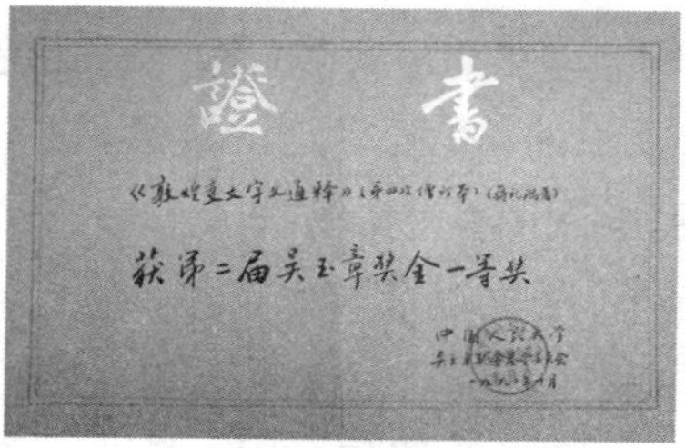

蒋礼鸿教授著作获吴玉章奖证书

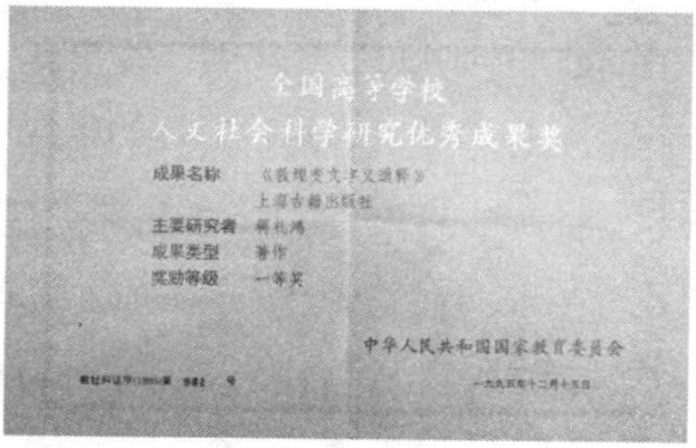

蒋礼鸿教授著作获国家教委一等奖证书

这是何等震撼人心的一幕！而不久之前，在先生临终的病房里，许多弟子与校内各级组织的代表正在议谈如何联系殡仪馆，如何安排告别仪式。在这时候，先生的儿子拿出父亲的遗嘱，郑重宣读："我去世后，不开追悼会，不举行遗体告别仪式，将遗体捐给浙江医科大学……不向组织提出任何要求……不……"一连串的"不"，掷地有声。大家呆了。先生的师德有口皆碑。虽是一代宗师，却淡泊名利，甘于清贫，从不为个人名利向组织提出要求；而组织与他人的需要，他一直默默地以无私的奉献去满足。早在20世纪60年代初，系里要他开设古代汉语，当时这门课刚起步，没有教材，他硬是每周写一章、刻印一章、教一章，从不愆期，出版后就成为在全国具有影响的教材。恢复研究生招生制度后，他年年要招两三位硕、博士生。就是1986年大病以来，他也不申请减免。常常是刚解除"病危"警报，就在病榻上审阅研究生论文。上个月，他的病情已很严重，外地一位素不相识而很有作为的自学成才者，要报考杭大的博士生，想请他推荐又难于启齿，他得知后竟毅然同意。可刚写下几句就无力握笔，最后是插着氧气管，硬是喃喃口授而续完。这几年为照料先生，儿子、媳妇几乎没有上班；远在哈尔滨的女儿下岗无业；夫人盛老师过早地退休，连年生病，许多药物自费。他们一家多么需要钱，但是，生前"不向组织提出任何要求"，死后还要恪守此戒。至于捐献遗体，不留骨灰，当代学者能奉行者凤毛麟角，今竟出自以弘扬传统文化为己任、终身事古的一代宗师，然而它确凿是先生的亲笔遗嘱，而且那蝇头小字与写论著一样认真：一张32开纸，一段一段文字，每段署年月，最早是1986年，可见是从第一次生病住院后始立，以后每次大病中就思虑，修改一遍，直至写定。显然，这不是先生一时的冲动，而是多年形成的坚定信念。在场的人们都感动万分，唏嘘不已……大家的思绪统一了：坚决遵奉先生的遗愿，立即与医大联系，将遗体妥善送去！

医大的救护车到了，大家像执行一项神圣的使命，注意每一个细节，将先生的遗体安然抬进车里，家人与几位弟子上车护送。

车驶进医院之后，护送人员将先生的担架抬下车，然后抬着、扶着、簇拥着，在烈日下向解剖室走去。他们表情肃穆，手脚有力，生怕有一丝闪失。为使先生少受日烤之苦，他们抬得又稳又快。

解剖室在一幢楼房的底层，较为宽敞，但放满了瓶罐、容器和各种杂物，使行走的通道弯曲狭小。进了解剖室，只得放慢节奏，并不时互相提醒："当心，柱子！""高点，再高点，……"为保持平稳，避免碰撞，几乎半擎着担架，左折右弯，不一会，4 位主抬手已气吁吁、汗涔涔。

"过磅！"

随着第二道指令，担架平稳地搁上一只嵌地磅秤。

"整一百！"负责人报数，另一工作人员记下。

他们相互一瞥，一阵心酸：去掉担架、衣被，不到 80！几个月中，先生被癌细胞吞噬去 20 多斤！

"抬上解剖台！"

永别的时刻来临了。

弟子们——几位已是鬓角斑白的半老头子，围立台边，怅然呆凝着横躺的先生，胸脯急促起伏。突然，女儿将红盖被掀开一角，露出了先生的遗容，她放声大哭。儿子、媳妇也抽泣哽咽，女儿越哭越烈，哭声撕裂人心，"爸爸，……爸爸……"

哭吧，最后一哭了！弟子们知道，先生对她特别内疚，也特别疼爱，她从小就是先生与师母的掌上明珠，聪明伶俐，本来现在也许是可以继承父业的女教授，或者是一位歌星、舞星。然而，在那场"横扫"一切的风暴中，先生作为反动学术权威、现行反革命被扫进牛棚，她就被剥夺了读书的权利，勒令到遥远的北疆。拨乱反正后，先生成为校内举足轻重的老学者，完全可以争取将她调回，可是先生没有提出，错失时机。这事一直成为先生终身的"心病"。为了弥补，先生常常分出一点薪金，寄去接济穷困的女儿。

凄厉的哭声刺割着弟子们的心扉。他们噙着泪水花，凑近细细凝视着先生的遗容。这是最后的见面了。先生闭着眼，两颊凹瘪，抿着嘴,像是安详地熟睡,似乎就会醒来,那双明亮、犀利的双眼,又将窥透疑难词语的奥秘,那张智睿的嘴,又将吐出一串串解颐妙语、金玉良言……然而这是永远不可能了。弟子们都受过先生的亲身熏陶,心里翻滚着千种情、万般语,可是他们也像先生一样,气质平淡,不会唱颂歌、吐华语。他们只是一个个毕恭毕敬对先生三鞠躬,然后几步一回首,慢慢离去,离去……

最后的奉献,基本完成了。没有鲜花,没有人群,没有颂赞,甚至没有一条标志,一切体现了奉献者自愿进献的原则。

桃李不言,下自成蹊。先生最后的奉献连同整个遗嘱,在每个杭大人心中激起无数涟漪。人们终于意识到,先生是拓荒的牛,一生在古典文献的原野上辛勤耕耘,从不旁骛,开垦了敦煌语言与口俗语词研究的处女地。他是不灭的灯,《敦煌变文字义通释》等著作是照亮千秋万代学子的指路明灯。他是洁白的蚕,吃的是叶,吐出的是丝。他的论著都是精品,"撼山易,撼蒋先生结论难",这是学者们的共识。先生是无私敬业的学者的楷模,他最后的奉献连同整个遗嘱,是他思想、道德升华的结晶,一生行事必然的结句。

礼鸿精神,万岁!

* 本文原载于《杭州大学报》,1995 年 5 月 31 日,第 4 版。

作者为原杭州大学中文系教授。

追忆沈校长的办学理念

杨树标

沈善洪校长在杭大任职 10 年，在此期间我先后在教务处副处长、科教中心主任、校长助理、校务委员会副主任和系主任等岗位上工作，同他相处较为频繁、密切，交往也颇为知心，本文仅对沈善洪校长的办学理念做一个简要的回忆。

一、教授是办好大学的支柱

沈校长始终认为教授（实际上指有才的教师）是办好大学的关键。他既重视老一辈的教师，更注重年轻的出类拔萃的人才，尤其是 1977 级，即恢复高考后的第一届学生毕业后留校的教师，这批人后来成为 20 世纪 90 年代学校师资队伍的中坚力量。

就拿历史系八九十年代的师资队伍来说，70 多位教师中的主力是 20 世纪五六十年代毕业的本科生，他们基本上曾在中国科学院、北京大学、中国人民大学和北京师范大学当过研究生或进修生，我自己就是 1960 年毕业的，1960 年至 1962 年在中科院近史所进修，我们这一档教师，主要是受益于沈炼之（世界近代史）、沈镜如（中国近代史）、黎子耀（中国古代史）、叶作舟（世界现代史）、徐规（中国古代史）、胡玉堂（世界古代史）、谢兆熊（世界古代史）、管佩韦（世界古代史）、张慕骞（历史要籍）等已经过世的这批教师的教诲，也受益于尚健在的毛昭晰（世界古代史）、吕树本（中国现代史）、孙仁宗（世界现代史）等教师的教诲。学校后来在 80 年代后期还大力引进了北京大学的几位老师，如黄时鉴、丁建弘、梁太济、戴尔俭等，沈校长很器重这些引进的人才，不单单是因为“外来的和尚好念经”，他们的确有水平、有才气，黄、丁都兼任过校图书馆馆长，梁还是后来《浙江大学学报》的几个顾问之一。他们都为历史系做出不少贡献,出过不少成果,为历史系争得过名气。

在沈校长任内,1977 级的学生留系的多是拔尖人才,无论中古史的包伟民,还是世界史的沈坚,这一拨人均在全国相关学术领域里有相当地位。这一支队伍在全校人文学科里有两大优势:一是外语好,历史系有十几位老师出国喝过不同程度的“洋墨水”,长的达七八年,许多人可以用外语(英语、法语)授课;二是电脑用得很好,可以说仅次于计算机系,历史系的多媒体教学在全国高校中领先,50 多所高校领导参观过我们的多媒体教室与课件,沈校长就支持我们系花了几十万元设了这个教室,当时在全国高校为领先。

作者和沈善洪校长(左)

教师的职称评定,沈校长是很严格的。在评教授时,沈校长实行过“答辩制”,正、副教授均要答辩,然后严格投票,三分之二通过才行。在沈校长看来教授是高校教师队伍中的第一层梯队,是办好学校的支柱,力主提高他们的待遇。杭州大学的工资外补贴,教授同校级领导同等,均为 90 元一级。

二、系科建设的特色是大学的基础

沈校长办学的另一个思路是:把系科建设视为办好一所大学的基础。我们历史系通过大家多年的努力办出了自己的特色:一是形成法国史为中心的世界史,民国史为中心的中国近现代史,宋史为中心的中国古代史(当时元史的研究在全国也有相当的地位)。系里的这三个中心,在全国史学界也算是排上号的。二是有一大批科研成果,全系每年教师正式出版十几本专著,发表百余篇文章。三是系里有一个藏书 10 万册、期刊基本齐全的资料室。历史系的资料室在全校是出名的，许多外系教师也来此查阅资料。系资料室只有几位老师，设主任（楼子芳）一人，他们负责管理、进书、编目、修补工作。资料室中的古书尤其是线装书、外文书、民国时期的书，设有专室收藏。四是系里有一个独立的文物室，是多年多人收藏积累而成，其中国家一级文物有好几件。五是在沈校长任内建了一座历史大楼，这在全国高校中是独一无二的，虽然规模不大，只有几千平方米，五层，至今仍基本上由历史系单独使用。在沈校长任内，因我们系科建设具有特色而被评为国家文科基础学科人才培养和科学研究基地。

三、对外开放是大学发展的重要方针

沈校长是本校历史系毕业的，很了解这个学校，也很爱惜这个学校。立足于这个学校的基础，必须打开思路，对外开放，步入现代的综合性大学，这就要加强国际交流与合作。在沈校长主持下，学校先后同 12 个国家的 52 所高校和科研机构签订了合作交流协议，派出 400 多名教师进行合作研究、访问进修，并陆续请进 200 多名外国专家来校任教。还先后聘任了 100 多位海外著名专家为杭州大学名誉教授、兼职教授或客座教授，几年来接收 25 个国家 500 多名留学生、600 多名进修生，并获批准向中国港澳台地区招收学生。

沈校长在杭州大学工作 10 年，始终坚守上面三条重要理念，使杭州大学得到了快速的发展。

* 作者为原杭州大学历史系系主任，教授。

□记忆长廊

我的学术研究历程追忆

郑小明

科学研究是我一生从事的最主要工作。中学时代我的母校杭二中给了我最好的科研素质启蒙教育,培养了我对科学研究的兴趣以及追求真理、探索新事物的精神。大学本科四年级时,根据教学大纲的规定,要撰写毕业论文。我和其他两位同学分为一组,在金松寿老师的指导下开始了正规的科学研究。通过实验,总结出了在不同的溶剂中溶剂分子与它的作用的一些规律,写成了题为《六六六的构象与溶媒化》的论文,这也是我的第一篇科学论文,后发表在《杭州大学学报》上。该论文中金松寿老师首次提出了选择性分子间作用力(分子间第四种作用力)的新概念。论文里提出的这种分子间作用力的要点与20年后法国科学家莱恩的诺贝尔奖成果主要部分(分子识别)的要点几乎一样。由于这篇论文主要由我执笔,所以后来在浙江省化学学会开会时,金松寿老师推荐我去宣读。当时学生的毕业论文能够在省化学学会上报告是件很难得的事,从此,开启了我后来几十年的学术研究之路。

1963年秋大学毕业后,我一开始和许多毕业生那样,参加了农村“四清”运动。三个多月后调回学校工作,以搞科研为主,教学为辅,辅导物化实验,辅导物理化学课程,筹建催化专业实验室,主要任务是搞科研和带研究生。具体的科研工作是参加物理化学教研室主任金松寿先生的两个国家重点课题：多相催化动力学和均相催化动力学。均相课题由金松寿先生自己做，多相课题由系副主任马福泰先生具体完成。我两个都要参加，当时星期一到星期三是搞多相催化动力学这个课题，星期四到星期六是跟金先生做均相催化动力学的科研工作，帮他带硕士研究生。一到星期三晚上就伤脑筋了，要把所有思路都转过来，换一条思路，而星期天有个缓冲。

那时候虽然很累，很忙，但是很开心，因为我觉得跟的老师越多，学得越多。到 1965 年时已经有专业学生来学了，实验课也开了起来。均相实验没什么太多新东西，基本上是我本科毕业论文研究成果的延伸，即溶液理论。我帮金先生带过 4 个研究生，第四个研究生只学了一学期就开始“文化大革命”了。就这样，从 1964 年、1965 年到 1966 年上半年，这两年多的工作为我后来的学术研究奠定了坚实的基础。

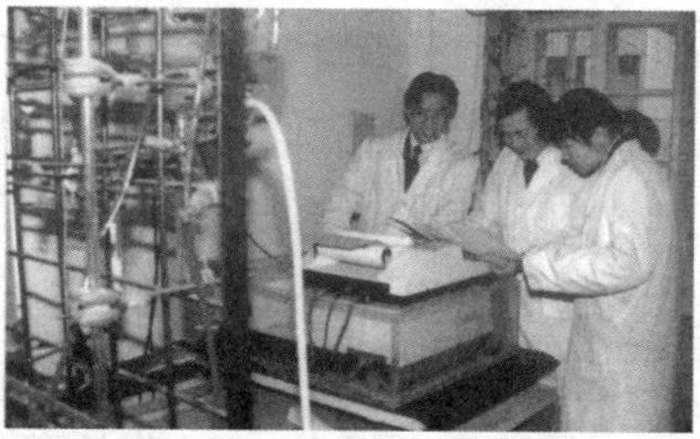
作者(左二)在实验室工作

1968 年，我开始独立承担科研任务，当时还是“文革”时期，我带了几个同学和老师到社会上找课题。我们找到了杭州群力化工厂，他们想搞涤纶。当时涤纶刚出来，非常风行。涤纶起初以苯酐为原料，苯酐是邻苯二甲酸酐，要先转成对苯二甲酸，再和乙二醇聚合就是涤纶。所以第一步就是要搞苯酐催化转位，这跟我的专业可以配合起来。当时他们刚从无锡焦化厂取经回来，用碳酸镉做转位催化剂。后来我们和他们一起到无锡焦化厂参观，发现转位所用的碳酸镉在 400℃左右就挥发，其蒸汽很毒，而转位正好在这个温度下进行，现场还有过工人死亡。我想这么毒的催化剂能不能换成锌，由于锌镉汞属同一副族元素，性能很相似，但锌没有毒，当然锌替代镉一般没有特别手段不行。通过大量试验，最后我们做到了使锌催化剂效能跟镉催化剂差不多,后来群力化工厂建立车间并投产。接着我们开始搞涤纶缩聚。本来传统工艺是分两步,第一步将对苯二甲酸和甲醇反应做成对苯二甲酯,然后经过蒸馏、分离,使品位提高,再和乙二醇交换、缩聚,做成涤纶,但这样的成本会很高。我想我们能不能只走一步,但难度是在对苯二甲酸的提纯。结果想了很多办法终于做出了聚酯。这个完整的新工艺一出来,全国各省各地都到厂里来取经学习。当时群力化工厂只有一个百吨级的车间,后来徐州化工厂想上一个500吨级,我就去帮徐州化工厂把500吨级的车间也建了起来,全部照我们的工艺。后来这个工艺被称为"涤纶合成新工艺",获得了1979年浙江省科学大会优秀成果奖二等奖。

我们的工艺以苯酐为原料,后来发现苯酐原料很紧张,苯酐是从萘来的,当时国际上有一项新的工艺,以邻二甲苯为原料制苯酐,将煤换成石油做原料,这样原料来源就丰富了。我们就把这个作为目标来攻关,这个项目我们搞得也是跟国际上不一样。国际上使用钒催化剂,要加溴等做添加剂,我们将添加剂割掉,放大到一米的炉子,在锦州化工厂实施。我们国家其实早就开始攻关了,结果几个单位的三四十个人搞了11年,没搞成功。我们连金先生在内只有4个人,用一年多一点做成了。于是化工部就给我们立了一个项目,这是我们承担的第一个化工部的项目。在差不多的时候,我们从另外一条线开展对苯二甲酸的研究项目。我们在苯酐转位完成后得知上海有一个厂跟苏州合成化工厂合作在搞对苯二甲腈,即用二甲腈为原料做环氧树脂,环氧树脂有个黏结剂(固化剂),那我想二甲腈水解就是对苯二甲酸,于是我们在省里也申请了一个研究"间(对)二甲苯氨氧化制间(对)二甲腈"的课题。这个课题经过努力也完成了,达到了当时的国际先进水平。搞成后在苏州建厂生产。在这个过程中间,金老师根据我们的成果结合他的思想方法,凝练了一个"催化剂集团结构适应理论"。这个催化剂成果与催化剂集团结构适应理论模型在第三次催化学术会议上由我做学术报告(当时金先生身体不好,由我和马老师两个人去参加)加以介绍。开始在小组会上报告，然后向当时国内的几个权威，如张大煜所长、唐敖庆学部委员汇报，他们听了也觉得很有道理，然后他们推荐我到大组会上讲，大组会上讲了后又到大会讲，还数次上了简报，这以后我就算正式跨进了国内催化学术界的队伍了。1978年，“间(对)二甲苯氨氧化与催化剂集团结构适应理论”获全国科学大会优秀成果奖、先进集体奖，金老师获先进个人奖，后来科学文献出版社把这一成果正式出版。

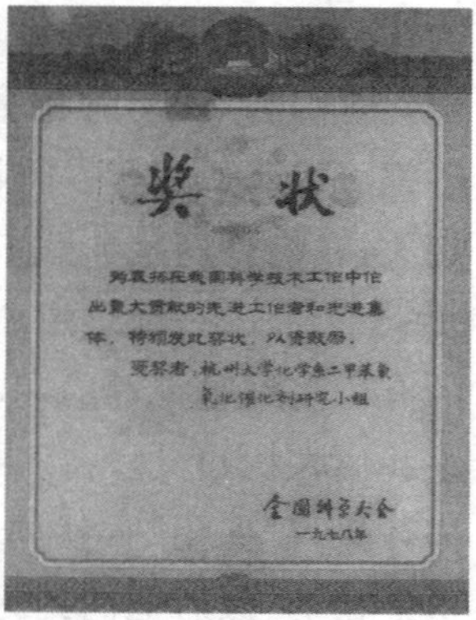

全国科学大会获奖证书

1978年12月，十一届三中全会胜利召开。在改革开放的大好形势下，我开始了新的科研阶段。我们整个研究组以前是物理化学教研室中的一个组。1978年，我们研究组几个人都第一批升为讲师。催化研究室正式成立，金先生是主任，我是副主任。

这个时候刚好省里在缙云发现了一个沸石矿。国家科委组织到缙云去考察，省里组织会战，号召各部门参与。沸石是天然分子筛，我们从专业的角度申请了沸石催化剂的重大项目，参加了这次会战。当时项目大体上已经以我为主了。沸石因为是天然的，杂质多，结构复杂，而催化剂一般要求比较纯一点。按照我当时的想法，有两个反应可以做，一个是重油加工，即渣油加工，我们做起来比较难，当然大的单位是可以用，我们自己实验室里要做渣油加工比较困难。另外一个是搞破坏氧化，以前我做的都是选择性氧化，从一个有机原料变成一个特定的东西，破坏氧化要把所有的处理不掉的有机东西统统烧成二氧化碳和水。但平时烧尽要1000℃以上，催化燃烧的话大概只需300℃以下，200℃、100℃也都可能，我想所有的杂质在催化中造成的副反应都是破坏氧化，那我就把破坏氧化做成主反应，这样就使所有的不利因素都变有利因素了。到1979年、1980年已基本成功。我们用天然沸石做催化剂，处理含苯、含甲醛的这些影响白细胞造血功能的东西,把它治理得干干净净。我们的催化剂的特点是,含铂量低,因为它可以分散到单原子,每一个铂原子都可以起作用,这样成本低而效率高。由于这个课题与环境保护相关,我们就到相关的工厂去放大,最初到杭州人民床厂(现在是杭州家具厂)的一个烘漆车间搞个小试验,家具油漆好要烘干,烘出来的有机溶剂是最毒的,我是在搪瓷桶里做催化剂,做了 30 公斤。后来我们在杭州又扶持了一家环保设备厂,当时该厂有几个工程师想搞环保,没催化剂,就同我们商量:他们建厂做设备,我们向他们提供催化剂,然后他们到另外工厂里去卖设备。我记得最成功的一家是上海卷尺厂。我还曾跟环保设备厂一起去过那家卷尺厂,因为环保设备厂开始时告诉我,说催化剂在那里没有发生效果,后来我去了一看,原来是他们在卷尺厂排烟的出口处敞开放了一个设备,我说你们连废气都不通过,催化剂怎么会有效,于是我就跟卷尺厂商量,搞了个封闭式的小房间,然后从小房间里出气,这样一改,催化剂也就发挥效果了,而且这对工厂的节能也大有好处,因为在封闭烘道,空气量会适当减小,炉温就会提高,电量消耗损失就很少。一个月以后,改造完毕,环保合格了,厂的电能节约了三分之一。过去温度不够高,卷尺厂很多新产品开发不出来,温度一提高,新产品也就开发了出来。我们的催化剂也很快就推广了出去,在全国推广。我们一立方米催化剂代替老的催化剂,经济效益仅节电一项就达 144 万度。后来,我们自己在化学楼里面建了个作坊专门生产催化剂,供应环保设备厂,由于设备厂的点已经布到全国除了西藏和台湾之外的所有省份,我们的催化剂也随之推广到了所有省份,NZP-1 型催化剂占到全国市场的 60%。这样,到 1981 年,我们就获得刚刚实行不久的国家科技进步奖。

在 NZP-1 型催化剂的基础上,我们又做成了 NZP-2 型、NZP-3 型、NZP-4 型催化剂,最后转到用于治理汽车尾气,从有机催化剂转到环境催化剂。到 1990 年,这些催化剂出口到日本。应该说这是我们国家第一批出口的催化剂之一。卖给日本 5 吨催化剂赚来的钱就建了一个催化楼。

催化剂出口日本签约仪式（后排左三为作者，左四为金松寿教授）

20世纪1987年，我到日本北海道大学理学部访问一年，师从日本化学学会会长田部浩三教授，首次探测到氧化镁表面的氧脱附现象并将其与碱催化中心的形成相联系，发现了固体碱催化剂表面酸碱中心的协同作用。回国后得到了国家自然科学基金的立项支持。

90年代后，我转到碳一化学催化剂的研究以及生物质转化为高品质液体燃料的催化研究，先后获国家973和863的立项支持，为参加能源化学的研究打好了一个基础。

回顾自己的学术研究历程，深深感到必须常学、多思、多做、创新，只有与社会实际密切结合，思路不断开阔，学术研究上才会有新的方向，也才能不断出现创新的成果。

＊作者为原杭州大学校长，教授。

秦望山点滴

——浙江师范学院生物系忆往

毛树坚

引 子

浙江师范学院生物系的前身是浙江大学生物系,由贝时璋先生在 1930 年创建。1952 年,全国高校院系调整,浙江大学改成工科大学,生物系被撤销。但是,原浙大生物系系主任江希明教授被委以建立浙江师范学院生物系,同时到浙师院生物系工作的还有王曰玮、董聿茂、吴长春等一批老浙大生物系的教师。

江希明先生是一位有组织才能的教授,他沿着老浙大的治学理念和办学经验把这个新的生物系治理得很和谐,很有朝气。老一辈的教师似乎还生活在学术气息很浓郁的老浙大氤氲中,年轻的教师都向往着在学业上有所进步,大家都一心扑在事业上。1958 年浙江师范学院并入杭州大学,杭大生物系系主任陈士怡教授也出身老浙大生物系。因此,从浙师院生物系到杭大生物系,几乎仍在浙江大学"求是精神"的传承中。1998 年四校合并,杭州大学生物系合并成浙江大学生命科学学院,似乎是走了一个传承与回归的圈子。

1952 年到 1958 年的浙师院生物系,生活在秦望山上。这个大家庭中的老一辈成员,如今都已谢世。当年那群天真单纯、朝气蓬勃、憧憬美好前景的年轻人,如今都是耄耋老人了,也已体衰力弱。但是每当回忆起秦望山,当年那种和谐、温馨、朝气蓬勃的进取气氛,似乎还在眼前,难以忘怀。下面就是对秦望山生活的点滴回忆。

工程馆

工程馆是浙师院生物系的所在地。江希明先生在组建生物系

工程馆

时，先从人事上调集与老浙大生物学系有关的人才，吴宝华、陆曼琦两位是最早参与生物系组建的。吴宝华是浙大生物系1937届毕业生，曾任谈家桢先生的助教。继而邀请浙大生物系首届毕业生郁永侁先生来浙师院任教，郁曾担任过贝时璋先生的助教。还从外地调来蔡壬侯先生与金逸民先生，他们两位都是浙大农学院的毕业生，而且在湄潭时期的浙大工作过。这些浙大的毕业生参与浙师院生物系的建设，都是江希明先生以后秉承竺可桢、贝时璋等前辈办学理念办生物系的有利因素。江先生还积极培养新生力量，除了俞志隆、项斯瑞两位研究生从老浙大调整过来以外，又接受薛艳庄、梁海曼两位年轻人，他们是从华东师范大学毕业后分配来的。后来又有诸葛阳、毛树坚、华启洪、张冠春、丁仁瑞等留系工作。以后还每年留一定数量的毕业生。江希明先生根据生物科学各分支学科的领域，给年轻人分配好发展的方向和进修的任务，有的还送出去做长期或短期的进修。历史证明，生物系早期的这批师资，是后来生物系完成教学任务的基本力量。特别是当年的年轻教师，几十年后都先后成了生物系的中坚与骨干力量。

不过半夜不回宿舍

当年助教的主要工作有三项：第一是听主讲教师的课，并协助主讲教师准备教具等。第二是为学生解答疑问或上集体辅导课解答学生的提问。当年，还提倡下学生寝室辅导、答疑。第三是理科各系助教要上实验课。但是比上实验课更艰辛的工作是准备实验的材料。笔者所带的“组织胚胎学实验”要观察许多切片。我的早期助教生涯中，制作切片标本成了我的主要工作。

辅导答疑工作可以显示出助教的学问与功底，学生的提问各种各样，常常难以回答。由此，当年的助教的确非用功多读书不可，否则就要在学生面前“插蜡烛”(因回答不出学生的问题,只好尴尬地站着)。

当年生物系办公室、实验室夜间的灯光在子夜12时以前,几乎是不会熄的。每夜巡夜工友总要到生物系来转一转(因为看到有灯光),提醒一句:“时光不早了,早点休息吧!”总务处领导根据巡夜工友的反映,甚至提出:“生物系的老师为了家里省电费,晚上都赖在办公室到半夜”。总务处的说法当然荒谬,但也反映了当时教师工作的热情。不过,“孵”办公室的多是住单身宿舍的青年助教。孵办公室最晚的,一个是梁海曼,一个就是笔者。

有一件笔者终生难忘的事:某一冬日之夜,我因准备实验课至凌晨2时许,走出工程馆回宿舍韦斋。周围一片漆黑,连一盏路灯也没有,只见道路还白蒙蒙稍稍有点影子。我仗着路熟,就摸黑穿过大草坪,走到了慎思堂西侧近都克堂处。岂知一到这里,真的是伸手不见五指,眼前一片黑天鹅绒般的纯黑,连慎思堂、都克堂那样的建筑物都隐没在纯黑中间。我顿时失去了方向感,寸步难跨,四更天的寒风呼呼地带来远处猫头鹰的啸叫。我真的感到孤独无助,呼天地而不应。站了足有二三十分钟,见到从三龙头方向有两支手电筒光过来,估计是巡夜的工友。待他们稍走近,我先咳嗽两声,然后轻声问:“有人吗?”来的两人用电筒光照了照,问我怎么回事。我说明了原委并且问他们:为什么没有路灯?他们说过了半夜1时以后路灯就熄了。他们把我护送上韦斋,说下次不要这样晚了,不安全的。我向他们道过谢。从此以后,我真的再也不敢如此“深夜不归”了。

晨练与体育活动

当时,新民主主义青年团组织对青年助教的工作抓得很紧。有一个时期提倡青年们积极参加体育锻炼。各系的青年教师都组织锻炼小组。生物系助教也组织了锻炼小组,组长是魏崇德。早上锻炼小组都上大操场锻炼身体,先是由小组长领着做广播操,接着自由锻炼，有的打球，有的在单双杠上活动，有的做仰卧起坐等，最简单的是跑长跑，沿着大操场跑三圈算完成锻炼任务。我对锻炼有点害怕，因为从中学开始检查出肺部有结核点，医生嘱咐不能剧烈运动，后来通过静养恢复了健康。我一向崇尚静养，不大搞什么锻炼。另外，就是晚上睡得太迟，早上起不来。所以我对于晨练，全是应付态度，不得已而为之。早晨我总是匆匆而来，选择跑短跑，三下五除二，跑几分钟了事。有一天，由于上一晚睡迟，起身后有点晕乎乎，待到跑短跑出几十米，腿一软一个趔趄，跌扑在跑道上，跑道是煤渣地，手掌、膝盖都擦破出血，只能上医院打破伤风预防针。从此我慢慢退出锻炼小组活动。

青年助教中的体育活跃分子当推化学系的钱逢麟，还有年轻讲师数学系的张明樑、物理系的洪士榧等人，每天下午4时半以后，在西斋前的篮球场上总可见到他们的身影。打球打得赤膊。生物系只有魏崇德与徐关龙可以打两下球，但也不大去参与。生物系在体育活动方面是弱势。

聚餐和郊游

生物系在初建时期，大多数教师源自老浙大，有如一大家庭，非常融洽。平时几位女教师如吴宝华、汪澄、陆曼琦、方云亿、薛艳庄等，在闲谈中谈到谁谁会烧什么菜等。不知是谁提出，可以各显神通，每人烧一个菜合起来，来一次大聚餐。我们一些单身年轻人也在边上鼓动，并得到了江希明先生等老教师的首肯。就这样，真的来了一次大聚餐。有的是从家里烧了菜带来，还在实验室里安了一只煤炉（这是违规行为），可以当场烧炒菜肴。至今比较记得真切的是，吴宝华先生烧了一只“芙蓉蛋”：用鸡蛋白炖火腿丝、鸡肉丝，外观白嫩如脂如玉，鲜美无比。可吴先生还说因缺少一样食材，不够完美。方云亿先生好像是从家炖来了一只鸡。薛艳庄现场做了西菜“色拉”……全系老、中、青教师进行了一次非常快乐的大聚餐。

记得全系有几次郊游活动，目的地有玉皇山、南高峰等。有一次吴宝华先生带了她女儿周亚先，陆曼琦先生带了她的儿子黄宓，当年都只有十来岁。我们这些年轻人基本都参加，留有几帧照片，很有纪念意义。有一次出游归来，路过黄龙洞路口大树下的一口井，发现井里竟有涡虫。涡虫是研究再生生理很好的材料。江先生非常重视，当场找瓶子采了标本，嘱咐毛节荣先生记下地点，再做仔细调查。

建系伊始，系务工作千头万绪，系主任江希明先生为提倡“大学教师必须进行科学研究”这一治学理念，就带头立题“杭州西湖水体生物资源与生态环境的调查研究”。研究的助手是他的助教薛艳庄。魏崇德与笔者也常帮忙做一些工作，有时梁海曼也参加，可以算是课题组的编外人员。做这个课题的调查时，我们常出没西湖的一些景点，在完成工作之余，有时可以“游山玩水”甚至到楼外楼等饭店用膳。杭州名菜龙井虾仁、锅巴虾仁等，我就是那时候第一次吃到的。不过那时候没有公费吃喝这一套，我们这些吃喝都是江希明先生掏的腰包。

还有一次郊游，什么起因，有多少人参加，都记不清了。但记得有徐瑞云先生和她的侄女徐君参加，还应该有薛艳庄、梁海曼、魏崇德与笔者等人。徐君(名字记不清了)在上海俄专读书，刚毕业，我们年龄相近，谈得很融洽。我们一起在西湖中(自)划船，在我们的怂恿下，徐君用俄文朗诵了一首诗，里面有“小船沿着小河慢慢淌去……”句，我们不约而同地哼出一支童歌“Row, row, row your boat…… ”我们用英语唱，她用俄语唱，非常愉快。这位徐君，只见过一面，但始终未忘。

学俄语与读书报告

全国高校院系调整，据说是为了加速培养专业人才，适应新中国成立初期的人才需求，所以将大学都办成专科性质的学校。与此同时，大学的外语教学几乎全部从英语改为俄语，因此作为大学教师都要掌握俄语。在当年浙师院生物系内，吴长春先生早年曾在张学良将军担任校长的东北大学中执教过，掌握俄语，俞志隆先生自学俄语也已有一定的阅读能力。吴先生自愿帮助大家学习俄语。因此由系主任担纲，组织一个俄语学习班，每周五下午为集体学习时间。

学习以自学为主，依靠字典自行阅读一本统一的俄语教材，每到周五下午集体学习时，由吴先生随意指定某位出来解读，有语法上问题，由吴先生辅导解释。以后由于专业的关系，动物学与植物学两教研组分别阅读不同的教材。

我在大学时读过一年俄语，照理这种学习并不困难。但是由于我准备实验材料，要做大量的切片标本，常常没有时间去翻字典自学教材。有一次，在周五中午临时抱佛脚，找到外语系助教叶志洪，请他帮我阅读一下，以便应付下午的集体学习，岂料被人发现而受批评。

“读书报告”就是小型的学术讲座，是老浙大的传统。我的第一次读书报告是江希明先生指定的，阅读 Joseph Needham 所著 *Chemical Embryology* 一书中有关“Sex determination（性别的决定）”的问题，因为我当时是“组织与胚胎学”课程助教。第二次轮到我报告时，我正在参加江先生“涡虫再生生理”的研究，涉及碱性磷酸酶（AKPase）与酸性磷酸酶（ACPase）的组织化学，正在读 Pearse 的 *Histochemistry* 一书。我就结合 1953 年 Watson 与 Crick 刚发表的关于核酸双螺旋结构的文章，做了关于核酸的组织化学反应的报告，顺便还谈到核酸可能是蛋白质合成的模板。因为内容比较新，受到江先生较好的肯定。

由于每人都结合自己的读书心得做报告，内容丰富多彩，既活跃了学术气氛，又相互补充了知识，“读书报告”的确是一个做学问的好法宝。别人的许多报告，我已记忆不多，唯有在系里公布信息的小黑板上见过植物学教研组华启洪的读书报告题目《谢维尔错夫错在哪里？》，题目中有两个“错”字，觉得古怪，竟然终生未忘。

导师制与进修计划

我国传统的培养人才的方法中,最常见和最有效的,就是师父带徒弟的“师徒制”。在现代培养高科技人才中,也有人主张采用“老师带学生”的方法。其实,这种方法的本质,就是老大学中的“导师制”。

江希明先生重新建立浙师院生物系后,缺乏师资,只能自己培养。因此对新吸收的助教就实行导师制的方式培养。所谓导师制,主要是强化师生关系,强化导师的责任,强调一对一负责。当年薛艳庄的导师是江希明先生,我的导师是郁永侁先生,诸葛阳的导师是潘锡九先生,魏崇德的导师是吴宝华先生,梁海曼的导师是王曰玮先生。

实行导师制后,就在导师的指导下制订个人的进修计划。进修计划包括下列内容:进修方向,指某一学科方向;进修目标,指要达到某一目标,一般是以能开课作为目标;进修年限;进修方法;检查方法;等等。进修方法中可以写明读哪些书,做哪些研究,等等。

在我们当助教的最初几年,江先生对我们的进修计划检查得很严格,在学年结束时,他要我们汇报一年中读了哪些书,做了哪些事,有时还要问问读的书里的具体内容。植物学教研组的检查,他都委托王曰玮、吴长春两位先生。

向科学进军与申请副博士学位

1956 年,全国上下提出了“向科学进军”的口号,又在媒体上大力宣传苏联的学位制。据称:苏联的大学本科毕业生,都授予有关专业的专家称号,在获得专家称号后可以进一步申请副博士学位。由此,高校青年教师大受鼓舞。向“科学进军”和向副博士进军,成了青年教师,特别是理科的青年教师最为时尚的口号和向往的追求目标。

为配合这种形势,浙师院也召开了全校的科研大会和科研成果展览会。各系展出科研成果并进行学术报告会。生物系将上山下海几次实习的成果做了展出，也将形成的论文做了学术报告，在全校颇为瞩目。历史系与笔者同届毕业的青年助教朱子善，在短短的三年中出版了专著，被视为青年助教的学习榜样。一时全校的学术氛围大增，教师从事科研的干劲也有显著提高，特别是青年助教，几乎个个摩拳擦掌，准备大干一场。也有人直接提出向副博士进军。

可惜，好景不长。1957 年，"反右"风暴突然降临，对"只专不红""白专道路"等等的批判，铺天盖地而来。曾经弥漫一时、欢笑一场"向科学进军"与"申请副博士学位"等等，都烟消云散。

别了，秦望山

1956 年后，浙师院在杭州城里（当时对市区的叫法）道古桥旁觅新址建新校舍，还在教师中公布建校方案。据笔者记忆，原方案中的教师家属宿舍分甲、乙、丙、丁四类型，但后来为节俭计，取消甲类，由原乙类升为甲类，分甲、乙、丙三类型。1957 年后，文科各系先后从秦望山迁移到新校舍。1958 年，理科各系也陆续下山。唯生物系迟迟不动，因为在道古桥新校址中尚未有生物系的用房。后来，浙师院用秦望山校舍与省委党校校舍做交换，生物系直到暑期才陆续下山。

省委党校是在文三路的北侧，与天目山路浙师院的后缘相隔一条路（当时文三路只有东段一小段已建成，浙师院北缘与党校之间还是田间小路）。党校的西侧有几幢大屋顶的建筑物，其中一幢还刚落成而未启用，是原省工农干部速成中学的房子。当时工农速中已完成历史使命而撤销，房子也归属党校，此时也一并交换给浙师院。生物系下山后就迁入原工农速中的新建大楼，用房当然比工程馆宽敞了许多。

笔者的宿舍在 1957 年暑期后从韦斋迁居绿房子。绿房子是一幢两层楼的建筑，小巧玲珑，在依山的林木间，颇具田园风光。我住在一楼 103 室。在 103 室时的邻居，先有张明樑、周绿漪夫妇，后有许承威、盛奕夫妇。我在绿房子里只住了约一年,就因生物系下山而离开了。

我是浙师院最后一批撤离秦望山的人员之一。在离开前,日夜有党校的人来绿房子看房子。因为党校已经把山上的宿舍分配给他们的教职工了。

社会上和学校里在"反右"的暴风骤雨以后,又在大张旗鼓地搞大批判、大跃进。"知识愈多愈愚蠢,知识愈多愈反动""贫贱者最聪明,高贵者最愚蠢"等口号铺天盖地而来。江希明先生的科研也在遭受批判。知识分子将向何处去?知识分子的命运不掌握在自己的手里!

在这样的风雨声中,我背着铺盖卷,乘着装有许多家具的卡车,从大S路下山,往城里道古桥驰去。我回头望了一眼秦望山,经济学馆哥特式的钟楼仍然矗立着,仍然像1936年初建时那样宏伟。

秦望山上校景

别了,秦望山!

* 本文选自《永恒的纪念:纪念江希明教授诞辰100周年暨缅怀前辈师恩文集》,浙江大学出版社2017版,第154—173页。

作者为原杭州大学生物研究所所长,教授。

求学浙江师范学院化学系纪实

陈　纲

一

历经百年战乱、四分五裂的中国，在中国共产党领导下获得了真正的独立。在《共同纲领》指引下，三年恢复时期刚圆满结束，国民经济建设的第一个五年计划就紧锣密鼓地开始了。当时，全国各界各族人民意气风发，各行各业欣欣向荣。

在经济建设的同时，也开始了文化建设。1952年初，为了解决当时全省性的师资奇缺，特在之江大学原址新建浙江师范学院。该院组成主要由浙江大学和之江大学的文理学院，另有杭州的几个专科学校并入。

当时，浙江省农村的剿匪、反霸、土改运动即将结束，大批干部需要“整编”；而建设时期更需要有文化、懂专业的高素质干部。中央的方针是：为工农干部专门设立“文化补习学校”和“速成中学”；而具有中学学历的青年干部，则输送入高校进行专业培训，并作为学生中的骨干，开展党团活动，他们具有干部的身份和待遇，称之为“调干生”。

我就是在这一时代背景下，经组织分配进入浙江师范学院。当时，浙师院面向全国招生，录取考生除直接寄发入学通知书外，还在有关报纸刊上登录取考生名单。我和别的调干生也是通过学校文化考试的，据说我的成绩不错。至于专业系科的选择，组织上由我们自己定，但建议调干生们不要集中在一起，而应分散到不同系科去。我的兴趣是念历史或理科，由于已有两位调干生分别选择了历史系和历史科，又因我高中（浙江省立杭州高级中学）的业师徐造华老师刚调来浙师院化学系任教,他是我所钦佩的老师之一,于是我就选择了念四年制的化学系。

二

浙江师范学院设于原之江大学校址,地处月轮山麓、钱塘江畔,青山秀丽,江水滔滔,据说是世界上风景最优美的大学校园之一。标志性的建筑有钟楼、慎思堂、都克堂等,红色洋房镶嵌在绿树丛中,分外醒目。

钟楼

化学系在1952年招收的第一届本科生只有一个小班,20人,另外因并入的有原浙江师专中的化学科,故也招专修科新生,另还办过将小学教师培训成初中教师的化学班。这样,化学系为了解决当时省内化学师资长、短期的需要,曾设有本科四年制、专修科两年制和短训班一年制三种不同的学制。

早期师资主要来自浙大和之大化学系,以及从外地调入和由省内著名中学选拔上来的化学教师,有王琎、王承基、金松寿、周洵钧、唐愫、钱钟祥、周志瑞、徐造华、戚文彬、吕荣山、张若民、庄尚瑞等老师。

开设的专业课有无机化学、有机化学、定性分析、定量分析、有机化合物系统鉴定、物理化学、元素周期系统、生物化学、农业化学、工业化学、化学史、化学教学法、化学文献查阅等等。有的是必修课,也有少数是选修课。

当时因为"一边倒"学苏联,一切都在试验之中。我们一年级时,曾与生物系同堂上课,培养的目标是能兼教生物、化学两门课的中学教师。二年级后就不提了。

1952年到1956年期间的系主任是王承基,有普通和无机化学、有机化学、分析化学、物理化学、化学教学法等教研组(教研室)。

实验室的器材、仪器和药品，得自浙大和之大化学系的移交，基本上都能开出各科的实验。

外语方面，过去我们在中学都是学英语，新中国成立后学俄语成为时尚，故而在大学里改学俄语，结果两门外语都没有学好，外语水平普遍偏低，甚至连查阅专业文献也还有困难，这是这一代人的困惑之一。

三

在“一五”期间，毛主席对青年学生发出“身体好、学习好、工作好”的号召，因而学校工作和学生党、团、社团活动也围绕以“三好”为中心来开展工作。

学校体育场地和器械的配置比较充裕，群众性的健身操和劳卫制的体育锻炼小组蓬勃兴起。当朝霞初显，就能在操场上、马路边，看到成群结队晨练的人影；下午的课外活动时间，更是青年学子龙腾虎跃的档口，一些竞技比赛都在这个时段进行。夏天在江边游泳场嬉水，冬日可爬山赏雪景。我们化学系同学曾在暑期露营于西湖山林之间，或在附近小学借宿，请灵隐寺方丈介绍接待国际友人情况，或参观博物馆和纪念馆、寻访烈士遗踪和名胜古迹等，广泛接触社会；也曾组织一支跨系科的小分队，徒步行军拉练到莫干山，在和平年代锻炼自己的体魄、意志和适应性。部分同学还每天坚持洗冷水澡，四年中从不间断，寒冬也不例外。

师院西斋

在师范院校读书的学生是免费的，包括学杂费和生活费，而且根据各人的家庭情况，还可以申请不同等级的人民助学金。当时物价平稳，物资供应丰富，所以食堂的伙食很好，虽然开始时要用脸盆打大锅菜分食，围绕餐桌吃还没有凳子坐，卧室是上下铺双人床……学生们还是比较满意的。

学校有医务室,师生们的体检、看病、治疗都是公费,甚至一度还设立隔离性的医治肺结核、肝炎等慢性病的疗养院。

学习上改百分制为五分制,试行习敏诺尔(课堂讨论)教学法等。同学间结对互帮互助。1956年时化学系曾举行有外校教授参加的学术论文报告会,部分高年级学生也参与教师的科研学术活动。国内刊物《化学通报》《化学世界》上,也曾刊登过同学的习作;上海《新民晚报》副刊的科普版经常刊登一位化学科同学涉及知识面很广的小品文,该版的编辑来校专访他后说:"想不到你还这么年轻!"《杭州日报》副刊的科普版上,也常有化学系同学的文章。

1953年3月,在新建的大饭厅兼礼堂,举行过一次中国共产党浙师院组织和党员向公众公开的全院教职员工大会,大会由党委书记焦梦晓主持,陈纲担任司仪,组织科长宣读各级组织及其负责人和党员名单。

党、团、社团组织逐步建立和健全,活动丰富多彩。学校团委书记是曾钜生(原之江大学教育系学生、地下党之大支部书记),第一届学生会主席是历史科学生朱子善,之后多届主席是化学系学生陈纲。

民主同盟、民主促进会、九三学社等民主党派在浙师院教师中也都建立了组织,党委经常与他们座谈、协商,关系良好。

1953年开始,第一次选举基层人民代表,浙师院属于西湖区管辖,根据西湖区选举委员会代表名额的分配,浙师院的教师和学生可选出区人民代表各1名。浙师院党委与各民主党派、社会团体协商后,各推出候选人2(或3)人,公布于众,经数日酝酿,投票选出:教师代表王承基和学生代表陈纲都来自化学系。

"一五"期间,文化交流频繁,舞台上百花争艳。我作为学生界的代表,在杭州人民大会堂有幸目睹当代京剧大师梅兰芳的折子戏、苏联芭蕾舞大师乌兰诺娃的天鹅湖片段和苏军红旗歌舞团、非洲姐妹战鼓劲舞的顶级演出。在浙师院慎思堂前的大草坪上,每周末夜晚的露天电影，师生们曾欣赏过赵丹主演的《武训传》、王丹凤主演的《护士日记》，以及苏联电影《列宁在1918》《攻克柏林》《幸福的生活》等等。

四

回顾我这4年的大学生涯，无疑是一生中不可多得的黄金时期。那时社会环境好，我们的学习环境也好，青年学生思想单纯、积极向上。人际关系融洽，互相诚信以待，尊师爱生、同学互帮，体现了"新社会"的"新气象"。无论在身体上、学习上、工作上，都打下了扎实的基础，终生受用。

饮水思源，感恩母校！感恩老师！

＊作者为原杭州大学出版社社长。

从六和塔到松木场:我在物理系的学习和工作(1954—1960)

竺树声

步入浙师院

1954年8月底,我与陈雅民、汤菊生等几位浙江湘湖师范学校的同学结伴到浙江师院报到。我们先乘船从萧山城关镇至西兴,再在西兴雇了一辆双轮车,把行李放在车上,大家一起步行到钱塘江畔的秦望山下。

到了山下,要爬一条弯弯曲曲的小路上山,后来知道,大家称这条小路为S路。学校没有校门,但抬头就见到了外形很有特色、顶端有大钟的洋房。到了报到处,我就与同来的湘师同学分开了。因为我就读物理系,该系的男生住在西斋,而他们读俄语专业,住在更西边的新斋。

师范学院的学生在经济上享受优惠待遇,不用交学费,还免费吃、住。我在西斋所住的寝室大约15平方米,住12人。大家睡钢丝床,可以任意拼接。床是三层的,睡中间层的人,坐起来有点困难。用膳就在西斋北边的简易房里,刚开始,不是分食制,而是8人一桌,一般四菜一汤,饭不限量。

师院校景之一是钟楼,取名经济学馆,系原之江大学经济系的用房。我们读书时,钟楼是学校的行政办公楼,教务处、总务处,还有医务室、工会活动室都在此。一楼是收发室,全校学生的信箱都在那里,每个信箱由两人使用,按姓氏编排,而不是按系科、年级,恐怕这也是老之江的传统。

初识物理系

物理系的教学楼在慎思堂,位于钟楼的正北面。慎思堂的东边是生物楼（工程馆），西边是化学楼，但化学楼中也有一些物理实验室。

物理系系主任朱福炘教授曾在国立浙江大学、之江大学任教。物理系副主任斯何晚副教授是浙江诸暨斯宅人，院系调整前也在浙大任教。他没有给我们班上过课。但在我三年级的时候，每位学生要写一篇读书报告，斯先生是我的指导老师，他选了篇刊登在《物理通报》上钱临照写的有关晶体结构的文章让我研读。

最初接触的几位青年教师有：赵佩芸老师，毕业于北京师范大学，辅导我们一年级普通物理课。单子娟老师，上我们制图课。龚筱芳老师，是系团总支部书记，兼系行政秘书。张礼和老师，也是从北师大毕业的，辅导我们电学课。

在一年级，我们学习普通物理学、高等数学、政治、俄语、体育、心理学等课程。教学参考书都是从苏联翻译的。给我们上解析几何课的老师姓姜，温州人，助教是谢庭藩老师。

当时物理系本科教学计划大致如下：一、二年级为基础课，其中有高等数学、普通物理等，三、四年级有理论物理，即所谓四大力学——理论力学、热力学、统计物理、电动力学和量子力学，还有电工、无线电、物理教学法、高等物理实验等等。有两次教学实习，一次到初级中学，一次到高级中学。

那时学习苏联经验，不少课有习题课，小班上课，师生互动比较充分，对提高解题能力大有帮助，像《数学分析》《理论力学》，对我而言，很有吸引力。考试除传统笔试外，也采用口试，计分为五级记分制。

许多同学欢喜到图书馆自修，我则习惯在寝室里看书、做作业。当时，教师专注教学，我有时做些老师布置以外的习题，往往也会得到老师的批阅。

上物理教学法课时，老师会抽少数同学模拟讲课。我曾讲过一节课。此时，其他同学扮演学生角色。

我的第一次教学实习在杭州第六中学初中部，第二次在杭州市第十二中学高中部。在十二中实习,仅我一个人,除了上物理课外,还要实习怎样当班主任,指导教师是一位从华东师范大学毕业的女老师。与十二中一墙之隔的有十四中,那里安排了十多位同学在实习。

课外兴趣小组

为激发学生学习兴趣,系里成立了多个与物理相关的兴趣小组。我报名参加摄影小组,指导教师是单秀栋先生。单先生不仅拥有相机等摄影器材,而且在住房不宽裕的情况下,还在家中隔出暗室,用于冲印胶卷、相片。

单先生教我们从拍照到冲胶卷以及相片显影、定影整个流程的操作方法,并给我们讲他的切身体会、注意事项。他曾说,有年冬天,下鹅毛大雪,他兴冲冲地出门拍雪景,十分投入,拍完一个胶卷,连忙回家冲洗。结果,却大出意外,全部空白。仔细一检查,方知相机镜头盖没有取下,实际上始终未曝光。单先生以此教育我们绝不可忽视细节。

四年学习最后一个学期

1958 年上半年是我在师院学习的最后一个学期。全国"反右"运动后,在高校掀起了整风、教育革命大高潮。师生走出校门,到工厂、到农村参加劳动,又在校内搞教学大批判。

为了贯彻"教育为无产阶级政治服务,教育与生产劳动相结合"的教育方针,系领导主要安排我们四年级学生在校内参加教学大批判,说是因为我们学习时间长、受害多、感受深。在我记忆中,其间还短时间到九溪至云栖的筑路工地上参加过劳动。由于劳动强度大,大家食欲猛增,粮食消耗超标。食堂里的主食供应从两干一稀(中、晚饭都吃干饭),到两稀一干(早、晚饭都吃稀饭)。最后,学校又不得不加以限量,发每人定额饭票。从此,开启了不能敞开肚皮吃饱饭的历史。

在当时形势下，我们的教学基本上无法按原计划进行了。为适应面向农村的“大跃进”，临时插入了有关农业知识的讲座，如小水库建造、农村有线广播、小型水力发电站等等。

6月4日那天，系里十分意外地请一位匈牙利物理学家给我们四年级同学做了一次科学报告，由朱福炘先生主持，翻译是中科院的肖健先生。报告的题目是“光子的干涉”，讲的是微观粒子的波粒二象性。内容中包括报告人自己的研究成果，令我吃惊的是，他还依据实验，对大科学家海森堡以及有的苏联学者的观点提出异议。这是我生平第一次听到的外国科学家的报告，印象很深。

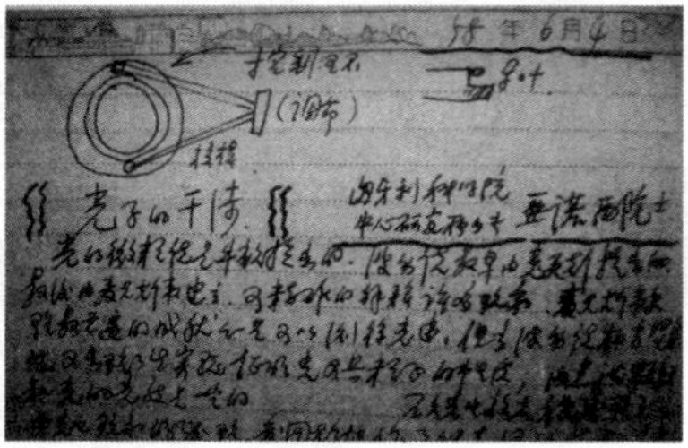

作者听匈牙利科学院院士学术报告时的记录

操场上放电影

1956年到1957年上半年，在钟楼与慎思堂之间的草坪上，还有西斋旁边的操场、新斋边的大食堂里，晚上经常放电影，大部分是20世纪三四十年代拍摄的中国电影，还有不少是苏联电影、印度电影、日本电影，让我们大饱眼福。什么《十字街头》《乌鸦与麻雀》《一江春水向东流》《拉兹之歌》《乡村女教师》《列宁在十月》等等，都是在这段时间看的，从而使一些电影明星如赵丹、周璇、上官云珠等映入我们的脑海中。看电影时，学生对老师是很尊敬的，一般在最佳区域，由学生轮流摆好椅子，专供老师就座。

大学毕业

1958年夏天，大跃进的高潮已经到来，师生忙于各种活动。所以，我们毕业离校的时间比较迟，在8月下旬。

我们物理系参加拍毕业照的共32位同学，与一年级时有52位相比,减少了约五分之二。这是因为进校后,经历了肃反、批胡风、反右、拔白旗插红旗、教学大批判等一系列政治运动,也由于结婚生子或学习成绩不合格、身体欠佳等等原因,几乎每学期都会有同学离开,累计起来,能按时毕业的同学就剩这么多了。

离校前的重要一环是分配工作。那时,大家响应党的号召,把国家利益放在第一位,一般都不提个人具体要求。虽然相关表格中有本人志愿的栏目,我只写了“到祖国最需要的地方去,服从分配”这样的话。

像我这样不担任班级干部的,在毕业分配具体方案宣布前是一点不知情的。结果,我被分配到新建的杭州大学,大大出乎我的意料。与我同班的陈志贤、纪际义留在浙师院任教,不少同学分配在杭州的大专、中专、中学当老师。其余的到宁波、嘉兴、金华、绍兴等市的中专、中学任教。虽然有些同学不是浙江人,但工作岗位都安排在浙江,只是分配中考虑了就近原则,如上海同学诸建尧去了嘉兴。

摄于 1958 年夏(在地理系气象站前)

同学离校前,学校给毕业生安排了一次会餐,各系毕业分配名单张贴在食堂墙上。大家依依惜别,互赠照片做留念,有的我一直保留至今。

初创时的杭大

杭州大学是新办的,它的校址在今文三路 232 号内(现为浙江大学建筑设计院与教工宿舍)。一开始,我的住处仍被安排在浙师院教工集体宿舍里,大概是临时之故,这间寝室紧靠盥洗室,墙渗水,潮湿不堪。幸好不久就搬到杭大校区,与生物系的余象煜同住一室,他是当年从浙师院生物系毕业的。

新杭大的教工，部分来自部队转业干部，部分来自华东地区高校，党委负责人是从杭州空军疗养院调来的左达同志。

我们物理系系主任是王谟显教授，他的主要工作在浙大，来给我们讲过话，日常工作由副主任斯何晚先生负责。教师中有龚尧圭、曹国良（毕业于浙江大学），孙寿民和谢柳咏夫妇（来自华东师范大学），宋孝同、张运尧（毕业于复旦大学），还有陈俊德等。

新杭大在 1958 年共招收新生 488 名，开学后，未直接安排上课，我们老师和学生一起参加劳动，如帮助厨房择菜、搬运图书和仪器，还曾去半山铁路工地筑路，到仪表厂劳动等。

杭州大学在创办后，遇到困难很多。省委领导经多次商议，决定将新杭大与浙师院合并，以浙师院为主体成立杭州大学。虽然这一决定到 12 月 2 日才向师生们公布，但内部的运作早已开始按两校合并的方案筹划了。

到北京培训

约在 10 月或 11 月份，我与物理系部分师生一起在杭州仪表厂齿轮车间劳动。有一天，当时兼任物理系总支书记的李林岗同志找我谈话，说中国科学院物理研究所要举办一个全国性的半导体训练班，派我去参加。他还告诉我，同去的还有浙师院的吕品桢同志。

吕品桢同志是比我高一届的浙师院物理系毕业生，虽然曾是同一个系的同学，但此前我们并无接触。待我去找他时，他刚从萧山回来，原来他正带领 1957 级的学生在农村劳动。

这次培训，时间不长，却对我一生产生重要影响。随后几十年，我的工作都是在半导体领域内教书、搞科研。

去南大进修

杭大要办成综合性大学，需要解决的一个突出问题是，要在高年级设置专业或专门化，开设相应的专业课，并能指导学生的毕业论文。物理系领导采取的一个措施是，派出数量较多的青年教师去北京大学、中科院物理所、南京大学、南京工学院等单位学习专业知识。

我被安排到南京大学物理系学习,同行的有吕品桢、谢柳咏、王由义、吴桂秀。时间是1959年春节前,吕品桢与我学半导体,其余三位进修磁学,分别由吕品桢、谢柳咏两位党员负责。我和吕品桢对南大半导体专业初步了解后发现,要把一个专业办起来,除课程开设外,教学实验准备的任务也很重,经向系领导反映后,单郑生于三四月份时也来到南大,加入我们的队伍。在南大进修的第一个学期,我们听程开甲先生(后从事核弹研制,"二弹一星"元勋之一,2013年国家最高科技奖获得者)讲授的固体物理学,他还在开学前同我们座谈过一次,对进修做了指导。此外,我还听过程先生为部分物理系教工上的党课。

在杭州302厂

1960年5月,我们突然接到学校通知,结束南大进修,回到杭大。杭大气氛与南大大不相同。师生正走出课堂,大搞技术革新、技术革命,所谓"双革",我随即被系领导安排去杭州302厂。此时,物理系总支书记已由张家谦同志担任,去302厂的学生是57级、58级的,共18位,由已留校任教的60届党员徐小炉同志负总责。

302厂是杭州一个新建的半导体工厂。那时杭州一下子筹建几个无线电方面的工厂,有搞整机的,也有搞零部件的,如电真空管、半导体管、磁性材料。为保密起见,取名为301、302、303厂等。302厂的地址位于中山中路,厂房原本是一家银行的楼房。

我们到厂时,厂里同时在试制硅材料、晶体二极管三极管。除我们杭大师生外,还有浙江大学的老师,无线电系的林书月、叶铭老师与我同在三极管组,化工系是位女老师,我记不得名字了。当时还是青年教师,后来是中科院院士的阙端麟老师也到厂里来指导过。

我们吃、住的地方在工厂附近,搭伙在另外一个工厂的食堂里。那时,处于大跃进的氛围中,拼命加革命,工作不计时间,师生、工人之间朝夕相处，一切为了把产品尽早试制出来。肚子饿了，还可以到羊坝头附近的饮食店买吃的。虽然困难时期已经到来，但杭州在1960年上半年副食品供应还不错，不像南京，供应紧张，到处要凭票，除非买高价食物。

这次下厂一直持续到7月中旬，共计50多天。

从1958年"大跃进"，贯彻党的教育方针——教育为无产阶级政治服务，教育与生产劳动相结合——开始，杭大师生下厂下乡劳动多。以物理系1957级为例，此次到301、302、303、304厂仅是其中一次而已。他们还去过杭州锅炉厂、上海亚美无线电厂、萧山农村。

走上杭大讲台

从1958年9月我被分配到杭大任教后，因接连下厂劳动，赴北京、南京学习进修，还未承担过教学工作。1960年秋开始，随着大气候的变化，学生重回教室，教师也要走上讲台教书了。

此时，1957级的物理系学生已是四年级，作为综合性大学，要学习些专业课。他们经自愿报名，分为无线电、半导体、理论物理班。在302厂参加过技术革新的不少同学选择半导体班。系里要我承担固体物理、半导体物理的部分讲课任务。说实话，要一下子给高年级同学上课，我的心情有点紧张，有赶鸭子上架的滋味，但我想到母校对我多年辛勤的培养，再大的困难也应当去面对，去克服，万事总有第一次，于是鼓足勇气走上讲台，跨出了教学工作的第一步。

＊本文选自《往事杂忆(1952—1976)》，竺树声著，标题新拟。作者为原杭州大学物理系总支书记、电子工程系系主任，教授。

对数学系的一点回忆

黄正言

我是1953年从宁波高级工业职业学校调入浙江师范学院的，那时还有一批资深的中学教师调入师范学院充实各科的教学，陈修仁便是其中一位，他已年届58岁，毕业于日本帝国大学，帝大对数学中的几何颇有研究和创新，陈老师来浙师院后，一边自编几何教学讲义，一边给120人一个班的学生上课，每周2次，每次2小时，课后学生又分为4个小班，每周再各上2小时辅导课，使学生能彻底理解大课内容，我一边听课一边担任辅导课的教师。一年后，陈老师的大学几何教学讲义已编完，他却时常患病。当他病得不能上课时，由我代上课，有陈老师自编的讲稿，又听过一遍课，所以我也能胜任这一工作，学生也满意。1956年陈老师辞职回乡，我正式上课，并配了一名年轻老师给我上小班辅导课。

白正国教授

浙师院数学系几何教研组共有8名老师，由白正国先生领导。白先生治学很严格，要求也很高。他根据组内各位老师的程度，制订了不同的进修计划。我的进修计划是从1956年起到1962年要读完博士研究生该读的所有论文，组内每周进行3个下午的教研活动，教师轮流做读书报告，一旦有人稍有含糊，白先生就会提出问题，要求大家回答，直到彻底理解为止。在教学与科研双重任务下，我每日埋头苦读，1957年反右运动大鸣大放期间，学校召开各种座谈会，听取鸣放意见。我很少参加会议，也很少发表意见。时任数学系党支部书记毛逸同志曾来家征求意见，我只说："近来忙于读书，对周围事物不太关心，提不出意见了”。毛则说：“那是我们对你欠关心。”我说：“不，不，是我自己的缘故。”

当时在数学系工作的还有俞芳老师，她是1954年秋天到浙江师院的。俞老师原是湖州中学的副校长，又是省人大代表。她到数学系后，在教学法教研组任教教学法并负责领导毕业生的教学实习工作。数学系每届毕业班学生在50多名到100名上下，分成若干组并安排教师指导，她每年总是带领着师生队伍浩浩荡荡出发到各中学实习。由于准备细微，指导有方，每次都胜利完成实习任务，这一批批学生毕业后遍布全省各地担当起了教学重担。俞芳老师后来任数学系工会主席。她担任工会主席期间，适逢国家困难时期，上级领导号召大种蔬菜，每天下午四五点钟在校园边的菜地里就会出现俞芳老师的身影。她与大家一起拔草、掘地、抬粪、育苗等。她的身体力行，激发了其他教师的积极性。每次校运动会，数学系工会拟定参赛指标，教工的总分要求名列榜首，并动员中老年女教师参加比赛，俞芳老师总是积极响应。有一年，她报名参加了接力赛、铅球、立定跳远、托球等四项比赛。当时她已是年近50的中老年人，如此积极，也带动了我们几位中青年教师，果真实现了工会的预期目标——数学系教师参赛总分为各系之首。

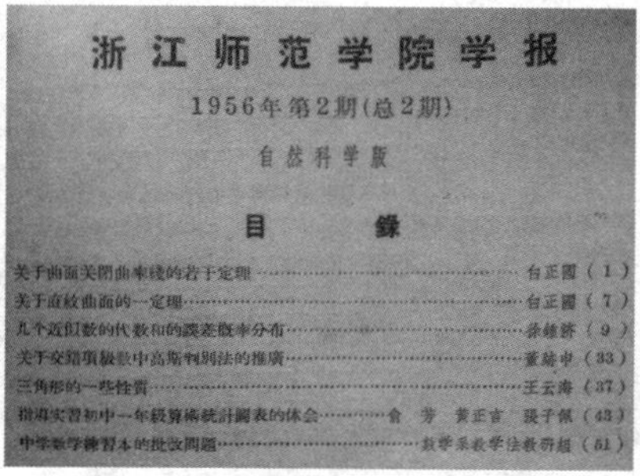
浙江师范学院学报

1956年第2期(总2期)

自然科学版

目　　錄

《浙江师范学院学报刊》载本文作者论文

1958年和1960年“教育大革命”时，提倡教学要理论联系实际，学校要求各系检查已有的学科能否联系实际的问题。记得有一次讨论时，陈建功教授偶然来参加我们的会议，他对此有自己的看法。他很风趣地说：“理论联系实际，正如吃鸡蛋一样，吃了鸡蛋对人身体有好处，对细胞有营养，但究竟对哪一个细胞有好处，谁知道吗？”大家笑了，我也低头暗笑。经过酝酿、讨论,有了定论,几何无法联系实际。这样,解析几何、立体几何及几何基础都被判了死刑,逐出大学数学之门,解析几何这门课的大部分内容下放到了高中。结果是原来8个人的教研组这时只需要2个人够了,4个年轻教师外调,我与另一位王老师分别到生物系和化学系任教高等数学。我在生物系教了两年,每届教一年的高等数学,后来生物系又停开了这门课。正好这时杭大要办附中,从保俶塔小学处接收了一所学校,撤换了大部分教师。时任书记朱联是杭州大学党委书记陈烙痕的夫人,她熟知内情,从杭大人事处要来一批毕业生,品学兼优的学生任附中教师,她又要求杭大各系派一名有教学经验的教师去附中各教研组做指导。数学系总支书记洪涛同志说:"黄正言就是我系派给你们的老师。"

* 作者为原杭州大学数学系教师。

回忆杭州大学初创时的日子

楼子芳

1958年，中共浙江省委决定新办一所综合性高等学校——杭州大学，这是新中国成立后本省新办的第一所综合性大学。当时国家正处在大发展年代，浙江需要有一所综合性大学，因此筹建杭大是浙江省委的一项发展本省文教建设事业的重大决策。

我记得1958年毕业考试结束后学校没有放暑假，开始是下乡“双抢”（夏收夏种），回校又继续搞教育革命。8月下旬的一天，我们应届毕业生聚集在学校健身房，由领导宣布分配方案。历史系选了我和仓修良两人分配到新建的杭州大学，荣幸地成为杭州大学教师中的第一批成员。由于毕业时大家都做好了服从组织安排的思想准备，祖国的需要就是我们的志愿，于是我充满着热情走进了新办的杭州大学。

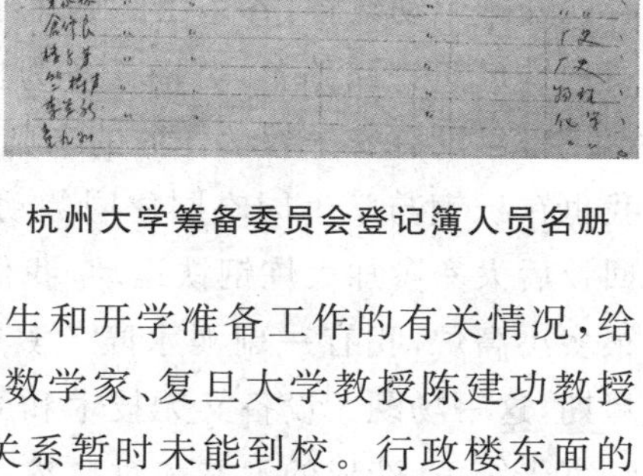

杭州大学筹备委员会登记簿人员名册

杭州大学的校址是文教区文三路原中共浙江省委党校和浙江省工农速中的旧址。省委原党校有4幢楼，进校门中间一幢为行政大楼。我报到后即参加了在行政楼三楼会议室召开的第一次教职工会议，由负责人左达（党委副书记）和司建兴（校办公室主任）主持并讲话，会上介绍了杭州大学筹建、招生和开学准备工作的有关情况，给我印象很深的是他们都提到著名数学家、复旦大学教授陈建功教授将担任杭州大学副校长，因工作关系暂时未能到校。行政楼东面的一幢房子为教师宿舍，西边一幢为教学楼。工农速中留下来的也有4幢楼房，靠近文三路的一幢为男生宿舍，田径运动场东面的一幢小楼为女职工、女生宿舍，西面有大礼堂兼膳厅，北面的一幢为教学楼(后来作为生物系办公用房)。

新办的杭州大学设有中文、新闻、历史、数学，物理、化学、生物7个系，学制4年。教师大部分是年轻人，不少是应届毕业生，其中浙江师范学院每个系基本上都有2个毕业生分配来杭大。初办时各系的教师人数不多，如历史系只有9人，系主任由浙师院历史系系主任沈炼之教授兼任，临时负责人是宋阳同志。他在开学时召开了一个会议，按各人的爱好和特长，确定历史专业各门基础课的教学任务：仓修良任教中国古代史，黄成礼、陈家平(均为华东师范大学调来的助教)任教中国近代史，季文一(中国人民大学毕业)教中国现代史课程，周树珊(四川大学毕业)教世界古代中世纪史，我担任世界近代史教学工作，李海潮(南京大学毕业)为世界现代史教师。另外，金王英(随丈夫一起调来的)安排在历史系办公室工作。历史系学生约50人，组成一个班，其中不少是原省工农速中的学生，年龄比应届高中生大，而文化程度相对较低，当然个别也有比较好的。工农速中读4年，补习中学课程，杭州大学创办后，省工农速中也就停办了。

学校于9月初开学。在贯彻“教育必须为无产阶级政治服务，教育必须同生产劳动相结合”的方针指导下，学校进行始业教育后，接着就安排劳动教育，各系组织师生下乡下厂劳动。历史系学生到杭州钢铁厂筑铁路路基，劳动任务为掘地挑土，搬掉了好几个小土丘。由于当年没有安排教学任务的老师按规定要随学生参加劳动，所以我也在杭钢与学生同吃同住同劳动，共大约劳动了10天至半个月。回校后大家参加大炼钢铁运动，我们在原工农速中田径场周围建了很多小高炉，我有一副泥水匠工具，专门负责建小高炉。不到一个星期，这一场既无设备又无技术和原料的全国性大炼钢铁的群众运动宣告结束，造成的浪费和对自然资源的破坏无法估算。

10 月初，新办的杭州大学因师资不足等原因开始酝酿与浙江师范学院合并。省委关于两校正式合并的文件是在 11 月 26 日下达的。合并后定名为杭州大学。

两校合并后，文三路新杭州大学校址称为杭州大学分部，原浙江师范学院本部(今浙江大学西溪校区)作为杭州大学本部。分部行政楼的二楼设历史系，三楼设新闻系，一楼为浙江省动物研究室和医务室；省委原党校北面的一幢起先设数学系、化学系，后来政治系迁至此处，数学、化学两系随之迁至本部。生物系设在原工农速中的教学楼。

合并后的杭州大学设有中文、历史、政治、新闻、外语、教育、数学、物理、化学、生物、地理共 11 个系。除新闻系是新开设外，其他 10 个系都是浙江师范学院原有的。

合并后的师资力量大大增强，因为许多骨干教师来自原浙江大学或之江大学，又经历了在浙江师范学院 6 年多的创业发展、锻炼。如当时我们的历史系，有教职工 40 多人，由老教授沈炼之任系主任，老干部林琼、宋阳任总支正、副书记，全系有教授、副教授沈炼之、黎子耀、叶作舟、张慕骞、沈镜如、谢兆熊 6 人，另有讲师多人。

弹指一挥间，杭州大学成立至 1998 年为止，经历了整整 40 年。回忆起中共浙江省委根据当时国家大发展的形势，克服重重困难，做出两校合并的决定，对推动浙江省高等教育的发展、壮大有着多么深远的意义啊！

* 作者为原杭州大学历史系资料室主任。

我与杭大新闻系

于 光

1958 年杭州大学党委研究系科设置时,我以《浙江日报》副总编辑的身份参加过会议。当时系主任由中共浙江省委委员、浙江日报社社长江牧岳同志兼任,系副主任司建兴,以后是北京下放的李文放同志。

1961 年我任新闻系主任时是专职,当时江牧岳同志为专职副校长。

开始当新闻系教师时我很不适应,只好充分利用暑假,总结多年的业务实践,奋发攻读新闻学的有关资料。我参阅了国内外新闻界的若干论述,写出了《新闻学概论》绪论,并且做了讲演。

我作为系主任、总支书记,既要领导教学,又要做思想政治工作,还得上课,蹲办公室的只有行政秘书周彬和总支秘书孙洁。系里的任务有研究教学工作,召开系务委员会;研究思想政治工作,召集有学生参加的总支委员会。

新闻系学生党员担任系总支委员以及教师参加建在班上的党支部工作,是当时系的思想政治工作的一个显著特点。事实上,由于学生党员参加党支部工作,教师党员参加班级党支部工作,一方面能更好地贯彻教书育人的方针,同时可以把学生中的好多问题或直接反映上来,或解决在班级里。这种教学和思想政治工作相结合的体制,十分适合当时的实际情况。

新闻系的招生,用我的话说是“两部制”。就是说,一方面招收统考生,一方面招收调干生,两者的比例大致各占百分之五十。他们由于来自不同的岗位,生活经历有差异,在学习过程中明显地反映出来。我们抓住这一特点,引导学生进行学习讨论,推行教学民主，使他们在讨论中互为补充，相互促进，共同提高。调干生文化水平相对低一些，但感性知识多一些，而统考生，由于受过系统的文化知识教育，文化水平一般讲高一些，但涉及实际问题时，发言很少。而对新闻学的理解，既要具有丰富的文化科学知识，又必须具有相当的感性认识，实现招生的“两部制”，对于实施新闻系教育方案比较理想。

搞好新闻专业的教学，最重要的要有一支过硬的教师队伍，充分发挥教师的主导作用。可是受1958年“大跃进”“左”的思想干扰，曾经片面追求下乡下厂，大搞什么亦工亦农，搁下专业课不上，专学毛选四卷，等等。教师的作用被削弱，教师备课、授课的积极性遭到严重挫折，教学质量空前下降。贯彻执行“高教六十条”后，发挥教师的主导作用，教学积极性调动起来了，像骨干教师朱振华、孟还、张大芝、邬武跃、华祝考、蔡义江、洪晨洋，以及翁来德、金苗新、王旦凤、马锦书、王德坤、徐达会、陈金生、章贤采、吴自立等同志，勤奋学习，刻苦钻研，认真备课，耐心辅导，同学生打成一片，备受学生爱戴。尤其值得一提的是蔡义江同志，他担任新闻系各班的古典文学教学，在生活极端困难的情况下，每天备课至深夜，工作艰巨，任务繁杂，出色地完成了教学任务，涌现出一批学习古典文学的优秀学生，受到师生的好评。

教学调查是系主任组织好教学的主要手段，一方面参加听课，一方面向学生做调查，对于更好地与教师对话、搞好教学十分必要。1961年12月12日的调查记录如下：二年级每组一个代表参加座谈，他们的意见是：(1)政治理论课(包括政策讲座)，可占整个学时百分之四十七；(2)红、专必须统一，不读书光打扑克是败坏校风；(3)新闻系要办出特色．不能“三不像”(不像新闻系学生，不像政治系学生，不像中文系学生)；(4)学习不好的要留级；(5)提高理解党的路线政策水平的途径之一在于邀请省里各厅、局负责同志做报告。

师生对话，是密切教师与学生联系，改进教学、贯彻教书育人方针的一种有效形式。新闻系教师，几乎都有这种美德，善于跟同学平等地研究问题,相互学习共同提高,这既是教书育人的一条成功经验,也是对教学民主形式的一个发展。所有的新课,都让学生自由讨论,教师参加进去,鼓励学生充分发表意见;有争论的问题,学生听不懂的问题,教师则辅导,或补充教学。如此教学体现了人民教师为人民服务的崇高美德。一个时期,学生最关心的一件事情是“到底把我们培养成什么样的人”的问题。新闻系教师就直接同学生对话,收到预期效果,我 1962 年 1 月 26 日的日记是这样记的:用人单位对大学培养学生的意见,一是马列主义理论基础不过硬,二是不具备社会活动家的起码素质,三是语文基础、写作技能差,表达能力低,知识贫乏。经过师生对话,得出下列结论:(1)狠抓马列主义理论教学;(2)狠抓写作基本技能的训练;(3)强化文化基础知识的教学。一是抓解决立场、观点和方法问题。二是抓解决为人民服务的手段问题。因此,系务委员会决定:新闻系的教学,要提倡议论纷纷,议错了也不必怕,努力培养学生的思辨能力,养成他们的独立思考习惯。

作为系主任,经常同教师对话,是当时新闻系工作的另一特点。系主任首要的是关心教师,虚心听取他们的意见,解决他们的实际问题,全心全意地依靠他们,这是当好系主任的先决条件。事实上,教师在第一线,他们的好多意见是教学实践的结晶,值得重视。

有些同学反映有的教师讲课烦琐,我便到下面去调查,然后同教师对话。1962 年 1 月 21 日同教师对话记录如下:新闻专业教学,务必恰当地处理好教学内容的广度和深度、重点和一般的关系,突出重点,把新闻学最核心、最本职、最必需的部分讲深、讲透、讲活。务使学生掌握这门科学的基础理论和基本技能。为此,必须反对烦琐哲学,坚持“少而精”的原则,才能有效地提高教学质量。对于这件事,1962 年 1 月 19 日同部分教师研究的意见是:推行范文教学是新闻教学改革的一个新的尝试,从整体讲,必须加强马列主义经典著作的教学,专业课减少到百分之十,精选新闻、评论、通讯范文,汇编成册。新闻业务知识、写作技巧的讲授,贯彻于范文教学之中。

文化基础知识的教学，同样贯彻范文教学的原则，即古典文学范文、现代文学范文、古汉语范文（着眼于政治、写作技巧）。

社会实践是新闻系学生的必修课，为了提高新闻系同学的写作水平，在范文教学的基础上，着眼于新闻实践课的教学。措施之一是在校内开展“每周一文”的教学活动。讲评“每周一文”的教师分工很明确。一年级，张大芝、马锦书；二年级一班，孟还、翁来德；二年级二班，朱振华、邬武耀；二年级三班，王德坤。修改“每周一文”的方法灵活多样，同学间相互改，教师批改，重点文章老师、同学讨论修改，最后教师认为有必要，可以讲评。这一措施，同学很欢迎。措施之二是周密地安排实习，到报社实习，或到公社当半年文书，从实践中练笔，提高写作水平。

为了办好杭大新闻系，中共浙江省委有两次重要指示。一次是1960年，省委提出新闻系的教学内容为七分政治理论，三分新闻业务知识。第二次是1961年12月，省委进一步提出了新闻系教学的“六字”方针：打基础，搞写作；新闻专业课要少些、精些，讲得深些、透些；对学生采取样品“范文”教学法；对教师，提倡研究范文，有供教师自己分析研究的，有供教师学生参阅的，有供学生学习分析研究的……省委负责同志强调指出，笔头子过硬，没有捷径，必须有毅力，有恒心，多读、勤写，乃成功的必由之路。多读是学人家的，多写靠自己刻苦磨炼，两者结合起来，凝结着自己的心血，成长无疑。

随着“调整、巩固、整顿、提高”方针贯彻，新闻系的一部分同学于1962年7月毕业，另一部分同学并入中国语言文学系，有些计划没有付诸实施就停办了。每当回想起来这一段历史，特别是由于师生的共同努力，新闻系办得生机勃勃，宛如一股清泉流入我的心田。

读过新闻系的同学，目前活跃在各条战线上，有些成为专家、教授，我由衷地祝愿他们在社会主义建设事业中做出更大的贡献。

* 本文原载于《杭大校史通讯》1988年第5期，第13—16页。

作者为原杭州大学办公室主任、新闻系系主任。

《青春之歌》改编和演出回顾

裴文琮

1958年时,我在中文系三年级学习。11月中旬的一天,年级党支部领导找到我和同级的莫非、娄瑞槐同学,对我们说:“有人建议,为了纪念即将到来的‘一二·九’运动22周年,希望能将小说《青春之歌》改编为话剧,并搬上舞台演出,改编的任务请你们完成。”《青春之歌》这部反映学生运动的优秀小说有近40万字,把它改编为话剧,并不是一件容易的事,加上时间极短,更增加了难度。不过,我们三人想到,既然领导那么信任我们,任务再艰巨,也一定要承担下来。领导要我们三人暂时不用去上课,以集中精力改编剧本。党支部还指派了两位党员(汤良宇和宗伯南同学)参与,但具体执笔的是我、莫非、娄瑞槐三人。我们接受任务后立即找来了小说《青春之歌》,用了不到一天的时间就把它读完了。小说所描写的许多人物形象和他们可歌可泣的英勇事迹深深地感动了我们,我们当天夜里就讨论提纲。大家决定剧本分四幕十场,并分配了各自写作的任务:娄瑞槐同学负责写前面几场,莫非同学写剧本中段场次,我写最后几场。接下来的两天是通宵奋战,好在当时处于“大跃进”时代,学校食堂也是日夜营业,饿了可以随时去那里用餐。就这样,我们三人齐心协力,很快完成剧本初稿的写作任务。

有了剧本,接下去的任务是排演,排演也是“高速度”,只花了六七天时间,浙江话剧团的史崇仁曾来校作为导演指导排演。大部分演员由我们中文系三年级的同学担任,编写组中莫非、娄瑞槐两位同学也扮演了剧中的角色。由于饰女主角林道静的演员在系内找不到合适的人选,后通过本校团委找到了外语系的年轻助教翟燕芳老师。她起初有点胆怯,但通过几次排练后调整了心理,她的台词最多,也念得最熟。我在安徽读师范学校时任过美术社社长，有些美工基础，所以场景由我负责，最初上演时的布景采用风格式设计。

12 月 13 日，在学校礼堂举行了《青春之歌》首场演出。出席观看的除学校领导陈烙痕书记、林淡秋副校长等外，还有浙江省文联主席方令孺，省文化局孙主任，浙江话剧团的王毅团长、赵殿鳌团长和部分演员；应邀观看的还有来自省市新闻单位、文化系统、部分大专学校的 200 多位来宾。演出结束后，陈书记、林副校长、方主席上台和演员们热烈握手，祝贺他们演出成功。接着召开了演创人员座谈会，方主席热情赞扬这次首演成功，对我们只用了几天时间把小说改编成剧本，又用了差不多同样时间进行排练给予高度评价。省话剧团的两位领导也充分肯定改编和演出的成绩，同时对一些不足提出了改进的意见。王毅团长对我说，你们在布景方面有什么困难，就到省话剧团来，你们要什么，我们就给什么。

第二天晚上，《青春之歌》剧组在大礼堂为全校师生演出。当时大礼堂兼做饭厅，观众挤得满满的，连饭桌上也站满了人。演出结束演员谢幕后，观众久久不肯散去。之后连续数天，《青春之歌》的演出成为校园里话题的中心。

两场校内演出后，我们根据大家的意见对剧本做了些修改，又从浙江话剧团借来了布景片，使场景更为充实，由于史崇仁回话剧团工作，后来的导演工作由我承担。

1959 年 1 月初开始，杭大《青春之歌》剧组在省军区礼堂举行 9 场公演。据当时报纸的报道，“九场公演，场场客满，观众达一万余人”。由于那时正好举行浙江省第三次党代表大会，省委第一书记江华同志和党代会全体代表也观看了我们的演出。

在杭州公演后，好评如潮，剧组的影响进一步扩大。学校团委决定由校文工团接手。接手后的工作之一是在全校范围内招收演员，为了找到合适的人选，团委工作人员经常在午餐期间到食堂寻觅，通过面对面的交谈初定。先前饰女主角林道静的翟燕芳老师因教学工作繁忙无法再参加演出，经多处物色，最后由外语系学生史佩珍接演。在此期间,文工团的另一项工作是改进场景。我当时是文工团话剧队队长,对改进场景工作花了不少精力。我们打听到杭州美术设计公司刚筹办,就请他们按照我们的设计图制作布景,经过多次洽谈,他们同意,但要付费 120 元,后来这笔费用由团委设法报销。记得那年 5 月 1 日游行结束后,我们七八个人将设计好的布景片从平海路杭州美术设计公司徒步搬回学校里。有了这些布景后,演出效果就更好了,大大增加情境感。

6 月起,《青春之歌》剧组在校团委领导的带领下先后到湖州、嘉兴、宁波和金华四地演出,每地两场。湖州演出后当晚乘船到嘉兴,不料途中船出了事故,到嘉兴已经是第二天早上,大家匆忙吃了早饭就开始排演。外地演出时,30 多位群众演员都由当地学校的学生扮演,那天也是,我们匆忙召集了嘉兴当地学校的学生排演,幸好他们都是学校的文艺爱好者,经过两三个小时的试排后,就上场了,下午的演出很顺利。在宁波的演出也差一点出现问题。我们是 6 月 19 日乘火车去的,那时正逢杨梅上市的季节,路过余姚站时大家买了许多杨梅,一路上吃个不停,结果到了下午演出时,好几位出现腹泻,不停地得上卫生间,像搞布景的,一将布景搬上台,就马上得赶去完成“任务”。还有两位演员因病无法上场,幸好我们年级担任场务工作的潘克元挺身而出,一人扮演了两个角色。尽管出现一些上述意外情况,本省四地的演出十分成功,达到了预定的两个目标,即对广大群众进行革命传统教育和加强与各地学校的联系,增进友谊,交流经验。

我校《青春之歌》剧组还赴上海交通大学和华东师范大学演出,受到了这两所兄弟学校师生的热烈欢迎和高度赞扬。

《青春之歌》的改编和演出,我参加了其中的一些工作,尽管已经过去了近 60 年,至今回忆起来,仍好像发生在眼前一样,它无法随着岁月的流逝而消失。

* 作者为原杭州大学教师,后在浙江话剧团任职。

地理系4年学习生活回忆

周黔生

入学之初

1958年,我考大学的第一志愿是浙江大学,第三志愿是浙江师范学院地理系,最后被第三志愿录取。我心里还是挺高兴的,因学校离我家很近,只隔了一条马路,比原来就读的中学还近。报到第一天,我早早拎着铺盖从道古桥家属区来到马路对面的校区报到,大门口设有接待站,摆着几张桌子,一位学长接待了我,帮我拎铺盖到校内的学生宿舍楼,地理系新生分配住在一楼,就这样开始了我的大学生活。

我们地理系大楼就在学校大门东侧,外墙下部暗红色,上部乳黄色,楼前是草坪,隔着围墙就是马路,我们在楼里可以毫无阻挡地眺望宝石山和保俶塔。

入学后不到3个月,即11月,就传来浙江师范学院要与刚刚新办的杭州大学合并的消息,师范学院变成综合性大学,发展前景更广阔,名字也好听些,自然受到大家的一致好评和欢迎。由于合并过程短促,"杭州大学"校徽春节后才全部发到我们手中,"杭州大学"四个字是请书法家舒同题写的,字体娟秀。

课程与教师

改成综合性大学后,专业需要细分。我们年级先是分成自然地理和经济地理两个专业,后来自然地理专业又分成地质地貌专业和陆地水文两个专业。我在陆地水文专业学习。

大学4年,有20多门基础课和专业课:一年级时有普通自然地理、物理、数学、化学、地图学及地形测量、政治、俄语、体育。二年级时有矿物岩石学、动力地质学、古生物地史学、普通水文学、普通地貌学、气象气候学、俄语、体育。三年级时有土壤地理学、植物地理学、水力学、水文地质学、水文测验学、中国自然地理、俄语。四年级时有浙江自然地理、应用数学、径流及水文计算、水利计算及规划、水文预报、哲学等。

在杭州大学校门前(摄于1960年冬)

物理课由副校长朱福炘讲授,他个子不高。记忆中,他着重讲解了地球自转中产生的偏向力——科里奥利力。他说,科里奥利力与地理科学关系很密切,例如,科里奥利力对河岸冲刷有很大的影响,地球由西向东自转,受科里奥利力作用,在北半球,从南向北流的河流,河水冲刷东岸;从北向南流的河流,河水冲刷西岸。此外,科里奥利力对天气系统也有很大的影响,例如台风的形成。

地理系系主任严德一给我们连续做了几天“长江三峡工程”专题讲座,论及长江三峡工程的发电能力、输电范围,以及对我国华东等区域经济发展的作用等。他讲话声音洪亮,听说他在抗日战争时期曾穿越横断山脉,为查勘滇缅公路做出过贡献。

地貌学由冯怀珍先生讲授,他对河流三角洲演变及我国河流三角洲形态分类,讲得十分透彻,还详细介绍了苏联萨莫伊洛夫的观点,印象相当深刻。

数学老师姓沈(还是姓“孙”,不太确定了),是数学系教师,讲授微积分,带有绍兴口音,讲课有条不紊,板书端正清晰,面目清秀,头发梳理得整齐光洁。

植物地理老师是生物系的女教师项斯端,有一次她带领我们全班同学去杭州植物园实习，辨认各类植物形态与特征，大家比较感兴趣，我们逐步明白了植物与土壤、地质的关系，有一些植物，如映山红、松树，它们容易生长在具有酸性土壤的山丘上，于是就成了酸性土壤的指示性植物。

俄语老师是外语系的女教师何美莲，娇小文气，她和公共外语教研组同事一起编撰了一本词典——《俄汉对照地理专业常用词汇编》(商务印书馆 1961 年出版)，她送了一本给我，我至今还保存着。

普通水文学和水文测验学由毛发新老师讲授，他是我们的班主任，比我们早几年毕业，与同学们接触比较多，和蔼可亲。

矿物岩石学老师林大夏，学期考试时采用口试，每位同学被分别叫进办公室，需要认出 3 块矿物岩石标本，并且说出它们的成分、特点、用途。我记得 3 块标本都被我认出来了，其中一块是“辉绿石”，比较难判断的，结果得了优秀——5 分。

动力地质学老师邓博，讲课生动，可惜英年早逝。体育课由体育系老师担任，是位年轻的女教师，本校体育系毕业不久。哲学课由哲学系老师担任，课本是《辩证唯物主义与历史唯物主义》。陆地水文专业因为是新开专业，教师不足，有些课只好聘请外校教师来上。“水文预报”教师是从华东水利学院(南京)请来的赵人俊，他在水文学界声望很高，他主持研究的“蓄满产流”理论及“新安江流域(水文预报)模型”获得广泛应用。“水利计算”教师是浙大请来的，她是位年轻女教师，名汪希美，身材高挑，衣着讲究，她来杭大讲课有时候坐公交车来。学校还请过水文计算方面专家陈家崎、金光炎为我们讲课，金光炎是浙江人，早年浙大毕业。地理学家丁锡祉先生也为我们做过地貌科学方面的学术报告。

地质实习和洪水调查

二年级时的地质实习给我们留下了深刻印象，在邓博老师带领下，我们全班同学早出晚归，行走在西湖周围的群山之中，考察地质构造和地层年代，北高峰、飞来峰、丁家山、玉皇山、石屋洞、栖霞洞、宝石山等等都留下了我们的足迹,也领会到每一个风景点其实都是群山地质构造与岩层的出露点,可以揭示其中的奥秘。至今我还保存着当年的地质实习作业——西湖周边地层剖面图。每到一个考察点,邓博老师就停下来详细、生动地讲解岩层特点、地质年代以及它们之间的关系,使我们知道了西湖群山是一个复向斜构造,玉皇山和北高峰是地质年代比较老的泥盆纪砂岩,而它们之间的烟霞洞和飞来峰是地质年代比较新的石炭纪石灰岩,丁家山是二叠纪页岩,而宝石山是白垩纪火山岩,多处有暗红色粗面岩裸露。这次野外实习同学们学习情绪高涨,效果也好。

我们班两次生产实习内容都是洪水调查,第一次是在新昌、嵊县境内的曹娥江流域,第二次是在乐清县等地。这两次生产实践与专业课紧密结合,收益很大。二年级去曹娥江流域进行洪水调查时,大家都自带铺盖行李,还有测量仪器多件,肩挑背扛十分辛苦。每到一处先在当地公社或者学校把住宿安排好,一大早就去河边查勘地形,选择调查河段,接着去村庄寻找老农,请他们指点遗存下来的历史洪水痕迹,而后再进行调查范围内的地形测量和洪水痕迹高程测量,携带来的平板仪、经纬仪、水准仪统统用上,晚上也不休息,大量业内工作需要及时完成,如计算洪水痕迹高程和大断面,清绘地形图。最后根据洪水比降和过水断面面积计算出历史洪水的洪峰流量。调查完一个河段,又立马转移到下一个河段,工作紧凑、艰辛,不过大家都年轻力壮,也就挺过来了。工作过程中翻山越岭、涉河过水是常事,在与大自然的亲密接触中,也深深感受到祖国河山的壮美。有一天很晚了才到达澄潭江(曹娥江支流)畔一家小客栈留宿,清晨一觉醒来,只见窗外云雾飘忽,“哗!哗!哗!”的响声不绝于耳,出门一望,原来客栈濒临溪流,溪水不断地从河床上的一个个碇步中间流淌而下,清澈的溪水瞬间变成了白色的水花翻腾不止,水面上雾气蒸腾,景色迷人。难怪众多唐代诗人(如李白等)喜欢游历会稽山水,并且留下许多脍炙人口的诗篇,流传至今,造就“唐诗之路”。

四年级是去乐清县雁荡山等地做洪水调查，由范启清老师带队。记得我们曾住在乐清县招待所，招待所紧邻山崖，宁静的夜晚，只见圆圆的月亮从山坡后冉冉升起，月亮在渐渐移动、升高过程中，始终紧贴着山坡，就好像月亮慢慢不断在爬坡，感觉与人很亲近，当时脑海中闪现出一首云南民歌“小河淌水”：

月亮出来亮汪汪，亮汪汪，
想起我的阿哥在深山。
哥像月亮天上走，天上走，
哥啊！山下小河淌水清悠悠。

这一幕情景至今历历在目。

调查河流地处雁荡山区，地势崎岖，景色秀丽，有幸见识了大龙湫瀑布的雄姿，也意外在景区看到了中文系夏承焘先生（温州籍）早年书写的楹联：

欲写龙湫难着笔，
不游雁荡是虚生。

义务劳动

1959 年国庆节前夕，我和许多同学一起被派到杭州饭店（现香格里拉饭店）参加义务劳动。饭店刚装饰完毕，房间、走廊里堆满了施工后剩余下来的建筑材料，需要及时清运，也不知怎么会派到我们这些学生。大家被分配到各层楼面上去搬运各种不规则的多余的木料，统统集中堆放到屋外空地上，上上下下，来回忙碌了两天才算完成任务。

还记得在半山义务劳动，是参加半山铁路（连接杭州钢铁厂）路基的修筑，也去过植物园搬运树苗。还有一次去虎跑路参加植树活动,沿途树林下、小溪旁,到处是青年学生的身影,我们忙碌地挖坑,然后把根部包裹着草绳的苗木栽入树坑中,最后再浇上水,个个都干得十分起劲。也许植树劳动的成果能立即见效,所以大家劲头特别大。现在只要路过这一带,望着郁郁葱葱的水杉林、杂木林,都会回忆起往日义务植树的美好时光。

刚入学便遇到"大炼钢铁运动",学校球场上垒起了好几个小高炉,通宵达旦炼铁,我们低年级新生被派去运"紫泥"(用作建小高炉的耐火材料),地点在石屋洞附近,我们几个同学拉一辆大板车,从四眼井到赤山埠有一段长长的下坡路,骑自行车的话,不用踩就可以一口气从坡顶溜到坡脚,这种路况拉大板车难度可不小,速度和方向控制不好的话,容易发生翻车。虽然我们没有经验,好在把舵的叶兴林同学身强力壮,大家齐心协力总算完成了任务。

体育活动

学校对课外体育活动还是比较重视的,每天下午 4 点多是课外体育活动时间,各个班级根据学校统一安排的体育活动场地进行锻炼,使用证件借用体育用品,如篮球、排球等等。一到下课时间,同学们就奔向运动场地,操场上、健身房里到处活跃着年轻的身影,喊叫声此起彼伏。我们班宿舍后门正好对着篮球场,只要轮到篮球活动就全班出动,个个争着上场,直到晚饭喇叭声响了,才肯罢手。

1959 年春,举行杭州大学第一届运动会,考虑到大系与小系学生人数相差较大(有的甚至超过 10 倍),所以按大系(如中文系、数学系)和小系(如地理系、历史系)分别进行比赛,这给小系的学生运动员带来更多的获奖机会,提高了积极性。我们班的王敦宗、叶兴林、周庆林等同学在田径比赛中都得了奖。我当时参加了小系的铁饼和标枪两项比赛,结果获得了第一名和第二名,得到了奖状,真是喜出望外,要是不分大小系,就难以取得好名次。

还记得中文系有个男同学名字叫李寿福,高高的个子,戴一副眼镜,短跑特别快,100 米成绩优异,只要 11 秒多。

课余生活

有一段时间,星期六晚上经常在健身房南面的操场上放映露天电影,晚饭后同学纷纷把宿舍里用的方凳子放在银幕前不远处早早占位,凳子上往往放上一本《中国青年》之类的杂志以利辨认。家属区的老师及家人也会过来观看,有新的影片,我也会通知父母过来一同观看,这时我就会并排放上三张凳子,等他们一起过来。临近放映时,操场上熙熙攘攘,热闹非凡。同学们比较喜欢外国影片,如法国影片《勇士的奇遇》,大家都称赞不已。片中男主角芳芳由英俊潇洒的杰拉·菲利浦扮演,影片中击剑场面很精彩、刺激,对话也很诙谐幽默。

集体到西湖上划船是同学们最喜爱的周日活动,有一次(1960年9月)全班同学划船到三潭印月,大家纷纷爬上石塔拍照留念,我也拍了一张(如今石塔四周水面设置了栏杆,已不能攀爬上去了)。那时风景区不需要买门票,我们先在三潭印月上岸游玩,之后又划船上湖心亭游玩,然后到中山公园"西湖天下景"游玩。还记得1959年也去孤山放鹤亭游玩过一次。

毕业前夕入团

毕业前夕班里开座谈会,大家围坐在草坪上谈毕业感受,我谈了自己的愿望,说大学没有能够入团,毕业以后再到单位里去入团。大约这几句话感动了参加座谈的系团总支负责人,过了几天,班里团员找我谈话,希望我争取入团,于是我写了一份入团申请报告,不久班团支部开会通过了我的申请,校团委批准的日期是7月16日,团费从1962年7月起交纳,每月5分钱。就这样我终于在毕业前夕加入了共青团,内心还是有点激动与欣慰。

穿西装的毕业照

毕业前夕,校方要求每位毕业生上交两寸的半身照,用于毕业证书。于是大家纷纷去照相馆拍照片,那时杭州比较有名的照相馆有“慧光”“大华”等,因为是毕业照,大家都很看重,也有点兴奋。当年不授学位,没有学士帽和学士服之类的,学生中穿西装的极少,我就带上我父亲的西装与领带去拍照,也不忘把校徽挂在胸前,我的这张西装照后来就贴在毕业证书上了。那个年代毕业证书上采用西装照的极少,我这一举动还算是胆大的。

毕业分配

1962 年正处于国家三年困难时期,经济结构调整、收缩,许多建设项目下马,毕业生分配同样遭遇难题。本校有些系科部分毕业生只好改行,许多同学集中到省财贸干校学习培训,然后分配到全省各地财贸系统去工作。

我们陆地水文专业还不错,全部分配到全省水利、水文系统工作,有机会发挥自己所学专业知识。地质地貌专业同学改行去了财贸系统工作。那个年代大家完全听从上级安排,个人就业、前途与国家政治经济形势紧密相连,个人回旋余地很小。

从母校毕业至今已经 50 余年,心里却时常回忆大学时代的美好时光,是老师们辛勤的教诲,为我们日后走上工作岗位打下了良好的从业基础,我感恩母校,许多有关母校的资料都保留至今,这是永久的记忆。

* 本文原载于《浙大校友》2013 年第 4 期,第 67—74 页,略有删节。

作者为原杭州大学 1958 级地理系学生,后在浙江省水利厅任职。

西溪河畔的芳华岁月

潘慧惠

2013 年 10 月，原杭州大学中文系 1963 届毕业五十周年同学会上，大家纷纷吟诗、演讲，抒发对母校和老师的深切怀念和感恩之情，我也仿刘禹锡《杨柳枝》作诗一首，曰：

西溪两岸柳千条，五十年前道古桥。
昔日盘桓吟诵地，魂牵梦绕到今朝。

是啊，从 1959 年 9 月到 1963 年 7 月，我们在这西溪河畔，度过了美好的大学生活，虽然，这 4 年只占我们以往岁月的二十分之一，却是我们一生中最重要、最难忘的芳华岁月。

一、菁菁校园　莘莘学子

1959 年 9 月，天高气爽，金桂飘香，我们怀着热烈的向往和无限的遐想到杭州大学报到。迎新的学长帮我们办好了入学手续，开始热情地介绍校园环境。我们立刻注意到，校园的一切建筑都是新潮时髦的。

学校的中心部位是教学区。一幢幢高大的教学楼都有一个宽敞的门厅和极其气派的大屋顶。教学楼周围有几个大小不一的操场以及食堂兼礼堂。最后面就是一排排学生宿舍，青砖黛瓦，整洁而简朴。校园的道路两旁种满高大的梧桐树，绿叶葱茏，生机盎然。每幢房子前后都铺上青翠的草坪，周围种植灌木，整洁漂亮，赏心悦目。

入学后的第一课是学习中共中央八届八中全会精神,满脑子都是三面红旗、矛盾论、实践论。各组都有一位比一般同学大五六岁或七八岁的人主持讨论,起初还以为他们是老师呢!时间长了,才知道他们也是同学,只不过是"调干生",就是原先是干部,现在带薪做学生。如我们班的老毛,已经是三个孩子的父亲,原先是安吉梅溪镇的镇长。这些调干生基本上都是中共党员,工作能力很强,时间长了,我们这些幼稚的"普高生"都自然而然地接受他们的领导,自觉向他们汇报思想,他们也很乐意与同学谈心,帮助同学进步,从某种意义上来说,确实起到老师的部分作用。

我们年级 230 多名新生,大约有 20 名调干生,其他各系各年级也都类似。莘莘学子中,这批年龄较大、气质沉稳的调干生也为菁菁校园增添不少成熟、厚重的韵味。

校园中,还有一批学子颇受新生关注,那就是学校文工团的演员。

我们读高中时,小说《林海雪原》《青春之歌》红极一时,杨子荣、少剑波、林红、林道静是人人心中的偶像,杭大话剧团自编、自导、自演《青春之歌》在杭州公演时,我们曾特地跑到省军区礼堂去观看,对精彩的演出崇拜得不得了,演出结束时长时间热烈鼓掌,久久不肯离去,直到演员们走下舞台,与大家一一握手,才把大家送出剧场。到杭大后,在交谈中,知道许多人都看过演出,都是《青春之歌》话剧的忠实粉丝,于是有意无意地形成一批小小的校园追星族,一旦有人发现"王晓燕"或"白莉苹"的身影,几个同学就会拥在一起,望着他们叽叽喳喳边说边笑,"王晓燕"或"白莉苹"也心领神会大家的善意,报之以会心的一笑,同学们才心满意足地去各做各事。后来,演"江华"的陈坚老师居然还给我们上课讲赵树理的《三里湾》,课堂气氛当然更显融洽和热烈。

受校文工团的启发,我们年级也早早成立了文工队,年级党支部还让我做队长,倒不是我有什么文艺特长,只因为我是年级团总支书记,又是党支部青年委员,好像是"当仁不让"。好在年级里各色人才济济，创作、演奏、表演、剧务等等，应有尽有，像吴亚南、王湄若、潘伟文、陈德来、金章才、郑爽明、毕炎英、杨彩金，等等等等，都各有特长，是文工队的骨干，在他们的带领下，文工队的工作开展得非常顺利，在宣传党的政策、丰富文化生活等方面起了积极的作用。值得高兴的是我们年级文工队还得到高年级学长的特别关照，有的还成为我们的义务辅导员，我们的文工队员有好多被校文工团选中，在话剧《卧薪尝胆》《愚公移山》中扮演重要角色。另外，文工队还受到全年级同学的关心和支持，例如，自编自演的舞剧《徐双喜》的主题歌，由杜方剑作词，杜方剑、张甲秀、韩长庆谱曲，沈洪保指挥，几乎全年级的同学都会唱，课间、饭后，经常会传来激情昂扬的三拍子旋律。

二、艰苦的年代　高涨的热情

20 世纪 60 年代初，我们国家正处在困难时期，粮食供应尤为紧张。党委书记在大会上说："我们杭大，与抗大只相差一个'点'。因此，更要发扬抗大精神，自力更生，艰苦奋斗。"

领导一声令下，大家立刻行动起来。

首先是节约粮食。学生的定量由原来的每月 30 斤，压缩到每月 27 斤，把节约下来的粮食支援山东兄弟。

其次是开荒节流。同学们不知从哪里借来了锄头铁耙，把寝室附近的草坪翻掘成畦，准备种菜。学校领导闻讯赶来说："同学们，你们知道这些草种是哪里买来的吗？是从日本进口的！不知要值多少担青菜呢！"同学们这才停下手来。后来在西溪河岸找到一块斜坡，松土种菜，分组管理，等菜长大了送给食堂。

此外，各班还利用星期天组织同学们翻山越岭去挖葛藤、采野果，有的到农民挖过的番薯地里捡下脚料，背回来让食堂熬成粥给大家充饥。来回可都是步行的呵，大家都不叫苦和累。

一、二年级时，除了上课以外，劳动的机会比较多，大家的热情也很高。

有一次,到耐火砖厂去学习打砖,女同学被分配做辅助工,搬搬运运,觉得不过瘾,后来就抢着去打砖,由于不熟练,被评为“质量高,产量低”。大家铆足干劲,顾不得腰酸手痛,咬紧牙关拼命拍打,产量逐日上升,不到一个星期,每人都完成了每天72块砖的指标,大家都高兴得跳起来,高呼“乌拉!”还即兴编唱《打砖歌》呢!

因为校园建设尚未完全竣工,所以,我们还参加了一些“建校劳动”。譬如,在大操场和大礼堂周围种植白杨树,把男生宿舍后面的荒地开辟成公路,等等。

最难忘的是到西湖大队去参加“双抢”劳动,因为以前也参加过,而且好多同学都来自农村,所以,对“双抢”并不陌生,感到新鲜的是那台收割机,随着齿轮的转动,会“唱”出不同的歌,有时候是“扭秧歌,扭秧歌”,有时候是“拖拉机,拖拉机”,非常有趣,把大家都逗乐了。

有段时间,一些同学得了浮肿病,学校连忙给这些同学配吃麦麸皮增加营养,又向省里申请恢复学生的粮食定量,暂停举行运动会,并提前放暑假,推迟学期考试,又语重心长地劝导同学注意劳逸结合,等等。经过一段时间的休整,同学们的健康状况有了很大好转。

其实,虽然在困难时期,大家的精神状态还是很高涨的。每当周末,学校放的露天电影是《红色的种子》《我的一家》《青春之歌》《老兵新传》等等,大家看得精神振奋、激情昂扬,对英雄模范充满着无比的崇拜和敬仰。

有一次,系里组织同学与作家徐迟、金近、福庚等联欢,气氛无比热烈。

徐迟说:我们要热爱江山,热爱文化,热爱祖国的社会主义建设,关键在“热”字。有的人对生活是冷的,有的人是热的,有的人是火热火热的,我们一定要火热火热!

金近说:让我们都燃烧起火!

福庚说:让我们都烧得像焦炭一样!这样写起来线条可以更

粗、更刚健！

作家们慷慨激昂的演说，大大鼓舞了同学们的热情，纷纷成立红专小组，修订红专规划，树标兵，立红旗，开展比学赶超帮，提出要“开门红，月月红，红到底”！总之，大家以最大的热情在那个时代所倡导的“又红又专”的道路上努力奔跑着、追寻着。

三、勤奋读书　向科学进军

1961年，教育部发布了《直属高等学校暂行管理条例（草案）》（即“高教六十条”），不久，周总理、陈毅、聂荣臻等党和国家领导人又在广州全国科学工作会议上做了重要讲话，号召大家奋发图强向科学进军，校园内很快掀起了勤奋读书、刻苦钻研的学习高潮。当时的舆论是：要把政治挂帅落实到业务学习中去，以业务学习的态度和成绩来衡量一个人的觉悟水平。“三点一线”“夜以继日”成为常态。图书馆人满为患，大教室要抢座位。除了个人修订学习计划提高目标以外，还成立了各种学习小组、互帮小组等等争取大面积提高学习水平。

学校领导一方面鼓励学生的学习积极性，另一方面尽量安排有经验的老教授上讲台、开讲座，把他们宝贵的治学经验、专业知识传授给嗷嗷待哺的青年学子们。

一代词宗夏承焘教授在介绍治学经验时，特别指出要正确处理好专与博的关系，“十事懂一事，可；一事懂九分，不可”。“做学问强调一个‘笨’字”，“读书千遍，其义自见”，要“笨鸟先飞”“脚踏实地”，“其入愈深，其所见愈奇”。这些金玉良言，真如醍醐灌顶，使人茅塞顿开。

任铭善教授讲古汉语则思路清晰，逻辑严密，如果把他所讲的内容完整地记录下来，准是一篇完美的学术论文。更令人称奇的是他的板书设计特别精妙。讲课过程中时不时在黑板某处写下要点，等最后总结时，小括弧、大括弧一钩，这堂课的内容脉络就非常清晰地呈现眼前。同学们真是佩服得五体投地。

刘操南老师上起课来,有时像说书,有时像吟诗,他的背诵功夫尤其了得,一首2800多字的《离骚》,竟能背诵无误。有时,看到他讲解告一段落,略作停顿后,右手伸出两指,我们就知道他要背诵原文了,就聚精会神地静候精彩时刻的到来。

值得庆幸的是系里的名教授和中青年才俊几乎都给我们上过课,如蒋礼鸿、胡士莹、王驾吾、孙席珍、马骅、陈企霞、徐步奎、盛静霞、张同光、吕漠野、蒋风、蒋祖怡、王维贤、张仲浦、王荣初诸先生,以及祝鸿熹、平慧善、吴熊和、王元骧、傅国通、刘云泉、倪宝元等老师,都是我们的业师。我们能聆听这么多专家学者的直接教诲,真是三生有幸。

中文系的老师讲古代诗词,往往边讲解边吟唱,引起同学们的极大兴趣,下课以后纷纷围着老师学唱。对声乐颇为擅长的韩长庆同学有感于此,主动向系里要求把老师们的吟唱录下来,由他配上曲谱,然后到印刷厂打印装订成册,分发给同学,这就是我们年级特有的、大家喜爱并珍藏的《诗词朗咏谱》。同学们得此谱如获至宝,爱不释手,睡前、饭后,寝室、走廊,摇头晃脑,吟咏不辍。

随着专业水平的提高,创作之风也渐趋高涨,《百花园》《论坛》频频翻新,"新作""唱和"此起彼伏,有些同学还在省市报刊发表文章并获好评。

四、同学情深　师生谊长

日月如梭,4年时间弹指而过。但4年间累积的师生情谊却是终生难忘。仅以个人感受为例略述于后。

有一次,我发烧到40℃,室友们急坏了。有的连忙把我换到下铺,有的跑到医务所请医生,一直帮我配好药才去上课。一连几天,每当下课时又轮流来人急急忙忙跑步回寝室帮我上厕所、倒水服药,至于打饭打水更是细致周到。由于大家的悉心照料,我的病也好得很快。同学们亲如家人的深厚情谊永记心间。

上四年级,我们到杭七中去实习。我代表我们小组在高二年级教毛主席的《沁园春·长沙》。事先大家一起集体备课，一起认真地钻研教材，反复地修改教案，可以说是“挖空心思，绞尽脑汁”。经过无数次的试讲试练，自认为准备工作已经十分充分了，但临上场时仍然十分紧张，脸憋得通红，心跳得厉害。同组实习的同学也跟着一同紧张，却仍想了各种办法来缓解气氛，讲些轻松的话。预备铃响了，大家一个个上来和我握手，好像真的要上战场一样。幸好走上讲台的一刹那，看到同学们都微笑地端坐着，露出期待的目光，我竟立刻放松下来，很快进入了状态，有条不紊地完成了整个过程。当我走下讲台时，同学们又一次与我热情握手，庆贺我们共同的胜利。

大学 4 年，同学的友爱之情，一直萦绕心间，同样，领导和老师的教导和培育之恩，也是永志难忘。

我们年级的级主任先后是姜丽珍、孙毅明老师，党支部书记先后是窦毅男、袁丰俊、庄筱荣老师，虽然大学的管理不必如中学般具体琐碎，但他们都恪尽职守，关心爱护学生，处理事情稳妥得当，使我们年级始终处于积极向上的状态。

作者所在班级毕业照（前排中间为中文系领导）

作者所在的党支部党员合影

2003 年我们年级毕业 40 周年同学会上，吴熊和老师曾动情地说：“我在 63 届有很多朋友。”把学生当朋友是老师的谦虚，但也说明他与学生关系的亲密与深厚。

其实吴老师当时的年龄与我们年级的调干生差不多。但他作为系里的青年才俊已出版了《怎样读唐诗宋词》和《读词常识》，同学们都特别佩服他。尽管开始时觉得他比较严肃，不苟言笑，后来熟了,感觉到他其实很诚恳、很坦率,非常和善。吴老师给我们讲中唐文学,深受大家欢迎,课后常有许多同学围着他交谈探讨。记得四年级快结束的时候,有天上午只有两节课,我便到教师阅览室去看杂志。过了一会儿,吴老师进来了,脸上带着神秘的笑容,对我说:"考研的成绩来了。"我问他:"有录取的吗?"他说:"有!但还不能讲。"我当然不敢再问,他就笑着走开了。谁知这一别,竟然直到15年后再得相见。

1978年初,我被调筹建杭州师范学院。虽有杭师为基础,却只能解决部分师资与校舍问题,大量的事情都要从头做起。向谁请教呢?幸好,较早调来的老师中相当部分都是杭大出身,于是很自然地奔向母校求助。对于我来说就是向母校中文系的老师求助请教,而母校的老师确实给了我们强有力的支持和帮助。首先,回校听课。平慧善、蔡义江、吴熊和、刘操南等老师的课都听。既找回了当年在读时的感觉,又领略了老师现今的风采。接下来,用什么教材又是个新问题。"文革"甫定,各高校纷纷修订教材。杭大是十三院校古代文学史和作品选的参编单位,吴老师主动邀请我列席讨论,使我获益匪浅。以后凡有有关的学术活动,母校的老师都不忘带上我们。

呵!回忆的思绪绵延不绝,当年的青葱年少已成白发翁媪,但老师同学的音容笑貌犹如还在眼前。感恩老师!感恩母校!杭大,杭大!你是我们心中永远的记忆!

* 作者为1959级中文系学生,后任杭州师范大学中文系教授。

校园5年琐忆

沈友林

56年前的1962年8月30日，我怀揣大学新生录取通知书和对大学生活的憧憬向往，登上海宁至杭州的绿皮火车，从城站出来，经解放街、延龄路、武林路、天目山路，走进了心仪已久的杭州大学校门，成为外语系的一名新生，开始了4年本科的5年大学生涯。

斗转星移，世事沧桑。当年的青春学子如今已成了过七奔八的耄耋老人。但在杭大度过的难忘的日日夜夜，连同那宝石山麓美丽的西溪校园，已成为生命中永远的珍贵记忆。

校园初览

20世纪60年代的杭城面积并不大，西出武林门，天目山路两侧基本还都是农田。杭大就坐落在道古桥北的一片农田中。朴素的校门，不大的校园，三层高的教学大楼，远非想象中大学该有的豪华气派。

走进校门，教学大楼对称地分布在主通道两侧（东边是文科，西边是理科）；校园东侧紧贴西溪河下是运动场（有400米跑道的田径场，室内体育馆，游泳池）；运动场南面是生活区，6幢三层楼的学生宿舍；食堂、图书馆、卫生所齐全，与我就读的中学毕竟不好比。

校园内树木虽不多，但修剪整齐的草坪处处可见，校园通道两侧是高低一致的矮冬青。灰色调的建筑物与绿色的草坪协调和谐，相得益彰。

出校门过桥往南几百米，就是黄龙洞景区（现浙江图书馆所在地）；再往南，即是西湖风景区的著名地标——宝石山、保俶塔，它们俯瞰着南面的西子湖和北面的杭大校园。宝石山——黄龙洞——

杭大,这一独特的地理连线,使杭大获得了其他高校不具备的优美外部环境。

课堂内外

与中学阶段满满当当的日课表相比,大学课程表中仅有专业课和公共课两大类,周课时还不及中学的二分之一,自学成为主要的学习方式。根据外语教学特点,为增加师生课堂互动,全年级 40 余名学生被分成 3 个小班(我在 2 班)。一、二年级时的专业课就是讲读课和语法课两门。开学初两周以正音为主。尽管高中阶段已学了 3 年外语,但由于受各地区方言影响,同学们的发音称得上五花八门。为矫正语音,师生可都费了一番功夫的(当时我班的翟燕芳老师的发音堪称最标准)。

由于面授课程时间相对较少,宿舍就成了重要的"第二课堂",预习课文,做课外作业,听录音,主要在宿舍里进行。当时宿舍设施很简陋,6 人一间,倒也便于相互讨论。

从二年级开始,晚自习主要在 252 大教室进行(虽没人规定,但该大教室是外语系学生首选的自修教室),每晚基本上是座无虚席,好多同学都在晚饭前就去占座,明亮的灯光往往要在 10 点后甚至更晚才熄灭,这样的"盛景"一直维持到"文革"开始。

出第六宿舍北门右转就是食堂。1962 年国家已从三年困难中慢慢恢复过来,上级对大学生物质生活也比较重视,感觉食堂饭菜与高中阶段好得没法比了。我印象最深的是每周一次的"改善伙食",萝卜丝烧带鱼、红烧鸭腿、西式面包等美味至今仍留齿颊,尽管现在已成为再普通不过的食物。

外语课程压力相对较小,当年文艺生活比较枯燥,所以体育锻炼成了不少同学的课外活动首选。记得我班大多数男同学都参加了学校各项运动队,尤其是我班有 4 名校男排队员,所以 1964 年在系排球联赛中外语系夺得冠军也是实至名归。

每周六晚上的露天电影吸引着全校大部分同学的到场。晚饭前后大家纷纷带上宿舍里的“骨牌凳”到大操场“占座”(用粉笔写上房间号),碧绿的草坪,浅黄色的方凳阵,不失为周末校园的一道风景线。安静观看,有序退场,不留瓜皮果屑,从一个侧面反映了当年大学生的素质。

星期天、节假日,各班经常组织同学外出活动,近距离地感受“天堂”美景,美丽的西子湖畔处处留下了大学生青春的身影。现在回想起来,唯感遗憾的是当年同学中少有相机,更没手机,因此未能更多地留下同学们徜徉在湖光山色中的足迹。

“学农,学工,学军”

大二时,在知识界中开始了“红”(政治方向)与“专”(专业技能)关系的讨论,为此,当时的浙江省领导还专门来杭大做了辅导报告。随着“阶级斗争为纲”的逐步升温,“红”慢慢占据了上风,“专”自然而然退居从属地位,专业学习被渐渐淡化了。到农村去做农民,到工厂去当工人,已被列入正规的教学计划中。大三第一学期,我班被安排到西湖区转塘公社参加三周的“双抢”劳动,与农民一起干活,到农户家吃饭,晚上睡稻草地铺,实现真正的“三同”。1965 年春节刚过,我班又去拱宸桥地区的杭一棉学工一个月。该工厂当年算得上是杭州比较现代化的工厂之一,以女工为主。女同学去学挡车工,男同学多做辅助工。第一次身处有空调的车间,目睹现代工业生产流程,倒有耳目一新的感觉。

1965 年 6 月至 8 月,在“全国都要学习解放军”的氛围中,全校学生又去部队当兵两个月(所谓出身好的男同学直接下部队,其余的在中村搞军训)。我系二、三年级混合编班,去解放军舟嵊要塞区岱山守备区某连队当了货真价实的大头兵。一样的绿军装,红帽徽,红领章;与部队士兵唯一的区别就是好多同学戴着眼镜。与部队士兵一样,严格按军营作息时间和军训计划,“十八般武艺”操练毫不含糊。印象最深的是,我在 56 式步枪首次实弹射击中,3 发子弹中 29 环(差 1 环满环),受到连长的表扬。高温季节两个月的摸爬滚打,大家晒黑了皮肤,强健了体质,领略了海岛环境,也为我毕业后到海岛工作21年留下了伏笔。

摄于舟山学军期间

4年本科变5年

海岛当兵结束返校,即投入大四最后一年的紧张学习。得知我们的毕业分配去向多为北京相关部委和解放军总政治部,并有传言这个分配方案将延续一届。由此,新开设了翻译课并突出了口译训练。同学们实际上已经把国家部委和部队作为毕业分配的预期目标,再加上第二外语的开设,班内学习氛围得到了明显的提升。

但从1965年下半年起整个国家已处于“山雨欲来风满楼”的政治生态中。1966年6月,一场举世罕见规模空前的“文化大革命”终于席卷了神州大地,从而也直接改变了1966届高校毕业生的分配去向乃至人生轨迹。从此,校园里的晨读,课堂里的凝神细听,晚自修大教室的通明灯火,已不复存在。取而代之的是此起彼伏的口号声,铺天盖地的大字报,接二连三的批斗会,各种旗号的“战斗队”。昔日的师生、同学关系演变成“造反”与“保守”的关系,本来安宁的校园已面目全非。毕业班同学已无暇顾及毕业考试和分配,自觉不自觉地被裹挟进急风暴雨式的运动中。

“文革”开始时期的主要阵地是各级各类学校。随着学生的革命串联,社会上的各行各业都卷入了“文革”风暴中,大字报、大辩论、大批判慢慢演变成大武斗。“文革”已远远偏离发动者的“防资本主义复辟”的既定轨道。人们就在狂热、冲动、盲从、迷茫中度过了“文革”的第一年。

转眼到了1967年8月,经过一年的动乱,不少学生清醒觉悟了,对运动目的怀疑了,从造反队伍中淡出了。毕业分配这个现实问题又摆到了毕业班学生的面前。传说中的“65届方案”肯定已成明日黄花。从 1962 年 8 月进校，在杭大已度过了 5 年，4 年本科已经名不副实。毕业年限、毕业生待遇已是学生关注的焦点。终于，中央文件对此有了明确的说法：1966 届高校毕业生延迟一年毕业，毕业年限从 1967 年 9 月算起，并发放第一个月的实习工资（杭州地区 43.50 元），由此获得了大学本科毕业生的正式名分，剩下最后一关即是毕业分配的正式程序。

憾别校园

经几个月的折腾、等待，“组织”通知我被分配至舟山地区（再由地区落实具体接收单位）。由此，一年前就翘首以待的毕业分配终于尘埃落定。原籍舟山的同学介绍，舟山地区的大学毕业生工资要“高出”杭州地区，再加上 1965 年暑假当兵对海岛的不错印象，自己对被分配去那里也不感到太大的“委屈”。

1962 年 8 月初进大学时的美好梦想，几年大学生活中的酸甜苦辣，毕业命运不由自主地被改变，使自己离校前对母校有了一种说不清道不明的复杂心绪。5 年同窗本该结下终生难忘的情谊，由于始料未及的政治运动带来的隔阂甚至创伤而难以维系。

但经半世纪人生风浪的洗刷，作为已届夕阳晚年的曾经的杭大人，对母校还是充满了感恩之情。恩师的教诲，环境的熏陶，使自己在 37 年教书育人的教学生涯中，传承了母校的传统，没让“杭大毕业生”的称谓蒙羞。母校给我的也不尽是快乐，但我仍要说，在母校的 5 年是我一生中最幸福的时光。

* 作者为原杭州大学 1962 级外语系学生，后在教育部门任职。

珍贵的青春碎片

郑孟进

作者所在的班级师生合影

1972年4月,我依依惜别正在服役的海军长江舰——毛泽东主席曾经亲临视察并挥毫题词的光荣战舰,跨入杭州大学校门,成为一名工农兵学员,从而开始了3年多的外语专业学习。回顾这段火红年华,那些珍贵的青春碎片又重现眼前,仿佛就在昨天……

良师益友图书馆

我钟爱图书馆,缘于一件往事。1969年12月,我入伍来到长江舰。当时,驻地新华书店连《新华字典》和《成语词典》都买不到。为了自修语文,我好不容易从战友那里借到了这两本工具书,如获至宝。除了用来查找生字和不解成语外,我坚持每晚精读几条、熟记一条成语。日积月累,收获不小。为此,我更加注重读书。

于是,校园里那座鹤立鸡群但算不上巍峨的图书馆,便成了我课余饭后的理想去处。寒来暑往,我从这里借阅的图书不下150册。内容大都与所学专业有一定关联,主要涵盖现代汉语、文学,以及外国文学特别是苏俄文学。其中,印象比较深刻的主要有黎锦熙、赵元任、王力、吕叔湘、丁声树、朱德熙等著名语言学家的专著;有郭沫若、艾青、臧克家、贺敬之、田间、公木、李瑛、李季,以及普希金、海涅、拜伦、雪莱、泰戈尔、马雅可夫斯基等中外著名诗人的诗集等。

可以说，他们的主要著作和作品，凡是图书馆能借到的，我都有选择地借来阅读了。此外，我从那里还读到了《神曲》《堂吉诃德》《哈姆雷特》《浮士德》《茶花女》《战争与和平》《百万英镑》《斯巴达克斯》《羊脂球》《变色龙》《母亲》《静静的顿河》等外国名著，以及《诗经》《离骚》《唐诗三百首》等古代诗词。

为了摘录，我专门购买了几个丝绸面的高级笔记本。记得王力的《中国现代语法》和《诗词格律十讲》，是我摘录得最多的；现代诗《女神》《大偃河，我的保姆》《有的人》《回延安》《赶车传》，以及一些古代诗词和外国名诗名著等，也均有不少摘录。其中，《赶车传》开篇头几句——“贫农石不烂，故事一大串。有人告田间，编成赶车传……”，如今我还能背出来。

杭大毕业后，我先后任职东海舰队和温州市，绝大部分时间从事宣传文化和新闻出版工作，其中多半时间担任有关部门和单位的领导，几乎无时无刻不在跟语言文学打交道。饮水思源，我深深感到，我语文功底是在杭大打下的，图书馆功不可没。随着时光流逝和年龄增大，我越加眷念杭大图书馆，因为它是我没齿不忘的良师益友。

慕名拜访姜亮夫

入校数月后，我们对杭大有了初步的了解。学校一些大人物如政治精英陈修良、心理学家陈立、词学宗师夏承焘、国学大师姜亮夫等，渐渐地进入我们的视线。

一天，金志贤同学向我聊起，中文系有位著名国学大师姜亮夫教授，当年就读于清华国学研究院，曾师从王国维、梁启超、陈寅恪等一代宗师。由于我们彼此有些共同爱好，聊着聊着便产生了一个念头：何不找个合适机会去登门拜访呢？！

谈何容易，因为我们俩谁也不认得姜教授。说来也巧，当时有部反映我国恢复联合国合法席位的纪录片正在热映，好像是为了纪念这一历史事件一周年。我们观看之后，兴奋之余突然来了灵感，商定以送2张此片的门票作为拜访的由头。

一天傍晚，趁着夜色，我们叩响了姜教授的家门。老先生开门后，获知是本校学生前来探望，便引领我们到客厅小坐。记得其住所好像位于一幢教师宿舍的一楼，从客厅大小来估摸，不过五六十平方米。客厅周边摆满书籍，其中不乏线装书。他年逾古稀，头发花白，一副不知是高度老花还是高度近视的眼镜特别抢眼，像一对放大镜似的。得知我们是特意来送电影票时，他哈哈大笑起来："联合国我去过，是早年在国外留学时去的。现在视力很差，几乎看不见了。"于是，婉言谢绝并再三道谢。当了解到我们学的是俄语专业时，他认真地说，苏联可是咱们的大邻居啊，俄语学好了，将来大有用处。随后，便推荐我们阅读由他作序、陈复光教授撰写的《有清一代之中俄关系》一书。坐了两刻钟光景，我们起身告辞。姜老先生把我们送到了家门口。

事后，我到本校图书馆借来了这本书。由于该书有400多页，以记叙历史为主，读起来比较枯燥，我只读了序言部分和开头几十页便完璧归赵了。后来，我再也没有遇见过姜亮夫教授。他推荐的这本书，我尽管没有读完，但他对后生的鼓励和指点却言犹在耳，一直激励着我勤勉学习。

最忆学农梅家坞

在杭大就学期间，外语系为我们安排了丰富多彩并具有时代特点的校外社会实践活动，主要有学农、学工、学军和专业实习等。每项活动收获各异，其中最刻骨铭心的要数在梅家坞大队学农。

1973年4月上旬，风清气爽，春意盎然。我们由许高渝老师带队，乘坐大巴来到位于杭州市郊的目的地。这里青翠的山坡、满目的茶林、清新的空气，令人心旷神怡。根据安排，我们要在此安营扎寨十余日，睡地铺，边学习，边劳动，而劳动内容则是采制春茶。该大队党支书首先给我们介绍了大队简况，讲述了周恩来总理先后多次来到大队的光荣历史，讲解了西湖龙井何以成为极品绿茶及其采制要求，使我们既开阔眼界，又增长知识。

在梅家坞学农的日子里，有两件事记忆犹新。一件是我牵头创办了《春茶快报》。虽说只出了三五期，而且版面很小，但办得很艰辛，因为每个字都是靠铁笔在蜡纸上一笔一画刻出来，再用手推滚筒在丝网上一张一版印出来。大家忙得不亦乐乎。记得我还写了《学农组诗》登在上面，其中末段写道："古来都道农民下，劳心劳力天地差。今日自然时代异，同心合力建中华。"诗写得虽然稚嫩一些，却是我们心迹的真实写照。

另一件是我首次品尝到了极品西湖龙井茶。一天，我跟班的茶农师傅告诉我，我们手头正在制作的是西湖龙井中的精品，因为这样优质的茶树非常少，这样上乘的茶叶很有限，它主要供中央领导接待外宾用，市场上根本见不着。得知我们过两天就要返校，他不无吝啬地从锅式炒干机中抓出二三十片刚刚制作好的扁平光滑、挺秀尖削的龙井茶，给我沏上一杯。然后，不无严肃地说，破例了，只能喝一杯。看着嫩绿鲜润、闻着嫩香馥郁的西湖龙井茶，我只呷上一口就全然陶醉了，因为这是我有生以来品尝到的最好的一杯绿茶。此后，我基本保持着喝绿茶的习惯和爱好，也品尝过价格不菲的高等级绿茶，然而只要把它们与梅家坞的这一杯相比较，就觉得是小巫见大巫了。这到底是"黄山归来不看岳"的心态，还是梅家坞学农的情结，或者是两者兼而有之？我说不清。

* 作者为原杭州大学 1972 级外语系学生，后在温州市宣传部门任职。

一些难忘的瞬间

孙敏强

1978年3月6日,对于我和我的同学来说,是一个特殊的时刻。那时我们正走在从家乡奔赴杭大中文系求学的路上。我的记忆就像母亲珍藏的车票一样清晰。那一天我乘的是开往杭州的头班车,这个阳光灿烂、大地清新的早晨,将永远留在我们的生命和记忆中。因为这一天,对我们的生命、我们未来的人生旅程有着特别的意义和深刻的影响。回忆中的大学时代,新鲜得一如那个春天的清晨,我生命中一个真正意义上的青春的早晨!那也正是共和国历史上一个坚冰融化、万象更新、生气勃勃的春天的早晨!

高考制度的恢复给许多无缘进入高等学校深造的青年以公平的机会和宝贵的希望。那时的桐乡县是浙江省恢复高考的试点县,记得正式考试时语文卷的作文命题是就给出的一段材料写一篇作文,材料叙述毛主席晚年如何克服眼疾学习英语。我很自然地由这一材料引申到自己,那时我高中毕业已近两年,没有工作,也没有书看,好不容易得到去乡下代课的机会。秋天的时节,我时常在旷野中仰望天空,目送南飞的大雁,放声歌吼,以一抒郁闷。渴望飞翔,向往远方,是那时心中朦胧的梦想。我还没有具体地梦想过走进哪个大学校园深造,因为那是根本不可能的。而现在,这样的希望和可能,却仿佛就在面前。我非常珍惜这一次机会,并且把自己渴望继续求学的强烈愿望写出来了。记得写到激动处,如飞的笔在颤抖。

不久后,浙江全省开始统一高考,作文题目是“路”。这真是一个好题目。许多年以后回想起来,我感到试点卷和后来全省卷的作文题及其差异,都具有某种标志性的意味,包涵着丰富的历史信息。

考入杭州大学中文系,成为1977级的一员,是我一生中最大的幸运。我和我的同学们共同经历了物质、精神极其匮乏的年代，十年动乱给我们带来的时间（生命）的损失是无法挽回的。那时我们不仅吃不饱饭，更读不到书。记得自己之所以知道和考入杭大中文系，就是因为看过的毛泽东诗词注释本是杭大中文系编的。除了毛主席诗词和鲁迅的作品外，还有幸偶然读到的一两册《红楼梦》。

《中华活页文选》，其中《高祖本纪》《项羽本纪》和《淮阴侯列传》是我看了许多遍的，这些就构成了我可怜的国学和文学底子。

我们的同学中，有已人近中年、拖儿带女的兄长和大姐，有扛过枪和锄头的，有抡过锤、驾过车船的，来自天南地北，干过各行各业，经历了共和国历史与各自生命旅程中的风雨春秋，走到一起。十几年的积累、多少年的饥渴，浓缩为4年的精彩。

我们能够有缘一起在大学校园里重新学习，是多么来之不易啊！在这短短4年中，我从书里书外，从同窗那里所学到的一切，超过了过去十几年所学到的总和。

正是因为高中毕业后的蹉跎岁月和大学时代的得来不易，我们真是废寝忘食、如饥似渴地学习。无论是外出还是排队买饭，我们的手上总是有纸片或者小本子，不是背英语单词，就是背古代诗文。

那时，杭大中文系在文三路和文二路之间的下宁桥，现在的省工会干校内。与校本部相比较，这里的好处是没有晚上按时熄灯的规定，这给我们的学习带来诸多方便。我们年级多夜猫子，许多同学都要用功到子夜12时，有的同学甚至要到次日凌晨，而这时喜欢早起的同学也已经开始来晨读了，所以我们的教室总是通宵达旦地亮着灯。

从系大门出来，对面是西溪河支流。河对岸有菜地，河边是青青的杨柳。西南面有小路可通学军中学和杭大生物系，附近不远处就是田野。

早春时节，可以看到油菜地和麦田，大片大片清新的麦绿与淡黄的油菜花，让人心醉。那里宜于吟咏春天的诗。再走几步路，就是现在的教工路一带。那时还是大片湿地，有河，有水塘，有水田，还有菜地。仲夏时可以到此朗诵夏日的诗章。

再远就更荒野一些了,尤其是秋天。

至于冬天,适宜吟诵白雪之诗的岂止是雪后的断桥?钱塘江边,西子湖畔,处处皆是诗景。

在苏堤之上,我们可以遥想诗人的风采,感受东坡先生的诗韵和德政。于六和塔下向南眺望,但见钱塘江流经此处,水面更加开阔,悠悠然拐了一个弯,画成一道美丽的弧线,以更舒展的姿势奔涌向前,让人领略到"江流婉转绕芳甸"的意境,我以为,那儿曾经是杭州最富于诗意的地方之一。我们就这样于钱塘江的潮起潮落,西子湖的春花秋叶,领略了诗意和词韵。

我们亲历过一个匮乏动乱的年代,大多有过或多或少的忧患和坎坷的记忆。因此,我们关心政治,关切国家和民族的命运。那时同学们在寝室里对床夜语,有时为此辩论,甚而争吵,乃至于声闻邻室,达旦不寐。一次选举西湖区人民代表,我们的同学中,既有作为校方推荐人选的学生会主席,也有勇敢地出来竞选的同学。

我班一位年长的老大哥现在已经退休了。有家小的他,那时常常囊中羞涩,却总是节衣缩食,拼命买书。刚开始,新华书店里多的是领袖著作,没有什么文学名著,外国的更少。记得新华书店第一次开禁发行外国小说大约是1978年或者是1979年五一节。那时文二路有一家不大的书店,我们前一天晚上就早早搬了凳子,到那里通宵排队。排队者大多是学生,我们自己管理,先到的编了号子依序分发给后至者。大家高谈阔论,高兴得像过节一样。这样一直等到天亮。书的种类不多,而且没有大文豪的作品,记得是《一千零一夜》和《三个火枪手》等。虽然每人只能限购两本,但拿到散发着油墨清香的新书,还是很开心的。那种感觉,在书店里琳琅满目的今天,已经很久没有体验到了。

二三十年眨眼间就过去了,但我依然记得那些春天的美丽瞬间,记得每一个春夏秋冬的流转。我记得初夏的午后与黄昏,一位酷爱音乐的学兄打开收音机,德彪西的《牧神午后》、舒伯特的《小夜曲》、贝多芬的《月光奏鸣曲》，那优美的旋律便像金色的阳光和皎洁的月色一样洒满了房间；我记得同学们呼朋唤友，一起去文二街露天电影场或海洋所广场看电影，印象较深的影片有《阿波罗登月》和《奇普里安·波隆贝斯库》；我也记得同学中老大哥和大姐们对我们的关心和帮助；记得同学们发起组成的初阳诗社；我还记得大学毕业前的最后一门考试是外国文学，考完后我来到西湖边痛饮一气，一路狂歌，最后醉倒在苏堤之上；我更难忘毕业离别前的不眠之夜；记得同学们共同创作、配以贝多芬的《命运交响曲》朗诵的大学时代最后的一首长诗，其中的一些诗句至今仍时时萦绕心头：

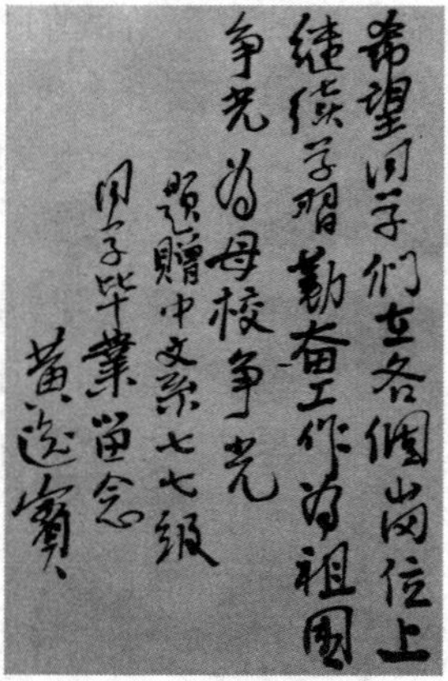

校党委黄逸宾书记为1977级同学毕业题词

在远古的荒原和未来的铜像之间，
诞生了一群脚印。
……
于是，我们从海滩起步，
地平线便有了新的意义。
……
我们要让每一个人的心灵，
都变成鸽子的故乡，
把所有的秋天连成一片。
……
在宇宙和更远的宇宙之间，
将留下我们这消逝者的微笑。

常常想起杭州大学中文系的许多可敬的先生，虽然他们带着或浓或淡的乡音给我们授课的情景，已经遥远得如同古典时代，但是其影响力却及于今天。他们在传授学理和专业知识的同时，也将他们对宇宙自然、社会人生的感悟，对美的境界和韵味的敏感，以及生命的智慧传授给了我们，影响了一代代学子的求学与生活之路。我在《怀念敬爱的老师》里曾经写到过许多已故的老师。这里还要特别提到的是吴熊和先生的讲授宋词，与蔡义江先生的解说唐诗。吴先生从容优游的语调和深沉含蓄、饱含哲理的阐发，与蔡先生神采飞扬的风度，挥洒自如、引人入胜的讲解，堪称双璧。听他们授课真的是一种美的享受啊。

每当我经过钱江南岸的西兴浦口，总是会想起苏东坡著名的《八声甘州》(寄参寥子)的诗句，想起吴先生对这首词的讲解。“有情风万里卷潮来，无情送潮归。问钱塘江上，西兴浦口，几度斜晖?”千百年来，钱塘江潮就这样年复一年，月复一月，一日两回地汹涌而来，又悄然而去……难忘杭州大学，难忘在杭大学习生活中的一些瞬间!

* 本文原载于“老杭大”公众号，2017 年 4 月 25 日。略有删节。

作者为原杭州大学 1977 级中文系学生，现任浙江大学中文系教授。

校刊的怀念

倪集华

4年的大学生活已别我而去。可我的心老是不能安宁，总觉得失去了什么。但失去什么呢？却也难以说清。

一天，我在书架前整理书刊时，突然，眼前出现了一叠报纸，我那若有所失的怅惘之感，顷刻间便烟消云散。难道，我要追寻回来的，就是她么？

这是再普通不过的4开报纸了，但报头上“杭州大学”4个醒目的题字却勾起了我绵长思情。我慢慢地翻阅着，思绪回到了难忘的学生时代……

据说，有个体弱多病、行动不便的老教授常常为不能及时了解校内情况而深感不安。校刊一复刊，他就闻讯赶来，要求订购一份。他说，校刊是个窗口，从这里可以了解到校内发生的大事和学术动态。从此，就可以“稳在家中坐，得知校内事”了。

是的，这是一个诱人的窗口。从窗前，闪过了向科学文化高峰奋进的千军万马。

我曾看见，每当校刊发到班里，同学们是怎样地争相传阅；一旦校刊因故延期，他们又如何地相互询问。她已成为我们大学生活中不可缺少的亲密伴侣。在教室的墙报栏上，在寝室的床头案首，在师生员工的手里，处处闪现着她的身影。她随时告诉我们：学校下一步工作如何开展，哪个系搞出了新的科研成果；同学们的思想、学习有什么提高，哪个班组又开出了“五讲四美”的鲜花……

是的，她是全校师生的贴心伴侣，指点和鼓励着我们，在人生的道路上一往直前。

我还记得，一些同学收到校刊，总是妥帖地保存起来。有人认为这毫无意思。他们却说,4 年的大学生活是珍贵的,但遗憾的是不能都深藏在心。而校刊把校园发生的事记载了下来,分明是一部学校发展的历史。当今后回首往顾,学校生活便立刻如在眼前。

在几份校刊上,我看到了自己的文章。哦,校刊,你何止是窗口,是伴侣,是校史,你还是一块园地。在这里,青年学生初试锋芒,中老年教师传授经验,各系科互通情报。我记得,校宣传部组织了业余记者队伍,安排进行各种业务活动。我追悔,当时为什么没有更尽心地为她撰稿?如果我能够重新开始大学生活,我一定要用自己的文章,为她多添几朵小花,多加几片绿叶……

一声钟响,打断了我那漫无边际的遐思,我把校刊仔细放好。仰望窗外,正是凉风扑面,繁星满天。呵,情长纸短,愿千里长风送去我对校刊的绵绵怀念;意深文浅,冀万里星空贮藏我——一个学子对母校的寸寸衷肠!

浙江师院最早的校报报名

1954 年 2 月 15 日校报更名后的报名

学校合并为杭州大学后的校报报名

“文革”期间的校报报名

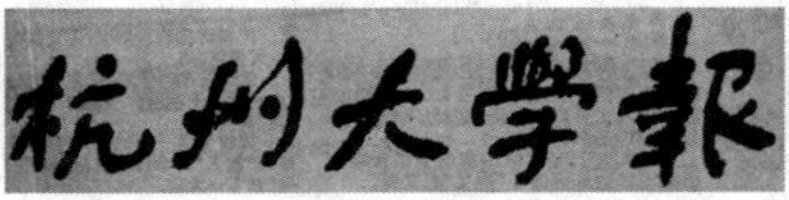

1986 年后的校报报名

* 本文原载于《杭州大学报》,1982 年 4 月 30 日,第 4 版。

作者为原杭州大学 1978 级历史系学生,后在浙江省检察院任职。

1978级日语专业学习追忆

王宝平

1978年，我从插队的淳安考入杭大外语系日语专业。全班男生12人，女生7人，年龄最小的1959年出生，与年长者相距整整10岁，多数来自杭州，也有部分来自绍兴、嘉兴、宁波、金华、上海等地区。1960年杭州大学曾举办过日语专业，由潘锡九（生物系老教师，中国早期遗传学专业留日学生）、陈修良（沙文汉省长夫人，到过日本，曾任浙江省委宣传部代理部长等职）和尉国勋老师三人任教，浙大日语教授也曾兼任教师，后来因多种原因，学生在1962年提前结业。因此，我们是“文革”后杭大外语系日语专业的首届学生，也是浙江省第一届本科日语专业学生。由于当时日语在社会上不像英语那样知名，加上是首次招生，所以尚有少量名额。当招生办征询我的意见，愿不愿意放弃中文志愿改学日语时，我毫不犹豫地回答：只要能读大学，什么专业都行。于是阴差阳错，开始专业学习日语。

最初任教我们班的是尉国勋老师、陶政民老师和林薇娜老师。他们中有的因从小在东北生活，懂一点日语，但因年代久远，已经荒废；有的是在1972年中日邦交正常化，通过广播等形式学会日语的：为了开设日语专业，他们筚路蓝缕，做出了极大的努力。

从日本归国的华侨郑安东老师和朝鲜族李廷善老师于1979年和1980年下半年先后调入杭大，使日语专业师资力量大为加强。

草创时期的条件是艰苦的，草创时期的精神是昂扬的。有时，为了一个语法问题，大家争得面红耳赤，莫衷一是。这时，进校前在社会上有过日语教学经验的同学，往往自告奋勇上台讲解，充当“小老师”角色。不畏困难，团结互助，力争上游，铸成班级的优良学风。

天意怜幽草。一年级下，泽田朋子老师作为外教从美国跟随丈夫来校执教，虽然时间不长，却是我们接触的首位“日本人”。她的美式日语，连同西化的举止，给从未跨出国门的莘莘学子留下了难忘的记忆。

洛阳解放军外国语学院是中国日语教学研究的重镇，聚集了王曰和、陈书玉等一批留日回国人员。二年级上，学校从该校借调杨郇老师前来任教，其倜傥不羁的举止，迷倒了一大批同学。记得有一年，日本代表团来校交流，杨老师担任现场翻译，其纯正的发音、流利的口语、优雅的日语，令客人深感震惊，也让我们日语专业师生大为长脸。后来获悉，杨老师的母亲为日本人，由此被迫“夹着尾巴”做人，慎言谨行，未被重用。

1981年下半年，日语专业迎来了首位日本专家中山一仁先生。时值四年级，需要学习许多文学作品，对中国学生来说，作品中人物的心理活动很难把握。中山先生毕业于静冈大学文学部，又长期在高中任教，擅长日本文学教学，他深入细致地做了解读，由此被我们戏称为“気持ち先生”(心理分析师)。当时对外宾管理严格，规定外国人住在杭州饭店(现杭州香格里拉饭店)，华侨住在华侨饭店。先生任教两年中，学校每天派车接送，我们去饭店探访也每次需要出示单位介绍信，但这几乎不可能做到。

早春二月，虽然春天已来临，但寒意依然未消。嗷嗷待哺之际，杨老师和中山先生的来临，极大地满足了我们的学习上的“饥饿感”，我们的日语水平突飞猛进。

除师资外，学习资料也非常匮乏。日语辞典只有两种:《日汉辞典》和《袖珍日汉辞典》。前者系商务印书馆20世纪50年代出版，属大型辞典，但译词带有民国时期的色彩，违和感很强;后者由陈达夫和凌星光编纂，商务印书馆70年代出版，收词量适中，又便于携带，我们试图把整本辞典全部背诵下来，有的同学更加“牛”:背一页撕一页。可怜的辞典，虽然封面套塑，半精装装帧，但也禁不起如此这番的折腾，一年下来，已面目全非。高年级时，静冈县馈赠杭大一批日语原版图书，我从中借了一本《新明解国语辞典》(三省堂，1972年初版)，每天爱不释手，孜孜以求。不意在杭州图书馆离座休息时，该辞典竟然不翼而飞。当时原版图书洛阳纸贵，辞典更是一书难求，是物质匮乏时代“窃书不算偷”风气使然，抑或抵挡不住学习日语的诱惑，我对小偷的行为不油生发出些微的感喟。但所借的辞典无法归还，我只得向学校图书馆缴纳罚金作为赔偿，并递交检讨书，才算了事。

外语专业的主课是精读，当时中国人自行编纂的精读教材寥寥无几，而原版图书亦未必切合中国。因此，我们使用的都是上海外国语学院编纂的油印教材。每一学期 1 册，共 8 册，其实未必全部能学完。笔者珍藏有第 5 册教材。该书共 13 课，陈生保、杨维乔和李柱锡编，李进守校阅，该书用日文撰写的“前言”写道：“日本民族为伟大的民族，中日两国是一衣带水的友好国家。本高年级教材旨在促进中日友好，向日本学习，同时，站在全面看日本的立场而编纂。”(第 3 条)本教材“几乎全部源自原文，采取单元制，题材析为‘中日友好’‘日本历史’‘日本自然’‘日本学生的生活’‘日本语’‘科学家物语’‘普通科学’‘日本部落民问题’等，涉及面较广。学生据此不仅可以习得日语，亦可掌握有关日本的多方面知识。”(第 4 条)“为了实现四个现代化，编者有意识地在本高年级教材中选编了许多科学技术方面的文章。但是，科学技术千差万别，不可能覆盖所有专业，亦不可过于专业化，因此我们选编了普通科学和记载科学家精神的传记。”(第 5 条)亦即，学习日语的最终目的是实现四个现代化，为此，需要学习日本现代的先进经验。其中，日本历史、日本自然、日本学生的生活、日本语等单元是基础，科学家物语、综合科学是主要学习内容。但根据马克思主义“一分为二”的辩证法，必须全面看待资本主义制度，在向日本学习的同时，也要看到她不好的一面，于是有了“日本部落民问题”单元之设。同时为了找到向昔日敌人学习的逻辑，迎合时流，专设“中日友好”，并将之列入各单元之首。一如中国图书馆分类法，把“马克思、列宁、毛泽东、邓小平理论”置于榜首。“中日友好”单元设有《盲人名僧》和《藤野先生》，前者讲述鉴真和尚矢志不移、东渡日本的事迹，后者为鲁迅先生撰写的名文。

该书编纂于“文革”结束未久的1979年1月，与早些年相比，政治色彩已大为减少。当时我们还参考了《日本语口语文法》一书。该书析为假名及发音规则，品词和词汇，体言、常用助词和基本句型，动词和动态句，形容词和形容名词，形式词，助动词，副词、连体词、接续词及感叹词，助词，文选，附录等各章，由“电信总局五二二厂职工业余学校”1973年5月出版，翌年9月再版。该书初版《前言》开宗明义：“遵照伟大领袖毛主席关于‘中国人民有志气，有能力，一定要在不远的将来赶上和超过世界先进水平’和‘教育必须为无产阶级政治服务，教育必须同生产劳动相结合’及‘洋为中用’等有关教导，我们在厂党委的领导下组织编写了职工业余教育日语教学讲义。这是毛主席教育革命路线的胜利。”时代色彩，跃然纸上。

就这样，浙江省历史上首批日语本科专业19名学生，在3位老师的启蒙下，顺利起航，又在各位老师的悉心哺育下，茁壮成长，虽然我们的身上涂满了浓厚的时代色彩，但也正是这空前绝后的时代，铸就了我们每个人以及整个社会努力拼搏的精神。如今，教材早已泛黄，同学中也有人作古，但当笔者打开了尘封已久的教材，无意中发现，本书的包书封皮竟然是我姐1978年第三季度先进生产(工作)者的奖状。40年前在天目山路34号杭州大学求学的情景，依然如同此奖状，光鲜亮丽，永不褪色！

* 作者为原杭州大学1978级外语系学生，现任浙江工商大学东方语言文化学院教授。

回忆在杭大读研的岁月

吴肇基

如果有人问我，一生中，哪一段经历最美好、最阳光、最自豪？我可以毫不犹豫地说，那就是在原杭州大学读研的1000多个日日夜夜。时光穿越到30多年前的1978年，因“文革”动乱停止了12年的研究生招生制度紧接着全国高考的恢复而重新实施。“文革”前我有过一次失败的考研经历，面对着已经陌生的大学教材和30多岁的“高龄”，我还是义无反顾地投入了复习迎考，恶补分析、实函、线代。终于在1980年成功地成为数学系的一名研究生。

那是一个青黄不接的年代，一个人才的断层时期，“文革”前的高校毕业生都已30出头，“文革”后首批入学的学生还在念大三，全校总共只招到1980级研究生30多人，其中数学系招到5人。校长在迎新会上告诉我们：“今年全国录取研究生3000多名。报考我校的平均15人录取1人，你们能进来很不容易，要努力学习。”

数学系办公楼就在大门西侧一座很朴素的大楼里。在这里，我听到了几个如雷贯耳的名字。已故的陈建功教授是近代中国函数论的奠基人，国立浙江大学数学系的创始人、杭州大学副校长。他在20世纪20年代留学日本时所写的专著《三角级数论》影响了好几代数学学人，他的历届研究生中许多人后来都成了各著名大学数学系的学科带头人。系里的老师们形容陈先生上研究生课的情形：站在黑板前，满头粉笔灰，向学生提出一个又一个问题，直到问得学生无法回答为止。这样严谨的教学方式，终于培养出一批又一批高质量的数学人才。徐瑞云教授是首位留德女博士，有老师称她为“Only one”，意思是她是当时中国数学界唯一的女博士。学过实变函数的人都知道苏联数学家纳汤松的名著《实变函数论》上下册，它的中文译者就是徐瑞云。谈到她,老师们欲语还休,因为她已经在“文革”内乱中不幸离去,而且就在不多年前。

科学的春天重新回到大学校园。第一学期上两门专业课:泛函分析和拓扑学。泛函由我们的导师王斯雷老师上,听课的就是几个研究生和本科生。王老师年岁不大,学术造诣却很高。因为解决了当代三角级数泰斗、波兰裔美国数学家齐格蒙特提出的一个问题,应邀出席明尼苏达大学的一次学术会议。当时改革开放刚开始,一位中国大陆数学家用流利的英语在国际会议上做报告,引起关注是不言而喻的。在场的一位多元调和分析方面的权威学者、普林斯顿大学数学系的斯坦因教授(他是齐格蒙特的学生)立即和他建立了学术联系,第二年,也就是 1981 年,斯坦因来校做报告,王老师做翻译。很遗憾,我听不大懂,但是我知道了多元调和分析的一个重要课题是多重傅里叶级数和积分的可和性问题,这个课题于 20 世纪 50 年代由阿根廷裔美国数学家卡德隆和齐格蒙特共同开创,经过各国学者近 30 年的努力,取得了重大进展,但许多问题仍需继续研究。王老师后来讲,当时去美国开会,并不要求发言,但他仍上台发言了。又怕听不懂听众用英语提的问题,预先请几位华裔学者在场下帮忙,结果一切顺利。听了此话,我暗下决心,有朝一日,我也要这么做。

第二学期,王老师开讲三角级数论,使用齐格蒙特的英文原著《三角级数》做教材,系里另一位陈先生的研究生施咸亮老师也参加讲课。自从 19 世纪初法国数学家傅里叶提出三角级数概念,到 1966 年瑞典数学家卡勒松证明一元平方可积函数的傅里叶级数几乎处处收敛,形成了一个庞大的理论体系。这一理论博大精深,使用的方法精妙绝伦。这部初版于 1935 年、再版于 1959 年的巨著,几乎囊括了一元三角级数的所有精华。不过要啃完这本如同苏州城砖那么大那么厚的书绝非易事。有一个小插曲。一天,我和同学们正在宿舍里学习,案头就放着从图书馆借来的这本书,一位不速之客闯进来,翻了翻书,说“我也得看看书了”,拿起书就要走,我一看急了，这本书抵得上我两个月工资，哪能随便拿走。“你是谁?”“我是谁? 数学系谁不认识我?”说完扬长而去。我从来没有碰到过这样的人，只能干瞪眼。谁知过了 3 天，这位老兄又来了，把书放在桌上，说了声“太难了，看不懂”就走了，至今我也不知道他是谁。

鉴于一元三角级数理论已经十分完美，很难再挖掘出做论文的合适题材，从 1982 年起，王老师开讲多元调和分析，采用斯坦因和另一位美国数学家外斯合著的英文原版《傅里叶分析》做教材，以斯坦因的《奇异积分》作为主要参考书。从一元到多元，既看到了两者的紧密关系，又大大扩展了视野。我们在高维欧氏空间中用实变方法纵横驰骋，体会着近 30 年来从卡德隆和齐格蒙特直到斯坦因和外斯以及其他一大批数学家所发展起来的多元调和分析理论的精粹。不过正如斯坦因在 1979 年的一篇文章中所说，这套理论体系还不够完美，有待于进一步发展，是王老师把我们引进了这个广阔的空间，期待我们能有所作为。这期间，施老师讲了《伪微分算子》，从另一个角度拓宽我们的视野。

当年 9 月，王老师应邀前往位于美国新泽西州的普林斯顿高等研究所做为期 8 个月的访问学者，在此期间，由施老师指导我们写毕业论文。10 月的一天，我收到王老师托人带来的一篇美国博士论文的手抄稿，原来，他知道我需要这篇文章做参考，在互联网时代到来之前，要在中国大陆找到深藏在芝加哥大学图书馆资料室里的这篇论文绝非易事。王老师硬是用笔抄送过来，看着这一大本写得整整齐齐的英文手抄稿，我的感激之心无以复加。12 月 9 日正好是我 40 岁生日，那天，我的第一篇论文由施老师审阅后送到校学报编辑部，一年后刊登在《杭州大学学报》上。两年后，论文摘要先后刊登在苏联的《数学文摘》和美国的《数学评论》上。我成功了，但背后，有我两位导师的鼓励和支持。

1983 年 6 月，我的硕士论文获得通过，毕业论文的审查人是北大的程民德教授和中科院的龙瑞麟教授，程先生也是陈建功教授的学生。在离开学校之前，杭大谢庭藩副校长在他家中接待我们，嘱咐我们,到了工作岗位后,不管条件如何,一定要坚持搞科研,争取出成果。

毕业后,我被分配到苏州职业大学工作,也回到了妻儿身边。虽然离开了杭大,但杭大数学系并没有忘记我,几次邀请我参加学术活动,王老师也不时寄来各种文献,使得我的学术生命继续得以延长。2002 年 8 月下旬,我应邀出席了北京国际数学家大会(ICM2002),在国际会议中心和王老师以及几位杭大同学愉快地重逢。8 月 24 日,我在大会的一个小组会上用英语做了 15 分钟的学术报告,论述多重共轭傅里叶积分的几乎处处可和问题,实现了我当年的心愿。

我在杭州总共只待了 3 年,而且绝大部分时间都是在校园里度过的,但是这个城市和这里的人们给了我极其美好的印象。我的一位在联合国工作过多年的同学说过,世界上没有一个城市的风景比得过杭州,尽管我是苏州人,我还是深有同感。城美人更美。1980 年 9 月 1 日来校报到那天,苏杭班轮很晚才停靠拱宸桥码头,找不到三轮车运我的行李,站在空空荡荡的马路边望穿秋水,希望出现奇迹。一位素不相识的青年骑着空黄鱼车路过,主动问清情况后,立即要我上他的车,免费把我送往杭大。每当我想起杭州,总好像站在一条运河旁,看着对岸绿荫下一辆辆蓝色无轨电车在用驳岸砌成的马路上无声地来回穿梭,路边是一幢幢古朴的小楼,还有一排排高大的梧桐树。期望着有一天再回故地,看望母校,重游西湖。

* 本文原载于《浙大校友》2013 年第 1 期,第 76—77 页。
作者为原杭州大学 1980 级数学系硕士研究生。

30 年前曾经有过的青涩年华

——记杭州大学生活的点点滴滴

胡校冰

“世上有朵美丽的花，它是青春放光华”，当电影《芳华》上映后，歌曲《绒花》再度唱红全国，也将我的记忆带到 20 世纪 80 年代的大学生活，我仿佛又听到了杭州大学清晨 6 点钟开始的校园广播，听到了这首李谷一唱的脍炙人口的歌曲《绒花》，自己仿佛又置身于 80 年代那段难忘的 4 年大学生活。

我是 1982 年幸运地考入杭州大学外语系的，专业是俄语。新生到校，在大学的礼堂里开个欢迎大会，然后是去大学的图书馆参观。当时的图书馆是杭州大学最高的大楼，面积大，建筑气魄，是杭州大学的标志性建筑。大家一般都选择在图书馆前面拍毕业照，在此留下青春的身影。我们也在这里拍过照，但后来没有拿到毕业照片，也算是一个小小的遗憾。

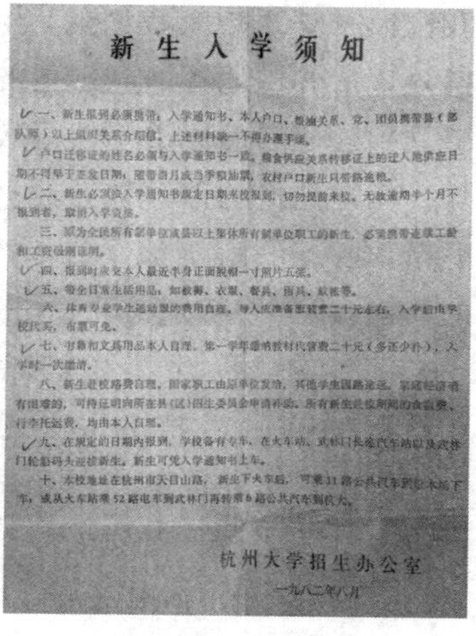

新生入学须知

一、新生报到必须携带：入学通知书、本人户口、粮油关系、党、团员携带县（部队师）以上组织关系介绍信。上述材料缺一不得办理手续。

户口迁移证的姓名必须与入学通知书一致。粮食供应关系转移证上的迁入地供应日期不得早于[illegible]日期，需带当月或当季粮油票，农村户口新生只带路途粮。

二、新生必须按入学通知书规定日期来校报到，切勿提前来校。无故逾期半个月不报到者，取消入学资格。

三、原为全民所有制单位或县以上集体所有制单位职工的新生，必须携带连续工龄和工资级别证明。

四、报到时应交本人最近半身正面脱帽一寸照片五张。

五、带全日常生活用品，如被褥、衣服、餐具、脸盆、蚊帐等。

六、体育专业学生运动服的费用自理，每人应准备服装费二十元左右，入学后由学校代买，布票可免。

七、书籍和文具用品本人自理。第一学年需预交教材代管费二十元（多还少补），入学时一次缴清。

八、新生赴校路费自理，国家职工由原单位发给，其他学生因路途远、家庭经济有困难的，可持证明向所在县（区）招生委员会申请补助。所有新生赴校期间的食宿费、行李托运费，均由本人自理。

九、在规定的日期内报到，学校备有专车，在火车站、武林门长途汽车站以及武林门轮船码头迎接新生。新生可凭入学通知书上车。

十、本校地址在杭州市天目山路，新生下火车后，可乘 11 路公共汽车到[illegible]下车，或从火车站乘 52 路电车到武林门再转乘 6 路公共汽车到杭大。

杭州大学招生办公室

一九八二年八月

1982 年新生入学须知

我们俄语班人数特别少，只有 10 个人，一年级时的教室并不在外语教学楼，而是在化学楼二楼，2015 年我和几位同学还一起去过那幢楼，现在该楼已经改称为西二教学楼，我们原来的小教室成了一间存放杂物的储藏室了。虽然已经物是人非，但那幢大楼里留着我们最美好的回忆。正是在那里，我们开始咿呀学俄语，从 33 个字母的书写到发音，从简单的单词到完整的句子，学会了俄语的性数格变化。顾惠生老师和翟燕芳老师是我们学习俄语的启蒙老师,翟老师教我们俄语发音,她的俄语发音就像是播音员,非常标准好听,感觉比教学用的录音材料还要好。顾老师教我们书写和语法,要求我们背诵每篇课文,要让我们完全忘记英语,要完全模仿录音教材的语音语调,俄语的性数格的变化要做到自动化,要能脱口而出。至今,如果有人来问我们学习外语是否有诀窍,我还是这样跟他们说,就是要背诵课文,熟能生巧,要做到自动化,学外语没有其他诀窍。30 多年过去了,我还记得老师教我们全班同学表演的第一个节目,Буква Я(字母 Я),每个同学分别表演不同的俄语字母,还记得老师教我们唱俄语歌曲,如 Пряха(《纺织女工》)、Огонёк(《星火》)、Подмосковные вечера(《莫斯科郊外的晚上》)等等。许高渝老师是我们大三时开始教我们的,当时,我印象特别深的是他在课堂上用俄语声情并茂地背诵高尔基的《海燕》,抑扬顿挫,一气呵成,使我们感受到《海燕》的原文用俄语表达会是那么美轮美奂,不愧为经典之作。正是他们的谆谆教导,我们了解俄语进而喜欢俄罗斯和关注俄罗斯,至今,我们仍然还有浓浓的俄罗斯情结,只要是与俄罗斯有关的新闻,我都会特别关注。

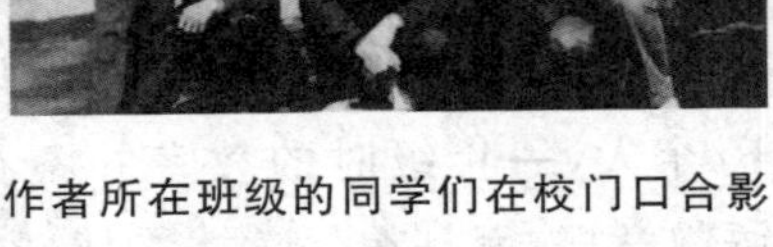

作者所在班级的同学们在校门口合影

四年的大学生活中,寝室里丰富多彩的生活是不得不提的。初来乍到,寝室里的人相互都不认识。大家来自不同的地方,生活习惯不同,形成一种相互包容相互理解的集体生活。一个寝室一般住 8 个人,第一个学期,我们的寝室只有 7 个人,其中 3 位是 1981 级英语班的学长,他们分别来自金华、绍兴和宁海。每次放假回来,大家都会带点自家的土特产一起分享。金华的同学自然少不了金华的酥饼。朋友来时,一般也是在寝室时招待一下,从食堂多买几个菜,就算是很好的待遇了。寝室里发生过许许多多趣事大多忘了，但有一件事，我至今记忆犹新：一个冬天的清晨，起床时，一位同学卷着被窝躺在地上，大喊自己怎么会躺在地上，原来他是从上铺滚下来的，所幸一点都没伤到。后来，我们搬到新的宿舍楼，我们的新寝室是 12 幢 309 号，与 1983 级俄语班 4 位同学同寝室了，他们分别来自杭州、开化和海盐，这 4 位室友毕业后就没见过面。在我的记忆中，至今他们还是那时风华正茂的身影。真希望能见个面，一起回忆当年的大学生活，看看每位同学 30 多年岁月在身上留下的痕迹。

大学 4 年里，特别怀念那段师生情谊。教过我们俄语的老师有 11 位，大家关系都非常融洽，学识渊博的冯昭玙老师和慈祥善良的顾惠生老师夫妇，常常让我们去他们家做客，他们家就在学校正门对面的杭大宿舍。为了能让我们多接触俄罗斯文化，只要电视节目有苏联电影，他们都要让我们去他们家看，还有一次，他们家的昙花开了，非常漂亮，他们特别拍下照片给我们看，那是我第一次看到这么漂亮的昙花，所以印象特别深。

大学 4 年弹指一挥间，在我们即将离开学校的时候，冯老师和顾老师给我们写了一首词赠别留念："荏苒冬夏忽四年，思联翩，如涌泉。咿咿学语，书声满校园。鸿志闲愁总相说，情切切，意拳拳。绿叶成荫啼鸣蝉，天蓝蓝，云淡淡。羽翼已丰振翮飞，瀛寰临别，依依何所嘱，常奋发，永向前。"我们就是揣着老师的"常奋发，永向前"心愿，走向自己的工作岗位。在此我由衷地感谢所有的老师在大学时期对我们知识的传授和生活上的关怀，让我们的人生之道打下夯实的基础，同时也感谢 4 年同窗同室的同学校友，在生活上的互助和在学习上的互勉。4 年的大学生活，不算长，但对自己的人生影响却是最关键的，无论自己成功与否，但通过大学 4 年的磨炼，我们已经成为一名坚毅与笃行的人。

* 作者为原杭州大学 1982 级外语系学生，后在金华市贸易部门任职。

记忆中的大学生涯

柴惊雷

多年以后,我还清晰记得1992年9月14日的上午,父亲和我乘坐绿皮火车从宁波出发去杭州。那时高速公路尚未建成,往来于杭甬之间的绿皮火车是出行的最佳选择。

15日,就是杭州大学新生的报到日。与其他高校相比,杭大的新生报到特别晚,大都在9月中旬左右,这似乎也是杭大的一个特色。

回忆在杭大的学习生涯,我对刚入学时的那段时间印象最深,很多事情都历历在目。也许是刚到一个新地方,进入新集体的新鲜感和兴奋感使然吧。

杭州大学校徽和纪念章

20世纪90年代初杭城的车辆不多,与现在相比,杭大路也显得更宽阔。校园里新建成的建筑还不多,有着黄色、灰色相间外墙的东二、东四老楼尚在,绿树掩映,高耸的图书馆最为醒目。

男生宿舍均位于校园的西北,方方正正的一式四幢五层楼,按年级来分,正好是每级一幢,我们1992级被安排在最南面的9幢。

寝室在9幢一楼,朝北,出入方便,就是每到梅雨季节房间有点潮。房间里陈设简洁,两边是4张靠墙固定的上下铺单人床,中间2张四人桌,门旁边几个壁柜而已。同寝室8个人,居然还不是一个班的,4人经济学专业,4人企业管理专业,不过都来自省内各地。寝室里照例按年龄依次排序,我年纪最小,于是成了老八。老大、老五都是运动健将,一个擅长长跑,一个跳远最拿手;老二数学极好,喜欢网球；老三最爱金庸、古龙；老四棋牌游戏样样精通；老六、老七爱聚在一起喝酒；只有我自己，除了爱看点闲书，一无所长。寝室8个人中，只有我是第一次住校，又初到陌生的地方，作为“菜鸟”，刚开始遇事难免有点手忙脚乱，餐具遗失、外面晒晾衣服多日忘收之类的笑话也在所难免。

那时计算机、互联网尚未普及，手机更是闻所未闻。有时回想起来，那时的大学生活与现在相比似乎有点单调。除了教室、食堂和宿舍“三点一线”外，大家去得最多的好像就是杭大图书馆，据说校图书馆的规模和藏书在省内也是名列前茅，即使是对学生开放的三楼、五楼也有不少外面很少见到的好书，而且涉及的范围很广，我也利用空闲时间，只要对书感兴趣，就不分学科地借来乱看一气，同时也看了不少大部头的小说等名著。到了周末，大伙儿通常选择轻松一下，于是位于文三路的“银苑”影厅成了好地方，记得好像是5元一场，各类电影都有，还挺受欢迎。

有时系里、班级还搞活动。还记得第一次班级活动是去西湖划船。4个人划一条自划船，结果我们船上的4人都是头一次划船，划了半天，个个累得满头大汗，船光在湖里打转转。等到稍微掌握点技巧了，湖上又起了强风，船又划不回去了，最后只好求助景区工作人员，让景区的拖船拖回岸边。

印象中我们经济系似乎不算大系，我们1992级有3个班，政治经济学、企业管理、工商行政管理3个专业各招1个班，共78人。政治经济学班招的全是文科生，其余2个班文理各半，工商行政管理为新设专业，1992年是第一年招生。

西一教学楼（经济系教学楼）

校园西侧的西一教学楼我们也称其为经济系教学楼，因我们经济系大都在那里上课。低年级时基础课较多，3个班合上，把阶梯教室坐得满满的。高年级专业课增加了,常常是每个班各上各的,上大课的机会也少多了。4年中,有幸遇到很多好老师,听到许多新课,开宽了眼界,增长了知识。记得有教微积分的吴步昶老师、教经济学的郑勇军老师、教概率论的周诚老师、教财务管理的陈菊梅老师、教国际贸易的洪寅康老师、教货币银行学的来雄翔老师,还有每节课都尽心尽责点名的教运筹学的王昌福老师等等。

印象比较深的还有戚译老师。戚老师个头不高、白净脸,专授市场营销,上课风趣、案例生动,很受学生欢迎。来上这门课的不光有我们系的3个班,还有新闻系广告专业和培训班的同学,阶梯教室总是挤满了人。戚老师似乎烟瘾挺大,来上课时,一到教室照例是先在窗边点烟,抽完后再开讲,这个习惯不知现在有没有改变。据爱打听消息的同学说,戚老师对武侠小说也十分着迷,以至于后来顺口讲出了"无招有招"的一串话。那是有一次期末上复习课时,戚老师讲完复习内容,有部分同学问他有没有重点,戚教师起初笑而不语,然后说学习有三层境界,第一层是"手中有招、心中有招",第二层境界是"手中有招、心中无招",最高的第三层则是"手中无招、心中无招"!意思是希望大家学习要夯实基础,只有融会贯通,才有所得,大家听了老师对复习有没有重点的回答,觉得十分有趣,哄堂大笑起来。多年以后,同学相聚提起这事,依旧无不莞尔。

20多年时光转瞬即逝,物是人非。只有大门前的那条马路仍以"杭大"命名。朝夕相处的同学散落四方,曾在杭大一起学习的同学们,兄弟们,你们现在都好吗?

* 作者为原杭州大学1992级经济系学生,后在宁波市新闻单位任职。

在杭大从事旅游资源开发和规划工作的若干回忆

傅文伟

我是杭州人，老家在萧山。我于1961年在南京大学地理系毕业后在该校经济地理专业读研究生，后留校任教。1986年时因父亲一个人在杭州无人照顾，希望我回杭州，所以动念回杭。当时杭州有两个单位愿意接收我，一是浙江省城乡规划设计研究院，二是杭州大学。由于我在南大工作时，和马裕祥老师、王嗣均老师、周复多老师等互相有过许多联系，当杭大决定开办城规专业时，我提供过南大的一套大纲、教材供他们参考，还调动了一些南大教师到城规专业任课或做辅导，所以在创建城规专业中我们结下了深厚情谊。1979年改革开放后我作为第一批出国访问学者到萨格勒布大学进修区域与城市规划，1982年回国后，他们曾邀我到杭大做学术报告。基于这种种因素，我决定选择到杭大工作。

到杭大后，马裕祥老师(时任校党委副书记)建议我到经济系工作，他对我说，经济系新办旅游专业，去那里工作大有可为。

在经济系我参与并见证了旅游经济专业的建设和发展。除了给系里开设"中国经济地理""国土规划"等课程与讲座外，重点开设了国内首门"旅游资源开发与利用"新课程。

我到杭大后的第一个科研项目是国土规划。1987年初，杭大接受了舟山市国土规划课题，鉴于我在南大参加过宜昌、三峡等国家重点国土规划项目，故马裕祥老师就委托我来负责这一课题。4月份我刚搬家入住杭大新村，5月份就奉命去舟山具体洽谈规划事宜。而后我们就立即组织地理、城规、经管、旅游等多学科教师参加，光我们经济系就有史晋川、陈旭东等五六位老师。经过大家努力，历时半年多顺利完成了总规划报告和近10个专项规划报告，最终通过了省级评审与验收。

1987 年 9 月旅游系正式成立,我任旅游经济教研室主任。不久又新开“旅游规划”课程。随着学科建设的进一步完善配套,1990 年经国务院学位委员会批准,杭州大学成为我国第一个旅游经济硕士点。

1992 年,为发挥综合性大学多学科协同研究的优势,在时任科研处罗卫东处长的积极支持下,一个跨系科多专业并吸收外校部分专业(如农大,现已合并)教师组成的杭州大学风景旅游研究开发中心正式成立了,我任主任,办公室设在科研处内。1995 年旅游学院成立,随即杭州大学旅游研究所相继建立,我兼任所长。

在此期间,我和同事们共承接了近百个国家和地方的纵向、横向课题,大大提高了教师、研究生和本科生的实践能力与科研水平,也提升了杭大的社会声誉。完成的重大项目有:《中国旅游百科全书》(旅游市场分册)、《浙江省旅游业发展战略研究》、《杭州市旅游业“九五”计划和 2010 年长远规划》、《富春江——新安江(“两江一湖”)国家风景名胜区总体规划》、《旅游资源综合评价模型及指标体系研究》、《中国旅游教育发展研究》(国际合作项目)、《浙江省旅游资源普查报告》、《湖州市旅游发展总体规划》等。其中杭州市规划成果获得了 1999 年浙江省和杭州市科技进步奖,这在社科领域中是不多见的。

作者(右二)指导研究生野外考察

对于大多数规划项目,我们一般做完通过评审也就完成了,但有个别项目一直做到实施,这是一种完全不同的全新体验。现在回味起来仍心情激荡。

1.1991年底，受童芍素副书记（当时她挂职任西湖区委副书记）的委托，帮助西湖区选址并规划周总理纪念馆。周总理生前5次到茶乡梅家坞考察或陪同外宾参观，留下了丰富的历史文化遗产。通过实地考察，我们否定了原来建新馆的选址方案，力荐总理多次视察、座谈过的老房子（即现馆）为馆址。改造设计方案完成后又进一步展开后续工作，邀请并配合文史系老师，参与技术指导和内容布展，直到第二年隆重开馆。周总理生前秘书、时任国务院副秘书长罗青长，省市有关领导和我均受邀参加了纪念馆开馆典礼。现在这座见证了伟人足迹，得到了原真性保护的纪念馆，已成为梅家坞、杭州市一个重要的爱国主义和历史文化教育基地。

1995年杭州旅游规划调研

2.舟山市小沙三毛纪念馆。这是我们1994年承担定海区旅游发展规划工作时的衍生项目。在资源考察过程中，我们无意中了解到计划外的三毛祖居，引起了我的强烈关注，于是将其纳入规划。而后，又感到保护老建筑，提升乡镇文化，推动海峡两岸交流意义重大，又自荐搞了小沙三毛祖居的保护和利用详细规划。由于乡镇各方面力量薄弱，我又让搞旅游文化工作的老伴参与其中，从找领导、批项目、筹资金，到搞设计、集展品、布展馆、写文稿，往来联络，先报请文保单位，给市里写信争取首笔支持资金，再广泛联系大陆作家和媒体报社、电视台，收集珍贵文献、回忆访谈和录像资料。后来又直接与台湾联系，取得三毛亲朋的支持与信任。其中第一次与三毛弟弟陈杰先生通海峡电话就长达半小时，打消其对大陆的种种疑虑，从而获得委托，答应将大批三毛遗物运回大陆。自此，两岸关系通畅,三毛亲友团来访,正式授权我全权分配。我们将大部分三毛遗物留给舟山小沙,一部分捐赠给北京中国现代文学馆和浙江图书馆(浙江名人档案室)。自此我们与三毛家也结成莫逆之交。当2000年12月28日三毛去世10周年之际,海峡两岸共庆“三毛祖居”及“三毛作品陈列馆”开馆,其甘甜心情早盖过艰辛历程。它更坚定了一个道理:从规划到实施,还要付出多少程序与努力啊!但必要付出时,这种努力与实践则是人生自我价值提升的一次全新体验与锻炼。

在杭大工作期间,知遇了不少领导与良师益友。他们代表了老杭大人的求实开拓精神和孜孜不倦的优良学风。如平易近人、善听意见、广交教师朋友的薛艳庄书记,一心扑在学校工作上的郑造桓书记,学者型领导沈善洪校长以及地理界的老前辈陈桥驿先生,早在南大就认识的中国西方哲学研究的鼻祖夏基松先生等。在本文开头讲到的马裕祥、王嗣均老师都是从基层教师做起,刻苦治学,后来成了业界翘楚和校系研究所的领导。但他们做教师的本职不变,自始至终对所爱的事业孜孜以求,颇有建树,对研究生诲人不倦,倾心付出,对同事朋友真诚相待,不求回报。我从他们身上不仅学到了知识,而且收获了许多人生教益。他们在学术、工作和生活中彰显出老杭大一代人至诚治学、求实做事、平凡待人的人文精神。

*作者为原杭州大学旅游学院旅游研究所所长,教授。

我所知道的历史系文物陈列室

叶燮宾

杭州大学历史系文物陈列室是全国高校中为数不多的文物陈列单位，其中各类藏品有3551件。这些文物源自全国大部分地域，产生的年代从史前到近现代上下几十万年。

1952年2月，在全国高校院系调整中浙江师范学院成立。历史系从原浙江大学史地组接收了一批书画，这些数量不多的书画成为文物室的起家藏品。文物室建立初期，张慕骞先生、毛昭晰先生曾购得一批良渚文化的玉器、红烧土古稻谷、甲骨文片等文物，随后又继续收集文物，捐给文物室，为丰富文物室的藏品做出了贡献。1959年，杭大历史系在浙江省内进行了一次规模较大的文物征集工作，参加征集工作的教师有徐规、魏得良、徐和雍、钱茂堂、李端行、楼子芳等，学生有金普森、龚贤明、蒋光明、杨树标等。这次征集工作分成三个组：一组调查浙江革命文物，一组调查手工业史料，一组调查浙江畲族史料。征集的史料、文物除送中国历史博物馆、中国革命博物馆外，留下一部分给了历史系文物室，以供教学之用。浙江省军区政治部、浙江省博物馆也派员帮助历史系征集文物。金普森毕业留系后，通过历史系毕业生叶树望调拨了一批河姆渡文物。此后，历史系又从中国科学院古脊椎动物与古人类研究所和其他省份的有关单位征集调拨了大批文物，使文物室的藏品更为充实和丰富。

1966年开始的“文化大革命”期间，历史系文物室及时封存。“文革”结束后，文物室重新开放，时任系主任胡玉堂先生设法为文物室增加了越窑青瓷和古代钱币。

1987年，是杭大历史系文物室发展史上的一个里程碑。这一年，历史系新的五层教学大楼落成（建筑所需的部分资金经过时任历史系系主任金普森的努力，得到来自冶金部的大力支持），将文物室置于顶楼，除一间作为文博专业（该专业是杭大在省内高校中首创，于1985年开始招生）教研室外，其余全部供文物室使用。文物室主要分为陈列室与库房两部分。陈列室的展览大厅面积为250平方米，层高6米；展厅的展品，以石器、骨器、陶器、瓷器、青铜器、铁器以及碑帖书画、近现代革命文物、契约文书等分类陈列，并另设畲族文物与钱币专柜展出。文物室所陈列的文物布置在明亮的玻璃陈列橱柜内。展厅的正门上方悬挂着"历史系文物陈列室"的牌匾。当年，杭州大学历史系文物室即正式接待中外来宾，进行文化学术交流，成为学校改革开放后对外开放的一个窗口。

历史系文物陈列室

我是在文物室对外开放的当年调入历史系的，因在系办公室工作，也参加陈列室来宾的接待工作。在这期间，系主任金普森老师邀请中国美院、西泠印社、杭州画院的沙孟海、王伯敏、吴山明、周昌米、蒋北耿、李明等10余位著名书画家（皆无报酬）为文物室留下近40幅墨宝。此后，孙达人先生调拨了一批陕西出土的约40件价值连城的先秦文物，以充实文物室的展品。

在文物室工作得到发展的基础上，系主任金普森曾着手准备将陈列室扩建为杭州大学博物馆，具体费用经历史系1982届毕业的留美学者洪朝辉先生牵线，由一位美籍华人出资50万美元。此事本已基本谈成，并开始进行选址与建筑设计，最后因故未能实现。

1994年，文物室原室主任蔡俊士退休，由我兼任文物室主任。时任历史系系主任为杨树标老师。我接手文物室工作时，蔡俊士先生已对库房的藏品编了号，分散在各个库房中的藏品尚未归类存放。1995年5月，为了进一步提高文物室管理水平，由我负责对文物室进行整理工作，将藏品按类别归类重新存放到相应的库房内。文物中有不少易损物件，必须轻拿轻放，再加上文物本身的价值，以及不可复制性，给整理工作带来很大的难度和工作量。当时参加文物搬迁的人员有：历史系系副主任方新德，文博教研室室主任项隆元，教师吕一民、蔡文林等10余位。之后，我和文博教研室教师郑瑾及文博专业1992级部分学生利用周末和暑假的休息时间，将库房的文物全部按类别按序号上架，置于陈列室的文物也在库房中用卡片逐一注明。经过师生的共同努力，文物室的整理工作圆满结束，库房和陈列室搬动过的3000余件文物无一受损。

这一年的11月，我向系领导建议，是否对文物室所藏文物进行一次级别鉴定。系主任杨树标认为很有必要，他也原有此意，只是没有一笔鉴定所需要的经费。于是，系里决定采取口头鉴定的方式，请来了文物鉴定的专家浙江省博物馆常务副馆长汪济英先生，进行现场鉴定。据我回忆，文物室有国家一级至三级文物共50余件，据杨树标先生回忆其中国家一级文物大概有5件。

浙江大学史地组1943届毕业生、湘潭诗人周家乾先生参观了陈列室后，赋诗一首：

渊源文化五千年，
喜看今朝各代钱。
唐俑舞姿迴曼影，
金铜玉饰技空前。

日本水稻研究家佐藤敏也先生在文物陈列室用了两个多小时研究良渚文化水田畈遗址出土的红烧土中的稻谷后，在留言本上用毛笔书写了“米粒有声”四个苍劲有力的大字。

杭州大学历史系文物室经过40余年的积累与发展，已成为拥有一定规模并具有一定国内外影响力的我国高校文物藏展单位。它体现了杭大历史系几代人的无私奉献，是对中华文化的坚守和对精神家园的守望，希冀一代代将之永远传承下去。

* 作者为原杭州大学历史系文物室主任。

回通讯集萃

铲一块土到社会主义建设上去

——记分部同学参加建筑省团校校舍的义务劳动

《浙江师院》报记者

同学们总是用羡慕的眼光注视着报纸上登载的北京青年参加建筑苏联展览馆的义务劳动、上海青年参加建筑中苏友好大厦的义务劳动的消息。他们的心里是多么向往！

两个月前，听到团省委决定要在松木场——杭州未来的文教区——建筑省团校的新校舍，并将发动杭州青年学生参加建筑新校舍的义务劳动时，同学们兴奋异常。但是杭州的学校很多，不知哪一天才会轮到自己呢？实在不耐烦了，常常跑到团委去打听消息。

寒假开始后，团委告诉大家，参加义务劳动可以报名了，这一下子整个分部动了起来。这回，体育科同学正是显身手的时候，他们抢着报名，说自己身强力壮．一个人可以完成两个人的任务。语文班的同学也不甘示弱，有的怕赶不上义务劳动，就索性不打算回家了。

第一次义务劳动的日子决定在1月27日。26日晚上，同学们就已准备好了草鞋、衣服……免得第二天早上延误了出发的时间。

体育科胡思尧同学怕错过了这个机会，在当天早晨3点钟就从萧山赶回学校来。历史系、政治科的年轻教师们得到这个消息连早饭都来不及吃，坚持了半天劳动。

早晨7时，300多人的队伍从学校出发一直步行到达松木场团校建筑工地。一路上，打着红旗，敲着锣鼓。队伍中间有一长条高举着的红布横幅，上面写着“铲一块土到社会主义建设上去”!

工地到啦！大家看看展现在面前的一片高低不平的荒地，望望附近已经建筑好了的幼儿师范的高楼，喜悦之情油然从心底涌起，决心一定要在荒地上盖起高楼大厦。劳动开始了！人群从各个工棚里蜂拥出来，奔向指定的地点。于是，掘的掘，挑的挑，年轻人穿梭似的来往，工地上热闹起来了。

谁都希望多掘一方土，多挑一担泥。徐绍全同学站在一个在掘土的同学旁边，轻轻地说:“特约，特约!”掘土的领会了他的意思，就特地给他装了满满两畚箕让他挑走。女同学徐爱凤不声不响地在4个钟点里挑走了60多担泥土。

扩音机不断地播出各中队、小队送来的保证书、决心书和挑战书。工地上热火朝天。突击队显得特别活跃，哪里有困难，他们就到哪里去，当发现一块埋在地里的大石块时，人们就找突击队帮忙。

医师和护士同志们也经常在工地里来回走动，要是谁擦破了手脚，就可以迅速得到医治。后来，看到受伤的人很少，他们也就一起跟同学们来掘土和挑泥。厨工同志早在好几天以前就在黑板报上表示，保证使同学们吃到热菜热饭。

体育科的两位教师特地从学校赶来慰问大家，当场为同学们唱了绍兴戏。幼儿师范的同学们也到工地上来演出歌舞。这些精神上的支援，使同学们忘记了疲劳。

工地上洋溢着年轻人的热情和活力。掘土的人锄头一起一落，无数双臂在挥舞，挑土的人像赛跑似的，土堆一个个铲平了。虽然还是初春季节，但是有的同学脸上已经淌下了汗珠。大家互相鼓舞着，比赛着，谁也不愿意落后一步。时间在愉快的劳动中匆匆溜走，太阳快沉到老和山背后去了，工地上更加显得紧张起来。“加油!加油!”有的说10分钟内一定要挑完3担，有的争着要挑完4担。

经过300多双手一天辛勤的劳动，最后，完成了200多土方的掘土工作。虽然臂膀感到酸痛，但一想到这块空地上将会出现一幢幢美丽的楼房——我们未来的省团校新校舍时，这又算不得什么了。同学们憧憬着：这边可能会建造起大礼堂，那边可能要布置个小花园，说不定自己的弟弟妹妹还会到这里来学习，而且许许多多不认识的弟弟妹妹将会怀着感激的心情想起自己的大哥哥大姐姐们。

＊本文原载于《浙江师院》报，1955 年 2 月 15 日，第 4 版。作者具体姓名未详。

野外实习获丰收

恢扬　人吉　士元

5 月 25 日地理科一年级同学的野外实习队伍出发了，同学们背起了行装，到壮阔的长江边南京去实习。

5 月 26 日晚 7 时，火车到达了我们目的地——南京下关。我们兴奋，我们歌唱，我们看到了巍巍的紫金山和雄伟的南京城。久蕴在我们心头的野外实习的愿望将要实现了。

揭开地层的时代秘密——找化石

每天早晨，我们戴着草帽，背着背包，拿着铁锤，爬向山巅。每个人的汗水都淌湿了衣裳。我们的眼睛盯着层层的岩层，锤子不停地在敲着。突然前边有人喊："找到化石了！"大家听见了这胜利的喊声，一齐蜂拥而上，异口同声地说"给我看看"，大家用羡慕的眼光投向这一块石灰岩，上边的珊瑚化石数也数不清，找化石的能手骆光元同学又在这岩层中发现了腕足类化石。

山谷间顿时响起了铁锤的叮当声。毛履军同学找到了一块又清楚又完整的化石，就叫着、跳着拿给老师："老师！你瞧！这多好看呐！"这时，我们的同学们，谁也顾不得看别人的"战利品"了，只是一个劲儿地敲着，全神贯注地找着。背包比上山时渐渐沉重了，但是谁也不觉得疲劳。

参观紫金山天文台

紫金山上那座新奇有趣的银灰色圆屋顶的建筑始终在吸引着我们。同学们经常在问："老师！哪一天我们上这座美丽的山呀！"6 月 5 日那天，盼望着的日子来到了，我们登上了这座伟大又可爱的

"科学宫殿"。在一个最大的银灰色圆屋顶里,我们见到了远东最大的反光望远镜,它的口径有60厘米之大,一切的转动都用电力。热爱科学的同学们,迷恋着这架探测宇宙神秘的工具。

特别使人难忘的,是闻名全球的祖国古代天文仪器(计有浑天仪、简仪、天体仪、圭表等7件),其中好几件都是我们的祖先在500多年前建造的。一位苏联专家曾给予这些仪器以高度的评价:"这些仪器,它不但具有正确的科学性,且带有高度的艺术性。"尤其是浑天仪构造得极为精美,讲解同志激动地说:"同学们,这架浑天仪它也经过了创伤,在八国联军侵入中国时,它被德寇抢劫到柏林,在第一次世界大战后,才又回到了祖国的怀抱。"来到了这"科学宫殿"等于上了一堂生动的爱国主义教育的大课。

横渡长江到皖北

一天晚上,胡老师向同学们宣布:"明天要渡过长江到皖北去!"同学们听说要渡长江,兴奋异常,当天晚上真是睡梦中也想念着滚滚奔流的大江!

次日,天蒙蒙亮,我们已到了下关轮渡码头。我们真的看见长江了。有的同学高兴得跳起来说:"长江,祖国的第一大河,我们并不陌生,小学时在地理书上就读到了您,画家画过您,诗人、作曲家歌颂过您……可是今天才看到您的雄姿。"

船慢慢地离开南京向对岸进发,我们全体同学都在享受着第一次航行长江的幸福。

火车又把我们从浦口送到皖北大城滁县。到了这里以后,我们立刻向目的地琅琊山前进,经过弯曲的山道,边走边实习,在老师指点下,我们发现了许多火成岩的侵入体使周围石灰岩发生变质的现象。

中午休息的时候,到了醉翁亭。这亭就是宋朝名诗人欧阳修咏诗的地方。周围到处奇峰怪石,瀑布溪流,风景真秀丽极了。何文楚同学想起了欧阳修描写醉翁亭的诗句,朗诵给大家听。

我们从浦口坐轮船回来，已经是晚上8点钟了。眺望长江两岸灯火辉煌，俯视着波澜壮阔的江水滚滚东去，一位同学情不自禁地喊出："祖国河山如此瑰丽伟大！"

丰　收

经过浙江、江苏、安徽3省，行程2000余里，我们的野外实习工作如期完成了。每个同学都带回将近50种的矿物岩石标本，得到了书本上所没有的实际知识，更可贵的是培养了我们学习地理科学的浓厚兴趣。

现在，当我们翻开记载着丰富材料的笔记本的时候，当我们观看亲手绘下的地形图的时候，当我们抚摸每一块闪着光彩的矿物标本的时候，就会觉得无限的喜悦与兴奋。因为这里蕴藏着我们劳动的结晶，这里标志着这次实习获得了很大的胜利！

*本文原载《浙江师院》报，1955年7月1日，第3版。

作者(居)恢扬为原浙江师院地理系教师，(叶)人吉和(吴)士元为地理系1954级专修科学生。

继续发扬革命传统精神 力求红透专深

陈烙痕

我是因战争残伤而退出现役的人民战士,以往长期担任人民军队中党的政治工作。现在新调到文教单位工作,依据原有基础、身体情况和现在所担负的任务,我的规划的基本精神是改进作风与加深提高并进,保持蓬勃的朝气和革命的毅力,力求红透专深。五年中情况会有变化,还需做必要补充。愿在大家监督下,贯彻始终。

第一,认真研究党的方针政策。

1.对党的每个时期的方针、政策、指示,一定要学好,研究如何在全院贯彻,是我的首要工作。并经常虚心倾听、收集党内外的意见和批评,总结经验,提高自己。

2.根据具体情况,采用多种方式,向党内外同志传达与组织学习党的各个时期有关的指示。

3.关心党委机关工作的同志、马列主义教研室的教师及党的工作干部对党的有关指示、规定、决定的学习。

4.每学期与焦梦晓、朱子英两同志分别召开师生员工的座谈会一次,征求他们对党委或个人在贯彻党的方针政策上的意见和批评。

第二,切实担负起学院的政治思想工作,密切联系群众。

1.参加社会主义教育课程每一专题讲授前的研究,亲自担任1—2个专题的讲授。

2.每月亲自主持马列主义教研室与宣教科对全院政治思想动态的研究1次(每次一般3小时)。

3.每月参加共青团、学生会的活动各1次(每次一般3小时)。

4.每学期直接担负对全院人员的时事政策报告1—2次,向党员做1—2次党内专题(或党课)的报告。

5. 协助有关部门的负责人，对有关人员较严重的思想问题进行研究和解决。

第三，深入群众，联系实际，建立一个“基点田”，保证每周的实际工作日中有 2/5 的时间深入基层。

1. 今年至明年上半年，以历史系做我的“基点田”，参加一个教研组和一个班级的活动，研究政治与业务如何相结合的问题（每周 6—10 小时）。以后另选一系科。

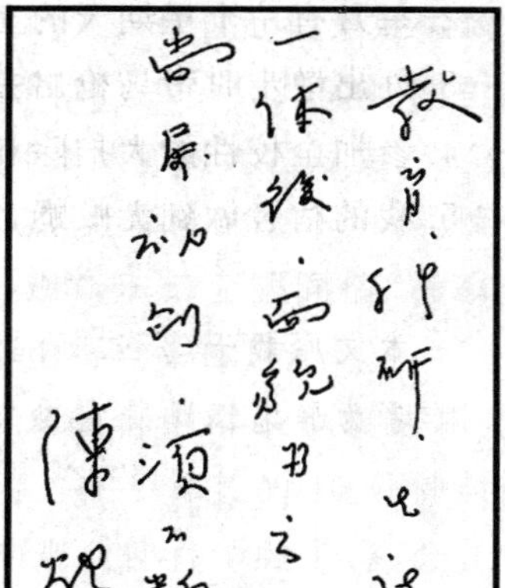
陈烙痕书记 1959 年为校报题词

2. 我初来本院工作，半年内对全院教职员和系科情况做概貌性的了解（每周有 6 小时深入各系科、处室）。

3. 每 2 周到分部住 1 天。每 2 周深入大伙房 1 次，并与同学吃晚饭 1 次。

4. 每周抽一晚饭后的时间，到学生或教职员宿舍和学生、教职员谈心 1 次。

5. 教育系今年下放农村劳动，每学期亲自去看望 1 次，吸收其心得。

第四，加紧政治理论学习和有关业务基础知识的学习。

1. 1 年半内主要精读毛主席的著作和社会主义教育课程资料，并做读书笔记。坚持每天有 2 小时（主要放在晚上）的学习。

2. 深研中国革命史，力求 2 年后能担任这门课程的教学。因此，坚持在前 1 年半内每天有 1 小时，后 3 年半内每天有 2 小时阅读有关文件（计划另订），并深读哲学、苏共党史、《资本论》。

3. 参加党委开办的业务基础知识课，包括中国近代史、世界史、汉语、教育学、心理学、逻辑学,各学习半年,自然科学学习1年半。每月上“两课”,每次3小时。5年内达到粗通这些方面的一般基本知识。

4.坚持经常阅读一般报纸书刊和党报、党刊,对其中有关工作的社论、专论,必须精读,并做摘要笔记。

第五,参加爱国卫生和群众性的劳动。

1.我的办公室自己打扫。

2.每月有一个星期天的上午到伙房当义务杂工2小时。

3.外出散步时带鸟枪出去打麻雀。

4.参加全校性的大扫除和绿化活动。

5.我的宿舍做到无蚊蝇、无臭虫。

* 本文原载于《浙江师院》报,1958年3月14日,第1版。作者为原浙江师院党委书记、杭州大学党委书记。

本省新办第一所综合性大学杭州大学即将招生

何　力

浙江省新办的一所综合性高等学校——杭州大学，已在今年5月成立了筹备委员会。杭州大学是在社会主义总路线的鼓舞下，以多快好省的建设方针进行筹备的。由于中共浙江省委的领导，全省人民以及其他高等学校的大力支援，大大缩短了建设时间，现已决定今年暑期开始招生。

杭州大学设有12个系，确定今年招生的有中文、历史、新闻、生物、数学、物理、化学等7个系，共招学生500多名。另外，有政法、哲学、政治经济、地理、外文等5个系，定明年开始招生。到1960年，杭州大学的学生人数将达到2000人以上。

杭州大学校址设在杭州市文教区文三街。校舍是原来的浙江省委党校和工农速成中学。内有：教学大楼、行政大楼、寝室大楼、饭厅等11幢房屋。

＊本文原载于《浙江日报》，1958年7月5日，第3版。

作者曾在杭州大学筹备委员会教务组任职。

车厢里的笑声

车厢里熙熙攘攘,不时传出年轻人爽朗的哄笑声。这批出发去外地参加经济植物普查工作的杭州大学生物系学生,正在愉快地交谈前些日子在杭州参加全市木本植物调查的这段有趣的经历。

在过去一年里,党的“教育为无产阶级政治服务,教育与生产劳动相结合”的方针,引导着数以万计的高等学校的师生,深入工厂、农村,走向山区、海滨,他们在那里结合教学从事生产劳动,同时进行科学研究工作,掀起了一场热火朝天的教育大革命,赢得了教学质量大大提高的成果。

你先听听这里一对师生的对话:“吴老师,参加普查工作,真的长知识。上次,我们在杭州搞了半个月的木本植物调查,现在到野外去再不会出洋相了。”

在讲堂上度过了 20 多个寒暑的老教师吴长春感慨地说:“你们是幸福的。我当学生的时候,哪有你们这么好的学习条件。”

吴长春先生

在杭州大学生物系,可以说没有人比吴长春和这班四年级学生更深刻地体会到教学、生产劳动和科学研究三结合的好处了。就拿同吴老师交谈的郑定光来说,他在二年级念“植物分类学”时,考试成绩是“5”分,可是走出实验室后,有些植物他又好像是才第一次见到似的。去年 12 月上旬,四年级的学生根据学校党委指示,采用单科突进的办法,在完成杭州木本植物调查的过程中,学完了“资源植物学”的课程。在吴长春等老师的带领下,学生们三五个人一组,肩起标本箱,每天在云栖、五台山、天竺、灵隐和棋盘山、龙井一带遍地采集标

吴长春老师观察标本

本。郑定光这一组的劲头更大，他们尽拣那些水沟、山岙等人迹罕至的地区，一天连翻7个山头，当他们对照着关于植物分类的书籍，采到了一些书本上没有记载或记载不完全的药用植物如南五味子、槲寄生等时，如获至宝地马上在书上做了补正。在10多天的野外采集工作中，学生们一共搜集了350多种木本植物，其中10多种是以往文献上所没有记载的。野外采集工作结束后，在教师的指导下，学生们进行了室内整理工作，写成了14篇科学研究论文和约15万字的"杭州市区经济木本植物手册"。这样一来，他们不但大大地丰富了实际知识，并且充实了教学和科学研究的内容。

怪不得一谈起这段有趣的经历，小伙子们就会发出爽朗的笑声。

＊本文原载《浙江日报》，1959年2月7日，第3版。

作者未署名。

杭大的一天

汤新祥

初夏的季节。星期三。

广播站播送的乐曲闯入了我的睡梦——6点钟了——我立即从床上起来。这时,小曹他们也起来了。不到5分钟,整个排的同学齐齐整整地在草地上排好了行列。

清晨的空气是那样的清新,东方的太阳像刚从鸡蛋里倒出来的蛋黄一样,红彤彤的,通过烟雾笼罩着的树丛冉冉上升。做完了早操,我们就四散在室内、树边、草地上,朗朗地念俄语,相互提问。那时,我觉得有一段文字解释起来很疙瘩,问问小曹,他说他也不清楚。正好这时俄语老师来给我们辅导了,他听了我们提的问题之后,就很详尽地给了我们一个满意的答复。

上午有3节中国古典文学课,由胡先生讲授《窦娥冤》。这堂课讲得非常好。同学们感到,经过教育革命后,老师的讲课质量不断提高。胡先生讲《窦娥冤》的时候,不再是孤立地分析社会背景,而是把剧中的人物结合进去讲了,讲解情节发展突出了现实生活的矛盾、人物的内心矛盾和人与人之间思想地位的矛盾;特别是对于主人公窦娥的分析,更有独到之处。课后,我复习了一下笔记,又到图书馆借了一本《元杂剧选》和一些纪念关汉卿的文章来看——这方面,我以前是做得很不够的。过去我往往随着自己的兴趣找些小说看,并无严格的读书计划,参考资料也看得很少。这学期,大家都学习了胡耀邦同志的报告,明确了读书的重要,增强了争取“三丰收”的决心。认真读书、刻苦钻研的学风已经逐渐形成了。

吃午饭的时候,饭厅里热闹起来了。同排的同学领到了小菜凑合在一起,一边吃饭,一边谈心说笑。我们的干部们还在工作呐!

你看，黑板报的编辑在组稿，报刊发行员老谢在发信件……这是一个多么友爱的集体！

寝室里欢腾开了。午饭后，阿梁和小胡下象棋，小汀在背《青春之歌》话剧中的台词，我和小吴、老陈一起拉胡琴、吹笛子，每个人都找到了自己的“事”。后来，阿梁大概要输掉了，大声地叫：“吵死了，吵死了！你们安静点儿好不好？”这一叫，我们的乐器声反而更响了。“嗨！重来重来，给他们吵得脑子也迷糊了。”阿梁一边说着，一边用手把棋盘一推，室内哄起了一阵格格的笑声。

下午1点半，我们去农场上劳动课。说它是“课”，那是一点不假的，因为它给了我们许多书本上所学不到的知识，而且像洪炉般地锻炼了我们的思想。

晚饭以后，小胡邀我去散步，我答应了。我们信步走到了黄龙洞。沿着石级是两行青柏苍松，左边的竹林已经冒出了笋尖。转进大门，就听到潺潺的泉水声，抬头是一片银灿灿的玉兰花，不觉使人心旷神怡，疲劳顿失。回来的路上，我们闲谈着过去种种有趣的经历和戏曲、电影等。这时，西天铺满了锦缎般的晚霞，太阳渐渐地落到老和山的背后去了。

寝室的灯火雪亮。晚上正是科研和创作的时间。我们在最近两个月当中，集体创作了一个剧本，是歌颂党的教育方针的，出版社已经同意出版。今天，我们几个人聚在一起，做交稿前的最后一次修改。我们讨论了又讨论，总要使它尽可能地完美。

夜深了，星星眨巴着眼睛，晚风送来了蛙鸣……

一天的生活看来是那么普普通通、琐琐碎碎；然而，就在这样的生活里，我们不断地提高思想觉悟，学到建设社会主义的本领。

党为我们安排的学习生活多么美好！

* 本文原载于《杭州大学》报（特刊），1959年6月，第4版。

作者为原杭州大学1957级中文系学生，后在浙江省出版部门工作。

辅导员的甘与苦

梅源子

第二个教师节到了。我突然觉得应该写写辅导员,让他们的苦与乐也在报上占一席之地,为大家所理解、所尊重。

我读了 4 年大学,换了 2 个年级,接触了好几个辅导员,每个辅导员都给我留下了难以忘却的印象。

1981 年刚进杭大中文系,一位姓费的学长当上了我们的第一任辅导员。他代表学校将我们迎进了大学。记得那个晚上,他在东临大教室里给我们上了大学的第一课。那时他还是一个学生。他像个大哥哥似的一点一点教我们如何适应大学生活,一个个寝室转过来,和一个个同学聊过来,好像从来没有厌烦的时候。5 年过去了,但那时的情景就像是发生在昨天,历历在目。

后来,费学长考上研究生走了,我们年级来了 2 位新辅导员。然而不到 3 个月,姓陈的辅导员被癌症夺去了生命。他是一位多好的辅导员啊!全年级的学生都失声痛哭。不久,年级里又出现了一件大事:一位女生无故出走,数日不归,辅导员急了,于是和一位同学外出寻找。找回来了,还得做好这位学生的工作。后来他曾戏言:“我是 1981 级的灾星。”哎,老师,怎么能这样说呢?你好像把自己给学生的好处都忘了。

我没忘。那年我生病,辅导员还到离校老远老远的传染病医院看过我,想方设法使我不休学。然而,我终于休学了。辅导员又和全班同学一起把我送出了校门,依依不舍……

换了一个年级,也就换了一个辅导员。他姓金,是优秀辅导员,容易吗?160 多人,他要管自己的业务不能荒废(他已发表好多文章),还要上课。家里呢?爱人在郊区工作,3 岁的孩子白天就由他照看。不容易哪，人的精力总是有限的。但最苦的莫过于毕业分配了。他要对自己的学生负责，要帮助每一个学生找到合适的位置，上上下下不知要做多少工作。或许还有那么几个人的位置是不太如意的，他就得听人家的骂，难哪！

我原年级的一位同学刚毕业就做了 1985 级的辅导员，又兼系学生党支部书记，每天杂务缠身，还要带好这一群未脱中学生味的小大学生，可真不容易，老听到她叫“累死了”。我说：“何苦呢？少管点吧。”她回答我说：“在其位就要谋其政。”有一回，她的一个学生要求退学，她费尽了心思终于使他回心转意。前不久，她年级里出了桩小事，我开玩笑说：“哎，优秀辅导员当不成了。”她给了我一句：“难道仅仅是为个称号吗？”我不语了……

有人把辅导员呼为政治辅导员，我总认为不甚确切，他们所辅导的范围又何止是“政治”呢？每个学生的人生大事直至生活琐事都挂在他们心上。4 年，1460 个日日夜夜，他们毫无怨言地照顾着自己的学生，像父母，像兄长，像大姐。从迎我们进校门到送我们去社会，他们花了多少心血，谁也说不清，也许连他们自己也说不清。

做一个辅导员真苦，诉都诉不完。但他们却心甘情愿，因为他们也有他们的乐处，他们能从苦中体会出甜来。每一个同学的长大、成熟就是他们最大的快乐。去年，1982 级一位才子写了篇洋洋近万言的文章发表了，辅导员那股喜悦劲就好像是他自己的大作发表了似的。我也常常听到那位 1985 级辅导员向我吹她班里的那批小鬼的本事……

如今，我大学毕业了，完成了人生的一大飞跃。我总觉得，这首先应该感谢我们的辅导员。我希望我的同学们也能这么想。

* 本文原载于《杭州大学报》，1986 年 9 月 13 日，第 4 版。

作者为原杭州大学 1981 级中文系学生。

他们一心扑在食堂工作上

我校膳食科在全国高校先进食堂表彰大会上被评为先进集体。在这个集体中,25 名党员一心扑在食堂工作上,勤勤恳恳,任劳任怨,发挥了共产党员的先锋模范作用。

汤传富同志两次被评为学校优秀共产党员,1985 年被评为省优秀思想政治工作者。多年来,他带病坚持工作。他患有冠心病,劳累过度就要发病,有时昏倒在灶台前,有时昏倒在路边。可他只是吃几片药,或者打一针,又出现在工作岗位上。他今年 61 岁,该退休了。像他这样的技术人员,如果出去,每月可以拿几百元的薪金。可他说:"如果组织上需要,我愿意继续留在学校。我要尽快地把技术传授给青年职工,让他们接班,更好地为教师学生服务。"他克服种种困难,培养了 14 名青年职工,他们中有 7 个同志已担任食堂的正、副班长,成了各食堂的技术骨干。

倪家源同志热爱本职工作,用自己的行动影响着周围的炊事员。一天倪师傅清理好食堂,已是夜里 11 点钟了。当时,天上下着鹅毛大雪,不能骑自行车,倪师傅只好深一脚浅一脚地步行回家,到家已是凌晨 1 点多钟。可是,早上 6 点钟,食堂里又出现了倪师傅的身影。由于劳累过度,睡眠不足,一不小心,他把手指切掉了一节。医生给他开了 3 个月的病假,他把病假条往口袋里一放,只休息了 3 天,就忍着断指的剧痛,照常上班了。同志们看在眼里,疼在心里,可倪师傅说:"我已经习惯了。一天看不到学生,一天摸不着炊具,心里就像缺了点什么似的。"

炊事班长陈阿旺,在灶台边度过了 20 多个春秋。他以食堂为家,坚持每天工作 10 小时以上。他身体不太好,可工作起来,他就忘了病痛。即便去医院看病,他也要挑自己的休息日去。他说:"学生远离家人，我们要关心他们，让他们吃好。至于我个人，累一点不要紧。”

赵泉友同志当了30多年的炊事班长。30多年来，他忙忙碌碌，为使学生能吃上可口的饭菜而操劳不息。他早上天未亮就出门，晚上天漆黑才归家，常年如此。赵师傅自己很明白，因为他是一名党员。

杜剑秋同志今年63岁了。他的大半辈子都献给了食堂工作。本该安享晚年的他，因为工作需要，一时还不能退休。他在一份思想总结中写道：“老牛明知夕阳短，不用扬鞭自奋蹄。我一定不辜负党多年来的教诲，把我的汗水洒在食堂工作上。”

老科长惠全恩同志，是南下干部，战争年代负过伤，是二等甲级残疾军人。他当了30年膳食科长，一直兢兢业业，像不知疲倦的老黄牛一样工作着。退居二线以后，他对工作还是认真负责，出主意，想办法，为办好食堂出谋划策。

管理员林建亚、徐土林、王金火等同志是年轻的共产党员。按理说管理员可以在7点半以后来上班，但他们继承老党员的光荣传统，始终把自己当成是炊事员中的普通一员。他们和炊事员一样上下班，哪里活重，就到哪里；哪里活脏，哪里就有他们。去年12月9日，突然下起鹅毛大雪，一夜之间，积雪达十几厘米厚。校领导考虑到炊事员家住在校外，决定延迟开饭时间。校广播台也播出了学校的通知。可是那天早晨，各食堂仍是按时开饭。膳食科的20多名党员全部提前到校。有的步行三四个小时，到学校时已累得快瘫倒了。他们说：“做饭人要想着吃饭人。宁可我们自己辛苦一点，也要让吃饭人吃得满意。”多么朴实的语言，这不正是一心扑在食堂工作上的共产党员金子般闪光的思想的真实写照吗！

＊本文原载于《杭州大学报》，1986年1月12日，第2版。作者未署名。

夜海觅珠人

——记我校夜大学的同学们

沈爱国

若有人问:是谁掀起了20世纪80年代的学习热?

我说:是他们!

若有人问:是谁的求学精神最感人?

我也说:是他们!

他们,是夜大的学生。

一

十年动乱耽误了整整一代人。一批批“老知青”回到城市时,带回的只是满手的老茧和可歌可泣的经历。面临着新生活的挑战,无知的痛苦时时折磨着他们的心。另外,还有多少人也在渴望着提高自己的文化素质。于是,当1982年杭大被批准正式招收夜大生的时候,几百名渴求知识甘霖的青年争先恐后地报考了夜大。

第一年,夜大只招收了中文、英语、哲学3个专业。然而报名人数越来越多,一股学习的热潮正在渐渐兴起。夜大的专业和人数也在逐年增加,现在夜大的在校生已有8个专业共904名。

这是一群与众不同的“大学生”。他们中间年龄最大的47岁,最小的才23岁。白天,他是书记、厂长、机关干部,或是工人、教师、医生。然而到了晚上,他们又一块儿坐到了明亮的教室里,听老师讲那杜甫、李白、黑格尔、拿破仑……

二

工作了一天,该回家歇歇了。然而葛向东可不行。他在杭州钢铁厂职工大学实验室工作,时常碰到一些外文资料,但他看不懂。

不懂，就得学习。1984 年，他考进了夜大英语专业。家在杭钢，离夜大这么远，他得早早就上路，先乘 12 路汽车，到艮山门再转乘 28 路车，由于交通拥挤，他一个单趟就得花 70 分钟。晚上上完课，已是 8 点半，28 路车已没有了。怎么办？只有跑步到武林门，乘 53 或 54 路车到艮山门。无论刮风下雨，每次都是如此。

去年 12 月 10 日，一场大雪，真厚呀！积雪堵塞了交通，公共汽车只能慢慢地爬行。这可急坏了小葛。这天，他比往日出门都要早，然而左等右等就是不见车子来。到了艮山门，他又得等 28 路车。20 分钟过去了，还不见车子的影子。他看看表：6 点 10 分，再过 20 分钟上课铃就要打响。此时，一辆 53 路车靠站，小葛一步跳上去。在武林门一下车，他迈步就跑。积雪在脚下嚓嚓地响着，雪水溅满了裤子，他也不顾。可结果还是迟到 10 分钟。到教室时，他已是大汗淋漓。任课老师被感动了，他忙阻止正在脱衣的小葛，劝他小心着凉了，因为外面的寒风是刺骨的冷啊！

像小葛这样的例子，岂止一个！1983 级英语专业的唐起，家也住在半山，但 2 年多来，他从未迟到过一次，上学期他 4 门功课成绩平均达 92.5 分，这中间，谁说得清他克服了多少困难，付出了多少心血呢？

还有那些住九溪、南星桥、拱宸桥甚至更远些的同学，又何尝没有遇到难题呢？他们都是有工作的人，书要读，工作也绝不能放松。1983 级政治专业每个星期一上午有课，晚上也有课。有的同学工作单位远在九溪以外，若是下午也能留在学校学习该有多好。然而，不行，工作岂能弃之不顾？于是上午课一上完，他们就得赶到单位，下午照常上班，晚上再来夜大。那位在杭州民航疗养院工作的同学，一天内就得从九溪到杭大往返两次。至于饿着肚子赶来夜大听课，对同学们来说，更是习以为常的事。中文专业的任志兴同学在省委组织部工作，一到夏天，机关下班时间改为 6 点，半个钟头内回家一趟根本来不及吃饭，于是，只能拿些点心充饥。有时，他甚至连家也不回，直接到夜大来，宁可饿着肚子也不愿迟到。是啊，上夜大不容易,人的一生中最美好的时期就在这里,谁还耽误得起呢?

三

夜大的课程对于那些基础并不好的同学来说,是很不轻松的。他们工作忙,缺少对知识消化吸收的时间,学起来就感到特别吃力。刚开始,薛关根就差点被学习的重担压垮了。1983 年他与妻子一块儿考上了夜大,一个学中文,一个学政治。单位里忙了一天,回来还有一大堆家务事要干,上完课也总不能把书一丢不管吧,夫妻俩总觉得时间不够用,有时一个晚上两人都有课,就只得把宝贝儿子往外婆家一放了事。然而,第一个学期快结束时,本来体质就不太好的薛关根病倒了,诊断为胃穿孔,一次手术切除了胃的三分之二。身体尽管不好,但书还是要读!他住了一个多月的医院,又坚持着来上课了。

就在这些同学中间,不少已是结了婚的。成了家,有了孩子,肩上就多了一种做父母的责任和义务。然而不少同学为了学习,付出了代价。英语专业有位女同学,已经 33 岁了,家里人想要个孩子,但学习这么紧张,能要孩子吗,她一咬牙:“4 年不要孩子,豁了。”她是“豁”了,可家里人也都跟着“豁”了。在省军区工作的金积华,1983 年考上政治专业,除了工作不得不请假外,风雨无阻,从不轻易缺课。去年第二个学期,一次,他的独生女儿发高烧,视女儿为掌上明珠的金积华多想留下来陪陪女儿呀!然而,最后他还是走了,把孩子托给妻子,自己匆匆赶到夜大来听经济学的课。功夫不负有心人,有付出必有收获,金积华入学 2 年成绩全优,连续被评为“优秀学生”。

四

有人以为,夜大学生刻苦学习,只是为了拿到一张文凭。文凭在一部分人眼中,是炫耀身份的一种资本。然而朱庆臻是为了什么呢?今年 36 岁的朱庆臻在“文革”第二年支边到黑龙江,当了 10 年的中学英语教师。“四人帮”粉碎后，他回到杭州。入学时他已是水电部华东勘测设计院外事办公室的专职翻译，而且在云南大学读过3年中文函授，最近还出国去当随团翻译。像他这样的人为何还要上夜大呢？他的目的是很明确的：“系统地学习文化知识，进一步提高自己的翻译水平。”毋庸讳言，不是每个同学都像朱庆臻那样，有的人公开宣称上夜大是为了“得到社会的承认”“使自己工作得更称心”“改变自己的处境”。但有一点可以相信，夜大学的大部分同学把自己的命运和祖国的强盛联系在一起，他们以顽强的毅力，为振兴中华的大业刻苦学习，自强不息，在他们身上体现了20世纪80年代中国青年的时代特征和精神面貌，他们的行动也揭示了80年代学习热的深刻内涵。

夜深沉。茫茫的学海就像这夜海，无边无际，夜大学的同学们便是搏击在这夜海中的觅珠探宝人。祝愿这些莘莘学子都觅到闪亮的珍珠，成为知识的富有者。

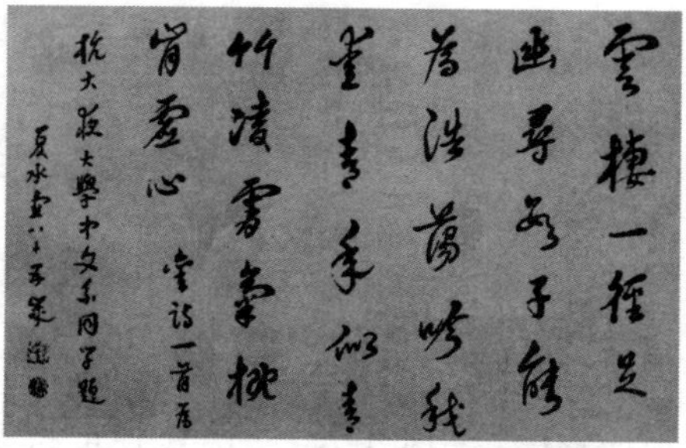

夏承焘教授为夜大中文系毕业同学题词

* 本文原载于《杭州大学报》，1986年4月14日，第2版。

作者现任浙江大学传媒与国际文化学院教授。

残疾大学生在杭大

郭 闻

“丁豪要来报到了!”9 月 21 日,杭州大学校门口各系新生接待处互相传送着这样一个消息。

那天上午,载着残疾学生丁豪的车子刚在校门口停下,四周立刻围满了前来迎接的老师、同学。当丁豪拄着双拐走下车,早就等候在校门口的杭大副校长董如宾迎上去紧紧握住他的手,欢迎他的到来。这位负责招生的副校长曾亲自招收了几十名残疾学生进杭大。今年 8 月,他又拍板录取了来自杭州市儿童福利院的残疾孤儿丁豪,使丁豪成了哲学社会学系的大学生,也使他成为杭州大学在读的第 31 位残疾大学生。

为此,杭大采取一系列关怀、培养残疾大学生的措施,为他们提供各种方便。比如对于丁豪,董如宾副校长和教务处考虑到他行走不便,在开学前几天,就四处奔忙将丁豪的寝室、上课的教室都换到了一楼,甚至不惜将已完成的课程安排打乱,重新编排,就连打开水、买饭这样的事,董副校长也亲自过问。他对丁豪班上的同学们说:“丁豪拄着双拐不方便,以后打开水你们就包了吧;如有可能,买饭你们也帮一下忙吧。”

杭大的老师们对所有的残疾学生都予以热情而周到的帮助。每年 5 月 15 日的国际助残日,杭大都要召开残疾学生座谈会,进行师生谈心,了解残疾学生的思想和困难,并及时帮助解决。在今年的座谈会上,校领导和老师们在得知即将毕业的残疾学生对就业存在顾虑和失望的情况后,立即与他们进行了思想沟通,还为他们四处联系工作单位;同时还给全体残疾学生每人送了一条毛巾毯。

在这良好的学习生活环境里,加之残疾学生的自身努力,杭大已经培育了一批学有成就的残疾大学生。其中有5人获省教委、省残联设立的“浙江省残疾人大学生自强奖学金”一等奖。今年毕业的哲学系拄双拐的残疾生厉才茂被北京大学录取为硕士研究生，并被评为全国三好学生。

尤其令人赞叹的是对聋人大学生杨洋的关怀和成功培养。1992年，杭州大学以积极的态度，招收了聋姑娘杨洋，走出了聋人在我国普通高校接受高等教育的第一步。当时，杭大鉴于杨洋从小学到高中一直在普通学校念书，且成绩优异，她又积累了以看口形辨别语言的一定经验，于是毅然破格招收了她。根据她的情况，校方将她安排在老师上课讲话少而板书多的数学系学习。杨洋入学后多次给中国残联主席写信，反映杭大对她的关怀和精心培养。两年过去了，杨洋取得了好成绩，获得校二等奖学金并被评为校三好学生，1993年底又荣获“自强奖学金”一等奖。现在她已光荣地加入中国共产党。董如宾副校长说：“残疾学生失去的已经够多了，我们有什么理由再剥夺他们学习的权利呢？除了肢体，他们的头脑与我们一样健全。我们应该为他们提供机会，让他们发挥才智。”

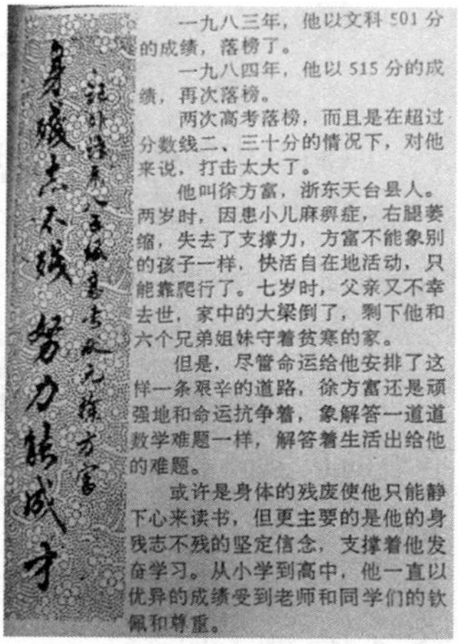

身残志不残　努力能成才

一九八三年，他以文科501分的成绩，落榜了。

一九八四年，他以515分的成绩，再次落榜。

两次高考落榜，而且是在超过分数线二、三十分的情况下，对他来说，打击太大了。

他叫徐方富，浙东天台县人。两岁时，因患小儿麻痹症，右腿萎缩，失去了支撑力，方富不能象别的孩子一样，快活自在地活动，只能靠爬行了。七岁时，父亲又不幸去世，家中的大梁倒了，剩下他和六个兄弟姐妹守着贫寒的家。

但是，尽管命运给他安排了这样一条艰辛的道路，徐方富还是顽强地和命运抗争着，象解答一道道数学难题一样，解答着生活出给他的难题。

或许是身体的残废使他只能静下心来读书，但更主要的是他的身残志不残的坚定信念，支撑着他发奋学习。从小学到高中，他一直以优异的成绩受到老师和同学们的钦佩和尊重。

校报关于残疾学生的报道

＊本文原载于《浙江日报》，1994年10月6日，第7版。作者简历未详。

活跃在新华社的杭大人

方益波

他们是中国新闻记者中年轻的一群,他们是中国新闻记者中不平凡的一群。

他们,朱国贤、胡宏伟、慎海雄、何玲玲、黄浩、张奇志,新华社浙江分社6位青年记者,杭州大学新闻学科6位毕业生,凭着在母校打下的扎实基础和对新闻事业的一腔热血,走上工作岗位后均已取得不小的成就。有的风华正茂,已是星光熠熠;有的初出江湖,正是头角峥嵘。

提起朱国贤,好多新闻界人士包括一些老前辈都挑起大拇指:“好小伙,能干!”

30岁不到,已是浙江分社采编室副主任,新华社国内各分社中最年轻的主任。无成就何以立威信?请看:

1986年毕业至今,已在《人民日报》《瞭望》《半月谈》等报刊发表800余篇新闻、散文、报告文学。著有《丑闻与悲剧》《年轻的跳跃》2本书。

几年来,他荣获17项全国或省级好新闻奖。获评新华社一等好稿1篇、二等好稿8篇、三等好稿60多篇。

1988年,他被评为浙江省首届十佳青年记者。

今年年初,他又入选新华社访台代表团,登上宝岛参观、采访,成为大陆记者中有此等机会的“极少数”。

才,要靠德立身。“为人正直,严于律己”,这是从总社到分社许多同事对朱国贤的评价。

蒋经国去世时,朱国贤受命连夜赶赴溪口,到溪口时已是上午8点,他顾不上休息便投入工作。时近中午,任务已完成得差不多,这时他听说蒋介石有一个表兄弟住在离溪口几十里外的地方，蒋经国死时还拍来唁电，他马上背起背包就走。结束采访时已是下午 5 点多钟，末班车早开走了，朱国贤急于赶回发稿，竟一路小跑 3 个多小时回到住所。别人惊讶道："怎么不找当地派辆车？"他淡淡一笑："不想给人添麻烦。"

与朱国贤同班，又一起进入分社成同事，又一起名列省首届青年记者十佳的胡宏伟同样是新华社后起之秀、浙江分社的骨干力量。

这位打小跟农村没啥联系的分社农村室主任，参加工作后一年中倒有 200 多天泡在农村，先后走遍了全省 95％的县市，以及全国 15 个省、自治区、市。1988 年 8 月，浙东遭受特大台风袭击，风灾的第二天，他就奔赴受灾第一线追踪采访，成为浙江新闻界中坚持沿风灾 8 县走完全程采访的唯一人。1991 年 3 月至 5 月，他又一头扎进浙南大山区，历时 2 个多月，天天走小路，爬山头，访农户，一口气采访了 16 个贫困县。"要当好农村记者，就要透彻了解农村，深入了解农民，为农民鼓与呼。"被《人民日报》采用并配评论员文章的长篇通讯《荒山泪》就是一例。

1988 年，凝结记者良知与责任感的《荒山泪》发表，反映了新形势下农村承包户丰收后反受某些"红眼病"刁难、迫害的问题，在全国各地引起强烈反响，30 多家新闻单位追踪报道。然而，某些方面的麻烦也随之而来，被批评者派人处处告状，反映问题的农民被乡政府拉上被告席，构成浙江省兴许也是全国第一起官告民的官司，胡宏伟亦险遭"连坐"。

事隔两年后，当地一位主要领导说："记者敢于大胆批评是对的。敢于冲破阻挠，敢于为农民说话才是真正的记者。"

《荒山泪》因其良好的社会效应，获得了浙江省 1988 年度农村好新闻一等奖、全国科技报好新闻一等奖、全国好新闻三等奖、新华社社级好稿。胡宏伟因此而一发不可收，《筑起大厦的人们》获浙江省好新闻一等奖，《县长与灾民》获浙江省农村好新闻一等奖。《杭嘉湖平原土地承包责任制调查》一组 3 篇内参，被评为新华社一等好稿,李瑞环等中央领导同志阅读后赞扬其为“贴近生活,反映群众呼声,有观点有见解的难得的好调查”。

几年来,他累计获评新华社一等好稿 2 条、二等好稿 7 条、三等好稿 33 条,还在社外评上全国性好稿 3 条(内有全国好新闻 1 条)以及省级好新闻 18 条。

浙江分社农村室的另一根台柱子就是慎海雄,杭大新闻系 1989 届毕业生。年初,他荣膺新华社首届国内“十佳记者”称号。去年,他被评为浙江省优秀共产党员,开新华社记者受地方党委颁此等称号之先河。

1992、1993 连续两年,他被新华总社评为“十大优秀内参记者”之一。1992 年还被总社评为“十大工作成绩突出的同志”。经劳动部和人事部批准,获得晋升一级工资的奖励,还破格晋升中级职称。

荣誉基于沉甸甸的成就。5 年中,他公开发表稿件 500 多条 20 多万字,在浙江分社名列前茅,单是去年一年就发表了 100 多篇国内通稿,名列全国新华社记者之首;获评新华社一等好稿 1 篇,二等好稿 6 篇,三等好稿 35 篇,获部级好稿 4 篇;受到中央和省级领导批示的内参 18 篇(组),其中 3 篇受江泽民总书记批示。

1992 年轰动中外的“曹时中受贿案”就是慎海雄与分社副社长吴克强合作采访的。一篇内参“上天”,江泽民、乔石等同志做重要批示,曹时中被宣布无罪释放。以此为开端,全国一大批知识分子“受贿案”得到平反昭雪。曹本人也被《半月谈》评为当年中国十大新闻人物之一。

“南方最大火电基地”北仑电厂发生特大爆炸,事故原因众说纷纭,是慎海雄排除种种阻力,深入现场采访,得出独到结论,惊动江泽民、朱镕基等同志,促进了有关工作顺利开展。几年来,慎海雄以他的汗水赢得了群众的信任。随着成就日隆,“感谢慎记者仗义执言”的登门者也日渐增多。面对手执“条子”慕名而来的“告状”者,从他们的目光中,慎海雄读出了信任和希望。

相对而言,何玲玲,这位杭大新闻系 1988 届毕业生,比男性同行有更多的感慨。“当了记者,我就像穿上了传说中的红舞鞋,一辈子在聚光灯下跳,到死为止。尤其作为一个女记者,要放弃许多、牺牲许多女同志向往的东西,淡化自己的性别,与男同志在同一条线上起跑,但这也正是我们最引以为自豪之处。”

她的爱人也说:“再没见过比她更敬业的人了。”

快 30 岁的人,为了事业不受干扰,不要孩子,每天玩命似的干。山里走,风里走,雨里走,在家时间基本上每晚都在写字台前度过。今年春节休假,她带回家一袋资料,每晚写到 2 点钟,如此一周,写就万把字的一组《瞭望》稿,发表后颇受各方好评。

毕业头两年,她搞工业报道,写了不少有影响的稿件,然后搞信息。分社主办的《浙江经济报》一筹办,她就被委以重任,担任星期刊副主编,在兼顾分社发稿的同时,将一张对开 4 版的报纸,办得有声有色,渐入佳境。

苦、累、不顾家,可能心甘情愿,她说她割舍不了对新华社事业的那份衷情,对她来说,每天她的事业都只是刚刚起步。

还有黄浩,1990 届毕业生,新华社宁波支社记者。现在,他出任分社下属某公司总经理,大权在手,重担在肩,他知道,开拓艰难,但是很精彩。

还有张奇志,这位新闻系 1993 届毕业生,把人生坐标从象牙塔移到了一块充满奋斗的艰辛和乐趣的新土地。毕业不到一年但已写出不少有分量的稿子,初生牛犊渐成虎。

他们是杭大新闻系出色的毕业生,他们又是杭大新闻系广大同学中普普通通的一部分。

* 本文原载于《杭州大学报》,1994 年 5 月 30 日,第 4 版。

作者为原杭州大学 1990 级新闻系学生,后在新华社浙江分社任职。

外语系的老师们

陈　瑞

1984 年考入杭州大学外语系的时候,因为学校宿舍紧张,我们杭州同学都成了走读生。我每天骑车上课,需半个多小时。从天目山路拐进校门,把自行车放入东边宣传橱窗后的车棚,就沿着小路往前走,头顶上的梧桐树叶会稀稀疏疏地挡住些许阳光。校园东边的第一幢教学楼由教育系和地理系合用,第二幢便是古朴、典雅的外语教学楼,两幢楼之间的草坪上,偶尔会看见几个踢足球的男生。

老外语楼

张祖纲老师是我们的班主任,教我们精读,老师用 *New Concept English*(《新概念英语》)第二册开启了我们跨入外语系的第一课。课堂中最常用到的方法是 paraphrasis(释义),这既可测知我们对文字的理解,同时提高了我们的英语表达能力。老师的课像他的为人一样实在,平易近人,时而也不失幽默。记得有一个冬天的早晨,杭州下了雪,我骑着自行车,一路上左摇右晃,比平时晚了好久才到校,还没推开教室门,我便在外面喊:“Sorry, I'm late.(对不起,我迟到了。)”“You are the first one.(你是最早到的学生。)”老师在里面答。推开门,果然只有老师一人在教室里,我们相顾哈哈大笑。原来那天学校体恤学生,推迟了第一节课开始的时间。当时通信没有现在发达,家里都没有电话,我们走读生不能及时得到系里的通知,也是常有的事。老师给我起的英文名字是 Helen,我一直沿用至今,它还是我的邮箱用户名和 QQ 昵称。

印象中的黄约法老师颇有学术范儿，那年他刚从美国印第安纳大学硕士毕业，来教我们英语口语。我们在进大学之前差不多都没听过英语磁带，所以发音在海归黄老师听来很不入调，他就用 *New Concept English*（《新概念英语》）第一册给我们正音，严加要求，课堂中让我们反复模仿每个句子的语音语调，哪怕是短到只有"Yes"一个单词的句子也绝不轻易放过，直到我们念得口干舌燥、声情并茂为止。后来口语课由外教接替，在大二时黄老师又给我们教授英语教学法。当时因为我们从来没有过实际的教学经验，所以听起老师的课来总是觉得有点悬乎，听着听着就有人开始迷迷糊糊，老师的对策就是把声音越放越低，使我们不得不竖起耳朵。现在想来，这也是一种聪明的教学方法。

来自澳洲的外教 Ann Lau 接替教授口语课后，用的是复旦大学出版社的 *Mainline*（《主导英语》）。老师经常会让我们分组讨论问题或是角色扮演，为了尽快完成任务，我们立马操起中文，进行分工合作。老师每次听到后都会大喊"English, English, no Chinese（说英语，说英语，不要说汉语）"，结果我们依然我行我素，老师就会瞪大眼睛好奇地问"What are you talking about（你们在谈论什么啊）"，我们开始坏笑，鬼怪精灵的陆峰会用根据中文杜撰出来的英文答"No flowerhead, no flowerhead（没什么花头，没什么花头）"，渐渐地老师也开始明白了这句话的意思，会幽默地搭上一句"I really don't have any flowerheads（我确实是没啥花头）"。为了防止我们再用中文，她就轮流融入每个小组的讨论当中。

徐世芳老师教我们英语泛读，用的是 Dr. Virginia French Allen 编写的 *Progressive Reading Series*（《渐进阅读系列》），共 8 册，外加 1 册系里编写的《泛读材料》，全部是学校用 16K 纸油印后装订成册。前些日子整理书房，偶然发现这些教材，纸张已泛黄，字迹也已模糊褪色，可依然被安藏在书橱底层。我摩挲再三，许多年以前的事情，遂又一一浮现在眼前。老师每周让我们预习 6 至 8 篇课文，然后在课堂里让我们回答她根据课文内容编制的问题，也会带我们欣赏一些好句,或是解释一些不容易理解的句子。随着学业难度的增加,课文的加长,我们有时会完成不了老师布置的预习,课堂里也回答不了老师的问题,好像老师从来没生过气,做些自问自答,依旧可以圆满地把课上好,我们依旧可以学到些东西。如今想来,真是感谢老师的宽容与智慧。

左励和谢毅老师先后给我们上过听力课,用的是华师大出版社的 *Step By Step*(《英语听力入门》),录音材料中出现较多不同年龄的男声、女声、童声以及不同地区的口音,大多还有意识地保留了谈话的背景噪音,听起来十分生动。在语音教室,我们戴着耳机,坐在带有磨砂玻璃隔断的课桌前,自成一体,感觉老师根本看不到我们的动作与表情。有时听力材料颇有些难度,实在听不出个所以然,脑子闲不住的我就开始研究那些背景声音,琢磨着这些拟音的录制方法,万一被老师逮到提问,答个“Sorry(对不起,我答不上来)”也便可以应付。如今 30 多年过去了,两位老师留在我脑海里的仍然是毕业任教不久的年轻美女形象。

吴洁敏老师著有《汉英语法手册》一书,她用这本书给我们开过有关汉英语比较的课程。老师上起课来字正腔圆,声音清脆,悠扬婉转,那双弯弯的眼睛总让我觉得她在朝我们微笑。记得有堂课里她教我们画过一幅发音器官图,并在上面标出汉语拼音韵母和国际音标元音发音时舌头的位置,不擅绘画的我竟也画得十分认真,颇有几分逼真,这幅图让我在日后教学生音标时受益良多。

课后跟我们相处时间最多的当然是我们的年级辅导员朱毅老师,他是同学心目中的大帅哥。只要大家聚集在 252 阶梯教室,一定会有朱老师的身影出现。朱老师擅吹长笛,记得在校期间,有一次我还去杭州剧院看过他的演出。我端坐在台下,找到了乐队中的老师,边欣赏音乐,边惊叹老师的多才多艺。

校园里花朵缤纷,谢了又开,几多青春足迹蹭蹬其间而不自觉。短短的大学生活来不及细细品味,便告匆匆结束。

当年朱毅老师在我毕业纪念册上的留言是“今日花朵,明日园

1982 级英语专修科部分师生合影

丁”，我开始了从办公室走到教室，从教室走到办公室的生活。这一走，不知不觉就把些许青丝走成了白发。回放一下自己从教 30 年来的课堂，或多或少都可以找到当年老师们的影子。

前些日子，我再次走进母校杭大的校门，踏入东边的小路，头顶上的梧桐树叶已不再稀疏，举首仰望，阳光与天空在枝丫交错树叶重叠的缝隙间透露。尽管古朴、典雅、亲切的外语楼没有了，尽管草坪上踢足球的男生找不到了，尽管熟悉的杭大校园亦不复是原来的模样，可以释然的是，我已经把当年老师在外语楼里赐予我的都安顿在了 30 年的课堂里，传递给了 30 年来所授过课的学生。

* 本文原载于“老杭大”公众号，2016 年 12 月 12 日。

作者为原杭州大学 1984 级外语系学生，后在教育机构任教。

冬季暖流

——1989研究生节纪实

叶　岗　孔天喜

这是一条把命运托付于神圣未来的航船。

这是一个在宁静与神秘中缓缓旋转的星座。

这是一支横跨世纪肩负重任的队伍。

500多研究生涌入杭大校园,不仅仅是为了改变原有的生活困境或者纯粹是出于功利冲动,他们更是来寻求深刻的生命体验与凌劲的学术激情,在理想的光辉与知识的力量之中笑度春秋。

杭州大学的研究生们

他们的生活绚丽灿烂,有交响乐的雄浑,小夜曲的韵致。他们在阳光下寻找风景,在星月里追寻梦幻。他们激荡生活,悲苦忧愁,均付予悲壮的达观。他们是成人,是孩童。

在11月的冬季,在落花孕育春天的时节,他们隆重推出了1989研究生节,向全校师生呈现了自己的立体群像,同时,以一种深刻的现实态度,改变着自己。

瞳仁里融一层凝重的色调,心底开一缕徐徐的轻烟,作为介入其间的一分子,我们追寻着这股激荡的热流。

一、封闭的孤岛向社会敞开胸怀

墙有多种多样:专业的墙,校园的墙,人心的墙……

墙内的孤岛产生出孤芳自赏的"孤岛文化",墙外的人们却因莫大的距离而心生隔膜。

墙内的想突出去，墙外的想打进来。钱锺书先生做过这样的调侃。

虽说有一份学业上的自信和固执，硕士生和博士生们还是希望能得到社会的理解和承认；更何况，分配问题悬而未决，尚得求助于社会各方。

那么，打开学校的大门，袒露自己的一切，让社会来评判。

八面来风，助尔奋骥！

研究生节开始的第 5 天，“研究生教学、科研、实践恳谈会”在东一楼广迎宾客。

其时冬雨绵绵，细润轻风。

事前会议主持者穿梭于省市社会各界：教育界、学术界、新闻界、法学界、经济界、企业界、商业界。

各部门负责人接过请柬，眼睛一亮：好主意！

没有托词，均欣然前来偌大会场，即时满席。

冬日里少有的温融气氛。

沈校长讲话。杭钢厂长讲话。团省委副书记讲话。……

议题是学校如何培养社会需要的高层人才。会议探讨了在校研究生的现状和前途。

摄像机镜头一转再转。第二天晚上，浙江电视台和杭州电视台同时播放了这条新闻。

少有的成功！

这场重头戏，研究生会和分团委的人差不多都累垮了。良好的组织保持了空前的一致和团结。从那么一种同甘共苦全力以赴的境况过来，那股热乎乎的情绪一直延续至今，不少人练了才干，长了知识。

这个节日里，面向社会的活动，还有 2 个：武林门多学科咨询和无线电义务修理。

对这令人欣慰的一幕，我们已不可能腾出笔墨。这 2 项包含了知识与技术的辛苦劳动，足以向社会展示出研究生的风采和他们对社会的态度。

理论之树依然常青，生活之树不再灰色！

二、意义深远的学术活动

研究学问，基本上是研究生的特殊娱乐方式。

作为生命和事业的最坚硬的寄托，他们青灯黄卷，抛家别子，忍受了情感的折磨。同时，这也构成了研究生潇洒人格的成熟魅力。

虽然，诗书每被饥肠困，偶尔一次加餐，他们便欢天乐地，恍恍如孩童，然而，一切还是收束于书。

在学术论文报告会上

这是一条所有知识分子走过而现在又有人在走的道路。

这样，我们便以欣喜的目光注视到了“研究生论坛”。

这个活动在 24 日、28 日分别推出，5 位硕士生儒雅飘逸的风度，广博渊深的讲演，使那 2 个晚上场场爆满，掌声不断。

5 个论坛分别是由中文系张润生、范志忠，生物系陈罕，心理系范柏乃，哲学系郁建兴开讲的。分团委的讲座主持人欣喜地告诉我们：外校学生组织已盛情邀请。

与此交错并起的是持续了 3 个晚上的“导师讲坛”。

为这活动，研究生会的讲坛负责人，在 11 月的寒风里，四处奔波。令人感动的是，3 位博士生导师和硕士生导师，不辞辛劳和年迈，欣然而往。

导师们的煦煦温言，汇集了 3 门学科的精华。中文系徐朔方先生的《冬夜絮语——人生漫谈》，法律系郑九浩先生的《我对官倒的认识》，心理系龚浩然先生的《禁区前的思索——青年心理析辨》这种高层次的讲座，在杭大校园内，并不多见！

为了同时展现已毕业研究生的学术面貌，研究生节的组织者们精心推出了有16个窗口的宣传栏，介绍部分学友的成绩。由于时间紧张，人手有限，收录工作未尽如人意，许多学有所成者未及收录在内，然而，还是窥一斑见了全豹。

自1978年重新招收研究生到1986年，杭大研究生以其好学勤勉而著称，在全国争得了学术地位。1987年国家公布的用世界科学计量指标编制的学术榜上，杭大在全国30所名牌大学中，名列第18位，不言而喻，其间含有研究生的一份力量。然而，出于种种原因，在校研究生的学术科研成果，成绩不佳。推出宣传窗的目的之一，是想让在校研究生渐近高远，在学术领域里真正扎下根来；同时，敦促在校研究生把竞争的目光投放到全国或乃至世界范围，而不应满足于小有所成。

这些学术活动，扛起了研究生节的重鼎，显示了研究生的特殊一面，对全校师生的意义，是十分巨大的。

三、旋律和运动中的青春风姿

研究生的生活，多少有点神秘色彩。

治学，需要严谨。然而，生命的活力，仍激荡在这批20岁到30岁之间的青年学子身上。

烂漫的情致，舒朗的风采，构成了研究生人格的另一侧面。

每天下午，便有些研究生奔向操场；学后歇息时，亦不乏下棋甩牌的雅趣；周末，上上舞场，去去影院，或者抄起双手，打量雨点和行人。

然而，嬉度青春却与他们多数人无缘。

组织者们尽可能创造有利条件，以保证他们既不因毫无节制的游乐致使激情白白耗费，亦不因过于苛刻的压制而丧失思想和行动的创造力。

研究生节为全体研究生提供了崭露风采的文体活动。

研究生会和分团委，在这方面有一套组合得当、配合默契的班子。

“文艺即兴表演”的 2 个夜晚，是自由而欢欣的良宵。表演者和观众时常合为一体，台上是演员，台下也是演员。2 位女主持人的独唱，既有异域情调，又有民族特色，将晚会推向了高潮。10 多名外国留学生，跳起了节奏强劲的现代舞。

紧隔 3 天后“音乐欣赏比赛”，将庄重严肃的古典音乐一一拆解为妙趣横生的知识考题；台上台下在音乐声里汇起一泓温暖而难忘的友谊之海。

这些活动，在杭大研究生历史上是开创性的一举，它们的成功，为研究生今后文艺活动的多元化打下了基础。

几乎延续了整个研究生节的“拔河赛”，是一次参加人数最多、气氛最活跃的活动。

人有壮弱，却不可以此而论力之大小，莫道“老九”只谙书，吟笑拈绳方识君！

8 支强队，来自各个系别，经过激烈的淘汰赛和决赛，历史系和教育系联队摘走了桂冠。

胜负角逐，多少也取决于啦啦队的水平。

历时 4 天的“时运桥牌赛”，结束于 25 日晚。数学系的 2 名博士生，技高一筹，力挫劲敌。不甘服输的牌迷们，戏称他们为“算计博士”，谑其足智多谋。

29 日晚举行的“篮球表演赛”，是一场研究生队与教工队的友谊对垒。

两队都不曾有专门师承，亦不曾尽日操练，但文弱掩不尽矫健，尘沙遮不去风流。

这些活动几乎席裹了每位研究生，从而彻底打消了组织者们的疑虑：研究生们到底能不能召集起来？

青春的热情，弥漫了冬季的校园。

1989 研究生节的举行，得到了校领导和有关部门的大力支持和热心帮助。研究生部提供了不少经费，党委宣传部和校团委分别出资承办了开幕式和闭幕式。在29日下午召开的“对话会”上，各部门负责人为解决研究生的困难，做出了热烈而积极的反应。

从那么一种热融融的氛围过来，研究生又都渐渐沉浸于各自迷人的专业，但这股刚刚过去的冬季热流，一定会给他们未来的记忆增添许多欣喜和快慰。这批在校研究生，来自各个省份，又将分手于天涯海角，等到久别重逢的那一天，在互相打量着白发和皱纹的瞬间，在倾诉人世沧桑的时候，这多彩节日的回忆，无疑会稍稍冲淡些伤感的情怀。

经验给了全体研究生这样一个启示，只要大家齐心协力，定能成就事业！

研究生的一切，是那样让人沉迷……

*本文原载于《杭州大学报》，1989年12月15日，第3版。

作者叶岗为原杭州大学1988级中文系硕士研究生，孔天喜为1987级历史系硕士研究生。

学生科研在杭大

万能表、电烙铁、电笔……一堆堆工具挤满了这间小小的实验室。自从它的一些成果在“挑战杯”“大学生实用科技发明大奖赛”中频频亮相,这个实验室也似乎“风光”了一阵,然而它依然小而破旧,其间的同学们也依然在“短兵相接”之中。

这仅仅是电子系的一个实验室,更有许许多多的学生在各自专业的轨道上探索着。

从一无所有到硕果累累

第一届“挑战杯”,杭大一无所有。

第二届“挑战杯”获 1 项二等奖,4 项参赛参展奖。短短 2 年,杭大就打了个漂亮的翻身仗,跻身于全国高校前 30 名。

参加全国“挑战杯”大学生课外科技作品大赛合影

“中国大学生实用科技发明大奖赛”5 项作品进京参赛,杭大再次“露脸”,1 项鼓励奖,4 项参赛参展奖,位居浙江省首位……

杭大科研从一片空白中走出,科研、科技开始被广为宣传,一阵“科技热”的喧闹声中,文理科各系部从沉寂中探出头来,发出短促而有力的呼喊:“我来了。”

春风化雨

科技这个“饽饽”开始变香、走俏,数十万元的意向书把人们的心惹得痒痒的。

科技上，理工科占尽了天时、地利、人和。其发明制作能够立刻产生经济效益，“八通道声光显示抢答器”“SZC－914 型汽车夜间会车自动变光控制器”“教室灯光自动控制器”等成果应运而生。

能够立刻应用的要研究，不能产生近期经济效益的理论也要琢磨。物理学是一门存在了两三百年的老学科，为了给这座稳固的大厦添砖加瓦，物理系建立了“热保护器奖学金”，申请条件中的一条是：“在理论联系实际、科技制作、技术革新、新产品的开发方面有突出表现。”

科研并不是个人的事，每项成果，总是以集体和老师作为坚强后盾。各系实验室向广大同学开放，每个同学都有进实验室的机会，学生科协和实验小组经常性地开展活动，定期开展论文报告会、实验比赛……一切力所能及的措施都实施，一切行之有效的方法都运用，学生搞小制作、小发明的积极性调动起来了。“科研内容就在我们的身边，我们要努力地去发现，利用有限的课余时间去探索。”获奖后的范益平如是说。

对于文科，许多人有一种错觉，文科是一块被科研遗忘的园地。殊不知，文科的科研成果很难直接体现经济效益，但社会效应绝不亚于理科。

申源证券交易所的轰动效应，《华商时报》、《经济参考》、中国国际广播电台等新闻媒介频扬其名。1991 年 11 月，周成光的《香港国际金融的昨天、今天和明天》获第二届“挑战杯”二等奖……

法律系在 1988 年全国十年改革论文报告会上获得 7 项单人奖和 1 个组织奖，有 10 多篇学术论文在《浙江法制报》《浙江司法》等省级刊物和宁波大学等高校学报上发表……

在“科技潮”的推动下，“古老”的历史、中文、哲学等系上下求索新的“歌谣”，在第一批批准的科研项目中，历史系的一个项目是“西湖博览会与浙江经济”；方兴未艾的财金、经济、旅游等系积极开拓新颖的“热乎乎”的课题，如财金系的“我国金融体系如何更好地适应社会主义市场经济体制”;实力雄厚的外语学院开发新项目,如“汉语经贸新词俄译”;教育系则进一步挖掘科研与教学育人的联系,让科研与教育紧密结合。

学术报告会,讲座,辩论赛,与专业挂钩的实践、实习,各学术性学生社团,各系配套的奖励措施,学校科研基金的发放,“挑战杯”协调委员会的成立……所有一切的一切,使杭大科技热潮一阵高过一阵。“‘科技热’热起来了,就让它继续热下去,而且还要它更热。”郑小明副校长在校首届学生科技大会上如是说。

好风借力

科研第一把火已经点起,要把这火接下去,就要不断地添薪加油,资金就是解决问题的关键所在。

各系组织人马,提供场地,提供力所能及的物质帮助,放开手让学生们搞。校方去年拨款 3000 元支持学生科协,迎接“实用科技发明大奖赛”;今年又下拨 3 万元学生科研基金,确定的第一批学生申报的 70 个项目,资助金额就已达 2.1 万余元。这些资金无疑是雪中送炭,给了同学们极大的动力和便利。“炭”送下去了,能否真正地发挥其热能呢? 为了监督资金的使用,学校与申报者签订了协议书,把资金使用问题真正落到实处。协议书的言外之意:“如果你未能如期完成任务,我就要收回资助。”一副“逼上梁山”的架势。

半江瑟瑟半江碧

目前,杭大的科研走在了浙江省高校的前列,做了“鸡头”。与全国其他高校相比,差距还是存在的,第二届“挑战杯”属于“凤尾”,纵横相比,喜忧参半。

校学生科研已由“游兵散勇”阶段,逐渐形成“正规军”的模样。由电子、物理、生物三系组成的校学生科协逐渐向外辐射,化学、计算机两系已有“加盟”之意。但是科研意识普及面还不够广、不够深,一部分同学认为科研高不可攀,科研目的还不够明确。

学校的科研成果不少，但是由于大学生本身条件的限制，加上时间、精力、技术诸多原因，目前的科技发明还流于“小家子气”。制作以后的鉴定以及申请专利，单靠个人或单个系是很难完成的，而且学生实验室的条件也十分有限。

社团中心能够对社团进行宏观管理，对学术性社团实行经费倾斜政策，客观上推动了科研气氛，但也不能在微观上让各社团进行交流，互通有无。

科研可以让学生更好地接受知识、领会知识、培养能力，却不可避免地产生了业余爱好与业务之间的矛盾，学习与科研两者不能很好地结合。

科研忧喜参半的现状，迫切要求学校建立一套机制如调整课程安排，配以相应的政策，使大学生中一些有价值的设想得以实现，并在科研条件、市场调查、成果转化等方面给予帮助。

好雨知时节

毋庸置疑，科研要面向社会，面向经济，走与经济相结合的道路。针对“挑战杯”对参赛作品科学性、先进性、实用性的要求，纯理科的科研已向工科靠近，纯文科的则偏向于有点理科性质的项目，转到边缘学科的研究上来。为了加强科研力量，还要形成本专科生、研究生、教师的三位一体。

12 月 3 日，我校首届学生科技大会召开，明确地把科研放在了挑战的尖端。党委副书记童芍素要求同学们要善于转化，把知识形态的生产力转化为物质形态的现实的生产力。

既然科技已需要接受时代的挑战，那就勇敢地迎接挑战吧。

＊本文原载于《杭州大学报》，1993 年 1 月 15 日，第 3 版。作者未署名。

群儒“舌战”目击记

陆晨阳　张　军

12 月 19 日晚上，两群儒雅的大学生成了对立的双方，短兵相接，唇枪舌剑。我校“育英杯”辩论赛决赛在图书馆演讲厅摆开了战场。

这次的辩题似乎比以前几场更具明确性和可辩性。围绕着小学四年级学生方方送给圆圆一个苹果，并收下圆圆的五毛钱这件事，决赛的一方外语系队认为方方的行为“无可非议”，而另一方财经系队认为方方“重利轻义”，需要批评教育。在此以前的辩题都是一个是非选择题，如“港台流行歌曲在内地(大陆)流行的局面会不会持续下去”“乡镇企业发展的高潮有没有过去”“广泛交友是否利多弊少”“自我安慰是否可取”等，容易使辩论双方在“抠字眼”上走得太远。

鉴于前几次预赛中出现的人满为患现象，这次决赛凭票入场。然而，热情而固执的观众在赛前一个小时就在门外等了，一会儿就把演讲厅挤得密密麻麻。主持人不得不请大家把窗户打开，透透气。

辩论赛现场

好戏开场了！

财经系队一辩刚开始就明确表示了自方的否定态度。然而外语系 1990 级辩手吕萌一开口，火药味就浓起来了。她肯定了方方的行为既有友爱精神，又符合商品经济的价值观，无可非议。清脆明快的表达，抽丝剥笋般的层层分析，立即把财经系队逼入进退维谷的窘境。

外语系队到底是该系从事语言工作30年的吴洁敏老师训练出来的，不同凡响。

但财经系队也并非“家中无人”。毕竟是淘汰了夺标呼声极高的法律系队，从16支参赛队中脱颖而出的，它岂肯善罢甘休？

果然，几个回合后，财经系队主将陈旭军披甲上阵了。他是该队9名队员中唯一完整参加了所有赛次的人。他说起话来好像新安江水库泄洪，汪洋恣肆。一会儿连声诘问对方，一会儿旁征博引加强己方观点，还配以“凌厉”的手势。财经系队顿时光芒万丈。

铜墙铁壁还是被击穿了。外语系队主力李秋健毫不示弱，慷慨陈词，妙语连珠。他煞有其事的样子令观众不禁无限同情“被财经系队冠以恶名”的方方小朋友，评委也不由得点头称是。

一对一的比武似是难分上下，接下来的自由辩论也旗鼓相当。双方都是锋芒毕露，寸土必争，志在必得。在不算长的10分钟时间里，双方共有35人次起立发言。全场的观众伸直了脖子，一会儿觉得外语系队有道理，一会儿感到财经系队讲得也不错——他们的思绪早被两队牵着走了。

两声铃响，时间到。观众们一齐往后一靠，长舒了一口气。9个评委却不轻松，他们足足花了半个小时才决定外语系队略胜一筹。

* 本文原载于《杭州大学报》，1990年12月31日，第3版。

作者为原杭州大学1988级新闻系学生。

社团，火起来了

夏　虹　山　坪

1993 年 11 月开始的第三届学生社团活动巡礼周，使整个校园突然热腾起来。先是各社团猛烈的宣传攻势，接着推出一系列精彩迭出的社团活动。一时间，巡礼周活动成为校园文化的主流。

未来教育家协会举办的首届“娃哈哈——绿叶杯”大型师生文艺会演是巡礼周的第一个高潮。杭城 500 多名小学生兴高采烈地参加了会演。这次活动直接针对社会各界关注的小学教育问题，引起了社会共鸣。

第三届社团巡回周宣传单

广告营销协会在本届巡礼周中无疑走在了前列。在传统的拍卖实验活动的基础上，他们向外部拓展，与社会发展步调一致。关于杭城快餐厅的调查报告为几家报纸采用；地图采编活动不仅锻炼了会员的社交能力，同时改革了一般社团活动只是掏钱办事的观念。

举办系列讲座，进行系列活动，这是法学会的特色。辩论赛，模拟法庭，几堂专业针对性较强的讲座，使全系学生积极地参与进来……并在活动间互相学习、交流。而第三届师生论文报告会把法律系的学术气氛推向高潮。

去年，时值毛泽东同志 100 周年诞辰之际，毛泽东思想研究会展开了几次颇有理论深度的活动。纪念毛泽东的征文赛在校园泛起一阵涟漪；与法学会联办的毛泽东思想研究会，邀请省内毛泽东研究专家参加；他们同时深入地探讨了《邓小平文选》第三卷。这些活动表明毛泽东思想研究会在政策学习上已向纵深发展。

校园诗坛在巡礼周中出现新气象。晨钟诗社的钟点在沉寂两年后重新敲响，继主办“十大校园诗人”比赛，又邀请杭州著名诗人座谈。飞来峰文学社在校园文化低谷之际，举办杭大写作现状及趋向讨论会，提高了与会者的认识和实际操作能力。

武林广场纪念毛泽东的书画义展义卖是美工团与其他社团联手举办的，取得良好的社会效果。读者协会把注意集中在学生的课外阅读上。“热点书评大赛”活跃了学生的读书气氛，受到一致称赞。其他社团活动如生物系科协的“叶脉书签”的制作与推广、心理系的“青春热线”、城科系的室内设计讲座等，亦让人留恋。

有 30 多个社团参加的本届巡礼周，如一枝红杏，为冬天的杭大校园带来一丝暖暖的春意。

* 本文原载于《杭州大学报》，1994 年 1 月 15 日，第 3 版。作者简历未详。

革新学风　培养能力　致力社会

——记杭州大学毛泽东思想研究会

张福临

在浙江省高校的学生社团中活跃着这么一个团体——杭州大学毛泽东思想研究会(简称毛研会)。

1989年下半年,杭大哲学系1987级的同学在校系领导的支持下,成立了"毛泽东思想研究会"。

毛研会首任会长李华说:"1989年下半年大学校园里出现的'寻找毛泽东'现象,既不同于20世纪80年代初出现的'萨特热''尼采热',也不同于社会民众中的'毛泽东热',这是青年学子们要求走出迷惘与困惑,走向成熟与理性的一种自觉的努力,学习探讨毛泽东思想是时代的需要,也是我们大学生自我成才的需要。"

毛研会虽然成立了,然而第一届年轻理事们却面临着一无经费,二无经验,三无学术带头人的困境。

为了改变这种状况,理事会采取了一系列富有创新意义的措施。通过组织学习,聘请顾问和指导老师,举办专家、学者理论讲座,进行征文比赛等一系列活动,消除了会员们思想上的疑虑,培养了会员们学习理论的自觉性和积极性。同学们在阅读了大量书籍的基础上进行了大胆有益的探索。毛研会在同学中的影响日益扩大。

翻开毛研会的会刊《星火》,我们可以看到,在第1页正中写着:"立足现实,革新学风,培养能力,致力社会。"这16个大字概括了毛研会会员们从实践中得来的真知。

1990年2月,毛研会会员来到浙江省军区第五干休所,同里面曾一度叱咤疆场的兵团师级离休干部结成"友谊之家",开展"学马列,讲传统,互相学习,携手并进"的忘年交活动。

1990 年与 1991 年暑假，毛研会两次组织会员来到驻浙某部开展“深入军营，体验生活”的社会实践活动。

会员严晓鹏曾利用暑假，独自一人到云南，在当地的少数民族聚居区中进行民俗调查，获得了丰富的感性知识。他在调查报告中写道：“毛泽东生平提倡思与行相结合，知行相统一，通过社会调查活动，我们可以学到很多宝贵的东西。”在《杭州大学报》《杭州日报》《浙江教育报》《浙江日报》等报刊上，毛研会会员的通讯报道、论文频频发表；为了纪念周恩来 95 周年诞辰，浙江省委和中央文献研究室联合在绍兴举行学术论文研讨会，会员罗先楚与顾红亮合写的《从爱国主义到共产主义的转变》一文获三等奖，并收入中央文献出版社出版的《风范・思想・风情》一书；会员赵颂平、顾红亮还参与编著了由辽宁人民出版社出版的《毛泽东的思想轨迹》第九章、第十章。

哲学系 1989 级王利波同学，曾是毛研会秘书长，1991 年“光华奖学金”的获得者之一，1993 年她以优异的成绩考取了中国人民大学马克思主义哲学史研究生；陈军，班上学习的佼佼者，在杭大“育英杯”辩论赛中，被评为最佳辩论员；李洪发，首任毛研会副会长，毕业后曾在《嘉兴日报》上被当作新闻人物予以介绍；等等。现在，毛研会 80％的会员都已向党组织递交了入党申请书，其中 11 人已正式成为中共党员，11 人为中共预备党员。

关于今年毛研会的任务，现任毛研会会长楼胆群说：“邓小平同志建设有中国特色的社会主义理论是毛泽东思想在新时期的继承和发展，研究中国的实际，研究毛泽东思想，还应认真学习和研究邓小平关于建设有中国特色社会主义的理论，并在此基础上做出新的总结，这将是我们今年的主要任务。”

* 本文原载于《浙江教育报》，1994 年 4 月 20 日，第 2 版。

作者简历未详。

桃李争报三春晖

——百年校庆献爱心捐赠活动纪实*

楼笑笑　叶琼丰

“重要的是一份心意。百年校庆是学校发展史上的一个里程碑,作为一个杭大人,我感到很骄傲。”在短短几天对学校百年校庆献爱心捐赠者的采访中,记者听到最多的是这句话,也常常情不自禁地感动于杭大人爱校的热情和深深的情感之中。

学校“迎百年校庆”活动的序幕刚刚拉开,主动前来捐款签名的师生络绎不绝。“迎百年校庆”签名用的百米长卷不到半天就签了50多米。捐款的有在校师生,有退休的老教授、老干部,有临时工,更有毕业于杭大的校友……

老红军易树青百忙之中赶到学校,捐了1000元人民币,同时也为他生病在床的夫人捐了100元。已故著名学者蒋礼鸿先生的夫人盛静霞拄着拐杖前来为蒋先生和她自己献上一份对学校的美好祝愿。李玉芸和吴微两位已离休的“老杭大”也亲自赶到学校捐款,她们微颤地在百米长卷上签下了自己的名字,又相互搀扶着绕着校园走了一圈。她们深情地注视着学校既熟悉又有些陌生的一草一木,动情地说:“我们尽管离休了,但心还在杭大。长江后浪推前浪,看到学校一天天好起来,感到很欣慰。”

刚刚去年从研究生部退休的应邦胜捐了1211元人民币,回忆起在杭大度过的40年,他深情地说:“自从1957年考上杭大数学系以来,我就一直生活在这儿,对学校有着很深厚的感情,这次捐1211元,我考虑了好几天,既祝贺学校顺利通过‘211工程’部门预评审,

---

* 杭州大学虽成立于1958年,其直接前身浙江师范学院成立于1952年2月,但就学校的历史发展而言,最早可上溯至1897年创办的求是书院。故学校曾于1997年5月3日举行了“百年校庆”纪念活动。

也代表我的一颗爱校之心。”

在捐款现场，记者看到许许多多动人的场面：一位不肯透露姓名的学生请同学捎来他的一份心意；一位衣着朴素的不识字的大妈，将 50 元钱交给工作人员，又请人握着她的手在百米长卷上签上她的名字李荷英；一位偶然路过杭大的台湾商人当场掏出 1000 元人民币以表庆祝；一群来自全省各建设银行在杭大进修的同志集体前来捐款，他们的党支部书记于鲁阳说：“我们在学校学习时间尽管很短，但能遇上百年盛事，很庆幸，祝福杭大。”维修科的临时工周金伟悄悄地捐上 1000 元钱就走了，他的同事告诉记者：小周来自东阳农村，每月工资只有三四百元，平时烟酒不沾，生活上十分节约。当记者好不容易找到他时，这位腼腆的小伙子刚刚从体育场路家属宿舍区干完活回来，他红着脸，闭口不谈他的贡献，只是质朴地说：“1000 元对于一个月、一年来讲也许是笔不小的数目，而对于一辈子来讲，只不过是笔很小的数目。我从 15 岁到现在已经在学校干了 13 年，学校对我很好，我已把自己当作一个杭大人了。”校外辅导员、老八路程同谟也送来了 500 元人民币，他骄傲地说：“因为我也是个杭大人啊。”

“杭大人”，多么令人自豪的称呼，就是因为这三个字，许许多多颗心走到了一起，为学校的发展尽一份绵薄之力。毕业于杭大的许多校友，也没有忘记“杭大人”三个字，千里万里之外仍然牵挂着学校，全国各地的校友以及远在美国等地工作学习的校友们纷纷寄来贺信贺电，祝福母校。台州五交化公司的林宝亮是生命科学院的 1966 届毕业生，得知学校百年华诞，特意托来杭出差的同事捐来 1000 元人民币和一封信。在信中，他动情地写道：我是靠母校的助学金完成学业的，也是在母校入的党，感谢母校的培育之恩。祝愿母校弘扬求是育英的优良传统，再创辉煌！

* 本文原载于《杭州大学报》，1997 年 3 月 15 日，第 4 版。

作者楼笑笑为原杭州大学 1992 级历史系学生，叶琼丰为 1989 级中文系学生。

后 记

本书的编撰工作自今年3月初启动后，经过半年的努力，终于进入了付梓印刷阶段。

此时此刻的心情错综复杂：

首先是高兴，因为自己报恩母校的心意，为母校做一件实事的愿望，就要实现了；也因为可以向各位作者大声而肯定地说："大家的文章很快就能和热爱杭大、关心杭大的读者见面了。"

在高兴的同时，心里也同时伴有深深的歉意。一是因本书的篇幅所限，未能收入更多的文章，尤其是记述学校党政、保卫、医护、后勤管理等部门工作人员为学校发展做出贡献的文章；二是未能及时联系上一些作者（主要是刊载于校报和其他报刊上的文章作者），以致个别文章作者的简历也未能做必要的介绍。在此真诚地向这些作者表示道歉，并希望在本书出版后他们或他们的友人能通过邮箱(13516856478@163.com)和本人取得联系。

期望读者们在阅读本书后对本书的内容、文字、形式以及配图等各方面的不足提出宝贵的意见和建议。同时，希望本书能起到"抛砖引玉"的作用，今后能有更多的记述母校历史、研究母校历史的著作问世。

最后，想对一直协助我工作（从打字到校对）的老伴陈晓月说："半年来真让你累苦了！"

许高渝

2018年9月10日